연행사와 통신사

후마 스스무(夫馬進) 저
하정식·정태섭·심경호·홍성구·권인용 옮김

도서출판 신서원

연행사와 통신사
燕行使와 通信使

2008년 5월 20일 초판1쇄 인쇄일
2008년 5월 25일 초판1쇄 발행일
2008년 8월 1일 초판2쇄 발행일

지은이 ▪ 후마 스스무(夫馬進)
옮긴이 ▪ 하정식·정태섭·심경호·홍성구·권인용
펴낸이 ▪ 임성렬
펴낸곳 ▪ 圖書出版 新書苑
서울시 종로구 교남동 47-2 협신빌딩 209호
전화 : (02)739-0222·3 팩스 : (02)739-0224
등록 : 제300-1994-183호(1994. 11. 9)

ISBN 978-89-7940-071-7

신서원은 부모의 서가에서 자녀의 책꽂이로
'대물림'할 수 있기를 바라며 책을 만들고 있습니다.
잘못된 책은 연락주세요.

본 책은 國際交流基金의 出版組成을 받아 출판합니다.

연행사와 통신사

원게재서

제1장 : 「萬曆二年朝鮮使節の'中華'國批判」(『山根幸夫敎授退休紀念明代史論叢』, 東京:汲古書院, 1990) 번역 : 권인용
제2장 : 「趙憲『東還封事』にみえる中國報告」(昭和63年度科學硏究費補助金總合硏究(A)硏究成果報告, 谷川道雄 編, 『中國邊境社會の歷史的硏究』, 京都:京都大學文學部, 1989) 번역 : 심경호
제3장 : 「閔鼎重『燕行日記』にみえる王秀才問答について」(平成2年度科學硏究費補助金總合硏究(A)硏究成果報告書, 河內良弘 編, 『淸朝治下の民族問題と國際關係』, 京都:京都大學文學部, 1991). 번역 : 심경호
제4장 : 「朝鮮燕行使申在植の『筆譚』に見える漢學·宋學論議とその周邊」(岩井茂樹 編, 『中國近世社會の秩序形成』, 京都:京都大學人文科學硏究所, 2004). 번역 : 정태섭
제5장 : 「朝鮮通信使による日本古學の認識-朝鮮燕行使による淸朝漢學の把握を視野に入れ-」(『思想』981, 2006). 번역 : 권인용
제6장 : 「1764年朝鮮通信使と日本の徂徠學」(『史林』第89卷 第5號, 2006). 번역 : 권인용
제7장 : 「朝鮮通信使와 日本의 書籍-古學派校勘學의 著作과 古典籍을 中心으로-」(『奎章閣』29號, 2006). 번역 : 권인용
제8장 : 「日本現存朝鮮燕行錄解題」(『京都大學文學部硏究紀要』第42號, 2003) 번역 : 홍성구
제9장 : 「使琉球錄と使朝鮮錄」(夫馬進 編, 『增訂使琉球錄解題及び硏究』, 宜野灣市:榕樹書林, 1999) 번역 : 하정식

한국어판 서문

보통 「한국어판 서문」이라고 하면 외국어 원서가 원래 있고, 그 것을 한국어로 번역할 때 붙이는 것이리라. 그러나 본서에는 나의 모국어에 해당하는 일본어로 된 원서가 없다. 즉 본서는 한 편을 제 외하고는 모두 일본어로 공표한 몇 편의 논문을 여기서 처음으로 편 집한 것이다. 본서를 일본이 아닌 한국에서 먼저 출판하게 된 것은 오로지 동국대학교 교수 정태섭 씨 등 한국의 우인들의 호의에 의한 것이다. 물론 나 자신 한국에서 먼저 본서가 출판되는 것을 누구보 다도 기뻐한다. 왜냐하면 본서가 일본사나 중국사를 중심으로 쓰인 것이 아니라 한국사를 중심으로 쓰인 것이기 때문이다. 그리고 또 미완성이기는 하지만 지금까지 해온 나의 연구를 조금이라도 빨리 한국에 소개하여, 그에 따라서 동아시아 관계사나 교류사에 대하여 폭넓은 한국의 연구자들과 솔직한 대화를 할 수 있다면, 하고 마음 으로부터 바라기 때문이다.

본서가 일본어로 먼저 출판되었다면 서명은 『조선연행사와 조선 통신사』로 되어 있었을 것이다. 『연행사와 통신사』라고 한 것은 이 쪽이 한국에서는 더 일반적일 것이라고 한 정태섭 교수의 의견에 따 른 것이다.

나는 본래 중국사, 그 중에서도 중국의 명청明淸사회사를 연구하는 사람이다. 사실을 말하자면 학생시절에 나는 한국사(조선사) 관계 강의에 한 번도 출석한 적이 없었다. 아니 애당초 내가 재학했던 쿄토대학 문학부에는 당시 한국사에 관한 강의는 단 하나도 개설되어 있지 않았던 것이다. 또 일본에서는 통신사를 연구하는 사람은 많지만 연행사를 연구하는 사람은 현재까지도 나 이외에는 거의 없다. 그러한 내가 왜 이 문제에 관심을 갖게 되었는가, 통신사가 아니라 왜 연행사 쪽에 먼저 관심을 가졌는가, 그리고 어떠한 과정으로 본서 수록의 논문을 써 왔는가, 이 점을 먼저 기술하여 한국의 독자에게 알려드리는 것이 본서를 읽는 데에 편리할 것이며, 나의 의무라고도 생각한다.

연행사에 관심을 갖기에 이른 것은 일찍이 1979년부터 1987년까지 토야마대학富山大學에 봉직하고 있었을 때, 조선 서지학의 전문가이며 동료였던 후지모토 유키오藤本幸夫씨가 『연행록선집燕行錄選集』(成均館大學校 大東文化硏究院編)이라는 사료가 있으며, 중국에 관해서 상세하게 기록되어 있다고 가르쳐 주었기 때문이다. 한국어 초급도 이 때 학생들과 함께 그의 수업에 출석하여 배웠다. 다만 당시에 나는 중국 선회선당사善會 · 善堂史나 명청 지방사회사의 연구에 몰두하고 있어서 모처럼 알게 된 연행록을 천천히 읽을 여유는 전혀 없었다.

연행록을 읽을 수 있게끔 된 것은 쿄토대학으로 전근한 1987년 무렵부터이다. 처음 읽은 연행록은 허봉許篈 『하곡선생조천기荷谷先生朝天記』와 조헌趙憲 『조천일기朝天日記』였다. 그 무렵 고 야마네 유키오山根幸夫선생의 퇴휴기념논문집을 출판하는 계획이 나왔는데, 선생의 전문이 중국 명대사였기 때문에 당연히 『명대사논총明代史論叢』이라는 제목을 붙이기로 되어 있었다. 나는 이것을 호기로 삼아, 이제까지 읽으려고 하면서도 읽을 수 없었던 연행록을 주된 사료로 써서 명대사에 관한 논문을 쓸 수는 없을까 하고 생각했다. 다만 수많은 연행록 가운데 도대체 무엇을 먼저 읽어야 좋은가, 아니 애당초 연행록을 소재로 한 명대사 논문을 쓸 수 있을지 어떨지, 당시 내 주위에 이러한 문제에 관하여 상담할 수 있는 사람은 아무도 없었다. 이 점에 있어서도 나는 물불 못 가리는 사람이었다고 말할 수밖에 없다. 다만 다행히도 당시 구입한 『국역연행록선집』 제1책에는 고 황원구 교수가 쓴 「연행록선집해제」라는 간단한 문장이 있었는데, 거기에 참고문헌으로 나카무라 히데타카中村榮孝 「사대기행목록事大紀行目錄」(『靑丘學叢』第一號, 1930)이 실려 있었다.

내가 어띤 연행록을 민지 읽이야 할지를 결정하기 위해 택한 방법은 정말로 간단한 것이다. 그것은 이 목록에 의지하여 「명대」의 것으로 한정하고, 어느 동일 연행록 중에서도 가장 정보를 잘 얻을 수 있을 것 같은 것을 고른다는 것이었다. 간단히 말하자면 가장 권수가 많은 것을 고른다는 것이다. 허봉 『하곡선생조천기』 3권, 조헌 『조천일기』 3권에 더하여, 조헌 『동환봉사東還封事』 1권을 먼저 읽게 된 것은 이 때문이다. 『하곡선생조천기』와 『동환봉사』는 『국역연행록선집』에 수록되어 있었으며, 『조천일기』를 수록한 조헌 『중봉집重峰集』은 벌레 먹어서 무참한 모습이었지만 쿄토대학 문학부도서관 소장의 적은 수의 조선본의 하나로서 존재하였다. 그리하여 처음으로 연행록에 접근한 나는 무모했다고 해야 할 것이다. 그러나 행운이었다. 그것은 권수가 많고 중국에 관한 기사가 상세하다는 점만을 말하자면, 18세기 이후에 쓰인 연행록에는 그런 것들이 많기 때문이다. 내가 만일 이 때에 많은 수의 연행록 중에서 우선 권수가 많은 것을 읽기로 정하고, 예를 들면 1887년의 여행기인 이승오李承五『관화지觀華誌』 12권 등을 골랐었다면, 나는 연행사의 연구로는 나아가지 않았을 것이다. 18세기 이후의 연행록 가운데에는 상세함과 양의 많음만을 다투어, 촉촉한 감성을 느끼지 못 하게 하는 것이 많은데,『관화지』도 그 하나이기 때문이다. 이것으로는 도저히 연행사에 관한 관심이 싹텄을 리가 없다.

1574년(선조 7년, 만력 2년)에 연행의 여행을 떠난 허봉은 24세, 조헌은 그보다 연장이라고 해도 아직 31세였다. 나는 이 두 사람의 젊은 지식인이 맛본 여행의 즐거움을 나도 함께 맛볼 수 있었을 뿐만이 아니라 거기에 보이는 중화中華의 가치에 대한 뜨거운 동경과 함께, 현실의 '중화'국에 대한 그들의 분노, 지식인으로서의 우려와 책임감도 읽어 낼 수가 있었다. 무엇보다도 좋게 느낀 것은 그들의 예민한 센스 깊숙한 곳에 보이는 '밝음'과 '희망'이었다. 그 후 연행사의 연구를 계속할 수 있었던 것은 전적으로 그 덕택이다.

「조헌『동환봉사』에 나타난 중국보고」와 「만력 2년 조선사절의 '중화'국 비판」은 1988년 쿄토에서 열린 작은 두 개의 연구회에서 연속해서 발표했다. 「민정중閔鼎重『연행일기燕行日記』에 보이는 왕수재문답王秀才問答」은 1989년부터 1990년에 걸쳐서 약 1년간 하버드대학에 가 있었을 때, 옌칭도서관에 많은 조선판이 소장되어 있음을 알고 놀랐는데, 그 소장본 하나를 사용해서 쓴 것이다. 이것을 쓰기 위하여 나는 옌칭도서관으로부터 오함吳晗 집輯『조선이조실록중적중국

사료朝鮮李朝實錄中的中國史料』의 현종실록顯宗實錄 및 숙종실록肅宗實錄의 부분, 즉 청조淸朝로 말하자면 대개 강희康熙연간에 해당하는 부분을 대출하여 읽었다. 그 때까지 중국-조선 관계사라고 하면, 거의 개설서 정도밖에 모르고 있던 나에게 있어서, 거기에 기록된 사건이나 의론의 하나하나가 놀라움의 연속이었다. 세상에는 "사실은 소설보다 기이하다"는 말이 있다. 그 때 내가 품었던 감개는 정말로 그런 것이었다. 이것이 또한 연행사에 대한 관심을 깊게 하였다고 말해도 좋다. 이상의 세 편은 지금에 와서는 아주 치졸한 것이었다고 해도 좋지만, 유사한 연구논문이 아직도 없지 않은가라고 생각하여 구태여 게재했다.

1994년부터 4년간에 걸쳐서 나는 '문부성과학연구비文部省科學研究費'에 의한 대형 프로젝트 '오키나와沖繩의 역사정보연구歷史情報硏究'에 한 명의 연구회 대표로서 참가했다. 내가 이 프로젝트에 참가한 동기는 몇 가지가 있지만, 나 개인에 한해서 말하자면, 연행사를 중심으로 한 명청 중국-조선 국제관계사를 금후 진행해 나감에 있어서, 그것을 상대화할 수 있는 시점視點을 명청 중국-류큐琉球 국제관계교류사를 연구함으로서 배양해 두고 싶다는 것이었다. 다행히도 나는 여섯 명의 뛰어난 연구자의 협력을 얻어서 하나의 연구회를 조직할 수 있었으며 정말로 즐겁고 의의있는 시간을 가질 수 있었다.

우리들은 연구성과보고서로서 『사유구록해제급연구使琉球錄解題及研究』를 출판했다. 이 또한 다행히도 이 보고서는 평판이 좋았던 것 같아서, 우리들은 구고를 증보하여 『증정사유구록해제급연구增訂使琉球錄解題及硏究』를 간행하게 되었다. 「사유구록과 사조선록」은 명청 중국으로부터 유구와 조선에 같은 황제의 이름으로 부임한 사절이 써서 남긴 여행기를 비교하여, 그에 따라서 양자를 보다 객체화함과 동시에, 특히 조선에 부임한 사절의 여행기를 조사 수집하여 이들에 대한 해제를 더한 것이다.

　이제 와서는 나 자신의 연구도 진전되었고, 보다 많은 관련 도서를 볼 수 있어서, 구고를 어느 정도 증보할 필요성도 느끼지만, 아직도 그것을 넘어서는 사조선록의 서목 및 해제는 공표되지 않고 있지 않은가, 라고 자부하고 있다. 본 논문집필 후에 알게 된 몇 가지에 대해서, 본서에서는 우선 보주를 다는 정도로 그쳤다. 또 그 후 2003년에 은몽하殷夢霞・우호于浩 선편選編 『사조선록使朝鮮錄』(北京圖書館出版社) 3책이라는 사료집이 나왔는데, 이 사료집과 내가 해온 작업에 어떤 인과관계가 있는지 없는지 명백하지 않다.

　다음에 쓴 것은 「일본현존조선연행록해제日本現存朝鮮燕行錄解題」이다. 나는 2001년, 당시 동국대학교 한국문학연구소 소장이던 임기중林基中 교수의 요청에 응하여, 그와 공편으로 『연행록전집 일본소장편燕行錄全集 日本所藏編』을 공간하였다. 사료조사와 사료수집은 모두 나 혼자서 했다. 여기에 수록한 연행록은 모두가 초본抄本이어서, 그 연행연대가 불분명할 뿐만 아니라 저자명조차 명기되어 있지 않은 것이 많았다. 저자명 연행연대의 결정도 나 혼자서 했다. 유감스럽게도 이 사료집에는 무엇을 근거로 저자명과 연행연대를 결정했는가를 기록할 수가 없었는데, 연행연대와 저자명을 결정한 근거를 기록하여 공표하는 것이 편찬자로서의 책임이며 의무라고 생각했다. 또 그들 사료의 내용도 간단하게 기록하는 것이 앞으로 이 사료집을 사용하는 연구자에게 편리할 것이라고 생각했다. 다만 당초 임기중 씨가 나에게 제안한 계획과 달리 이 사료집이 시판되지 않고 비매품으로 출판되었기 때문에 이것을 이용할 수 있는 연구자가 너무나 적은 것은 유감이다. 또 집필당시에 일본의 어떤 도서관이 이동 중이었기 때문에 볼 수 없었던 것 등, 일본현존조선연행록으로서 앞으로 5점 정도 해제를 더 해야 할 것들이 있지만, 그것은 장래의 과업으로 삼고 싶다.

연행사에 대한 연구를 진행하는 한편 나는 원래의 본업인 중국 명청사 연구도 진행하지 않으면 안되었다. 1990년대 전반에 명청시대의 소송에 관한 연구를 행했는데, 그런 종류의 연구를 더욱 진행함에 있어서 어떻게든 꼭 필요한 것은, 「지방당안地方檔案」이라고 부르는 문서임을 깨달았다. 그래서 역시 문부성과학연구비 교부를 신청하여, 1997년부터 3년 계획으로 「중국명청지방당안의 연구」를 시작하기로 하였다. 신재식『필담筆談』은 1998년에 사료조사를 위하여 산동성도서관山東省圖書館에 간 오사카경제법과대학大阪經濟法科大學 교수인 오약伍躍 씨가, 어쩌면 나의 연구에 필요할지도 모른다고 생각하여 우연히 수집한 것이다. 이것은 또 나 자신이 중국사를 동시에 연구하고 있었던 우연이기도 했다. 그 책을 읽고, 청조지식인과 조선지식인의 학술논쟁 및 당시 양국이 가진 학술의 위치의 다름과 그 위치의 다름이 의미하는 것에 흥미를 느낀 나는 「조선연행사 신재식의『필담』에 보이는 한학漢學·송학宋學 논의와 그 주변」을 썼다. 다만 거기서 나는 사소하긴 하지만 보아 넘길 수 없는 실수를 했다. 그것은 이『필담』에 대하여, "어쩌면 김정희金正喜 자신이 그 편찬에 관여했을 가능성조차 있다"라고 쓴 점이다. 거기서 논거로 든 김정희의 문장으로 판단하자면 당연히 김정희가 신재식에 대신해서 그 책을 편찬한 것으로 간주해야 될 것이다. 목록상에서는 물론 신재식『필담』이라고 해야 되지만 실질적으로는 김정희의 편찬으로 이루어진 것이라고 해야 할 것이다.

내가 연행사와 통신사의 관계에 대해서 처음 쓴 것은 2001년 12월 7일 동국대학교에서 개최된 국제학술회의 「연행록과 동아세아 연구」 석상에서였다. 그 때의 보고는 「연행록과 일본학연구」(『한국문학연구』 제24집, 2001년)로 공표되어 있다. 다만 내용이 너무 무잡한 것이며, 또한 거기서 말한 문제에 대해서는 새로 원고를 쓸 예정이기 때문에 본서에는 수록하지 않았다. 나는 그 보고에서는 연행사와 통신사를 비교함으로써 그들의 객체화와 상대화를 시도했음에 불과하다. 그 시점은 2002년 11월 30일 쿄토대학문학연구과에서 개최된 국제심포지움 「역사학의 현재를 묻는다」에서 보고한 「조선연행사와 조선통신사 -1811년 김선신金善臣의 통신행通信行과 1826년 신재식의 연행을 중심으로-」에서도 변함이 없다.

그런데 이 생각에 변화가 일어났다. 그것은 일본을 찾아온 조선통신사의 일행이 당시 일본에서 유행하고 있던 이토 진사이伊藤仁齋나 오규 소라이荻生徂徠가 제창한 '고학古學'에 대해서, 어떤 과정으로 어디까지 알기에 이르렀는가, 어떻게든 알고 싶어졌기 때문이다. 나를 여기까지 몰고온 사람은 김선신이라는 이름의 한 지식인이다. 그는 1811년에 통신사의 일원으로서 일본에 부임한 후에, 1822년에는 연행사의 일원으로 중국에 부임했다. 그가 청조지식인과 한학이 옳은가 그른가의 학술논쟁을 하기 전에, 그는 일본에서 반주자학＝고학이 유행하고 있음을 어느 정도로 알고 있었는가, 또는 알 수 있는 환경에 있었는가를 알고 싶어졌던 것이다. 그런 의미에서 나의 통신사에 관한 연구는 연행사 연구의 연장이었으며 그 계기가 된 것은 신재식 『필담』이다.

나는 그것을 알기 위하여 에도시대의 일본인이 써서 남긴 조선통신사와의 필담기록을 2003년과 2004년에 집중적으로 읽었다. 그리하여 얻은 것, 그것은 내가 이제까지 통신사 연구에서 배워온 것과는 전혀 다른 것이었다. 그 결과 연행사와 통신사는 단지 서로를 보다 상대화하고 객대화客對化하기 위한 소재일 뿐만 아니라, 보다 적극적으로 중국·조선·일본의 학술문화가 동아시아 전체의 학술문화 상황 속에서 어떠한 위치에 있었는가, 어떤 점에서 공통항을 가지며, 어떤 점에서 서로 독자적인가를 계측하기 위한 귀중한 소재가 될 수 있음을 알았다. '방법으로서의 연행사' '방법으로서의 통신사'라고 말해도 좋을 것이다. 「조선통신사에 의한 일본고학의 인식」 이하, 통신사에 관한 세 편은 그런 인식 위에서 쓴 것이다.

이상이 지금까지의 대강의 과정이다.

나에게 있어서 이 연구는 아직도 진행 도상에 있다. 그런 의미에서 본서는 중간보고이다. 이제까지 쓴 것은 대체로 그 학술문화 및 정보에 관련된 것으로 한정된다. 이 방면에서도 나는 더 쓸 것이며, 연행사와 통신사에 관하여, 그들과의 정치·경제관계에 대해서도 쓸 필요가 있다. 또 최근에 쓴 「명청중국의 대조선외교에 있어서 '예禮'와 '문죄問罪'」(夫馬進 편 『중국동아시아외교교류사의 연구』, 쿄토:쿄토대학학술출판회, 2007)에서는 세 편의 연행록을 사용했다. 어쩌면 이것은 정치사에 관련된 연행사 연구의 하나로 볼 수 있을지도 모르겠다. 또 「명청 중국에 의한 조선외교의 거울로서의 대베트남외교-책봉문제와 '문죄問罪의 사師'를 중심으로-」(紀平英作 編, 『글로벌화 시대의 인문학(하)』, 쿄토:쿄토대학학술출판회, 2007)는 때로는 같은 조공국·책봉국이라고 인식되는 조선과 베트남에 대하여, 명청 중국이 어떻게 근본적으로 다른 외교정책을 폈던가를 서술한 것이다. 후자에 대해서는, Memoirs of the Research Department of The Toyo Bunko(No 65, 2007)에 영역본이 게재될 예정인데, 그때 읽어보아 주시면 다행이다.

서툰 연구임에도 불구하고 한국어판을 출판하는 데 의미가 있다고 생각해 주신 정태섭鄭台燮 씨를 비롯해 곤란한 번역작업에 협력을 아끼지 않으신 하정식河政植 씨, 심경호沈慶昊 씨, 홍성구洪性鳩 씨, 권인용權仁溶 씨에게 마음으로부터 감사한다. 사료수집에서는 상기의 제 선생 외에, 후지모토 유키오藤本幸夫 씨(麗澤大学 教授), 나카노 미쓰토시中野三敏 씨(九州大学名誉教授), 정광鄭光 씨(고려대학교 명예교수), 정병준鄭炳俊 씨(동국대학교 교수), 차혜원車惠媛 여사(연세대학교 교수), 노경희盧京姬 여사(쿄토대학대학원 문학연구과 유학생) 등의 협력을 얻었다. 또 이성규李成珪 씨(서울대학교 교수)와 미우라 쿠니오三浦国雄 씨(大東文化大学 教授)의 협력도 얻었다. 본서가 고가여서 한국의 독자가 읽을 수 없을지도 모른다고 걱정되어 출판사로 하여금 '[일본]국제교류기금'에 '출판조성'을 신청하도록 주선하였다. 관계 각위에게 감사한다. 한국어 번역의 최종검토와 색인작업은 쿄토대학 대학원 문학연구과에 유학중인 정선모鄭墡謨 씨의 협력을 얻었다. 몇 년에 걸쳐서 내 강의에 참가하여, 내가 말하고 싶은 것을 가장 정확하게 이해해 주고 있다고 생각하였기 때문이다. 마음으로부터 감사함과 동시에 그의 연구가 대성하기를 마음으로 기원한다.

2007년 11월 15일
후마 스스무 夫馬進

연행사와 통신사 목차

한국어판 서문 ■ 5

제1부 16·17세기 연행사의 중국관찰

제1장 만력 2년 조선사절의 '중화'국 비판 ················· 21
  1. 머리말·21
  2. 허봉과 조헌·25
  3. '중화'의 현실(1)·30
  4. '중화'의 현실(2)·38
  5. 맺음말·48

제2장 조헌의 『동환봉사』에 나타난 중국보고 ················· 53
  1. 머리말·53
  2. 중국보고와 실제의 견문(1)·56
  3. 중국보고와 실제의 견문(2)·63
  4. 맺음말·66

제3장 민정중의 「연행일기」에 나타난 왕수재 문답에 대하여 ················· 71
  1. 머리말·71
  2. 민정중의 중국여행·74
  3. 왕수재 문답의 검토·79
  4. 맺음말·91

제2부 18·19세기 연행사와 통신사에 있어서 학술논의와 학술교류

제4장 조선연행사 신재식의 『필담』에 보이는 한학·송학 논의와 그 주변 ……… 97

1. 머리말·97
2. 신재식과 그 편서 『필담』·104
3. 한학·송학 논의·121
4. 한학·송학 논의의 주변·142
5. 맺음말·161

제5장 조선통신사의 일본고학 인식 …………………………………………167

1. 머리말·167
2. 왕로, 오사카 이서에서의 고학정보·172
3. 에도에서의 고학인식의 심화·183
4. 귀로, 다시 오사카에서·195
5. 맺음말·209

제6장 1764년 조선통신사와 일본의 소라이학 ……………………………215

1. 머리말·215
2. 소라이학에 대한 인식의 진전-특히 그 저작의 획득·219
3. 소라이학파의 교감학과 고서적의 복각에 관한 지식의 진전·231
4. 귀국 후의 소라이학에 대한 소개·240
5. 필담기록에 보이는 소라이학에 대한 대응과 평가·248
6. 맺음말·257

제7장 조선통신사와 일본의 서적 ……………………………………………261

1. 머리말·261
2. 1748년 통신사와 일본의 고전적·262
3. 1764년 통신사와 일본의 고전적·268

4. 일본고전적의 조선으로의 유전·272
5. 맺음말·276

제3부 연행록과 사조선록

제8장 일본현존 조선연행록 해제 ·················285
  1. 머리말·285
  2. 해제 서목·296
  3. 해제·304

제9장 사유구록과 사조선록 ·················421
  1. 머리말·421
  2. 「책봉사록」과 「사유구록」·423
  3. 사조선록 해제·428
  4. 사유구록과 사조선록의 특질·469
  5. 맺음말·479

역자후기 ▪ 483
찾아보기 ▪ 489

제1부 16·17세기 연행사의 중국관찰

제1장
만력 2년 조선사절의 '중화'국 비판

1. 머리말

조선이 수립된 뒤로부터 멸망에 이르기까지의 5백여 년 동안, 조선의 외교정책에서 그 기본은 중국과의 관계 그 여하에 달려 있었다. 이 때문에 조선은 1년에 몇 차례에 걸쳐 외교사절을 북경으로 파견하였다. 이 외교사절은 조천사朝天使·부경사赴京使·연행사燕行使 등의 이름으로 흔히 알려져 있다.[1]

그들은 본래의 사명이었던 정치·외교 분야뿐만이 아니라 조선의 경제와 사회 혹은 문화와 사상에도 헤아릴 수 없는 영향을 주었다. 지금 여기에서 조선의 문화와 사상면에 국한해 보더라도, 예를 들면 조선주자학의 개화와 성장, 혹은 북학北學 내지 실학實學이라 불리는 학파의 출발과 전개, 또 기독교의 수용과 박해 등 어느 것 하나

---

1) 조선과 중국과의 전반적인 외교사 및 관계사로서는 全海宗,『韓中關係史硏究』(1970) 참조. 또 淸代에 국한한 것으로서는 張存武,『淸代中韓關係論文集』(1987) 참조. 朝天使·赴京使·燕行使 등의 명칭 중에서 본서에서는 '燕行使'라는 명칭을 사용하기로 한데 대해서는 본서, 제3부 제8장 288쪽 참조.

도 연행사燕行使와 긴밀히 연계되지 않는 것이 없다. 이 때문에 지금까지 연행사에 대한 많은 연구가 이루어져 왔다. 그 중에서도 천주교와 서학西學의 조선도입에 대하여, 조선후기-청조淸朝 중·후기의 조선지식인과 중국지식인과의 교우交友에 대하여, 또 실학·북학을 제창한 박제가朴齊家·홍대용洪大容·박지원朴趾源 등의 그룹에 대하여 수많은 연구가 이루어져 왔다.2)

그러나 연행사가 중국에서 무엇을 보고, 무엇을 생각했는가를 논할 때, 지금까지 그 대상이 청대淸代에 국한되다시피 하여, 명대明代에 파견된 연행사에 대해서는 거의 논해지지 않았다. 아마 그 원인은, 조선의 사상을 연구하기 위해서는 이황李滉[退溪]과 이이李珥[栗谷] 등 대표적인 사상가의 저작, 그 중에서도 주자학에 관련되는 저작을 읽는 것이 중심이 되어, 16~17세기경까지의 조선지식인이 외국으로 여행했을 때 무엇을 생각하고, 화이華夷사상이라는 것을 구체적인 관찰 속에서 어떻게 표현하고 있는가 등의 문제는 주요한 연구과제가 되지 않았기 때문이다.

청대 중기 이후의 연행사에 대해서는 약간 사정이 다르다. 중국에 간 지식인들이 본 것, 생각한 것이 그대로 조선의 근대사상과 불가분의 관계에 있기 때문에 박지원의 『열하일기熱河日記』 등 연행록燕行錄에 관한 뛰어난 연구가 다수 이루어져 왔던 것이다.

---

2) 눈에 띄는 한의 중요한 것으로 李能和, 『朝鮮基督敎及外交史』(1928) : 山口正之, 「淸朝に於ける在支歐人と朝鮮使臣-西歐キリスト敎文化の牛島流傳について-」(『史學雜誌』 44-7, 1933) : 藤塚鄰, 『淸朝文化東傳の硏究-嘉慶·道光學壇と李朝の金阮堂-』(1961) : 李相佰, 『韓國史(近世後期篇)』(1965) : 今村與志雄 譯注, 『熱河日記』 1·2(1978) : 鄭聖哲 著 ; 崔允珍 等譯, 『朝鮮實學思想の系譜』(1982)와 앞의 주 1) 張存武 著書 所收 「淸代中國對朝鮮文化之影響」 : 金泰俊, 『虛學から實學へ-十八世紀朝鮮知識人洪大容の北京旅行-』(1988) 등이 있다.

그러나 연행사의 연구, 그 중에서도 연행록을 지은 지식인들이 이역의 땅에서 무엇을 생각하고, 무엇을 자국으로 가져왔는가 등의 문제에 대하여 청대의 기록, 그 중에서도 북학파北學派가 지은 연행록에 연구가 집중되어 온 것은, 문제가 되는 북학파 그 자체에 대한 평가에도, 어떤 치우침을 낳고 있다고 생각한다. 예를 들면 북학파에 대한 평가로 자주 말해지는 것은, 그들이 청조를 이적시하여 스스로를 '소중화小中華'로 간주하는 관점에서 탈각하였다는 점이다. 더욱이 거기에는 이러한 '소중화' 관점은, 조선이 '이적夷狄'의 만주족에게 침략을 받아 유린되었던 점, 그 만주족이 일본군의 침략으로 존망의 위기에 선 조선을 구원해 준 은의恩義가 있는 명조를 멸망시키고 이를 대체한 점에 의해 생겨난 것으로 설명된다. 확실히 박지원 등의 저작에는 그대로 쓰여 있다. 그러나 박지원 등 북학파의 사상을 연구하기 위해서는 조선이 만주족에게 유린되기 이전, 즉 중국에서 말하자면 명대에 조선의 지식인들이 이 '중화'의 땅을 어떠한 생각으로 여행하였는가, 무엇을 어떠한 시각에서 생각했는가를 분명히 해 둘 필요가 있을 것이다.

그런데 이러한 종류의 연구는 아직 충분히 행해지지 않고 있는 듯하다. 예를 들면 북학을 제창한 박제가의 『북학의北學議』는 그 서문에서 밝힌 바와 같이 명말明末에 중국으로 여행한 조헌趙憲의 『동환봉사東還封事』를 의식하여 이를 모델로 작성하였다. 그러나 박제가를 논할 때 『동환봉사』의 중국기사까지도 시야에 넣은 다음에, 여기에서 한 걸음 더 나아가 말하자면, 『동환봉사』에 보이는 실제로 관찰한 것과 귀국한 뒤에 보고한 것과의 차이, 즉 그 작위성까지도 검토한 바탕 위에서 논하여져 왔던 것일까?[3] 연구의 치우침이란 이를 말한다.

조선지식인이 '이적'시한 만주족이 명조를 멸망시키기 이전, 중국을 여행한 그들이 어떠한 관점에서 이 나라를 관찰하고 있었던가를 검토하려 할 때, 다행이 여기서 참조할 만한 것으로 만력 2년(1574)에 북경으로 사행(使行)한 두 사람이 작성한 두 권의 일기가 있다. 허봉(許篈)의 『하곡선생조천기(荷谷先生朝天記)』 3권 및 조헌(趙憲)의 『조천일기(朝天日記)』 3권이 그것이다. 조헌은 앞에서 언급한 『동환봉사』의 작자이기도 하다.

그들은 분명히 주자학을 신봉하는 지식인이었지만, 청조의 속국이 된 이후의 굴절된 화이관은 당연히 아직 알지 못했다. 또 만력 2년이라면 명조에는 많은 문제가 산적하고 있었지만, 만력 말년의 퇴폐에 빠져 완전히 부패한 시기에 비하면, 아직 정치도 사회도 견실하였다. 마침 장거정(張居正)이 정권을 잡고 대대적인 개혁을 시작한 시기이기도 하였다.

만력 2년이란 조선에서는 선조(宣祖) 7년에 해당한다. 조선주자학의 태두인 이황은 수년 전에 서거하였지만, 이이는 아직 생존해 있었고, 조선주자학은 새롭게 전개되고 있었다. 허봉은 주로 이황에게, 조헌은 주로 이이에게 각각 배웠다. 물론 주자학이 갖추고 있는 화이사상도 배웠다. 그들에게 중국여행은, 그들이 받아들인 사상이 발원한 고향을 방문하는 것이기도 하고, 자기의 사상을 시험할 절호의 기회이기도 하였다.

---

3) 趙憲, 『東還封事』에서의 작위성에 대해서는, 본서, 제1부 제2장 「조헌의 『동환봉사』에 나타난 중국보고」 참조.

그들이 거기에서 실제로 무엇을 보고 무엇을 생각하였는가를 말하기 전에, 개략적인 일행의 여정과 허봉과 조헌 두 젊은 지식인의 면면을 서술해 두고자 한다.

2. 허봉과 조헌

선조 7년 즉 만력 2년의 이 사절使節은 당시 12세에 달한 만력제萬曆帝의 탄생 축하를 위해 조선국왕이 파견한 것이다. 조선에서는 명나라 천자의 탄생을 축하하기 위해 성절사聖節使를 파견하는 것이 매년의 통례이고, 이 사절에 아등의 특별한 점은 없다. 일행의 총수는 36인이었는데, 이것도 예년의 수준에서 벗어나는 점은 전혀 없었다.4)

일행은 5월 11일에 한양漢陽[서울]을 떠나 6월 10일에 국경에 접한 의주義州에 도착하여 6월 16일에 압록강을 건너 명조의 영토에 발을 내딛고 있다. 요동지방의 중심지인 요동에 도착한 것이 6월 23일, 여기에서 조공을 위한 사무 수속을 마치고 곧장 북경으로 향한다. 광녕廣寧에서 산해관山海關에 걸쳐서는 몽골족의 발호가 두려워 빠른 걸음으로 통과하여 산해관에 도착한 것이 7월 18일의 일이다. 그 후 풍윤현豊潤縣·계주薊州·통주通州를 거쳐 8월 4일에 북경에 입성하고 있다.

북경에서는 8월 17일에 궁정으로 입궐하여 만력제의 성절聖節을

---

4) 『嘉靖重修遼東志』 권4, 「典禮」, 夷人入貢, 朝鮮入貢에서 인원은 30인이라고 한다. 이 점, 청대의 燕行使가 때때로 300인을 헤아리고 있던 것과는 다르다.

축하하는 목적을 완수한 외에 예부禮部가 주최하는 연회에 참석하여 『대명회전大明會典』의 조선관련 기사를 고치는 교섭을 행하고, 또 북경의 유람, 3일간의 교역 등을 행한다. 그 가운데 북경체재는 약 1개월이다. 그리고 9월 6일에 북경을 떠나 원래 왔던 길을 따라 귀국한다. 국경의 압록강을 다시 건넌 것이 10월 10일, 이 날은 이미 눈이 올 듯한 날씨였다. 여름인 6월 16일에 압록강을 건너 입경入境한 뒤로부터 중국에서의 체재는 거의 4개월이었다. 그 여정을 통해 보더라도, 그들이 처리한 일이라는 관점에서 보더라도, 이 사절에 여타 사절과는 다른 특징이 보이지는 않는 듯하다.

다만 이 일행이 다른 수많은 연행사와 다른 것은 일행에 허봉과 조헌이라는 어딘가 남다른 지식인이 동시에 참가하고 있었던 점이다.

허봉은 서장관書狀官의 자격으로 이 사절단에 참가하였다. 서장관이란 일행을 감독하는 동시에 도중에서 일어난 사건이나 견문한 바를 기록하여 귀국 후에 보고하는 것을 본연의 임무로 삼는다. 이 때 그는 24세였는데, 성절사에 참가하고 싶다고 자원하여 허락을 받고 다녀온 여행이었다. 그는 양천허씨陽川許氏라는 명문출신이었고, 부친인 허엽許曄도 저명한 인물이다.[5]

허봉은 그 세 아들 가운데 차남으로 태어났지만, 그 아우가 유명한 허균許筠이었다. 허봉과 허균은 모두 자기의 재주를 믿고 상궤를 벗어난 언동이 많았던 듯하다. 허봉은 상언上言이 문제가 되어 유배되고, 허균도 또한 모반을 꾀했다는 죄로 처형되기에 이르렀다. 허

---

5) 許筠의 집안과 약력에 대해서는 『연행록선집』[(國譯燕行錄選集) 권1(고전국역총서 95, 1976)]에 수록된 許筠, 『荷谷先生朝天記』에 붙인 尹南漢, 「해제」를 참조.

봉이 스스로의 재주를 믿었던 것도 무리는 아니었다. 그것은, 그가 명문출신이었던 데다가, 선조 2년(1569)에는 18세라는 젊은 나이에 수석으로 조선에서는 명예롭기 그지없는 생원生員으로 급제하고, 나아가 6년(1573)에는 문과文科에 급제하며, 그 후 권지승문원부정자權知承文院副正字·예문관검열藝文館檢閱·예조좌랑禮曹佐郎 등 2년 정도의 기간에 청요淸要의 직책을 전전하고 있었기 때문이다.6)

그는 이황에게 배워 그를 높이고 숭상하여 북경으로 가는 여행 도중에서도 이황을 꿈에서 뵙고, 꿈에서 『태극도설太極圖說』의 의문점을 질정質正하고 있을 정도이다.(日記, 7월 14일)7) 귀국 후 홍문관수찬弘文館修撰 등이 되지만, 뒤에 이이李珥를 서인파西人派에 가담하는 자라고 비난하는 최선봉이 되었고, 이이가 타계한 해 즉 선조 17년(1584)에 당쟁탓으로 좌천되어 유배되기까지 이르렀다.

당시 사람들은 허봉을 평하여 "사람됨은 시와 술로 스스로를 즐기고, 입신출세의 계책을 꾀하지 않을 뿐더러 남을 모함하려는 마음도 없다. 다만 문인의 기질은 경박하기 마련인데, 허봉도 이러한 기질을 갖고 있다"8)고 말했다고 하고, 『하곡선생연보荷谷先生年譜』에서도 "비분강개하여 일을 논하고, 국왕의 앞이라고 해서 굽히는 바가 없다. 때로는 역정을 사는 것도 대수롭지 않게 생각하여 강하게 간하여, 국왕도 그 때문에 떨고, 곁에 있는 자는 땀이 날 정도였지만, 선

---

6) 『荷谷先生年譜』. 한편 柳希春『眉巖日記草』에는 이 시기의 許篈의 소식을 자주 전하여 주고 있어, 상당한 촉망을 받고 있었음을 알 수 있다.
7) 한편 李滉, 『退溪集』 권33에 「答許美叔」이라는 제목의 글이 있다. 美叔은 許篈의 자인데, 선조 4년(1571)의 글이다.
8) 『宣祖實錄』 宣祖 18년 4월 丁巳.

생은 전혀 신경 쓰지 않았다"고 평하고 있다. 그가 죽은 것은 선조 21년(1588)의 일이었는데, 아직 38세의 젊은 나이였다.

한편 조헌은 중종中宗 39년(가정[嘉靖]23년; 1544)에 태어났으니, 허봉보다 7세 연상이었다.9) 명종明宗 22년(1567)에 명경과明經科에 급제하고, 그 후 정주교수定州敎授 등 주로 교육방면에 종사하였다. 허봉과 같이 명문 출신은 결코 아니고, 그 『연보年譜』에 '문지비미門地卑微'라고 적혀 있듯이 오히려 집안배경이 없이 빈곤한 가정에서 자라 스스로 경작하고 스스로 땔감을 마련하며 스스로 소를 길렀다고도 한다.10) 그 학문도 이황이 아니라 주로 성혼成渾과 이이李珥로부터 전수받은 것이었다.

중국여행은 그가 31세 때의 일로서 직함은 질정관質正官이었다. 질정관이란 중국의 문물과 풍속에 대하여 조선에서는 잘 알 수 없는 것을 질정하여 오는 관리를 말한다. 귀국 후 4개월의 이국체험을 바탕으로 장문의 의견서를 국왕에게 제출하는데, 이것은 『동환봉사』의 이름으로 알려져 있다.11)

귀국 후 바로 허봉과 조헌은 모두 당쟁의 화 속에 휩쓸려, 이이를 비난하는 허봉에 대하여 조헌은 어디까지나 이이를 지지한다. 조헌은 허봉에 대하여 "본성이 흉악함으로 바뀐 자"라든가, "온 나라를 동란에 빠뜨려, 도道에 어긋나고 명明을 속인다"는 말을 쏘아붙일 뿐만 아니라 함께 중국으로 여행한 때를 뒤돌아보며 "현인을 미워하고, 출세를 원하는 마음은 이미 이때부터 쌓여 있었다"고 혹평을 가

---

9) 趙憲, 『重峯先生文集』(영조 24년[1748] 刊本)에 수록된 부록, 年譜. 본고에서 사용한 趙憲, 「朝天日記」는 본 文集 권10~11.
10) 『海東名臣錄』 권7, 「趙憲」.
11) 앞의 주 3)의 拙稿 참조.

하고, 그때 그의 정체를 꿰뚫어보지 못했다고 부끄러워하고 있지만,[12] 만력 2년의 연행燕行 때에는 그 후 두 사람의 관계가 그와 같은 식이 되리라고는 아마 짐작도 못했을 것이다.

　더욱이 허봉이 불우하게도 젊어서 세상을 떠난 것, 또 조헌이 임진왜란 시에 의용군을 이끌다가 역시 비명횡사하리라고는 서로 알 수가 없었다. 허봉이 명문출신이었음에 비하여 조헌이 '문지비미門地卑微'한 출신이었기 때문에, 동행한 두 사람의 기풍이 달랐으리라는 점은 대개 추측할 수 있겠지만, 분명한 것은 두 사람 모두 주자학을 신봉하고, 스스로의 재주를 믿고 장래를 기약하여, '중화'의 실태를 조금이라도 상세하게 알리는 의욕을 갖고 있었던 점이다. 허봉의『하곡선생조천기』와 조헌의『조천일기』를 읽고 비교해 보면, 역시 허봉 쪽이 보다 재기가 넘치고 평론도 준엄하다. 그러나 양자가 관찰한 대상 혹은 그 관점에 대해서 말하자면, 그들의 출생과 경력의 차이에도 불구하고, 의외에도 퍽 유사하다는 사실을 어느 누구도 알아차리게 될 것이다. 두 자료를 여기서 서로 보완하는 것으로 사용 가능하고, 또 당시의 조선지식인에 의한 전형적인 중국관찰의 하나로 간주할 수 있는 것은 이 때문이다.

　한편 두 자료 모두 일기의 형식을 취하고 있지만, 스스로의 행동이나 마음의 움직임에 어떤 조리條理를 붙이기 위하여 귀국한 뒤 정리하거나 혹은 문헌자료를 덧붙여 썼을 가능성을 고려해야 한다. 특히『하곡선생조천기』는 그 가능성이 높다. 그러나 두 자료에 기본적인 부분에서 서로 반대되는 기술이 없는 점, 두 사람의 관찰과 사고

---

12) 앞의 주 9) 권5,「辯師誣兼論學政疏」(선조 20년 10월).

를 보는 것이 첫번째 목적이라는 점에서 그러한 정리나 보완·정정이 있었다 해도 그것은 큰 문제가 되지 않는다고 생각한다.

3. '중화'의 현실(1)

　명대에 조선은 수많은 조공국 가운데 모범생으로 간주되고 있었다. 가정 16년(1537) 중수重修의 『요동지遼東志』 권9, 「외지外志」 조선조條에는 "우리 조대朝代에 이르기까지 입공入貢하여 가장 조심성이 많은 점은 여러 나라 가운데 일등이다"고 기록하고, 또 만력 15년(1587)에 간행된 『만력 대명회전』 권105, 「조공」 조선조에서도 "여러 나라에 비하여 가장 공손하고 신중하다"고 기록하고 있다. 가정 26년(1547)부터는 이 가장 마음에 드는 조공국 사절에게 천단天壇과 국자감國子監에 대한 특별참관을 허용한다는 우대조치를 취할 정도였다. 명조에게 조선이 마음에 들었던 것은 일본·타타르·오이라트·안남安南 등과 같이 걸핏하면 반항적인 태도를 취하거나 명조가 정한 조공규정을 위반하거나, 게다가 때로는 무력에 호소하는 등의 행동이 없기 때문만은 아니다. 적어도 표면적으로는 공순恭順한 정치적·외교적 자세뿐만이 아니라 명조를 '중화'의 나라로 생각하고 '중화'문화의 정수를 배우려고 거국적으로 달려들고 있는 자세가 마음에 들었던 것이다.

　'중화'의 정수란 사람과 사람 혹은 나라와 나라 사이의 교제에서 겉으로 드러나는 예禮이고, 또 보다 내면으로부터 그를 떠받치는 인

仁·의義 등의 덕목이었다. 명나라 사람들은 조선이 '중화'의 덕을 흠모하고, 그 가치체계를 거국적으로 배우려 하고 있는 점으로부터 조선을 자주 '예의의 나라[禮義之邦]'로 불렀다. 조선사절에 대하여 천단의 참관을 허용한 것은 그곳이 천명을 받아 명조가 '화華'의 지역을 다스리고, 또 '이夷'의 지역도 포함한 천하를 통솔하는 정당성을 갖는 증거의 땅이었기 때문이고, 국자감의 참관을 허용한 것은 그곳이 '중화'의 정수가 머무는 곳이었기 때문임은 말할 나위도 없다.

그렇다면 실제로 '중화'의 나라는 '이적'의 나라에서 온 사절을 어떻게 접대하고, 사절들은 이를 어떻게 평가했던 것일까?

우선 6월 18일, 그 전날 숙박한 곳의 한 군관軍官이 부하를 보내어 송별물품을 주었다. 일행은 이 부하들에게 조선에서 지참하여 온 부채와 모자를 답례로 보낸 바, 부하들은 그것이 너무 적다고 말하며 성을 내고는 이를 내던져버리고 돌아갔다. 그런데 얼마 후 부하 가운데 한 사람이 되돌아와 내던진 부채와 모자를 줍더니 이를 가지고 돌아갔다. 이를 본 허봉은,

> 염치가 무엇인가 돌아보지 않는구나. 이름은 중국이지만, 실제로는 달자達子(가장 저급한 야만인)와 다름이 없다.

고 평하였다.(日記, 6월 18일) '달자'란 몽골족 등을 가리키고, 당시로서는 상대를 가장 업신여기는 말이다.

다음에는 요동도지휘사遼東都指揮使이다. 요동도지휘사는 연행사가 북경으로 향하기에 앞서 황제에게 이 취지를 보고할 의무를 짊어짐

과 동시에 공물貢物을 싣는 수레를 조달하는 등 접대역할로서 중요한 사명을 지녔다. 이 임무를 맡은 진언陳言이라는 인물은 일행과 만나자마자 조선에서 출판된 『황화집皇華集』·경면지鏡面紙·사립絲笠을 가져오도록 일러두었는데, 왜 가져오지 않았는지 힐문하였다. 통역이 변명을 하자, 거기에 더하여 '해달피海獺皮·만화석滿花席·백포白布·화연花硯·잡색주雜色紬·정삼整蔘'이라고 종이에 쓰고, '모단이필帽段二疋, 나일필羅一疋, 대단이십필大段二十疋'이라고 덧붙여 쓰고는 이를 가져오라고 강요하였다. 조헌은 도지휘사 진언陳言의 언동을 평하여,

　　염치가 없음이 이와 같았다.

고 기록하고(日記, 6월 23일), 허봉도 완전히 동일한 표현으로 기록하였다.(日記, 6월 24일)

　이 요동지휘사 진언은 중국인 사이에서도 매우 평판이 나빴다. 허봉의 일기에 의하면, 어떤 중국인은 "이처럼 진언이 탐욕스러운데, 조선사절은 왜 예부에 호소하지 않는가"라고 말했다고 한다. 조선측은 "우리들은 외국인이기 때문에 예부에 함부로 호소할 수 없습니다. 당신들이야말로 왜 진언의 행위를 순안巡按의 관아官衙에 호소하지 않습니까"라고 되받아치자, 이 중국인은 웃으면서,

　　순안어사도 돈을 매우 밝힙니다. 도지휘사님과는 이미 좋은 사이입니다.

라고 답했다고 한다.

　조헌은 요동으로 입성入城하기 전부터 숙소의 주인이 순안어사를

평하여 "요동으로 왔을 때는 말라깽이[瘦蠻子]였는데, 지금은 뚱뚱이[胖蠻子]가 되어버렸다"고 혹평하는 것을 들었는데, 정말이지 오랑캐[蠻子]라고 욕해도 지당하다고 기록하고 있다.[『日記』, 6월 25일]

한 지방도시에서 이러한 체험을 한 그들은 '중화'의 중심지인 북경에서도 동일한 체험을 반복하였다. 이번에는 그들을 접대하고 수행하는 직책을 짊어진 홍려시鴻臚寺 서반序班인 고운정高雲程이었다. 일행이 북경에 입성하고 숙소인 회동관會同館에 자리잡은 다음날 고운정이 찾아와 자기가 좋은 방으로 안내받지 못했다고 말하며 성을 내고는 "누가 조선을 '예의의 나라'라고 말하는가"라는 말을 던지고 나가버렸다고 한다.[『趙憲의 日記』, 8월 5일]

그 후도 이 홍려시 서반은 계속해서 그럴 듯한 말을 걸어와서 금품을 우려내든가, 쐼이 통해지지 않게 되면 심술궂은 말로 바뀌었다. 조선사절로서 염려되는 것은 새로 편찬되는 『대명회전』에 조선의 성립에 관한 내용이 어떻게 고쳐 써지는가 하는 점이었는데, 이를 알아챈 홍려시 서반은 "이 문제는 나의 한 마디 여하에 달려 있다. 은 30냥을 나에게 보내는 것이 어떠한가"라고 뇌물을 요구하였다.[『허봉의 日記』, 8월 18일]

더욱이 귀국시에는 황제로부터 조칙이 내려질까 여부를 통역이 물어보자, 조칙에 대한 정보를 얻기 위해 내각內閣에 가려면 반드시 문지기에게 뇌물을 주어야 한다며, 자기에게 5백 냥을 내면 알아봐 주겠다고 말을 걸어왔다. 허봉은,

고운정이 탐욕스러워 거리낌이 없는 것이 이 정도에 이르렀다.

고 일기에 남기고 있다.[『일기』, 8월 30일]

한편 황제로부터 사절일행에게 하사되는 물품에 대하여 "나에게 뇌물을 주면, 조칙으로 내리는 하사품은 내가 힘써 좋은 물건을 내리도록 선처하겠다"고 말을 걸어왔다. 조헌도 이에 대하여,

그 도리도 없이 금품을 우려내는 것이 이와 같았다.

라고 기록에 남겼다.[『일기』, 9월 2일]

자기의 요구가 모두 받아들여지지 않게 되자 다음은 심술궂은 말로 나왔다. 사절은 귀국할 때 궁성에 가서 궁정 내에서 정렬하여 만력 황제의 옥안을 뵈었는데, 고운정은 그 정렬이 가지런하지 않다고 비난하고 조헌에 대하여,

예의의 나라 사람이라고 할 수는 없다.

고 말했다고 한다.[『일기』, 9월 5일] 이것을 허봉에게 말하자 허봉은 바로 송대宋代의 고사를 들었다.

송나라 때 홍려시의 관리가 견책을 받는 경우가 셋이 있었다. 사대부와 이민족 사람 및 낙타 등 셋이 가장 정렬시키기 어려웠던 것이다. 사람을 낙타와 함께 하는 따위는 참으로 괴로운 일이 아닌가!

물론 조선사절에 대한 접대가 극도로 정중한 부분도 있었으니, 예를 들면 북경에서는 다른 외국사절에 대해서는 환영연뿐인 것을

조선사절에는 이것 말고도 송별연도 열어주었는데, 이것에는 조헌도 "정중하게 대하는 것이 이와 같았다"고 솔직하게 기쁨을 감추지 않는다.[『일기』, 8월 26일] 또 귀국시에는 '험포지례驗包之禮'라고 칭하여, 외국사절들이 금수품을 가져가는가 여부를 확인하기 위해 예부에서 일행의 짐을 점검하는 것이 통례였지만, 조선사절에 대해서는 예의의 나라의 사자使者이기 때문이라 해서 특별히 이를 면제해 주었다. 허봉도 이에 대해서는 "우리나라를 정중하게 대접해 주는 것이 극진하다"고 솔직하게 감사의 마음을 일기에 써넣고 있다.[『일기』, 8월 30일]

그러나 조선사절과 이들을 접대하는 중국관료 사이에서 한편으로는 치열한 전투가 전개되었다. 홍려시 서반 등 접대담당은 대개 조선을 '예의 나라'라고 불렀다. 물론 그것은 "예의가 철저하지 못하고 어중간하다"라고 말하고자 하는 오히려 멸칭에 가까운 말이었다. 이에 대하여 조선사절은 마찬가지로 '중화'의 가치인 예의라든가 염치라든가 화이華夷라든가 하는 등의 용어를 사용하여 응전하였다. '중화'의 접대담당에 대하여 "저희들은 예의의 나라에 살고 있기 때문에 …"[『趙憲의 일기』, 8월 30일]라고 되받아치고, '염치없음'이라든가 '달자達子'라든가 '만자蠻子'라든가 하는 등으로 불러 역습하였다. 그들은 이미 배워온 '중화'의 가치체계를 그대로 사용하여, '중화'의 현실에 맞서 응전하고 있었던 셈이다.

그들 사절에 대한 접대와 관련하여 여기서 하나의 에피소드를 소개하고자 한다. 그것은 8월 25일 조선사절에게 특별히 참관이 허락된 천단으로 갔을 때의 일이다. 허봉은 일찍이 알고 지내던 사이였던 등계달滕季達이라는 중국인과 천단에서 만나기로 약속했던 듯하다. 그것은 그들이 숙박하는 회동관은 관리가 엄중하고, 예부의 관계자 등 특별한 자를 제외하고는 출입이나 면회가 금지되어 있었기 때문이다.

등계달은 그로부터 1년 전에 명조의 사절을 따라 조선으로 갔던 적이 있었는데, 허봉과는 이때 알게 되었다고 생각된다. 그래서 등계달이 친구와 함께 약속대로 찾아와서 허봉과 만나 예禮를 주고받으려던 참이었다. 그런데 예부 회동관제독會同館提督이 보낸 작자가 허봉 등을 몰래 뒤를 밟아와서 어떠한 대화를 하는지 귀 기울여 듣고 있었던 것이다. 조선에서부터 수행하여 온 통역은 누설될 것을 걱정하여 대화를 중지시켰다. 등계달은 이 사태를 보고 자기도 모르게 혀를 내밀고, "그러면 후일 출발할 때, 숭문문崇文門 바깥에서 얘기합시다"라고 말하고 떠나갔다고 한다. 현실은 결코 달콤하지 않았다. 이때의 일을 허봉은,

> 중국의 법이 엄중하다는 것, 여기에서 그 극에 달했다고 할 수 있다. 이것은 완전히, "일시동인一視同仁하여 내외의 차별이 없다"는 이념에 어긋나는 바이다. 통탄스러울 뿐이다.

고 기록하고 있다. 등계달은 이때 약속을 지키고자 했던 것 같다. 허봉 등이 숙사로 돌아오는 도중에서 기다려 맞이해 주었다. 그러나 그는 조선으로 갔던 때의 대접에 감사를 표하고, 조선국왕에게 안부를 전해달라고 말하고, 『대명회전』 개정시에 조선 측을 위해 노력하겠다고 말하고는 바로 떠나갔다. 허봉에 의하면 다른 사람의 이목을

두려워했기 때문이었다.

이때의 추억은 허봉에게 마음 깊숙이 각인되었던 듯하다. 귀국 후 『조천기』를 지을 때 후기에서 특별히 다음과 같이 적고 있기 때문이다.

대저 화이·내외의 구별은 원래 분명하게 나누어져 있어, 흐트러져서는 안 된다. 원래 어떤 사람이 구습을 완전히 씻어내어 날마다 새롭게 변화하여, 예의의 영역으로 나아간다면, 성제명왕聖帝明王은 당연히 일시동인一視同仁으로 자기의 자식을 보는 것처럼 보아야 하고, 의심하거나 경멸하거나 하는 마음이 있어서는 안된다. 그런데 지금은 황제가 우리나라를 대우하는 것이 이와 다르다. 몇 겹으로 문을 닫고 견고하게 자물쇠를 채워, 이리하여 출입을 막는 것이 마치 도적을 보는 듯하고, 다만 조금이라도 제멋대로의 행동거지가 없는가 벌벌 떨며 두려워하고 있다. 그렇기 때문에 학문적 수양이 있고 신분이 있는 분들 가운데 예의에 맞게 회동관 안으로 들어와 고전에 대하여 논하고, 풍속에 대하여 물으려는 자가 전혀 없는 것도 아닌데, 천조天朝에 금령禁令이라는 아무 쓸 데 없는 것이 있으니, 참으로 옹색하다고 해야 하지 않겠는가? 이 때문에 조선사람으로 천조에 가는 자는 귀가 들리지 않고 눈이 보이지 않는 자와 마찬가지여서, 일찍이 자루를 가지고 나아가 수확물을 가득 담아 돌아온 자를 본 적이 없다. 이것은 황조皇朝의 제도에 일대 결함이 있는 것이고, 우리 동방의 수치이며, 한스러운 바가 아니겠는가?

숙소인 회동관에는 몇 겹이나 자물쇠가 채워져 있어 중국지식인과의 자유로운 교류는 금지되고, 회동관 밖에서 만나려 하면 스파이가 미행하고 있었다. 일시동인·내외일가內外一家는 거기서는 완전히 외관에 불과하고, '천조天朝'라고 생각하여 '중화'의 덕을 흠모하여 오는 자에게도 의심을 품어 중국지식인과도 자유롭게 접촉할 수 없게 하였다. '중화'의 모범생은 이상과 같은 현실을 관찰하고, 직접 체험하여 이와 같은 비판을 내리고 있었다.

4. '중화'의 현실(2)

다음에 예의와 중화의 총본산인 국자감을 방문했을 때 그들은 거기서 무엇을 본 것일까? 국자감 참관은 천단 참관과 함께 조선사절에게만 특별히 허용된 것, 그리고 그 의미하는 바에 대해서는 이미 언급하였다. 확실히 국자감은 울창한 숲의 나무속에서 무척 고요한 모습으로 그들 앞에 나타났다. 그러나 자세히 관찰하면 "학생은 없고 담은 대부분 무너져", 오경관五經館은 그곳이 본래 장서藏書를 위한 공간이었음에도 불구하고, "안에는 먼지가 쌓여 있을 뿐이었다."「『허봉의 일기』, 8월 20일」 허봉은 또 "선생은 의자에 걸터앉아 있을 뿐 강의를 하지 않고, 제자는 향리로 뿔뿔이 흩어져 가고 있다. 국자감의 우두머리인 좨주祭酒와 차석인 사업司業은 빨리 고관으로 출세할 것만을 생각하고, 학생인 감생監生·세공생歲貢生은 관료가 되는 임명장을 얻는 것만을 기뻐하고 태만하여 예의염치가 무엇인지를 모른다. 학교가 이렇게까지 몰락하게 되었다면, 인재가 옛날만 못한 것도 당연하다고 해야 할 것이다"라고 탄식하였다.

조헌에 이르러서는 선현이 남긴 훈계가 누구의 눈에도 띄지 않는 곳에 방치되어 있을 뿐임을 목격하고, 이래서는 "어떻게 해서 학문을 가르치고, 마음과 눈을 경계할 수 있을까? 생각한 바 그대로 중국인이 사학斯學 즉 공자孔子가 말씀하신 마땅한 학문을 숭상하지 않고 있음을 알았다"고까지 일기에 기재하였다.[『趙憲의 일기』, 8월 20일]

게다가 국자감의 학생들을 붙잡고 실제로 그들과 말을 해보면, 그 무례함을 알게 된다. 즉 자신들의 질문에 각각 대답해 준 데 대한 답례로 지참해 간 붓과 먹을 끄집어내어 선물로 주려는 순간, 학생들은 앞을 다투어 서로 빼앗고 싸웠던 것이다. 이를 목격한 조헌은 "도대체 매일 무엇을 배우고 있는 것일까"라고 기막혀 했고, 허봉은 "사풍士風을 겨루지 않음이 이러한 지경에 이르렀다"라고 크게 경멸하였다. 혹은 학생이 진귀한 외제품을 눈앞에서 보게 되면 그에 달려들고자 하는 것이 인지상정이라고 말하는 자가 있을지도 모르겠다. 그러나 '중화'의 가치를 신봉하는 조선에서 온 사절이 문文의 정수의 장소인 국자감에서 이러한 사태를 목격하고서는 달리 기술할 방법이 없었던 것이다.

다음에는 그들이 이 이국의 땅에서 학문조류와 문화동향을 들어 알게 되었을 때 어떻게 반응하고 기록하였는가를 살펴보고자 한다. 구체적으로는 왕수인王守仁[陽明]을 어떻게 평가해야 하는가 하는 문제이다.

그들이 여행한 만력 2년(1574)경은 양명학陽明學이 참으로 일세를 풍미하는 추세에 놓여 있었다. 이러한 학문과 문화의 새로운 조류는 매년 몇 번이나 서울과 북경을 왕복하는 연행사의 보고에 의하여 주자학을 배우는 조선지식인에게 커다란 반향을 불러일으켰다. 이황에게 배운 허봉 바로 이 사람이 중국의 새로운 정세 즉 양명학의 융성에 가장 관심을 기울인 한 사람이었다. 이미 언급한 대로 그는 자원하여 연행사燕行使에 참가하였지만, 그 목적은 중국지식인들이 정말로 양명학을 받아들이고 있는가, 어느 정도 신봉하고 있는가를 스스로 직접 확인해 보는 데 있었던 것은 아닐까 생각한다. 게다가 말하자면, 왕양명이 성학聖學의 전당인 공자묘孔子廟에서 공자의 제자로서 배향配享되고 있는지도 모른다는 소식이 있는데, 과연 이것이 정말인지 확인하고, 스스로 북경에 가서 그 귀추를 알아보는 것이 그의 첫번째 관심이고 연행의 목적이 아니었을까 추측되는 것이다.[13]

양명을 공자묘에 배향해야 한다는 의논은 이미 융경제隆慶帝가 즉위한 직후에 나왔지만, 고공高拱 등의 반대로 그 시비의 결정은 일단 보류되었다.[14] 양명배향의 시비가 다시 시끄럽게 논의된 것은 허봉 등의 연행에 앞서 1년여 전부터의 일이었다. 이제 『명실록明實錄』 기재의 기사를 중심으로 논의의 경과를 따라가 보면, 우선 예과급사중禮科給事中 종홍섬宗弘暹이 왕양명을 배향해야 하는가를 회의에 붙이라는 상주문을 내었다.[15] 다음에 순안절강감찰어사巡按浙江監察御史 사정걸謝廷傑이 "공孔·맹孟·주周·정程 이후의 이른바 대유大儒 가운데 양명보다 나은 자가 없다"고 말하면서 설선薛瑄과 함께 공자묘에 단연코

---

13) 조선에서의 陽明學 수용에 대해서는 李能和, 「朝鮮儒界之陽明學派」(『靑丘學叢』 25, 1936) : 高橋亨, 「朝鮮の陽明學派」(『朝鮮學報』 4, 1953) 등 참조. 다만 허봉의 연행에 대해서는 두 논문 모두 전혀 언급이 없다.
14) 沈德符, 『萬曆野獲編』 권14, 「四賢從祀」 및 耿定向, 『耿天台先生文集』 권2, 「應明詔乞襃殊勳以光聖治疏」 혹은 『王文成公全書』 권38, 「請從祀疏」 등 참조.
15) 『明實錄』 隆慶 6년 12월 辛未조.

모셔야 한다고 하는 상주를 올렸다.16) 또 섬서감찰어사陝西監察御史 이이李頤가 호거인胡居仁을 설선·왕수인과 같이 배향하자는 주장을 하자, 그 상주문은 예부에 내려지고 있다.17) 강서순무江西巡撫 서식徐栻도 왕양명을 설선과 함께 배향해야 한다는 상주를 하였다.18)

이상은 배향찬성파의 의논이지만, 이에 대하여 병과급사중兵科給事中 조사성趙思誠이 반대론을 상주하여 역시 예부에 내려지고 있다.19) 예부의 의견으로서는 찬성파와 반대파는 생각이 다르기 때문에 한림원翰林院 등에 명하여 토의하도록 하라고 상주하고 있다.20)

한편 남경복건도어사南京福建道御史 석가石檟가 상주한 배향반대론이 예부에 내려지고,21) 호과급사중戶科給事中 조참노趙參魯가 상주한 찬성론도 마찬가지로 예부에 내려지고 있다.22) 공부판사工部辦事 진사進士 추덕함鄒德涵은 왕양명을 모셔야 한다고 논하였다23) 다음해 2년에는 순안절강어사巡按浙江御史 소름蕭廩이 왕양명을 모셔야 한다고 논하니, 역시 예부에 내려지고 있다.24) 이 동안 이 문제에 대하여 가장 큰 책임을 지고 있는 예부상서 만사화萬士和도 역시 왕양명을 모셔야 한다고 상주했다.25)

---

16) 『萬曆疏鈔』 권35, 謝廷傑, 「崇祀大儒 … 疏」, 萬曆元年 정월 : 『明實錄』 萬曆 원년 5월 戊戌조.
17) 『萬曆疏鈔』 권35, 李頤疏 : 『明實錄』 萬曆元年 정월 丙戌조.
18) 동, 萬曆元年 2월 乙丑조.
19) 동, 萬曆元年 3월 乙酉조.
20) 동, 萬曆元年 5월 庚子조.
21) 동, 萬曆元年 5월 戊戌조 및 7월 戊子조.
22) 동, 萬曆元年 7월 壬寅조.
23) 동, 萬曆元年 11월 甲申조.
24) 동, 萬曆2년 6월 辛未조.
25) 萬士和, 『萬文恭公摘集』 권12, 「覆新建伯從祀疏」, 萬曆2년 6월부터 3년 9월에 걸친 上疏.

이와 같이 허봉 등이 중국에 발을 내딛게 된 것은 바로 왕양명을 배향해야 하는가에 관하여 눈부신 논전論戰이 전개되어 『명실록』에 의거하는 한 찬성파가 우세한 정황 속에 있을 때였다. 허봉은 입국 후 겨우 10일째였던 6월 26일 요동의 어느 서원을 찾아가 4명의 생원과 서로 알게 되자 바로 이 문제가 어떻게 되었는지 글로 써서 물어 보았다. 허봉의 질문은 "왕수인의 사설邪說이 성행하고 있는데, 이것은 도道가 참으로 무너지려 하고 있는 것이 아닌가?"라는 명백하게 가치판단을 동반한 것이었다. 4명의 생원이 양명학은 결코 사설이 아니며 양명은 이미 공자묘에 배향하게 되었다고 대답하자, 양명학은 매우 그릇된 것이고 배향은 왕안석王安石을 함께 제사지내는 것과 마찬가지로 크게 잘못된 일이라고 길게 써 늘어놓았다. 이처럼 평행선을 긋는 듯한 논란이 계속되어, 양명학을 옳다고 하는 4명이 굽히지 않음을 알게 되자,

> 나는 그들이 완고하고 천박한 자[固滯鄙陋]로서 아무리 말해도 이해하지 못함을 알고 …

라고 일기에 기록하고, 상대를 경멸하고는 그 자리를 떠났다. 다음에 숙소로 돌아와서는,

> 사설邪說이 멋대로 유행하고, 금수가 사람을 위협하며, 사람으로서의 윤리가 절멸하기에 이르러 국가는 참으로 혼란과 멸망으로 나아가고 있다.

고 기록하였다. 여기에서 보이는 '사설횡류 금수핍인邪說橫流 禽獸逼人'

이란 말할 나위도 없이 『맹자』에 보이는 말로서 요순堯舜이 나타나기 전이나 주紂의 시대처럼 혹은 공자가 『춘추』를 편찬하고, 맹자가 묵자墨子나 양주楊朱와 같은 이단자를 바로잡은 때와 같이 시대의 혼란을 탄식하고 남을 이단자로 배격할 때 반드시 사용되는 말이다. 예를 들면 불교·육구연陸九淵·왕양명을 공격하는 진건陳建의 『학부통변學蔀通辨』에는 이러한 종류의 말투가 자주 보인다. 그러나 통상 이것은 '중화'에 속한 자가 그 시대와 세인世人을 탄식하며 배격할 때 사용된다. 즉 허봉은 여기에서 '중화'인이 되어, '중화'인을 공격하고, '중화'의 문화와 정치의 현상을 우려하였다.

또 산해관을 넘어 계주薊州와 통주通州로 이르는 도중에서 어떤 국자감생과 서로 알게 되었을 때에도 허봉은 양명 배향문제를 묻고 있다. 그렇지만 이번에도 이 국자감생은 왕양명을 양지良知의 성학聖學을 밝힌 인물로 평가하는, 양명학을 찬미하는 자였다. 배향에 대해서 최종적인 결론은 나지 않고, 자세히 알려면 『양명문록陽明文錄』과 『양명연보陽明年譜』를 구입해서 읽어보라고 간절하게 대답해 준 이 인물에 대하여 허봉이 취한 반론은 거의 상대를 설복시키려는 것이었다.26)

이 대화가 행해진 다음날, 이제 왕지부王之符라는 거인擧人과 만나 문답을 하게 되었는데, 여기에서 겨우 왕양명을 위학僞學의 무리로 배격하는 인물을 만나게 된다. 여기에 이르기까지의 약 1개월 반 동안 '중화'의 땅은 그에게 양명학 일색으로 덧칠해진 곳으로 비쳤던 듯하다. 허봉에게 이 거인은 대단히 좋게 보였던 듯 "몹시 거친 흐름 속에

---

26) 『荷谷先生朝天記』 8월 2일.

서 상대를 바로잡고, 우뚝 선 기둥이라고 해야 한다. 나는 길을 떠난 지 수천 리만에 겨우 이 사람을 얻었다"고 일기에 기록하였다.(8월 3일)[27]

이상 허봉과 조헌이 '중화'의 문화와 학술현상을 어떠한 관점에서 관찰하고 어떠한 평가를 내렸는가, 국자감에서 목격한 일과 양명 배향문제에 대하여 보아왔다. 그것은 앞에서 본 그들에 대한 접대에 관해 내린 평가와 마찬가지로 극히 부정적이었다. 중국인을 '완고하고 천박한 자'라고 평가하고, 그 시대를 "사설邪說이 멋대로 유행하고 금수가 사람을 위협하는" 시대로 평하였다.

물론 4개월의 중국체재 속에서 적극적으로 긍정적인 것으로 평가한 것도 매우 많았다. 지금 허봉의 일기에 국한하여, 거기에서 긍정적으로 '중화'의 현상을 평가한 것을 몇 가지 들면, 예를 들어 후에 박제가朴齊家 등이 마찬가지로 평가한 바와 같이 중국의 성城이 매우 견고한 구조로 만들어져 있다(허봉, 6월 18일)고 여긴 것을 들 수 있다. 또 아동교육서가 시골까지 보급되어 있는 점(6월 21일), 12세에 불과한 어린이가 『대학』과 『중용』을 읽고, 조선에서는 어른조차도 막연해 할 것 같은 예의禮儀를 알고 있는 점(7월 2일), 도적이 출몰하지 않기 때문에 상인이나 여행자는 밤에도 거리를 지나가고 있는 점(7월 3일), 일개 서민이 지방관을 자유롭게 더구나 신랄하게 비평할 수 있는 점(7월 29일), 나아가서는 공생貢生과 거인擧人 등이 중앙의 정치상황을 잘

---

27) 陽明配享 문제에 대하여 조헌은 허봉만큼 직설적이고 선명하게 자기의 생각을 펼치고 있지는 않다. 그러나 그 관점이 허봉과 거의 마찬가지였다는 것은 『重峯先生文集』 권9, 「與皇明禮部提督會同館主事錢拱辰論聖廟從祀書」(만력 2년 9월)에 의해 알 수 있다. 이것은 國子監의 孔子廟를 참관한 때 느낀 의문을 항목별로 나누어 써서 예부의 會同館提督에게 질의한 것이다.

알고 장거정張居正·풍보馮保·서계徐階·고공高拱 등 당시의 요인要人을 실로 자유롭고 준엄하게 비판할 수 있는 점(8월 3일, 9월 18일) 등은 그가 적극적으로 평가한 것으로 들 수 있다. 또 만력제가 학문과 정무에 힘쓰고 있는 점(8월 7일, 8월 9일, 9월 3일, 9월 7일), 북경의 궁정에는 서번西蕃·달자達子 등도 조공하러 찾아와서 대일통大一統의 아름다움이 보인다(8월 17일)고 평가하고 있는 것도 꼭 거론하지 않을 수 없다.

그러나 부정적으로 평가한 것도, 앞에서 든 접대, 국자감, 양명 배향문제뿐 아니라 실로 다방면에 걸쳐 있었다. 마찬가지로 그 예를 몇 가지 들자면, 관제묘關帝廟나 옥황묘玉皇廟 등의 '음사淫祀'가 도처에 있어서 '우민愚民'이 참배하고, 북경에도 도처에 불사가 세워져 관료조차 하등의 이상한 생각도 없이 참배하고 있는 점(6월 24일, 6월 26일, 6월 28일, 7월 5일, 8월 13일), 재판관이 판결을 내리지 못할 때 원고와 피고를 영험이 있는 돌에서 내던져 그 부상의 정도로 판결하고 있는 점(7월 7일), 숙소의 주인이 손님의 물건을 훔치는 등 요동에서 북경에 걸친 지역은 "도둑질을 잘하고 싸움을 즐기는" 북방 야만민족의 비천한 풍습이 지금도 남아 있는 점(7월 18일, 8월 4일) 등을 들 수 있다. 또 이국의 땅에서 그들 사절 일행의 행동에 대해서도 비판의 눈을 가지고 관찰하여, 북경에서 3일 동안 열린 교역회交易會[開市]에서 보여준 그들의 탐욕스러운 경제활동을 비판하고 있다(8월 23일, 9월 5일).

만력제의 문제, 대일통大一統의 문제, 이른바 조공무역의 문제 등 그들이 관찰하고 평가한 것 가운데 상세하게 소개해야 할 내용은 많지만, 마지막으로 중국의 세稅와 요역徭役의 문제를 어떻게 평가하고 있었던가 하는 점만을 소개하고자 한다.

그것은 7월 29일 산해관에서 북경에 이르는 여정에서 거의 중간에 위치하는 계주薊州 어양역漁陽驛에 잠자리를 잡은 때의 견문이다. 이날의 저녁 무렵 허봉은 숙소의 주인인 막위충莫違忠이라는 인물에게 중국의 세稅의 다과에 대하여 물었다. 막위충은 대략 다음과 같이 대답하였다.

1경頃은 100무畝입니다. 1경의 땅을 경작하는 자는 모두 가장 풍작의 때에는 은 7~8냥을 세금으로 바칩니다. 흉작 시에는 2~3냥입니다. 이 외에 또 잡역雜役이 있습니다. 소나 나귀를 공출하거나 관주官酒를 양조하거나 태복시太僕寺의 말을 기르는 등 이것저것 명목이 많아 가난한 자는 아들을 저당 잡히고 딸을 팔아 이를 충당합니다. 대개 1경을 경작하는 자는 풍년에도 수확은 200석, 평년에 100여 석, 흉년이 든 해라도 되면 60여 석입니다. 중간층으로 10인 가족의 경우 겨우 자급할 수 있었지만, 이제 세稅도 역役도 매우 무거워져 1경의 땅에서는 관부의 요구에 응할 수 없습니다. 때문에 백성은 모두 원망하고 있습니다.

숙소의 주인 막위충은 일개 서민이었던 듯하지만, "집은 매우 넓고 윤택하다"(조헌, 7월 28일)고 한 바대로 여유있는 생활을 하고 있었던 것 같다. 이러한 훌륭한 집에 사는 막위충이 과연 그처럼 세역稅役에 고통받고 있었을까 하고 아마 허봉은 의문에 휩싸였던 듯하다. "당신도 이 역役에 괴로워하고 있습니까?" 하고 캐물어 보았다. 막위충은 대답하기를,

내 친척에는 관료가 있습니다[余則在族人官下]. 때문에 이들 차역差役은 없습니다.

라고 말했다.

   허봉에게 막위충이 전해준 정보는 이중적인 의미에서 충격이었다. 첫번째는 말할 것도 없이 세와 역 그것이 무거운 것을 알았기 때문이며, '중화'국의 현상은 자국 조선과 그다지 다르지 않았기 때문이다. 그는 다음과 같이 말한다.

> 나는 지금까지 우리나라의 공액貢額은 매우 무거워 사람들이 관부의 명에 감내할 수 없음을 우려하고 있었다. 지금 듣자하니 중국도 그렇다고 한다. 그렇다면 근심과 원한의 소리는 천하 모두 그러하다. 대저 화이가 내외로 구별은 있다 하더라도, 그 근심을 피하고 은혜를 바라는 본성은 사해四海를 통하여 마찬가지이다.

   중세重稅라는 점, 사람들이 고통스러워하고 있다는 점에 화[중국]와 이[조선] 사이에 전혀 차이가 없었다.
   두번째로 또 하나의 충격은, '중화'의 땅에서도 완전히 조선과 다름없이 중세중역重稅重役이었던 데다가 이곳에서도 특권을 갖는 자와 갖지 못하는 자와의 차별이 엄연하게 존재하고 있다는 사실이다.

> 중국에서 관계官界에 있는 자는 그 힘으로 자기의 친척을 비호할 수 있다. 이 때문에 부유한 자는 점점 부유해지고, 가난한 자는 점점 가난해진다. 진실로 통탄스러운 일이다.

   이와 같이 기술한 바대로 허봉은 우면優免특권의 존재가 커다란 사회적 불평등을 낳고 있는 원인이라는 점을 간파하였다. 관료와 향신鄕紳의 요역면제 특권과 이로 인한 요역부담의 불평등이 가정嘉靖부터 만력萬曆에 걸친 중대문제였음은 다시 말할 나위도 없다. 허봉은 바로 이 시기에 여행을 하여 이 중대문제를 알아냈다. 그리고 또한 과거科擧라는 외관상의 평등함 속에 어떠한 장치가 있는지 분명히 자기의 귀로 들었던 것이다. 게다가 이 '중화'의 현실을 인식하는 데에 역시 화이라는 개념, 화이의 구별없는 같은 인간의 본성이라는 개념을 사용하였다. '중화'국으로부터 얻은 가치체계를 그대로 사용하여 '중화'의 현실을 비판했던 것이다.

5. 맺음말

허봉과 조헌은 이상에서 본 바와 같이 4개월간의 중국여행 속에서 다양한 체험을 하고 다양한 관찰을 하였다. 두 사람의 여행자로서는 보이는 것 모두가 신선했다.

그러나 그들은 출발 전에 뒤에 견문하게 될 것이라는 점을 예상도 하지 않았던 것일까? 4개월 동안 하루하루가 신선한 체험의 연속이었음은 의심의 여지가 없다 하더라도, 하나하나의 관찰은 짐작도 할 수 없을 정도로 신기하기만 했을까?

결론을 미리 말하면, 결코 그렇지는 않았다. 아니 그들은 출발 전부터 그들이 관찰하게 될 거의 모든 것에 대하여 미리 알고 있었다고 생각해야 한다. 적어도 허봉은 알 수 있는 처지에 있었고, 실제로 알고 있었다. 그의 부친은 중앙정계의 거물이었기 때문에 가장 중요한 외교관계를 맺고 있는 중국에 대해서는 상세한 지식을 갖고 있었을 것이다. 가정嘉靖에서 만력萬曆에 걸쳐 어떻게 상세한 정보가 중국에서 조선으로 전해졌던가는 『조선왕조실록』속의 중국관계 기사를 보면 누구도 알 수 있을 것이다. 게다가 허봉 자신이 승문원承文院·예문관藝文館·예조禮曹 등 중국관계의 문헌을 다루는 여러 관청을 전전하고 있었고, 융경隆慶 6년에 중국으로부터 온 사절을 맞이했을 때에도 그 일행과 만나고 있었다. 또 요동지휘사 진언陳言이 얼마나 탐욕한가도 출발 전에 상세하게 알고 있었다.[허봉, 일기, 6월 7일] 왕양명 배향문제가 북경에서 불거지고 있다는 사실도 융경 6년(1572)의 연행사에 의해 전해지고 있었고[『宣祖實錄』癸酉 6년 정월 戊戌 조], 그 자신도 먼저 연행시로서 북경에 갔던 친구로부터 들어 알고 있다.[허봉, 일기, 6월 26일] 또 회동관이 감옥과 같은 곳이라는 점도 최부崔溥의 『표해록漂海錄』[弘治 元年 4월 23일]이나 『조선왕조실록』에 수많이 기록되어 있고, 허봉도 아마 알고 있었을 것이다. 이상 몇 가지의 예로부터 미루어 생각해 보면, 허봉은 출발 전부터 무엇을 보게 될 것인가는 거의 알고 있었다고 보아야 한다. 조헌에 대해서도 허봉 정도는 아니라 해도 상당부분을 출발 전에 알고 있었을 것이다.

그렇다면 그들에게 만력 2년의 여행, 4개월간의 이국체험은 도대체 무슨 의미가 있었을까? 확실히 놀랄만한 것, 다시 생각하게 만든 것도 많았다. 그 가장 두드러진 예는 앞에서도 언급한, 숙소의 주인 막위충이 가르쳐준 지방사회의 상황이었을 듯하다. 그는 세稅나 역役에 대하여 말했을 뿐 아니라 계주薊州로 부임하여 오는 지방관료 한 사람 한사람에 대하여 실로 신랄한 비평을 가하고 있었다.[허봉·조헌 모두 일기, 7월 29일] 일개 서민이 말하는 인물비평은 외국에서 온 자까지도 오싹하게 만들었음에 분명하고, 허봉은 "백성을 통치하는 자는 항상 서민을 어리석은 자라고 간주하고 위에서 마음대로 하고 있지만, 아무리 백성이 어리석다 해도 올바른 것을 올바르다고 하고 잘못된 것을 잘못되었다고 판단하는 것은 모두 공평한 마음에서 나오고 있다"고 기록해 두었다. 많은 문헌자료를 볼 수 있는 우리로서도, 일개 서민이 '양관良官'에 대해서는 좋게 말하고, 그렇지 않은 지방관에 대해서는 어쨌든 신랄하게 비평하고 있던 사실은 신선할 뿐 아니라 놀랄 정도이기조차 하다. 또 허봉으로서는 미행하는 자의 눈을 염려한 저 등계달滕季達이 결국 신의를 지켜, 북경을 떠난 뒤 통주通州에 숙박하는 허봉을 위하여 편지에 시詩를 붙여 하인에게 전달하도록 한 일은 스스로 여행을 하지 않고서는 결코 맛볼 수 없는 체험이었음이 분명하다[9월 6일].

이처럼 여행을 하지 않고서는 결코 체험할 수 없었을 몇 가지를 빼고, 그들이 4개월 동안 관찰·평가한 데에는 어떤 정해진 방향성이 있었음을 지금까지의 서술 속에서 깨달았을 것이다. 접대하는 자들과 응전할 때 그들은 화이, 염치, 예의, 일시동인이라는 용어를 사용하였다. 국자감에 나아가고, 양명 배향에 대하여 중국인과 말할 때에도 예의, 염치, '사설횡류邪說橫流, 금수핍인禽獸逼人'이라는 말을 사용하였다. 나아가서는 중국의 세와 역을 자국의 그것과 비교하는 데에도 화이의 구별로 나누었다. 말할 것도 없이 그것들은 모두 '중화'의 가치체계를 구성하는 용어이다.

만력 2년에 중국을 여행한 두 조선지식인은 거의 '중화'인이었다. 현실의 중화의 관리를 '염치없는 자'라고 평하고, 그들을 달자達子·만자蠻子라고 부른 두 사람은 분명히 '중화'인이다. 일시동인, 내외일가의 이념으로 현실의 중국을 비판하는 사람은 이미 '중화'인이다. 북경에서 그들은 마찬가지로 '이적'의 땅에서 조공을 하러 온 몽골족이나 티베트족과 만난다. 성절聖節의식의 연습을 위하여 변발을 한 머리에 유관儒冠을 쓰고, 몸에 남색의 윗도리를 입은 '달자達子'·'서번西番'을 보고 조헌은 "우스꽝스럽다[可笑也]"고 평하였다.[조헌 일기, 8월 14일] '서번'이 바지를 벗고서도 "태연하게 부끄럽다고 여기지 않기" 때문에 '개 같은 서번[狗西番]'이라고 불려진다고 말했다.[허봉 일기, 8월 17일] 국자감에 갔을 때에는, "중국인은 사학斯學을 숭상하지 않는다", "사풍士風을 겨루지 않는다"고 평했다. 양명학을 신봉하는 현실의 '중화'인들을 "완고하고 천박한 자로서 아무리 말해도 이해하지 못한다"고 평하고, 현실의 사회를 "금수가 사람을 위협하는" 사회로 평하기에 이르러서는 이미 '중화'인 이상으로 '중화'인이다.

조선이 '소중화'가 된 것은 '이적'인 만주족에 의하여 조선이 파괴되고, 명조를 멸망시킨 후부터 시작된 것은 결코 아니었다. 만력 2년에 중국을 방문한 허봉과 조헌은 이미 소중화인이었고, 그 이후 명조가 결국 '중화'국에 어울리지 않게 되자 결국 현실에는 없는 '중화'국을 찾게 된 것이 아닐까?

이미 선조 7년(만력 2년) 조헌은 귀국하자마자 이른바 『동환봉사』를 바치고, 조선의 정치·사회·문화의 전반에 걸친 일대 개혁을 요구하였다. 거기에서 보고된 중국은 그가 실제로 견문하고 체험한 중국과는 완전히 다른 유토피아의 세계였다.[28] 그가 찾고 가탁해야 할 '중화'국은 결코 자기가 실제로 본 바와 같은 중국이어서는 안되고, 따라서 현실적으로 거기서 본 부정적인 면은 모두 제거되어 보고해야 했다. 이러한 작위를 가한 근본적인 동기, 그것은 "명조의 제도를 모방하는 따위에 그치지 않고, 이를 거슬러 올라가 하夏·은殷·주周 3대三代의 치세治世를 회복"하려 하였기 때문이었다.[29] 즉 조헌은 이미 "사학斯學이 숭상되지 않는" 중국에서가 아니라 조선에 진정한 '중화'가 실현될 것을 기대하고 있었던 것이다.

우리에게는 가령 그들의 젊음으로부터 오는 기상을 고려하더라도, 그들의 비판은 너무나 이념적이고, 너무나 교과서적인 것처럼 보인다. 두 사람의 말속에는 무엇인가 더욱 순수화되고, 보다 극단적인 것이 되는 계기가 내포되고 있는 듯하다. '중화'의 가치체계가 숭상되지 않는 것을, 예를 들면 허봉·조헌과 거의 동시기에 중국을 방문한 마테오리치 등이라면, 또 혹은 초원 내지 사막 출신자 등이라면, 같은 대우를 받아도 조선사절과는 별도의 평가를 내렸을 것이다. 그러나 16세기 말의 조선사절은 그렇지 않았다. 그들은 '화華' 바로 그 자체, '내內' 바로 그 자체는 될 수 없다 해도, 나날이 새롭게 변화하여 '예의의 영역'에 무한히 접근하려고 하였기 때문에 더욱 외관만 그럴 듯한 '중화'국을 비판하지 않을 수 없었던 것이다.

---

28) 앞의 주 3)의 拙稿 참조.
29) 『東還封事』光海君 15년(天啓 2년; 1622), 「安邦俊跋文」.

제2장
조헌의 『동환봉사』에 나타난 중국보고

1. 머리말

　　중국을 중심으로 하는 동아시아문화권은 예부터 중국의 문화를 배워서 그것을 이질적인 사회에 이식하기 위해 여러 가지 노력을 거듭하여 왔다. 조선왕조의 경우도 예외가 아니었다. 조선의 지식인들은 명明·청淸 두 왕조에 걸쳐서 수없이 중국에 관한 보고를 가져왔다. 그 일례로서 조헌趙憲의『동환봉사東還封事』를 거론하고, 중국을 어떤 식으로 보고했는지 검토하고자 한다.

　　조헌趙憲은 선조 7년, 중국의 연호로 말하면 만력 2년(1574)에 부경사赴京使의 일원으로 4개월간 중국을 방문하였다. 조헌이 거기에서 무엇을 관찰하고 무엇을 생각하였는가에 대하여는 그의 일기인『조천일기朝天日記』를 통하여 그 개략을 서술하고자 한다.[1] 그 인물에 대하여도 이미 거기서 서술한 바 있다. 여기서 문제로 삼고자 하는 것은 그가 중국사회를 어떻게 관찰하였는가 하는 것이 아니라, 오히려 귀국

---
[1] 본서, 제1부 제1장「만력 2년 조선사절의 '중화'국 비판」.

한 뒤 그 관찰한 것을 근거로 어떻게 보고하였는가 하는 점이다.

그 이유는 이러하다. 그는 중국을 방문한 4개월에 걸쳐서, 그가 체험하고 견문한 것을 상세하게 일기에 적었으나, 그는 이 일기를 공표할 계획이 없었던 듯하다. 기실 그것은 그가 임진왜란文祿의 役 때 의용군義勇軍을 통솔하다가 비운의 죽음을 맞기까지 공표되지 않았을 뿐만 아니라, 그것이 세상에 드러난 계기를 얻게 되는 것은 그가 중국여행을 한 뒤로 160년을 경과한 영조 10년(1734)의 일이며, 중국의 명·청 왕조교체기로부터도 이미 90년이 경과한 뒤였다.2) 즉 그의 일기는 그의 증손이 발견하기까지 책 상자 속에 오랫동안 잠들어 있었던 것이다.

한편『동환봉사』는 그가 선조 7년 10월 10일에 조선 측의 국경 마을인 의주義州에 도착한 뒤로 불과 1개월밖에 안되는 11월에, 중국에서 보고 들은 것을 보고하는 글을 토대로 국왕에게 제출한 의견서였다.

본래『선조수정실록宣祖修正實錄』에 의하면 그 때 헌정된 것은 시세時勢에 절실한 8개 조목뿐이고, 나머지 근본에 관계된 16개 조목은 헌정되지 않았다. 곧 앞서의 8개 조목이 선조에 의해 "중국中國과 조선朝鮮은 천 리나 백 리나 떨어져 있어서 풍속이 다르다. 만일 둘의 풍기습속風氣習俗의 차이를 생각하지 않고 저쪽을 모방하려 한다면 그저 소란을 일으킬 뿐이고 적합하지 않다"고 배격되었으므로, 더 이상 계속해서 진헌하는 것은 무의미하다고 깨달은 조헌趙憲이 그 후반을 제출하지 않기 때문이다.3)

---

2) 趙憲,『重峯先生文集』卷12,「朝天日記」에 붙어 있는 영조 10년의 閔鎭遠 발문.
3)『李朝宣祖修正實錄』宣祖 7年(萬曆 2年) 11月.

『동환봉사東還封事』라는 서명은 '동방東方의 조선朝鮮에 귀국하여 올리는 봉사封事[奏議]'라는 의미인데, 이 서명 자체가 맨 처음부터 붙어졌던 것은 아니다. 천계天啓 2년(光海君 14년; 1622)의 날짜가 붙은 안방준安邦俊의 발문跋文에 의하면, 안방준이 선상8조소先上八條疏와 의상16조소擬上十六條疏를 한 책으로 만들어, 이것을 출판하려고 이름을 붙인 것이었다.4) 이렇게 해서, 출판된 것은 여행旅行으로부터 50년 정도 지난 뒤의 일이었는데, 합계 24개조의 상정문上程文은 그대로 조헌의 생생한 귀조보고歸朝報告라고 할 만하여, 본래 공표하기 위해 적은 것이라고 간주하더라도 잘못이 아니다.

하나는 사적으로 기록해서 오랫동안 책 상자에 보관한 일기와 하나는 공표하기 위해 귀국한 뒤 곧바로 적은 상정문上呈文, 이 두 가지를 비교하여 읽어볼 때, 동일한 인물이 동일한 사실에 관해 기록한 것임에도 불구하고, 실제로 그 눈으로 보고 그 귀로 들어서 일기를 적은 것과 귀국한 뒤 "이것이 중국의 실태입니다"라고 보고한 것과의 사이에, 차이가 있음을 눈치 채게 될 것이다.

도대체 이러한 차이와 엇갈림은 어째서 발생한 것일까. 우선 중국사회를 어떻게 관찰하였는가 하는 것이 아니라, 어떻게 보고하였는가 하는 점을 문제삼고자 한다고 말한 것은 이러한 이유에서이다.

---

4) 『국역연행록선집(國譯燕行錄選集)』 제2집(서울:民族文化推進會, 1976) 수록. 『重峯先生東還封事』 跋文. 또한 『重峯先生文集』(英祖 24년, 乾隆 13년, 1748년간) 卷3·4에는 조헌의 手稿를 저본으로 한 「質正官回還後先上八條疏」와 「擬上十六條疏」가 수록되고, 天啓 6년(1626)에 간행된 『重峯先生東還封事』와의 상세한 校勘이 붙어 있다. 그 둘을 비교하여 보면, 天啓6年刊本에는 중대한 欠落부분이 보이므로, 반드시 『重峯先生文集』本을 참조하지 않으면 안된다. 또한 동서 卷4, 「擬上十六條疏」의 뒤에 붙어 있는 趙匡漢의 발문(崇禎 甲申後 59년, 肅宗 28년, 康熙 41년, 1702)을 참조하라.

사람들은 자신이 실제로 체험한 것과는 다른 것을 자주 이야기 한다. 그것은 때로 심리학心理學의 문제가 될 수도 있고, 때로 정치학政治學의 문제가 될 수도 있다. 16세기의 동아시아는 중국을 중심으로 하는 하나의 문화권을 형성하고 있었는데, 각국·각사회는 서로 이질적이었다. 어떤 나라에서는 중국의 문화를 선망하고, 어떤 사회에서는 거꾸로 중국적 사회에 대한 반발을 느꼈다. 16세기의 조선은 고유한 문화와 사회를 지니고 있으면서도, 중국의 문화와 사회를 선망하여, 그것을 배우고자 하였다. 1574년 부경사赴京使의 일원으로 참여하였던 조헌의 직함은 질정관質正官이었다. 질정관이란 중국의 문물文物·풍속風俗 특히 언어言語의 내용과 관련하여 조선에서는 잘 알 수 없는 점을 직접 중국에 나가서 질정하여 오는 것이 직무였다.

이러한 직책을 지닌 관리가 있었다는 점 자체가, 조선의 중국문화에 대한 접근방식을 잘 말해 주고 있다. 하지만 16세기 말의 질정관은 더 이상 언어의 천착穿鑿만으로 그칠 수가 없었다. 보고 들은 것을 그대로 보고하는 것만으로는 더 이상 일을 다했다고 할 수 없게 되었다. 그는 실제의 체험과 견문을 근거로 삼아, 어떠한 형태로 보고한 것일까. 이하, 잠시 그 보고를 보기로 한다.

2. 중국보고와 실제의 견문(1)

조헌은 공자묘孔子廟의 존재, 중국인의 복장服裝·군대軍隊의 규율規

律 등 여러가지 항목으로 보고하였으나, 그가 가장 강조한 한 가지는 중국의 정체政體가 뛰어나며, 특히 관료의 선임選任과 파면罷免이 정말로 공평하고 실익實益을 수반하는 형태로 이루어진다고 하는 점이었다. 그는 이렇게 서술하였다.

중국에서는 매일 육과급사중六科給事中이나 순무巡撫·순안巡按의 상주上奏가 있어서, 관례상 이것은 6부六部에 내려보내 상세하게 논의되어, 6부의 회답回答과 대학사大學士의 자문諮問을 거쳐서 실시된다. 즉 "천하의 일은 모두 조정의 공론公論에 부쳐져서 황제는 조금이라도 사의私意를 개입시키지 않는다." 또한 "지부知府·지주현知州縣 가운데 뇌물을 받는 자가 있다면 곧바로 가차없이 일반인민의 지위로 떨어진다. 군인으로서 죄를 범한 자가 있으면, 곧바로 순무巡撫·순안巡按의 취조를 받으므로 그 사문査問을 의심하지 않는다." 그렇기 때문에 백성은 안심하고 살아간다.[「聽言之道」]

관료의 선임도 정말 이상적으로 행해지고 있다. 중국에서는 재능만 있다면 그 문벌이나 출신에 관계없이 등용된다. 부호의 집에서 태어난 자식은 방자하게 성장하므로 관료官僚로서는 쓸모가 없으나, 거꾸로 빈한한 집에서 태어난 자식은 인내심이 강하여 사실상 쓸모가 있다. 또 거인擧人·공사貢士로서 입신하면서 직무를 다하고 관계官界에서 훌륭한 지위에 오른 자가 많다.[「取人之法」]

다음으로 어떤 지위에 누구를 임용할까 결정하는 것은 정말 공평하다. 우선 6부와 도찰원都察院이 신중하게 협의하여 후보자 서너 명으로 압축하고, 다음으로 그 추천을 받은 황제가 후보자 가운데서 보통은 첫째로 적힌 인물의 곳에 체크를 하여 결정한다. 거기에는 사사로운 정을 개입시킬 수가 없다. 이렇게 하여 일단 결정되어 지위에 오르면, 오랫동안 그 직임에 머물러서 쉽사리 교체되는 일이 없다. 그 때문에 "대부분의 관리들은 그 직임을 다하고, 인민도 그 안정된 곳을 얻는다." 부임지를 선정하는 데에도, 북방의 지역에는 이를테면 섬서陝西·산동山東의 사람들을 많이 등용하고, 남방의 지역에는 이를 테면 절강浙江·강서江西의 사람들을 많이 등용하는 식으로 궁리하므로, 관료의 부임이나 전근에 따른 여행도 그리 문제가 되지 않는다.「內外庶官」)[5]

대략 이와 같은 식이다.

조헌의 중국보고는 결코 보고를 위한 보고가 아니라, 모두가 그것에 가탁하여 조선의 현황을 비판하기 위해서 행해진 것이었다. 요컨대 위에서 서술한 중국의 실정을 뒤집으면 그대로 조선의 현상으로 되는 식이다. 중국에서는 관료의 선임이 공평하게 행해지고 중앙관료만이 아니라 황제皇帝도 사사로운 정을 개입하지 않는다. 그렇거늘 우리 조선에서는 관료官僚와 국왕國王이 사사로운 정을 개입시킨다. 중국에서는 재능있는 자라면 누구라도 등용된다. 그렇거늘 우리 조선에서는 출신이 문제가 된다 라는 식이다. 특히「취인지법取人之法」으로 설정된 의론은, 조선왕조의 과거科擧에서 서얼庶孼의 차별철폐差別撤廢를 주장하였다고 해서 유명하다. 이렇게 조선의 현상現狀을 비판하기 위해 행해진 중국보고이기는 하였으나, 위에서 서술한 정치

---

5) 赴任地·轉勤地의 선정에 대해 논한 이 부분은 『重峯先生文集』本, 즉 手稿에서는 상당부분 잘려나가 있다. 조헌이 무언가 사정을 고려하여, 이 부분을 上呈하지 않았을 가능성이 있다.

제도政治制度에 한해서 말한다면, 당시의 실태를 거의 정확하게 소개하였다고 평해도 좋다.

그렇게 말하는 것은 조헌이 중국을 여행한 것과 거의 같은 시기, 곧 8년 뒤의 만력萬曆 10년(1582)에 중국에 들어간 마테오리치도 "이 나라의 정치체제는 군주정체君主政體라고 말하지만, … 공화정체共和政體와 상당히 유사하다"라고 말하여 "국왕이 총애하는 자에게 금품을 증여하여, 무언가 관직에 발탁한다든가 승진시킨다든가 하고 싶어도, 관리 가운데 누군가가 국왕에게 제안提案을 하지 않으면 그렇게 할 수 없다는 것은 분명하다"[6]라고 관찰하였으므로, 두 사람의 의견은 거의 완전하게 일치하고 있기 때문이다. 또한 과거科擧가 극히 개방적이었으므로 재능과 그것을 발휘할 만한 재력財力이 있는 자는 거의 모두 시험을 치를 수 있었다는 것도, 우리들이 아는 상식이라고 말할 수 있기 때문이다.

다음의 문제는, 그렇다면 이러한 보고는 어떠한 체험과 견문에 근거한 것이었는가 하는 점이다.

우선 이 보고의 근거가 된 체험이 무엇이었는가 하면, 그 중요한 것 가운데 하나가 바로 조헌趙憲 등이 중국여행 도중에 숙박한 여관의 주인 막위충莫達忠과의 사이에 주고받은 회화였다. 부호의 자식들은 방자하게 길러지므로 관료로서 쓸모가 없다고 주장할 때, 조헌의 머릿속에는 막위충이 '공자公子'라고 부르며 조소하였던 계주판관薊州判官이자 상서尙書의 아들인 황모黃某刑部尙書의 아들 黃喬棟을 가리킨다고 추측

---

[6] 마테오리치, 『中國キリスト敎布敎史1』(川名公平他譯, 大航海時代叢書 第Ⅱ期 8, 東京:岩波書店, 1982), 54쪽.

된대를 연상하였음에 틀림없으며, 거꾸로 빈천貧賤의 집에서 태어난 자식을 운운하였을 때에도 마찬가지로 막위충이 이야기한 계주동지薊州同知 위모衛某실은 衛重輝를 구체적으로 연상하였음에 틀림없다.7) 조헌은 일기에서 이 동지同知는 승차承差출신이라 하고, 게다가 '우리나라의 서리書吏와 같은 존재'라고 주를 붙이고 있을 정도이다. 나아가 거인擧人·공사貢士가 활약하고 있다고 주장한 것도, 일찍이 계주지주薊州知州였던 자들 가운데 막위충莫違忠이 양관良官이라고 첨지를 붙였던 세 사람 모두가 거인출신자이었다는 점에 의해 입증되었다고 할 수 있다. 시험삼아 『광서계주지光緖薊州志』 권6, 관질지官秩志에 의하여 가정嘉靖부터 만력萬曆에 걸쳐서 계주지주薊州知州의 출신을 보면, 거의 모두가 거인출신으로 점유되어 있으므로, 조헌의 보고가 잘못이 아님이 판명된다.

이렇게 중국인으로부터 직접 들은 사실을 근거로 삼아, 정확하게 보고한 측면이 있으므로, 모두가 그러리라고 생각하면, 그것은 절대 그렇지 않다. 오히려 자신의 체험과 견문을 완전히 무시하고, 그것과는 반대되는 사실을 주장한 측면도 많은 것이다. 이를테면 관료官僚 가운데 뇌물을 받는 자가 있으면 곧바로 순무·순안에게 취조取調를 시키므로 백성들은 안심하고 생활하고 있다고 주장한 부분 등은 그의 체험 및 견문으로부터 완전히 동떨어진 것이었다.

조헌 일행은 요동지휘사遼東指揮使에 의해 거듭되는 뇌물요구를 받아, 그것에 부응하지 않아 그 보복으로 험한 대우를 받고 있었다. 더욱이 이러한 탐관을 취체取締하여야 할 순안어사巡按御史도 요동지휘

---

7) 앞의 주 1) 拙稿: 趙憲, 「朝天日記」 7月29日.

사遼東指揮使와 긴밀하게 내통하여 전혀 탄핵彈劾하려들지 않았다. 치하治下의 민중들은 순안들이 이런 식으로 처치處置하지 않고, 그저 "부임하여 올 때는 수만자瘦蠻子[말라깽이]였거늘, 지금은 반만자胖蠻子[뚱뚱보]로 되었다"는 등, 뒤에서 혹평酷評하는 것 외에 달리 방도가 없었다.

이 이야기를 들은 조헌은 "천자天子의 명을 받아 어사御史가 되었으면서 탐욕貪欲한 지부知府·지주현知州縣을 탄핵해서 파면하는 일을 할 수 없어서, 백성들에게 해를 끼치고 있다"고 일기에 적었으며(6월 20일), 감찰제도監察制度가 충분히 기능하지 않는 점을 분명히 알고 있었다. 또 북경北京에서도 순천부順天府 지부知府의 탐학스런 작태를 듣고, 숙사宿舍인 옥하관玉河館의 관부館夫에게 "이 지부는 금을 바라는가"라고 질문을 하고는 "지금의 관료 가운데 금金을 바라지 않는 자가 어디 있을까!"[8]라고, 황당한 대답을 들었던 것이다.(0월 5일).

조헌은 이러한 체험體驗이나 견문見聞을 정식의 보고 속에는 전혀 끼워두지 않았다.

또한 중국에서는 일단 관료로서 지방에 부임하면 오랫동안 그 직책에 머문다고 하였으나, 이것도 사실을 잘못 안 것이 아니면 사실을 알고 있으면서 보고하지 않은 것이다. 잠시『만력가정현지萬曆嘉定縣志』권8, 관사고官師考를 예로 삼아 정덕正德 원년부터 융경隆慶 6년까지의 지현知縣의 재임기간을 조사하면, 그것은 평균 약 2.9년에 불과하며, 또『만력항주부지萬曆杭州府志』권14, 고금수령표古今守令表에 의하여 정덕正德 원년부터 융경 6년까지의 재임기간을 조사하면 역시

---

8) 『明實錄』萬曆 2年 4月 丙寅 : 동, 萬曆 2年 7月 乙亥. 또한『萬曆疏鈔』卷24, 郝維喬(吏科給事中, 萬曆 2年 7月) ; "酌議久任事宜以一法守疏"

3년 정도에 불과하다.

더욱이 문제가 되는 것은 조헌 등이 북경을 방문하였을 무렵, 바로 장초성張楚城이 제안提案한 「구임久任의 법法」을 실시하여야 할지 말지 빈번하게 논의가 되었다는 사실이다. 만력 2년 4월 장초성의 제안을 받은 이부吏部는, 대강을 말하자면, 내외의 관원은 모두 양고兩考, 즉 6년의 재임기간을 거쳐서 승진 혹은 전근시킨다고 하는 플랜을 만들어서 회답하여, 이것은 성지聖旨에서도 "구임의 법은 양법良法이다"라고 인정되어, 실시되기에 이를 참이었다.9)

하지만 이 문제에 대하여 너무나 의론이 분분하였으므로, 만력 2년 7월에 학유교郝維喬의 반대론이 나온 것을 계기로 삼아 마침내 본격적으로 실시하게 됨에 이르지는 않은 듯하다. 결국 만력 2년 이후로도 지방관의 재임기간은 3년 정도로 극히 짧았다. 만력 2년 7월이라고 하면, 조헌趙憲 등은 마침 북경에 입성하여 체재하고 있던 참이었다.

더욱이 그가 이 때에 수집하여 가지고 간 『조보朝報』(邸報)의 만력 2년 7월 4일 기사 속에서는, 학유교의 반대론과 성지聖旨가 게재되어 있었다. 결국 「구임의 법」의 세부사실까지 알 수는 없었다고 하더라도, 중국에서도 재위기간이 너무 짧다는 의론이 있었다고 하는 정도는 확실하게 알고 있었을 터이다.

이상 중국보고中國報告에서는 개략이기는 하여도 정확하였던 정치제도政治制度에 대해서도, 그 자신의 체험과 견문에 반하여, 어떤 작위作爲가 시행되었던 것이다. 정치제도로서 보고한 이외에, 명백한 사

---

9) 『重峯先生文集』 卷12, 「朝天日記」下 : 『中朝通報』, 萬曆 2年 7月 4日.

실오인事實誤認이 몇 가지 있으나, 여기서는 언급하지 않는다. 또한 명백한 작위가 발견되는 곳만을 아래에 제시하고자 한다.

3. 중국보고와 실제의 견문(2)

체험 및 견문과는 상이한 보고報告로서, 다음에 향약鄕約실태에 관한 보고를 들 수 있다. 향약은 조선왕조朝鮮王朝에서도 민중통치民衆統治와 교화敎化의 정책으로서 크게 취급되었고, 더욱이 조헌 등의 중국여행 전후에는 이에 대한 쟁론이 있었으므로, 조헌은 그 사항에 커다란 관심을 보였다. 조헌의 보고에 의하면, 중국에서는 향약이 잘 실시되어, 그 때문에 마을에서는 예의禮儀가 중시되고 좋은 풍속이 생겨났다고 한다.[「鄕閭習俗」] 산해관山海關 서쪽에서는 어느 마을에도 향소鄕所가 설치되어 삭일朔日과 망일望日마다 약정約正·부정副正·직월直月들이 지현知縣 및 지부知府와 회견하여, 그들은 지현 및 지부에게 가르침 받은 것을 토대로 자신들의 마을에서 향약의 사람들에게 가르쳤다고 한다. 조선은 그렇지가 않다고 비판하고 우리나라에서도 그러해야 한다고 조헌이 주장하였음은 두말할 것이 없다.

확실히 그의 일기에 의하면, 조헌은 산해관을 넘은 부근에서 실제로 향약소鄕約所를 목격하였다.(7월 20일) 또 이 날 여씨향약呂氏鄕約이 작년 가을부터 순안巡按의 명령으로 실시되고 있다고 들었다. 그런데 다음다음 날의 일기에서는 "쌍망포雙望鋪의 성안에서 휴식하였다. 주문상朱文尙이라는 자의 집이다. 주朱는 어리석은 사람이거늘 향약의 부정을 맡고 있다고 한다. 매월 삭망朔望에 모여서 사람들에게 악행惡行을 저지르지 말라고 경계한다고 한다"라고 기록하고 있다.

어리석은 사내가 사람들 앞에 서서 연설演說을 행하고 있다고 하는 모습을, 그는 확실히 그림으로 떠올릴 수 있었다. 그래서 억측臆測하자면 눈앞의 이 사내가 부정副正이 된 것이 과연 효과가 있을까 하고 의심한 것이 아니겠는가. 하지만 보고에서는, 향약의 효과가 나타난 마을의 아름다운 모습이 묘사되어 있을 뿐이었다.

그가 보고한 국자감國子監의 모습도, 조헌趙憲이 실제로 목격한 것과는 완전히 동떨어진 것이었다. 국자감이란 두말할 것도 없이 중국 최고의 학부學府이며, 어떤 의미에서는 「중화中華」를 상징하는 것이다.

「사생접례師生接禮」라고 제목을 붙인 보고에서는, 국자감의 좨주祭酒(學長)·교수敎授·학생學生이 얼마나 그 신분에 걸맞게, 예의 바르게 행동하고 있는지, 매월 삭망에 얼마나 정숙하게 강의講義가 이루어지는지 등의 뛰어난 모습이 묘사되어 있다. "휴일을 빼고는 매일 강의가 이루어진다"라고도 보고하여, 전국의 중심인 국자감이 그토록 훌륭하므로, 여항閭巷에서도 책 읽는 소리가 낭랑하게 멀리까지 들리는 것이라고 주장하였다.

하지만 그가 실제로 목격한 국자감은 벽이 무너진 채이고, 장서실藏書室은 먼지로 쌓여 있으며, 선생은 의자에 허리를 걸치고 있을 뿐이고 강의를 하지 않았다.10) 조헌은 이 실태를 보고 "생각한 그대로, 중조中朝의 사람들이 공자孔子의 가르침을 존중하지 않는다는 사

---
10) 앞의 주 1) 참조.

실을 알았다"라고 일기에 기록하고, 또 예의없는 학생의 태도를 보고 "대체 매일 무엇을 가르치고 있는 것일까?"라고 넌더리치고 있다.(8월 20일) 일기日記와 보고報告는 너무도 차이가 크다.

또 『동환봉사東還封事』에서는 「경연지규經筵之規」·「시조지의視朝之儀」·「청언지도聽言之道」 등의 여러 곳에서, 만력제萬曆帝가 얼마나 학문에 열심하며, 얼마나 솔직하게 신하의 의견을 들어주며, 얼마나 정치에 열심한지 극구 칭찬하고 있다. 거기에 묘사된 만력제는 젊은 나이임에도 불구하고 거의 이상理想에 가까운 황제이다. 이것은 조헌 등이 각지에서 중국인들로부터 들은 그대로, 올바른 보고였다.

또 8월 9일, 8월 17일, 9월 3일 등 세 번에 걸쳐 궁정에 참내參內하여, 때로는 옥안玉顔을 우러러보고, 때로는 조선사절朝鮮使節에게 "식사를 하거라"라고 명히는 옥음玉音을 듣고는 "감격하여 눈물이 먼저 흘러, 태평만세太平萬歲의 바람이 이로써 드디어 간절한 것으로 되었다"(8월 9일)라고 말하는 식의 체험을 했던 것이다. 즉 자신의 견문見聞과 체험體驗에 뒷받침된 것이며, 이런 의미에서는 정확한 보고라고 말할 수 있다.

하지만 뒤집어 생각하여 보면, 조헌趙憲이 그 눈으로 본 만력제는 실은 완전히 허상虛像에 불과하였던 것이 아닐까. 주지하듯이 이 무렵의 만력제는 대학사大學士 장거정張居正으로부터 『제감도설帝鑑圖說』을 헌정받고, 맹렬하게 공부하였다. 하지만 그것은 필사적으로 이상의 황제를 연기하는 피에로이며, 장거정에게 내몰리고 조정당하는 그림자였다. 조헌이 이 시대에 북경을 방문하여 '이상理想의 황제상皇帝像'을 본 것은 완전히 우연의 일이었다.

가정제嘉靖帝가 오랫동안 금단술金丹術에 몰두하여 전혀 시조視朝하지 않았다는 정보情報는 거듭거듭 반복해서 부경사赴京使를 통하여 조선에 전해져 왔다.[11] 다음의 융경제隆慶帝도 시조視朝에서는 머리를 쳐들고 여기저기를 둘러볼 뿐이고 말소리도 연약하고 환관을 통해서 신하에게 말을 전할 뿐이었다고 조헌 자신이 서술하였다.(8월 9일) 그렇다면 억측을 좀 하자면, 지금 자신은 '이상의 황제'를 배알拜謁하고 있지만, 이것은 완전히 우연이 아닐까라는 상념이 뇌리에 떠오르지 않았을까. 물론 만력제가 연기演技를 그만두고 자기 본연의 모습을 찾아서, 가정제와 마찬가지로 시조하지 않게 되는 것은 이로부터 십수 년 뒤의 일이므로, 조헌은 그 표변豹變을 알 길이 없었던 것이다.

4. 맺음말

16세기 말의 질정관質正官은 더 이상 중국어의 의미를 천착穿鑿한다든가 견문見聞한 것을 그대로 보고하는 것으로 소임을 다할 수는 없게 되었다. 왜냐하면 조선조朝鮮朝가 시작된 뒤 이미 200년이 경과하면서, 중국으로부터 문화를 수용함에 따라 절로 풍요롭게 되어 있었기 때문이다. 바로 16세기 후반에는 이황李滉[退溪]과 이이李珥[栗谷]를 낳아, 이 나라에서는 주자학朱子學이 융성기를 맞이한 참이었다. 조선

---
11) 이를테면 吳晗 編, 『朝鮮李朝實錄中的中國史料』(北京:中華書局, 1980), 1273, 1276, 1291, 1317, 1320, 1321, 1338, 1339, 1344, 1351, 1355, 1395, 1468, 1477쪽 등.

의 지식인知識人은 동아시아에서는 일종의 보편성을 지닌 가치체계價值體系를 스스로 체득하여, 이 가치체계를 지니고서 그것을 산출한 본국을 관찰하고 비판할 정도에 이르렀다. 이러한 시기에 조헌은 중국을 여행하고서 보고한 것이다.

조헌趙憲 등이 현실의 중국을 본 것은, 한편으로는 정비된 도로망道路網, 체계적인 관료기구官僚機構, 장엄한 궁정宮廷 내부, 학문學問 및 정무政務에 열심인 만력황제 등 스스로 배우고자 하는 것이 이상에 가까운 형태로 실현되어 있는 모습이었지만, 다른 한편으로는 그것과는 완전히 반대의 모습, 즉 뇌물의 횡행, 학생의 무례함, 일시동인一視同仁이라는 표방하에 우호조선友好朝鮮의 사람들에 대한 의심, 조선과 별 차이 없는 세역稅役의 과중함 등이었다.

조헌 및 그와 동행한 허봉許篈은 둘 다 중국인을 "야만인野蠻人과 차이가 없다"라든가, "완전히 염치廉恥라는 것이 없다"라든가, "고체비천固滯鄙賤하여, 도무지 말을 해도 알아듣지 못한다" 등으로 비평하였다.[12]

하지만 조헌은 중국보고中國報告를 하는 때에, 위에서 보았듯이 작위作爲를 행하여 스스로의 체험과 견문을 그대로 말하지를 않았다. 그것은 조선의 현상을 비판하는 때에 중국을 완전한 유토피아로서 제시하는 편이 효과적이었기 때문이다. 조선에서도 향약鄕約실시를 요구하고자 할 때 "실은 중국에서는 완전히 바보 같은 놈이 약정約正이나 부정副正이 되어 선행善行을 설교하고 있습니다"라는 식으로 말해서는 의론議論의 실체를 이루지 못한다.

---

12) 앞의 주 1) 拙稿.

중국에서는 조선과는 달리, 현상을 비판하고자 하면 늘 유토피아를 고대에서 차용하였다. 문화의 중심인 '중화中華'의 땅에 태어난 사실을 자부하여, 언급할 만한 가치는 자국의 문화와 역사 밖에 없다고 생각하는 사람들은 늘 고대를 가지고 현대를 비판하였다. 이 때문에 경서經書라는 텍스트는 여러 가지로 읽혀지고, 다시 읽혀지지 않으면 안되었다.

주자朱子·왕양명王陽明·황종희黃宗羲·강유위康有爲 등이 모두 그러하다. 고대에서 유토피아를 찾아내고자 하는 그들은, 자신들의 이상상理想像과 어긋나는 기술이 경서에 나타날 때에는, 감히 텍스트를 개변改變할 정도였다. 중국의 유토피아가 기존의 경서라는 어떤 틀속에서 조립되고 변조되었다는 것은 "중국문화의 전개를 협소하게 만드는 결과를 가져왔으나 거꾸로 말하면, 어느 누구도 실제로 볼 수 없는 세계에 유토피아가 만들어졌으므로 자유롭게 텍스트를 다시 읽고, 또 모순 없이 텍스트를 정리하면 그만이다"라는 강변이 있었다.

하지만 16세기 말의 조선朝鮮에서는 완전히 사정이 달랐다. 즉 조선 지식인이 읽어야 할 텍스트는 두 가지가 있었던 것이다. 하나는, 두말할 것도 없이 중국의 경서經書 그 자체이다. 조선주자학朝鮮朱子學의 융성과 더불어, 우선 그들은 주자朱子의 해석解釋에 따라서 그것을 의심하지 않고 읽어서, 거기에 포함된 가치체계를 나의 것으로 삼았다.

또 다른 하나의 텍스트는 현재 존재하는 현실 그대로의 중국이었다. 그들이 배우고자, 그 제도문물을 이식移植하고자 달려갔던 현실의 중국이었다.

두 가지 텍스트를 동시에 읽는 그들은, 그 둘 사이에 모순이 있을 때, 현실의 중국이라는 텍스토를 개변改變하였던 것이다. 조헌에게 나타나는 체험과 보고의 어긋남은 실은 이 두 텍스트의 모순이요 어긋남이었다. 다만 중국의 지식인이 했던 텍스트의 개변과는 달리, 조선의 지식인이 행한 개변의 대상은 현재 존재하고 있고 또 많은 사람들이 눈으로 볼 수 있는 현실의 세계였으므로, 작위作爲나 개변改變이 쉽게 간파되어 버리고 만다. 한양漢陽[서울]과 북경北京은 너무도 가까웠던 것이다.

이러한 사정 즉 조헌趙憲의 보고報告에 작위作爲가 있다는 사실은, 『동환봉사東還封事』를 출판한 안방준安邦俊도 아마 간파하고 있었을 것이다. 그는 그 발문跋文에서 다음과 같이 말하였다.

조헌趙憲의 뜻은 명조明朝의 제도制度를 모방하는 것에 그치지 않고, 그것을 소급시켜 하은주夏殷周 3대의 치治를 회복하는 것에 있었다.

안방준安邦俊은 명조明朝가 결코 완전한 텍스트가 아니라는 사실, 따라서 조헌의 보고에는 작위가 있다는 사실을 이미 간파하고 있었던 것이다. 아니 더 나아가 말하자면, 현실의 중국이 결코 보고한 그대로의 유토피아가 아니라는 사실을 누구보다 우선 암시한 사람은 보고자인 조헌 바로 그 사람이었다. 그는 그 보고의 끝부분에서 『주자어류朱子語類』의 간행을 요구하면서[13], 다음과 같이 말하였다.

---

13) 조헌이 실제로 『朱子語類』의 간행에 관계하였다는 사실에 대해서는 藤本幸夫, 「朝鮮版 『朱子語類』攷」(『富山大學人文學部紀要』 제5호, 1981)을 참조. 조헌이 관계한 『朱子語類』는, 그의 중국여행으로부터 2년 뒤, 즉 1576(萬曆 4, 宣祖 9)년에 간행되었다.

주자朱子가 개탄慨嘆하면서 실행하지 못하였던 것이 동방東方인 우리 조선朝鮮에서 분명하게 되는 날이 올 것이다.

그가 본 중국에서는, 그가 체득한 가치체계로 볼 때 너무도 많은 결함이 있었다. 그가 보고하여, 그 제도문물을 이식하고자 하는 대상은 현실의 명조明朝는 결코 아니었다. 주자朱子와 자신이 경서라는 텍스트에 주입하였던 이상의 모습에 다름 아니었던 것이다.

제3장
민정중의 「연행일기」에 나타난
왕수재 문답에 대하여

1. 머리말

　일반적으로 연행록燕行錄이라고 불리는 여행기는 조선朝鮮·중국中國 사이의 외교사연구外交史硏究의 기초자료로서, 혹은 조선학술사朝鮮學術史 연구를 위한 일급 자료資料로서 유명하다. 하지만 이 여행기가 조선사의 연구만 아니라 중국사의 연구로서도 귀중한 자료라는 사실은 중국사 전공자 사이에서 지금까지도 아직 공통의 인식으로는 되어 있지 않은 듯하다.
　한편 『조선왕조실록朝鮮王朝實錄』속에 귀중한 중국정보中國情報가 많이 함유되어 있다는 사실은 이미 일찍감치 널리 알려져 있었다. 중국에서는 오함吳晗이 1930년대 초부터 당시 북평도서관北平圖書館이 구입한 『조선왕조실록』을 이용하여, 거기에 나오는 중국자료中國資料를 수집하였으며, 일본에서는 그보다 더 빨리 이케우치 히로시池內宏가 1923년에 태조太祖부터 중종中宗까지 11대에 걸친 실록으로부터 만주사滿州史 관계의 기사를 모두 초록抄錄하였다고 한다.

그들에 의해 시작된 편찬사업은 오함吳晗편『조선이조실록중적중국자료朝鮮李朝實錄中的中國資料』(中華書局, 1980) 및 동경대학문학부東京大學文學部편『명대만몽사료明代滿蒙史料[李朝實錄抄]』(東京大學文學部, 1942~1959)로서 결실結實을 맺어, 많은 연구자들에게 제공되고 있다. 현재로서는 중국 측 연구자가 이『이조실록李朝實錄』을 이용하는 데 비한다면,『연행록燕行錄』을 이용하는 일은 훨씬 적은 듯하다.

그런데『연행록燕行錄』에 나오는 중국정보中國情報와『조선왕조실록朝鮮王朝實錄』에 나오는 그것을 비교하여 보면, 그 둘이 중복重複하든가 일치一致하는 면이 있는 한편, 완전히 어긋나 있을 정도로 상이한 경우도 자주 보인다. 그 두 정보가 조금 어긋나든가 상이하든가 하게 된 것은, 관찰자觀察者이면서 보고자報告者이기도 하였던 여행자旅行者의 주체적인 입장이 그렇게 시킨 것으로, 필자는 그 일례로서, 선조宣祖 7년, 즉 만력萬曆 2년(1574)에 북경北京에 부임하였던 조헌趙憲의 보고서『동환봉사東還封事』를 거론하여, 그것을 일기인『조천일기朝天日記』와 비교함으로써 보고報告가 그의 의도하는 방향에 따라 저술되었기 때문에 실제로 그가 견문見聞한 것과는 크게 다르며, 거기에 작위作爲가 개입되어 있다는 사실을 글로 발표한 적이 있다.[1]

이렇게『연행록』과『조선왕조실록』의 중국정보中國情報에 괴리乖離가 발견되는 것은, 관찰자觀察者이자 보고자報告者이기도 하였던 여행자 자신의 문제에 의한 경우도 있지만, 관찰자로서는 귀중하였던 중국국내의 풍속風俗이나 쇄사瑣事가 조선국朝鮮國이라는 국가의 외

---

1) 본서, 제1부 제2장, 「조헌의『동환봉사』에 나타난 중국보고」.

교外交·군사정보軍事情報 및 문화文化·학술정보學術情報로서는 불필요하다고 판단되어 삭제되어버려 보고되지 않았기 때문이라는 경우도 많다.

그런데 중국사中國史를 연구하는 자로서는 이 군사·외교정보로도 되지 않고 문화·학술정보로도 되지 않을 풍속 및 쇄사가 종종 극히 중요하다. 왜냐하면 중국사 속에서도 명청사明清史의 자료는 실록實錄·지방지地方志로부터 수필隨筆·소설小說에 이르기까지, 연구자가 일생 동안 도저히 독파할 수 없을 정도로 다량으로 존재함에도 불구하고, 당시의 사람들로서는 무엇이 상식常識이었는가, 무엇을 생각하면서 생활하였는가 하는 문제에 관해서는 거의 아무것도 전해 주지 않는 것이 보통이기 때문이다. 이 점에 대해서는 『조선왕조실록』에서도 그리 많이 전해 주지 않고 있다.

이 점에서 『연행록』은 당시의 중국인이 글로 적을 생각도 하지 않았던 풍속風俗이나 쇄사瑣事, 혹은 그들의 상식常識이나 심리心理를 아주 잘 전해 주고 있다. 이를테면 박지원朴趾源의 『열하일기熱河日記』에 나오는 중국인과의 문답인 「곡정필담鵠汀筆談」은, 이 일기 속에서도 압권壓卷의 부분 가운데 하나로, 박지원이 글로 적지 않았더라면 영원히 묻혀버리고 말았을 건륭乾隆연간의 한 지식인知識人의 상식常識이나 심리心理를 충분히 전해 주고 있으며, 허봉許篈의 『하곡선생조천기荷谷先生朝天記』도 만력 초년의 자유활달自由闊達하면서 동시에 모순에 찬 한 서민庶民의 목소리를 우리들에게 전해 준다.

여기에 소개하는 민정중閔鼎重의 「왕수재문답王秀才問答」도 그 한 예이다. 이것은 17세기를 살았던 한 조선사신朝鮮使臣이 하북성河北省의

한 생원生員과 교환한 필담의 기록이다. 이것을 다른 중국자료와 비교함으로써, 당시의 중국의 한 지방에 살고 있던 한 사인士人이 어느 정도의 정보를 지니고 있었는지, 어느 정도의 일을 외국인에게 전하였는지 알 수가 있다. 나아가 이것을 조선 측의 자료인『조선왕조실록』이나『승정원일기承政院日記』의 관련기사와 비교함으로써, 한 사절使節에 의해 무엇이 전해지고 무엇이 전해지지 않았는지, 혹은 정보의 전달자에 의해 정보가 어떤 식으로 변용變容되는지 하는 것에 대해서도, 하나의 귀중한 사례事例를 제공提供할 수 있을 것이다.

2. 민정중의 중국여행

「왕수재문답」은 민정중의『노봉선생문집老峯先生文集』(英祖 10年, 雍正 12年[1734]序刊) 권10의 「연행일기燕行日記」에 「견문별록見聞別錄」・「안지현문답顏知縣問答」・「성전위차聖殿位次」와 함께 부록으로 붙어 있다. 민정중閔鼎重은 자를 대수大受라고 하며, 인조仁祖 27년(1649) 22세로 진사進士가 된 뒤 호남어사湖南御史・성균관대사성成均館大司成 등을 역임하고 현종顯宗 10년 곧 청조 康熙 8년(1669)에 북경사행에 사신으로 참여했을 때는 이조판서吏曹判書였다.2) 입연入燕 이전부터 그는 여러가지로 청조淸朝와 관계가 있었는데, 아무래도 여기에 기록하지 않으면 안될 사실은 효종

---

2) 閔鼎重에 대해서는『國朝人物考』(서울:서울대학교 도서관, 1978):『人物續考』卷5, 閔鼎重 碑銘.

孝宗 3년 곧 순치順治 9년(1652)에 중국인을 태운 배가 조선연안에 표착漂着하였을 때 그가 그것을 처리한 방식이다.

중국연호로 말하면 순치부터 강희康熙 20년대에 걸쳐, 순치 9년(1652)·강희康熙 6년(1667)·강희 9년(1670)·강희 20년(1681) 등 여러 차례 중국인이 조선에 표착漂着하여 조선 측은 그 때마다 대응에 곤란을 겪었다. 왜냐하면 당시 청조淸朝는 정성공鄭成功이나 정경鄭經 등에 의한 반청활동反淸活動을 극도로 경계하여 해금정책海禁政策을 취하게 되었는데, 바로 표착한 중국인은 때때로 체발剃髮하지 않은 상태여서 그들을 청조 측에 송환送還하면 반청反淸의 죄로 처형되든가, 중대한 혐의嫌疑를 받게 되는 것은 틀림없었으며, 그렇다고 해서 그들을 동정하여 그 사실을 청조에 통보通報하지 않고 묵인한다든가 그들의 희망대로 일본日本에 보낸다면 이번에는 청조로부터 반청의 혐의를 조선 자신이 받게 되어 국가의 전복顚覆까지도 각오하지 않으면 안되었기 때문이다. 주자학도朱子學徒였던 조선조의 정치가들은 도리道理와 현실現實 사이의 너무도 큰 괴리에 고뇌하였던 것이다.

효종孝宗 3년 곧 순치 9년(1652)에 표착한 중국인은 28인 전원이 체발착모剃髮着帽하고 있었는데, 그들의 자공自供에 의하면 "일본으로 건너가려고 하는 사이에 명나라와 청나라가 교대하고 말아서 이제 청조의 나라로 돌아가려 생각하여 항행航行하는 중에 난파하고 말았으니, 만일 북경에 송환되게 된다면 도정道程이 길어서 도저히 살아서는 돌아가지 못할 것이므로 자비慈悲를 베풀어 일본에 보내주십시오"[3] 하는 것이었다.

---

3) 吳晗 編, 『朝鮮李朝實錄中的中國史料』(北京:中華書局, 1980), 3821~3826쪽.

이 때 민정중閔鼎重은 상소上訴하여 그들을 북경에 송환하는 것에 반대하여 "아아, 표해漂海의 중국인中國人은 지난날 우리의 천조天朝인 명明의 적자赤子가 아닌가. 그들을 꽁꽁 묶어 구적仇敵에게 보내다니 어찌 차마 할 수 있겠는가?"라고 말하고, 그러한 조선 측의 행위는 "불의不義를 행하여 무실無實의 사람을 죽이는 일이다"라고 단언하고는 "그들을 송환送還하는 대신 절해絶海의 고도孤島인 제주도濟州島에 그들을 숨긴다면 비밀은 새어나가지 않고 도의道義도 서게 된다"고 주장하였다.4)

국왕 효종孝宗은 이념理念보다도 현실을 중시하여 결국 중국인을 송환하기로 결정하였다. 하지만 민정중의 상소는 그의 마음을 크게 흔들었던 듯하여, 특별히 그를 인견引見하여 "그렇게 결정하지 않으면 안된다"5)는 것을 설득하였다. 여기서 볼 수 있듯이 민정중은 당시의 일반적인 조선지식인과 마찬가지이든가, 그 이상으로 반청복명反淸復明의 입장에 서 있었던 것이다.

현종顯宗 10년 곧 청조 강희 8년(1669), 조선으로부터 북경으로 동지사冬至使가 파견派遣될 때, 민정중은 정사正使, 권상구權尙矩는 부사, 신경윤愼景尹은 서장관書狀官이 되었다. 민정중이 이 때도 반청복명反淸復明의 생각을 가슴 속에 감추고 있었던 것은 두말할 것도 없다. 이를테면 북경의 숙사宿舍인 옥하관玉河館에서는 중국인이 모두 체발剃髮하여 변발辮髮을 하고 있음을 탄식하여 "중원中原은 본래 황왕皇王[明朝]의 땅이었으니 누군가 반란자가 등장하지 않을까"6) 하는 시詩를 지었다.

---
4) 閔鼎重,『老峯先生文集』卷2, 應旨疏.
5) 위의 책 卷11, 筵中說話.

그로서는 북경에의 사행은 한 정치가로서의 외교임무外交任務였을 뿐만 아니라 청조의 체제가 어느 정도로 확립해 있는지, 복명復明의 움직임은 없는지, 친정親政을 시작하였다고 하는 강희제는 어떠한 인물인지 등을 스스로 탐색하는 일이었다.

중국사료인 『청실록淸實錄』에서는 이 때의 사절에 대하여 "조선국왕 이연李棩이 배신陪臣 민정중閔鼎重 등을 파견하여 동지冬至·원단元旦·만수절萬壽節을 표하表賀하고 세공歲貢의 예물을 헌상하였다. 연회宴會를 베풀고 선물을 준 것은 통례 그대로이다"7)라고 불과 세 줄로 기록하였을 뿐이지만, 민정중 측에서는 태화전太和殿에서의 알현에서도, 이 강희황제는 중원의 땅을 계속하여 지배할 만한 인물인지 어떤지를 확인하고자 하여 눈을 크게 뜨고 응시하고 있었던 것이다. 그는 강희제를 "신장은 보통사람 정도이되, 두 눈에 부포浮胞가 생겨, 깊숙한 눈동자는 가늘고도 작아 정채가 없다"라고 관찰하여 "용모를 보건대 특별히 영기英氣라고 할 만한 것이 없다"고 단정하고는, 나아가 "성격이 조급躁急하여 잠깐 있다가 돌연히 성을 낸다.… 사람을 등용할 때는 먼저 그 현부賢否를 대신大臣에게 물어, 대신이 사람을 추천하면 그 당파黨派임에 틀림없다고 의심하여 등용하지 않고, 거꾸로 자기 의지意志로 선택한다"8)라고 하였다. 다소 영맹獰猛하면서 시의심猜疑心이 강한 인물이라고 보았던 것이다.

왕수재王秀才와의 문답도 그 목적은 중국정세를 탐색하기 위한 것

---

6) 위의 책 卷1, 玉河館口占.
7) 『淸實錄』, 康熙 9年 正月 巳丑.
8) 閔鼎重, 『老峯先生文集』 卷10, 聞見別錄.

이었다. 왕수재란 하북성 옥전현玉田縣의 왕공탁王公濯을 말하며, 일행이 북경으로 가는 길에서는 강희 8년 12월 18일, 북경에서 돌아오는 길에서는 강희 9년 2월 1일, 두 번에 걸쳐 민정중 등 조선사절에게 숙박처를 제공하였다. 민정중閔鼎重은 왕공탁王公濯에게 상당히 호의를 느낀 듯하여 "대개 숙박처를 빌려주는 주인은 반드시 성찬을 내주지만, 숙박비를 요구하여 충분하지 않으면 성을 내고 욕을 해댄다. 이것은 연로沿路의 악습惡習인데. 왕공탁은 싹싹한 사람이어서, 진심으로부터의 예禮에 부합하여 행동한다"9)라고 적었다.

민정중의 일기에는 왕공탁을 "일사逸士로 자처自處한다"라고만 적었으나 『광서옥전현지光緒玉田縣志』 권27, 문학文學에는 다행히 그의 전기傳記가 남아 있다. 그것에 의하면 그는 명말明末에 생원生員으로서 과거科擧를 보려고 열심히 공부하는 한편 시나 고문사古文辭를 짓고, 종종 각지를 유력遊歷하였다고 한다. 또 청대淸代에 들어와서 과거공부를 그만두었으나, 저서著書는 많아서 『몽여초夢餘草』가 있다고도 한다. 우리들은 왕공탁王公濯을 현 수준의 지방지地方志에서 수십 명 혹은 수백 명은 나올 법한 전형적인 지방사인地方士人의 한 사람이라고 보아도 좋을 듯하다.

민정중閔鼎重의 기록에 의하면 강희 8년 12월 18일과 다음해 2월 1일의 문답은 어느 경우나 모두 심야深夜까지 계속되었다고 한다. 아래에 「왕수재문답王秀才問答」을 먼저 원문原文 그대로 기록하고, 다음으로 각 조목별로 다른 사료史料와 대조하면서 검토하기로 한다.

---

9) 위의 책 卷10, 「燕行日記」, 巳酉 12월 丁丑.

3. 왕수재 문답의 검토

1. 왕수재문답王秀才問答

1) 曾因金尙書飽聞聲華. 今覩淸儀, 令人欣瀉.
   燕山逸士, 過承金先生說項. 慚愧慚愧.
2) 聞主人多讀古書. 在今不廢擧業耶.
   予之生, 卽値金戈鐵馬之時, 更遭失業之苦. 不但無志功名, 抑且靑緗散失. 欲嗜古而不能復. 何問擧子業耶.
3) 關內士民流離乞丐於關外者, 相續於道. 皆云世業盡沒於公家. 旣有天下, 当愼擧措, 何以白奪民田.
   此非草野人所敢妄對也.
4) 禹貢山川, 盡入版籍否.
   且奉朔者甚廣. 如安南諸國, 昨始歸去也.
5) 昨歲漂船來泊我國之境, 詳傳永曆尙保南徼. 此言的否.
   当日所恃者, 孫可望・李定國二人耳. 降者降, 而死者死. 永曆遂爲緬國所獻, 今已五年矣. 漂泊人言不足信也.
6) 緬國在何地.
   降者孫可望, 緬國者在交趾之南, 乃海外一國也.
7) 如宋故事耶, 抑遇害耶.
   爲兵所追, 不得已而投緬國. 蓋避害而反遇害也.
8) 詩云商之孫子, 其麗不億. 今天下獨無一介朱氏子孫耶.
   更名易姓者滿天下, 尙不止億萬. 其如無能爲何.
9) 孫降者做何官, 尙得偸生耶.

封爲義王, 今已亡矣. 其子見在承襲伊職.

10) 當今用何道駕御天下, 而天下晏然乎.

　　古今治道不一, 今日所謂無爲而治者乎. 呵呵.

11) 親政之後, 政令比前何如云耶.

　　覺勝于前.

12) 天下大勢, 必有可聞者, 略示之.

　　所可訝者, 爾來公令甚嚴, 而賄賂愈行, 四海甚貧, 而奢靡愈尙.

13) 所恃者兵馬, 而兵馬已衰, 奢侈又甚. 以天下之大, 豈無崛強奮起者乎. 道聞山東有盜的否, 流賊無遺類耶.

　　山東自于七變後, 迄今無事, 流賊遺類, 二十年前早已殲滅也.

14) 今世有學問之士如許魯齋者耶.

　　如謝疊山者則有. 如薊州進士李孔昭者是. 如許魯齋者, 自不乏人. 但不必屈指耳.

15) 明朝士人冠服帶履之制, 可得一一見示耶. 欲遵用於東方耳.

　　秀才頭巾藍衫靑領袖靑綠四邊藍衫皂靴. 擧人頭巾靑円領藍條皂靴. 太學生亦如之.

16) 願聞李孔昭本末.

　　以薊州人登癸未進士, 甲申遭亂, 淸人聞其賢, 三召不起, 杜門老死.

2. 회시문답 回時問答

17) 入燕京, 買得舊時儒巾以來. 其制是否元無纓脚否.

　　龍眉鳳目俱在. 其制是無差也. 元無纓脚.

18) 北京書肆, 絶無濂洛諸書, 豈世亂抛學而然耶.

　　幾經兵火典籍, 更甚於秦阬之烈焰. 是以諸書不但不存于市肆, 卽故家亦寥寥矣. 可歎可歎.

19) 貴鄕素称多儒士, 豈有周張邵全書耶.

　　敝邑自崇禎己巳迄今四次殘破, 順治癸巳七年大水. 邑人不能当荒年穀矣. 周張諸全書, 今亦少也.

20) 屛上文筆, 有出仕宦人手中者乎.

如成克鞏, 世祖朝宰相, 何采先朝兵部侍郞. 此二人俱見在一致仕, 一爲僧.

21) 致仕者爲誰, 爲僧者爲誰.

致仕者成克鞏, 林下十有餘年. 爲僧者何采. 蓋因先朝之沒, 卽變名曰衲采, 爲僧幾三十年.

22) 采上人居在何處寺.

杭州西湖上.

23) 太學啓聖廟, 從享某某耶.

敝邑啓聖廟, 無配享者. 太學不曾身到, 不敢妄對.

24) 北京有正朝行禮鄧將軍廟之擧, 鄧是何人, 而能使尊奉至此.

鄧將軍乃 明朝副總兵, 爲淸所執, 不屈而死, 英靈大著, 遂本朝奉以祈福之神, 相傳如此. 然不能詳其名与鄕貫也.

25) 到北京, 淸人在職者相對皆拨話款款. 漢人在職者相對不出一言. 豈習性然邪, 抑無興致而自簡於言語耶.

淸人則無可無不可. 漢人乃避嫌疑, 不敢多談, 非習性也.

26) 民間頗称朝政之善, 而京裏多以宮室石役遊獵, 國儲漸竭爲憂. 猜疑積中, 以察爲明, 用法太酷, 人人畏誅, 朝紳亦有分烈之漸云. 此言信否.

此俱切時弊. 然宮室之役, 在旗下, 不在民間, 雖有畋獵之苦, 而廉貪屢有黜陟. 獨是逃人條例甚嚴. 且弊竇百端, 乃民不聊生之大者. 朝紳黨附從來有之, 況今日乎, 非妄言也.

27) 或云鄭經尙爾崛强, 沿海三百里, 淸野無人居, 海道不通舟船. 主人亦有所聞否.

無所聞. 然此人言亦不謬.

28) 或傳遣周姓官招撫, 則拒而不納. 且云割一省以封則当降. 然否.

差兵部尙書明珠·浙閩總督劉士猗前往撫, 至今尙未成議. 大抵本朝欲誘之登岸, 在彼又不肯受誘, 看來終不能議撫也.

29) 尊經尙用永曆年号云. 尊奉 前朝而然耶.
   抑或仮托而然耶. 無乃挾朱氏以張其勢耶.
   此則不能洞悉其隱.
30) 南京殷盛如前朝否.
   誰能更上新亭飮. 大不如先. 太息時.
31) 中國有便把杭州作滿洲之句云. 可聞其全篇耶.
   此乃時人戱改古詩云, 山外靑山樓外樓, 西湖歌舞此時休, 腥膻薰得遊人醉, 只
   把杭州作滿洲.
32) 以筆代舌, 終不能盡所欲言, 令人懞懞.
   紙筆代喉舌, 古人已言之矣. 雖不能暢談, 然勝於肆口者多多也. 呵呵.

다음으로는 왕공탁王公濯의 '상식常識'과 그가 지니고 있었던 정보情報가 품고 있는 문제점만을 검토하기로 한다.

3) 이른바 권지圈地에 대한 문답이다. 청조는 입관入關 이후로도 주로 하북성에서 대규모의 권지圈地를 행하여, 중국인의 토지를 압류하여 그것을 팔기관병八旗官兵에 지급하였다.10) 이것은 만주인에 의한 중국인 지배가 가장 노골적으로 드러난 문제이며, 토지를 빼앗긴 중국인은 만주인 아래에서 노예奴隸가 되어 경작耕作하든가, 아니면 도망逃亡하였다. 민정중閔鼎重이 본 것은 강희 5·6년(1666~1667)에 대규모로 실행된 권지圈地의 여파일 것이다. 민정중은 한만대립漢滿對立이 가장 현저하게 드러나는 이 문제를 거론하여, 중국인의 반응을 보고자 하였으나, 왕공탁은 과연 신중하여 회답을 피하였던 것이다.

---

10) 周藤吉之, 「淸初に於ける畿輔旗地の成立過程」(『淸代東アジア史硏究』, 東京:日本學術振興會, 1972 소수) 참조.

4) 중국정세를 물은 것에 대해 왕공탁王公濯은 옛 명조明朝의 영토가 모두 청국의 영토로 되었을 뿐만 아니라, 조공국朝貢國도 많다고 답하였다. 회전會典이나 실록實錄에 의하면 순치 11년(1654)에 류큐琉球, 13년(1656)에 폴란드와 안남安南, 강희 4년(1665)에 섬라暹羅가 진공進貢하였다. 안남은 순치 17년(1660), 강희 3년(1664) 등에도 입공入貢하였으며, 왕공탁王公濯이 '최근 처음으로'라고 말한 것은 반드시 정확하다고는 할 수 없다.

5) 민정중閔鼎重으로서는 가장 궁금해 하였던 것 가운데 하나는, 영력제永曆帝가 다른 여러 정보들이 말하듯이 정말로 체포되었는지 어떤지, 남명정권南明政權이 이미 붕괴하였는지 하는 문제였다. 『청실록淸實錄』 강희 원년 2월 경오, 『남강일사南疆逸史』 권3, 영력제永曆帝 등에 의하면, 영력제은 이미 순치 18년 12월에 면전緬甸[미얀마] 사람에게 체포되어 청군淸軍에 인도된 뒤 강희 원년 3월에 운남부雲南府에서 살해되었다고 한다. 영력제의 포획捕獲과 남명평정南明平定은 곧바로 청조사절淸朝使節에 의하여 조선朝鮮에 전해져서, 조선국왕은 특별히 정태화鄭太和를 북경으로 보내어 영력제 포획을 축하하였다.11)

그러나 조선 측은 이렇게 사절使節을 보내기는 하였지만, 내심에서는 그것을 그대로 믿은 것이 결코 아니었다. 그 당시 조선을 출발하기 직전의 정태화鄭太和조차도 "그들이 과장하여 말하는 것이거늘 어찌 믿을 수 있으랴"12)라고 하였으며, 강희 2년(1663) 3월에 귀국한 연

---

11) 『淸實錄』, 康熙 元年 9月 辛卯.
12) 이 장 주 3) 자료, 3896쪽.

행사燕行使는 하북성 풍윤현豊潤縣에서 만난 한 중국인이 "영력제永曆帝는 죽지 않았다.… 청인淸人[滿洲人]의 과장하는 말은 믿을 수 없다"고 말하였다고 전하고 있다.13)

민정중閔鼎重이 여기서 거론한 중국인의 표선漂船은 현종 8년 곧 강희 6년(1667) 때의 것으로, 표착중국인漂着中國人 95인은 전원 체발하지 않고 대명大明 복건성福建省의 사람들이었다고 적은 동시에 "영력제永曆帝는 여전히 뇌주雷州에 있으면서 복건福建·광동서廣東西·사천四川의 3성을 영유領有하고 있다"고 말하였다.14)

왕공탁王公濯은 영력제永曆帝가 면전緬甸국에 의해 체포되어 헌상獻上되었다는 사실, 영력제의 부하로서 손가망孫可望과 이정국李定國이 있었다는 사실을 알고 있었다. 더욱이 표착중국인의 말은 믿을 수 없다고 확실하게 잘라 말하고 있다. 모두 정확한 인식이다. 하지만 문답의 시점에서는 영력제의 포획捕獲으로부터 8년이 지난 뒤이므로 여기서 5년 전의 일이라고 한 것은 조금 부정확하다.

6) 투항投降한 자가 손가망孫可望이라고 한 것은 옳다.15) 면국緬國[미얀마]이 교지交趾[베트남]의 남쪽에 있으면서 '해외海外의 한 나라'라고 말한 것은 당시의 '상식常識'이었던 듯하다.

8) 민정중은 『시경詩經』 대아大雅 문왕文王을 인용하여 반청복명反淸復明의 움직임을 탐색하고자 하였다. 왕공탁의 답변은 『청실록淸實錄』

---
13) 위의 책, 3901쪽.
14) 위의 책, 3944~3952쪽.
15) 『南疆逸史』, 列傳 卷48, 李定國傳.

에 "최근 주자朱子의 무치無恥의 무리가 있어서 성명姓名을 개역改易하고 몸을 숨겨 도망하고 있다 운운"(康熙 4年 12月 己未)이라는 식으로 말하고 있듯이, 올바른 말이었다.

9) 『청사고清史稿』권248의 「손가망전孫可望傳」등에 의하면 손가망은 의왕義王에 봉해졌으며, 순치 17년(1660)에 그가 죽자 그의 아들 손징기孫徵淇가 습봉襲封하였다. 왕공탁王公濯이 회답한 그대로이다.

11) 강희제의 친정親政은 강희 6년(1667) 7월에 시작해서, 다시 강희 8년(1669) 5월에는 그 때까지 그를 보좌補佐하여 왔던 권신權臣 오보이를 단죄斷罪하였다. 그는 그 때까지의 현안懸案 가운데 하나였던 권지圈地를 금지하는 상론上論도 폈었다.16) 왕수재王秀才가 민정중閔鼎重과 문답을 하였던 시점은 형식상 친정의 시작으로부터 보면 2년 남짓이고, 오보이의 실각失脚으로부터 계산한다면 불과 수개월 지난 일이다.

청조清朝에 대해 유쾌하지 못한 심정을 지닌 한 사인士人이었음에도 불구하고, 친정을 평하여 "이전보다는 좋다"고 답한 사실은 매우 흥미롭다. 또한 천하의 대세를 질문받자, 그가 "최근 법령法令이 아주 엄하고, 뇌물이 차츰 번성하며, 전국에 걸쳐서 가난하고, 사치가 점점 성하다"라고 솔직하게 정치를 비판한 점도 흥미롭다. 당시의 사치奢侈에 대해서는 이를 테면 『청실록清實錄』(康熙 元年 6月 丁未 上)을 참조하라.

13) 민정중은 또다시 반청복명反清復明의 움직임에 대해 물었다. 하

---

16) 『清實錄』, 康熙 8年 6月 戊寅.

지만 왕공탁王公濯의 답변은 솔직하며, 민정중이 기대하였던 것처럼
은 대답하지 않았다. 그가 여기서 말하는 우칠于七의 변變이란 순치
18년(1661)의 사건이다. 우칠은 산동성 서하현棲霞縣의 백성으로, 순치 5
년(1648)부터 '망명자를 불러모아 약탈을 제멋대로 하기' 시작하였으나,
뒷날 초무招撫에 응하여 청군淸軍의 비장裨將이 되었다. 그런데 순치 18
년에 아우 우구于九가 한 향신鄕紳을 구타하여 사이가 벌어져서 "청조
에 대하여 모반謀反을 꾀하고 있다"고 병부兵部에 통보通報하기에 이르
렀다. 이로써 우칠은 반청운동反淸運動을 행하는 자로 지목되어, 그 때
까지 우칠과 명함을 주고받았던 향신鄕紳 수십 가家가 연좌連座되는
대의옥사건大疑獄事件이 되었던 것이다.17)

반란 그 자체는 대규모의 것이 아니라서 산동성 전체를 휘말리
게 할 정도의 것은 아니었음에도 불구하고, 왕공탁이 이 사건을 거
론한 것은, 그것이 같은 순치 18년부터 강희 2년(1663)에 걸쳐서 강남江
南지방에서 발생한 소주곡묘사건蘇州哭廟事件이나 남도진장씨명사사건
南濤鎭莊氏明史事件과 마찬가지로, 반청운동에 대한 혹은 향신층鄕紳層에
대한 청조의 대탄압大彈壓이었기 때문이다. 당시 남을 무고誣告하고자
한다면, 남방에서는 대만臺灣 정씨鄭氏일파와 통하고 있다通海고 말하
든가, '역서逆書'에 관계되어 있다고 통고하고, 북방에서는 우칠于七의
적당賊黨이라고 말하든가, '도인逃人'이라고 통보通報하였으니, 그 일을
끄집어내지 않으면 '사건事件'으로 취급되지 않았다고 한다.18)

우칠의 난은 남도진장씨명사대옥南濤鎭莊氏明史大獄 등이 널리 알려

---

17) 『乾隆原刊光緒續刊棲霞縣志』 卷8, 兵事.
18) 이 장 주 7) 자료, 康熙 6年 4月 庚午.

져 있는 것과는 달리, 현재로서는 거의 알려져 있지 않지만, 당시 북방에 사는 지식인들은 커다란 관심을 지니고 있었던 듯하다. 왕공탁이 사는 하북성 옥전현과 우칠의 난이 발생한 산동성 서하현棲霞縣과는 아주 멀리 떨어져 있음에도 불구하고, 그가 특히 여기서 언급한 것은 이상과 같은 이유에서 그도 관심을 지니고 있었기 때문이다.

14) 허로재許魯齋 즉 허형許衡은 송조宋朝 때 주자학朱子學을 배웠으면서 원조元朝에 벼슬 살았던 자로서, 종래 자주 곡학아세曲學阿世의 무리로 지목되는 인물이다. 민정중은 무심한 듯 "파렴치한 곡학曲學의 무리 가운데는 어떤 인물이 있는가?"라고 질문하였다. 이에 대하여 왕공탁은 정면으로부터는 대답하지 않고 거꾸로 "사첩산謝疊山 즉 사방득謝枋得 같은 자는 있다"라고 답하였다. 사방득은 남송南宋의 인물로, 남송이 망한 뒤에 원나라에서 벼슬을 살지 않아서, 강제적으로 벼슬살게 하려고 했던 자의 손에 의해 구금되어 북경으로 송치되었으나, 그곳에서 절식絕食하여 죽은 인물이다.[19] 사방득 같은 인물이라고 여기서 거론된 이공소李孔昭는, 숭정 16년(1643)의 진사進士로, 청조淸朝가 된 뒤에 세 번 징소되었으나 "산다면 순順이요, 죽는다면 영寧이다"라고 말하고는 끝내 청나라에서 벼슬 살지 않았다.[20]

또한 24)에 나오는 등장군묘鄧將軍廟의 문제이다. 민정중은 「연행일

---

19) 『宋史』 卷425, 謝枋得傳.
20) 『皇明遺民傳』 卷3 및 『道光薊州志』 卷9, 鄕賢의 李孔昭傳. 실은 李孔昭의 일은 이미 강희 2년 7월에 朝鮮燕行使에 의하여 조선 측에 전해져 있었다. 그것에 의하면 夷齊廟에 있었던 "苦節跡難踐, 救仁心可同"이라는 題詞를 지은 사람은 이공소라고 간주되며, 明淸鼎革의 뒤에는 학문을 가르쳤을 뿐이고 淸에서 벼슬살지는 않았다고 한다. 이 장 주 3) 자료, 3903쪽.

기燕行日記」 강희 9년 정월 기축己丑(1일)의 조항21)에서도 기록하여 만주인滿州人을 두렵게 만들고 있는 등장군묘鄧將軍廟에 중대한 관심을 지녔다. 그가 등장군묘라고 말한 것은 『청실록』 강희 구년舊年 정월 원단元旦의 조항에서 "상께서 당자堂子에 가서 행예行禮하고 궁으로 돌아왔다"라고 기록한 당자이다.

정월 원단의 궁중행사로서 황제가 맨처음에 당자堂子에 참배參拜하는 것은 오랜 기간에 걸친 관습이어서 『청실록』도 한 해의 기사記事의 처음을 당자행행堂子行幸으로부터 시작하는 것이 상식이었다. 당자堂子鄧將軍廟는 이렇게 중요한 존재였음에도 불구하고 그 내력은 분명하지 않다.

북경北京의 각 건물의 내력을 서술하여 상세하기 그지없는 『흠정일하구문고欽定日下舊聞考』 권49에서도 "당자堂子는 장안長安 좌문左門의 바깥 옥하교玉河橋의 동쪽에 있다. 매년 원년에는 천자天子가 친히 제사지낸다. 무릇 국가에 정토征討의 대사大事가 있으면 반드시 천자가 친히 제사지내면서 보고한다"라고 『대청일통지大淸一統志』를 인용하여 서술하였을 뿐이다.

서가徐珂의 『청패류초淸稗類鈔』 시령류時令類 제당자祭堂子에 의하면 당자의 제전祭典은 북경의 「삼불문三不問」, 즉 물어봐서는 안되는 세가지 일 가운데 하나였다고 한다.

이 당자의 문제를 본격적으로 고증考證한 사람은 맹삼孟森이었다. 그는 「청대당자소사등장군고淸代堂子所祀鄧將軍考」22)에서 당자에서 제향

---

21) "天明, 淸主先往鄧廟. 問之則明朝猛將以鄧爲姓者, 戰敗見執, 不屈而死, 仍成厲鬼, 遇之者皆斃. 胡人大駭懼, 立祠祈禱. 入燕之後, 亦不敢廢, 設廟尊奉云."

하고 있는 것은 등자룡장군鄧子龍將軍이라고 기록한 자료로서 비교적 연대가 늦은 그밖의 자료들을 제외하고 사신행査愼行의 『인해기人海記』와 소석蕭奭의 『영헌록永憲錄』 등 두 가지를 인용하였다. 하지만 『인해기』는 강희 52년(1713), 『영헌록』은 건륭 17년(1752)의 서문을 지니므로, 민정중의 보고 쪽이 훨씬 빠르다.

왕공탁王公濯의 대답에서 볼 수 있듯이, 등장군鄧將軍은 당자堂子로 제향되는데, 그는 청淸에 붙잡혀 죽은 명나라 부총병副總兵이었다고 하는 것이 강희 초년에는 널리 알려진 '상식常識'이었던 듯하다.23)

다음으로 26)은 역시 민정중閔鼎重이 가장 관심을 지녔던 청조붕괴淸朝崩壞의 가능성에 대한 질문이다. 그는 "민간에서는 조정朝政이 좋다고 말하고 있나"고 들었지만, 청조로서 좋지 않은 재료材料를 더욱 듣고 싶었던 것이다. 당시 태화전太和殿의 수리나 효릉孝陵 등 묘릉석실墓陵石室의 조영造營이 행해지고 있었다는 사실은 『청실록淸實錄』 강희 4년 3월 갑오甲午와 8년 정월 병진丙辰, 8년 3월 을묘乙卯 등에 나타난다. 석재운반石材運搬에 대해서는 민정중 자신이 목격하고 있었으며, 강희제가 자주 북경 근교로 사냥을 나간다는 사실도 기록하고 있다.24)

하지만 왕공탁은 민정중의 질문이 확실히 시폐時弊에 해당한다고는 인정하였으나, 더 나아가 궁실宮室의 역役은 팔기八旗 내부의 문제

---

22) 孟森, 『明淸史論著集刊』(北京:中華書局, 1959) 수록.
23) 또한 岡田尙友 編, 『唐土名勝圖會』 卷3에는, 北京의 堂子의 圖와 이에 대한 해설이 있다.
24) 석재운반에 대해서는 「見聞別錄」에 나온다. 出獵에 대해서는 「見聞別錄」에 자주 나오는 이외에 「燕行日記」의 康熙 9年 正月 甲辰에 "淸出獵城外十餘里地云"이라고 나온다.

여서 그 자체가 민간의 문제는 아니라고 말하였다. 또 도인逃人문제는 중대하며, 강희제는 확실히 사냥을 좋아해서 인민이 괴로움을 겪고 있지만, 차츰은 염관廉官은 승진하고 탐관貪官은 배척되고 있다고 답하였다. 이것은 민정중이 강희제를 평하여 "가찰苛察을 명민明敏함으로 간주하고, 법률法律을 이용해서 처벌하는 일이 아주 잔혹하여서" 대신大臣조차도 의심하고 있다고 부정적으로 평가만 하고 있는 것과는 반대되는 대답이었다.

마지막으로 28)에 나오는 정경토벌鄭經討伐의 사실관계만 언급하겠다. 왕공탁이 병부상서兵部尙書 명주明珠와 절민총독浙閩總督 유사기劉士猉를 파견하였다고 말한 부분인데, 명주는 강희 8년(1669)에 형부상서刑部尙書였고, 병부상서가 된 것은 강희 10년(1671)의 일이므로 형부상서가 옳다. 또한 강희 8년 3월부터 12월에 걸쳐서의 절민총독浙閩總督은 유조기劉兆麒였다. 이 잘못이 왕공탁의 잘못에 기인하는지, 『노봉선생문집老峯先生文集』 간행 때의 잘못인지는 알 수 없지만, 설령 왕공탁 자신의 잘못이라고 하여도 아주 흥미롭다. 그 이유는 유조기가 절민총독에 임명된 것은 강희 8년 3월 병진丙辰의 일이어서[『淸實錄』], 문답한 시기는 그때로부터 1년도 채 경과하지 않기 때문이며, 또 명주가 복건성 방면에 파견된 사실은 9년 1월까지의 사이에 실록에조차 실리지 않은 정보이기 때문이다.

하지만 명주明珠는 확실히 복건福建에 파견되었던 것으로, 8년 7월에는 정경鄭經문제에 대해 강희제康熙帝에게 상소하였다.25) 왕공탁은

---
25) 中國人民大學淸史硏究所編, 『淸史編年』 第2卷(北京:中國人民大學出版社, 1988), 康熙 8년 7·9월.

어떠한 정보情報루트에 의한 것인지, 명주가 특별한 명을 띠고서 복건에 파견된 사실까지도 알고 있었던 것이다.

4. 맺음말

이상으로 「왕수재문답王秀才問答」에 대한 검토를 마친다. 종합하여 말하면 하북성 소도시小都市의 한 사인士人은 안남제국安南諸國의 내공來貢, 영력제永曆帝·이정국李定國·손가망孫可望의 귀추歸趨, 우칠于七의 변變, 정경鄭經이나 대만토벌臺灣討伐의 현상現狀 등에 대하여 거의 정확한 사실을 알고 있었다. 형부상서를 병부상서로 잘못 안다든가 하는 것은 병사兵事에 관계된 문제이므로 우리라도 잘못 알 수 있는 가능성이 크다. 안남安南의 조공시기, 면전緬甸[미얀마]의 위치, 등장군鄧將軍의 전승傳承 등 약간의 잘못 혹은 불명확함이 있기는 하지만, 이것들도 당시의 상식이었을 것이다.

또 청초淸初의 여러 정세情勢에 대하여 "너무도 기이한 것은 최근 법령法令이 너무 엄하고 뇌물이 점점 성행하고 있다"고 비판하고, 대만臺灣관련 군사정세軍事情勢에 대해서도, 일단은 "듣지 못했다"라고 대답하면서도, 더욱 깊숙이 질문을 받으면 명주明珠·유사기劉士猉실은 劉兆麒가 파견되어 있다고 답하여 "결국 화의和議로는 귀결하지 않으리라고 봅니다"라고 덧붙이는 등 우리들의 '상식常識'으로 본다면 붓으로 적는 것을 꺼리지 않을까 하는 사항까지도 의외라고 할 만큼 간단하게 적어서 남겨두었다.

그런 한편으로는 또한, 강희제康熙帝의 친정親政수준을 어느 정도 평가하여, 민정중의 기대에 반하여 친정 이후로는 "그 전보다 훨씬 좋아졌다"라고 답하여 "염관廉官이 승진昇進하고 탐관貪官은 배제되고 있다"고 말하였다.

마지막으로 남는 문제는, 그렇다면 민정중閔鼎重은 이 정보情報들을 귀국한 뒤 어떻게 전하였는가 하는 점이다. 이에 대해서는 『승정원일기承政院日記』·『현종실록顯宗實錄』·『현종개수실록顯宗改修實錄』의 현종 11년 곧 강희 9년(1670) 윤2월 을미乙未(8일)에 민정중의 보고가 보인다. 세 자료에 의하면 현종이 이제 막 귀국한 민정중을 인견해서 청국清國의 상황이 어떠냐고 질문한 데 대하여, 그는 우선 강희황제康熙皇帝는 "아주 미세한 일에 이르기까지도 사람들의 잘못을 조사한다. 그래서 저 나라의 사람들은 공공연하게 원망하고 욕을 해대어 조금도 기탄하지 않는다.… 그 용모를 보면 별로 영기英氣라고 할 만한 것이 없고, 험하고 거친 기세를 많이 지닌 인물이다"라고 대답하였다.

더욱이 이렇게 청조清朝의 궁정에서는 의심암귀疑心暗鬼이므로 '소장蕭墻의 환患'[내부로부터의 모반]이 일어날지도 모른다고 말하고, 수해水害·한해旱害라도 일어난다면 '토붕土崩의 환患'[외부로부터의 반란]이 벌어질 위험성危險性도 있다고 진술하였다.[『承政院日記』] 두말할 것도 없이 그 말들은 민정중이 수집한 정보 가운데 강희제 및 그 시대의 관점에서 부정적인 측면뿐이다.

동행한 서상관書狀官 신경윤愼景尹도 옥전현의 왕공탁王公濯으로부터 얻은 정보로서, 영력제가 이미 체포되었다고 국왕에게 전하였지만, 강희친정 이후로는 "염관廉官이 승진하고 탐관貪官이 배제되고 있다"고 하는 또다른 정보에 대해서는 역시 말하지 않았던 듯하다. 요컨대 민정중과 그 동행자는 그들이 얻은 정보 속에서 청조가 안정되어 가는 데에 나쁜 측면, 다시 말하면 반청복명反淸復明의 희망希望에 관계되는 측면을 특히 강조하여 전달하였던 것이었다.

이것이 의도적인 것이었는지 그렇지 않은 것이었는지에 대해서는 여기서는 논하지 않기로 한다. 우리들에게 대단히 흥미로운 것은, 이렇게 조선에 전해진 강희제상康熙帝像의 '상식'이 우리들이 보통 지니고 있는 강희제상의 '상식'과 크게 동떨어진다는 사실이다. 민정중만이 아니라 이미 현종 9년 곧 강희 7년(1668)에 귀국한 연행사燕行使도 강희제에 대하여 국왕으로부터 질문을 받았을 때, "유연遊宴할 뿐만 아니라 대단히 사치스러우며, 마안馬鞍이나 주배기명酒盃器Ⅲ은 모두 황금으로 만들고, 빈번하게 뇌물이 행하고 있다"고 답하였다.26)

그 뒤로도 숙종肅宗 2년 곧 강희康熙 15년(1676)에는 "국사國事를 근심하지 않고 음악淫樂에 몰두하는 일이 날마다 극심하다"27)라고 전해지고, 그 다음 숙종 3년 곧 강희 16년(1677)에도 "황제皇帝는 청서淸書滿州語를 알고 있을 뿐이고 문자文字漢字를 알지 못한다. 그러므로 대개 문서文書에 대해서는 멍하니 관심을 두지 않는다"28)라고 전해졌던 것이다.

같은 식의 강희제상康熙帝像은 그 뒤로도 이어져서, 삼번三藩의 난亂이 진압鎭壓된 뒤로도 "교음驕淫이 날마다 심하다. 유희遊戱를 매일의

---

26) 이 장 앞의 주 3), 3953쪽.
27) 이 장 앞의 주 3), 4036쪽.
28) 이 장 앞의 주 3), 4042쪽.

일로 삼고 있다"29)라든가 "황제皇帝는 황음荒淫하여 그칠 줄을 모르며, 뇌물이 공공연히 행하고 있다"30)라고 전해졌던 것이다. 요컨대 민정중閔鼎重이 전한 강희제상康熙帝像은 적어도 당시의 조선인으로서는 '상식'적인 혹은 '상식화常識化'되어 가던 것이어서, 그 한 사람의 것은 아니었던 것이다.

---

29) 이 장 앞의 주 3), 4089쪽. 肅宗 9年＝康熙 22年(1683).
30) 이 장 앞의 주 3), 4104쪽. 肅宗 11年＝康熙 24年(1685).

제2부 18·19세기 연행사와 통신사에 있어서
학술논의와 학술교류

제4장
조선연행사 신재식의 『필담』에 보이는 한학·송학 논의와 그 주변

1. 머리말

　　동아시아의 국제질서라고 하는 경우, 그것은 일반적으로 정치적 질서이든가 무역적 질서를 가리킬 것이다. 그러나 국제관계를 보다 넓은 시야에서 생각한다면 국제간의 문화적 질서라고 하는 것도 중요한 과제이다. 명청明淸시대의 중국과 조선의 국제관계에 맞추어 이 문화질서의 문제라는 것은 무엇인가를 간단하게 설명하면 다음과 같다.

　　조선은 건국에서 멸망에 이르기까지, 전반은 명조明朝와 후반은 청조淸朝와 거의 일관되게 조공朝貢·책봉冊封 관계에 있었다. 조공·책봉 관계라는 것은 말할 것도 없이 제일의적으로는 국제적인 질서를 유지하기 위하여 맺는 관계이다. 그리고 그것과 연계하여 제2의적으로는 그 무역을 조공무역朝貢貿易 또는 종번무역宗藩貿易이라고 부르는 것처럼, 양국간의 무역질서를 유지하기 위한 관계이기도 하다.

명청시대의 중국과 조선 사이에 맺어진 이 조공·책봉 관계는 분명히 상하관계이며, 종주국宗主國인 명·청 중국은 직접적으로 무력을 사용하지 않고도 장기간에 걸쳐서 조선을 그 통제 하에 둘 수 있었다.

한편 조선 측에서 보면 이에 따라서 직접적인 무력침략이나 직접적인 통치를 피할 수가 있었다. 게다가 그것은 크게 보아 양국의 정치질서와 무역질서를 유지하려는 것이었기 때문에 양국의 외교교섭에 있어서 청조가 당면의 이익을 추구하여 일방적인 요구를 강요했다고는 단정할 수 없다. 오히려 구체적인 문제에 있어서 조선 측에 유리한 주장으로 기우는 결말이 나는 경우가 때때로 있었다. 그러나 그것이 상위국인 중국에 더 형편이 좋게 되어 있었던 것은 말할 것도 없다. 양국의 근간根幹에 관련되는 문제에 있어서는 궁극적으로는 조선이 상위국이 바라는 질서를 따르지 않으면 안되었다.

그런데 중국·조선 간의 질서를 문화적인 질서를 통해서 볼 때, 그것은 정치적인 질서와도 무역적인 질서와도 크게 달라보인다. 첫째로 양국 간에 있어서 문화적인 질서는 상하관계에서 오는 '억지로 떠맡긴 것'이라고나 표현해야 할 강요에 의해 형성되는 것도 아니고 변동하는 것도 아니었다.

예를 들면 명·청 중국에 있어서 주자학朱子學이 체제교학이라고 해서 곧 조선에 대해서 일방적으로 그것을 어거지로 떠맡겼던 것 같지는 않다. 또 명이 청에 의해 멸망하고 만주민족이 '중화中華의 땅'을 통치하게 되자, '중화'의 인민에게 복종의 표시로 변발을 강요하였는데, 조선에는 이것을 강요하지 않았다. 그 때문에 조선에서는 '중화'

의 가치는 '소중화小中華'인 조선에만 남아 있다고 하여, 그 표상인 의관 즉 변발·호복이 아닌 명조의 의관을 계속 사용하였던바 조선의 연행사燕行使는 그러한 모습으로 북경거리에 나타나서, 변발·호복을 받아들이지 않으면 안되었던 한족漢族에게 그 모습을 뽐냈었던 사실은 이미 널리 알려져 있다.1)

그런데 거꾸로, 이 명조의 의관제도를 조선이 어떻게 해서 받아들였는가 하면, 그것은 결코 종주국으로부터 일방적으로 강요된 것이 아니라, 오히려 조선 측에서 명조에 대하여 몇 번이나 그것을 사용하고 싶다고 신청하여 겨우 허락을 받은 것이었다. 그것은 이성계에 의한 조선건국 직전인 1387년(洪武 20년), 조선 측의 집요한 요구에, 말하자면 명조가 끈기싸움에 졌다는 듯이 허가한 것이며, 주원장朱元璋은 오히려 소극적인 태도를 보이고 있었다.2) 즉 명조-중화의 의관은 그리하여 '소중화'의 땅에서 착용되기에 이르렀던 것이다.

이런 점에서 양국 사이에 동질의 문화질서가 형성되기에 이르렀던 것인데, 정치적질서나 무역질서처럼 강요된 것은 결코 아니었던 것이다. 적어도 명청시대의 중국에 관해서 보는 한 크리스트교 국가나 이슬람교 국가가 때때로 주변국에 대해서 행했던 것과 같은 종교문화의 강요는 기본적으로는 보이지 않는다. 아마도 이것은 조공-책봉 관계의 중요한 본질의 하나일 것이다.

물론 정치적으로는 명확한 상하관계가 엄연하게 있는 이상, 문화

---

1) 예를 들면 朴趾源, 『熱河日記』 권4, 審勢編(上海:上海書店出版社, 1997), 217쪽. 또 본서, 제3부 제8장 「일본현존조선연행록해제」, 340쪽.
2) 『高麗史』 권136, 辛禑 13년 5월(서울:亞細亞文化社影印本, 1972, 하권, 942쪽). 동문은 吳晗 輯, 『朝鮮李朝實錄中的中國史料』(北京:中華書局, 1980, 제1책), 75쪽.

면의 강요가 때로는 행해지기도 하였음은 말할 것도 없다. 예를 들면 명에서 조선에 파견된 책봉사冊封使가 조선 측이 제공하는 접대, 여악女樂을 받아들이려 하지 않고 중국식의 의식을 강요한 일이 있다.3) 그러나 이 사례조차도 그야말로 책봉에 관련되는 정치적질서의 연장선상에 있었던 것이라고 해야 할지도 모르겠다.

조선은 정치·경제만이 아니라 문화면에서도 명·청 중국의 강한 영향을 받았다. 그러나 중국문화의 수용은 정치적 질서처럼 중국 측의 강압적인 힘 아래에서 받아들이지 않으면 안되었던 것이 아니라, 조선 측에 의한 보다 주체적인 선택이 가능하였다. 아니 조선은 청에 대해서 정치적으로 굴복하지 않으면 안되었기 때문에 오히려 문화적으로는 청조의 질서에 따르지 않는다는 방침이 생겨났다고 해도 좋다.

더 자세히 말하면 그 앞의 명조의 문화에 대해서조차, 적어도 만력萬曆 초년에는 이미 조선지식인들은 매우 비판적이었다. 1574년(만력 2년, 宣祖 7년) 연행사였던 허봉許篈 등은 이미 자기 집의 장롱 속에 있는 물건처럼 여기고 있던 주자학을 바탕으로, 당시 중국에서 일세를 풍미하고 있던 양명학陽明學을 '사설횡류邪說橫流'라고 비판하여, 양명학을 신봉하는 명조인을 '완고頑固하며 천한 촌놈固滯鄙賤'이라고 매도하였다.4) 그 후에도 조선에서는 양명학에 대하여 극히 냉담하였을 뿐만 아니라 오히려 이단으로 배척하였다. 이처럼 명조 또는 청조의 문화적 질서에 동참하는가 여부는 선택적으로 행하여졌던 것이다.

---

3) 본서, 제3부 제9장 「사유구록과 사조선록」, 474쪽.
4) 본서, 제1부 제1장 「만력 2년 조선사절의 '중화'국비판」, 42쪽.

이 글에서는 신재식申在植의 『필담筆譚』이라고 하는 사료를 소개하면서, 구체적인 문제를 통하여 양국 간에 존재하는 커다란 문화적 질서라고 하는 것을 생각해 보고 싶다.

신재식은 1826년(道光 6년, 조선 純祖 26년)의 연행사 부사副使로서 북경에 들어가, 그 곳에서 몇몇 청조 지식인과 교유하였다. 그 때의 필담筆談기록이 『필담筆譚』이다. 그들 청조 지식인들은 전원이 당시 유행하였던 '한학漢學'의 무리였다. 적어도 '한학漢學'이 유교儒敎의 진수를 파악함에 불가결이라고 생각하는 사람들이었다. 한학이라 함은 한대漢代의 학술을 신봉하는 학문이라는 점에서 당시 그렇게 불렸던 것인데, 현재 일본에서는 통상적으로 고증학이라고 하며 중국에서는 고거학考據學이라고 부르는 것이다.

한편 신재식은 전형적일 만큼 '송학朱學'의 문도였다. 송학이라 함은 송대에 태어난 학술을 가리키는 것인데, 정주학程朱學이라든가 주자학이라고도 불린다. 그들은 북경에서의 연회석에서, '한학'이 시是인가 비非인가의 대논쟁을 전개하였다. 1826년(道光 6년, 조선 純祖 26년) 전후라고 하면, 이 또한 연행사의 일원이었던 김정희金正喜 등에 의해 청조의 한학이 바야흐로 조선에 도입되기 시작하였던 시기였다. 그 경위에 대해서는 후지쓰카 치카시藤塚鄰의 대저가 이미 밝힌 대로이다.[5] 우리들의 문맥에 맞춰서 극히 단순화하여 말하자면, 김정희는 청조의 새로운 문화운동에 스스로 투신하여 그것의 도입에 동참함으로서 새로운 중국-조선 문화질서를 형성하려 하였다고 말해도 좋다.

한편 신재식은 조선에 있어서 새로운 움직임 즉 청조한학의 도

---

5) 藤塚鄰, 『淸朝文化東傳の硏究-嘉慶・道光學壇と李朝の金阮堂-』(東京:國書刊行會, 1975).

입을 목도하면서도 굳이 '송학'옹호의 논진을 펼침으로서 중국-조선 문화질서의 어느 일면에 있어서의 단절을 꾀하였던 것이다.

신재식『필담筆譚』과 거기에 묘사된 한학·송학 논의는 수많은 연행록燕行錄 중에서도 드문 것으로, 중조中朝 문화질서의 문제를 생각함에 있어서 귀중한 소재임에도 불구하고, 이제까지 소개되거나 논술된 일이 없었던 것 같다. 후지쓰카의 대저에도 이 부분에 대한 언급은 전혀 없다. 분명 이 저서는 김정희를 둘러싼 중국-조선의 지식인 사이에서 당시 교환되었던 서간을 중심사료로 사용하고 있는 경탄할 만한 작품이며, 또 당시의 양국 간의 문화교류를 참으로 사실적으로 추적한 것이다.

그러나 김정희 등이 청조 한학을 도입함에 있어서, 어떠한 부수적인 문제가 동반되지 않으면 안되었을까를 밝히지 않고 있다. 즉 청조 한학을 조선연행사라고 하는 진정 특수조건을 갖는 루트를 통하여 도입하지 않으면 안되었을 때, 어떠한 제약이 동반되었을까. 이러한 유의 문제에 대해서 후지쓰카의 저서는 오히려 냉담하다고 말할 수 있다. 우리는 이 문제를 한학·송학 논의의 주변문제로 간주하기로 하자.

애당초 후지쓰카의 저서에서는 조선에 대한 "청조문화淸朝文化 동점東漸의 파도는 이제는 유당酉堂의 아들 완당阮堂(金正喜)의 신귀동新歸東에 의해 드디어 도천滔天의 형세를 보이"며(144쪽), 또는 김정희가 청조에서 귀국한 이후 "반도半島에 실사구시實事求是의 신학新學을 수립하였다"고 하는데(481쪽), 과연 그랬던가. 과연 그 후 청조 한학은 조선에 순조롭게 보급되었다고 보아도 좋은가.

원래 본고는 조선연행사 연구의 일환으로 삼으려는 것이 목적일 뿐 조선에 있어서 한학의 도입과 보급이라는 문제는 전혀 별개의 문제이다. 그러나 본고가 중조간의 한학·송학 논의에 관련된 것인 이상, 당연히 이 문제에 대해서도 약간 견해를 제시하지 않으면 안된다. 청조 한학이 조선에 어떻게 수용되었으며, 어떠한 문제를 야기시켰는가, 그 보급정도를 어떻게 보아야 할까에 관한 연구는 관견이지만 극히 적은 것 같다.[6][보주 1]

이 점, 양명학의 조선도입과 보급문제에 대해서 이미 많은 연구가 있는 것과는 대조적이라고 할 것이다.[7] 중국 명대를 대표하는 학술은 양명학이며 청대를 대표하는 학술은 한학 즉 고증학이라고 하는 것은 이미 정론이라고 해도 좋을 것이다. 조선에 있어서 양명학의 수용·보급과 한학이 수용·보급의 비교는, 참으로 흥미있는 테마이다. 또 종래 수많은 조선실학의 연구에 있어서는 실학에 대한

---

6) 조선유학사의 개설서, 裵宗鎬, 『韓國儒學史』(서울:延世大學校出版部, 1974) ; 玄相允, 『朝鮮儒學史』(서울:玄音社, 1982) ; 李丙燾, 『韓國儒學史略』(서울:亞細亞文化社, 1986)에서는, 玄相允 저서에「經濟學派」의 설명에서 청조고증학의 영향을 지적한 다음 간단한 金正喜의 소개가 이루어지고, 李丙燾 저서에 漢學의 영향을 받은 사람으로서 申綽·成海應·丁若鏞 그리고 金正喜를 거명, 한학도입에 대해서는 간단하게 건드리는 정도로 그치고, 그 보급문제는 전혀 언급이 없다. 필자가 관련연구로서 겨우 참고할 수 있었던 것은 金文植「朝鮮後期京畿學人의 漢宋折衷論」(『第五回東洋學國際學術會議論文集-韓·中·日三國의 經學17~19세기)發展의 意味와 性格』 서울:成均館大學校大東文化研究院, 1995), 후에 成均館大學校大東文化研究院編, 『朝鮮後期經學의 展開와 그 性格』(서울:성균관대학교출판부, 1998)에 수록뿐이었다.
보주 1) 그 이후에 이 문제에 관련된 연구로서 金文植, 『朝鮮後期經學思想研究-正祖와 京畿學人을 중심으로-』(서울:일조각, 1996) 등이 있는 것을 알게 되었다. 그러나「漢學」의 수요와 보급이라는 문제에 대한 연구는 그 문제가 큰 것에 비하면 아직도 연구가 적은 것 같다.
7) 대표적인 연구로서 尹南漢, 『朝鮮時代의 陽明學研究』(서울:集文堂, 1982).

정의가 애매한 점도 거들어서, 한학[고증학]과 실학을 혼동하고 있는 것을 볼 수 있다. 양자는 꼭 일치하지 않는 점도 있을 뿐만 아니라 때로는 서로 반대되기도 한다. 이 글에서는 이러한 문제들을 시야에 두고 고찰을 해나가고자 한다.

2. 신재식과 그 편서『필담』

본론에 들어가기에 앞서, 신재식이라는 사람이 어떤 인물인지, 그의 저서『필담筆譚』이 어떤 경위에서 편찬되기에 이르렀는지를 밝혀두지 않으면 안된다. 신재식은 1826년(道光 6년, 純祖 26년) 동지겸사은사冬至兼謝恩使의 부사로서 북경에 갔다. 동지사라는 것은 옛날에 동지절·성절聖節[황제생탄절]·정조절正朝節[元旦節]에 각각 조공사를 보냈었는데, 인조仁祖 23년 곧 순치順治 2년(1645)에 하나로 통일하여 정조절에만 참석하는 것으로 바꾸었지만, 그 후에도 약칭으로 '동지사冬至使'의 호칭이 계속 사용되었던 것이다.

동지사는 매년 빠짐없이 파견되었던 가장 흔한 연행사였다. 사은사謝恩使는 이번 경우, 조선의 표류민을 청조정부가 구조하여 귀국시켰던 데에 대한 사은을 목적으로 파견한 사절이다. 이 때 신재식의 연행燕行은 이 사은이라는 특별한 임무를 겸임하고 있었던 것이라고는 하지만 극히 일반적인 것이었다. 기록에 의하면, 정사正使는 홍희준洪羲俊, 서상관書狀官은 정예용鄭禮容이며, 그들은 그해 10월 27일에 서

울을 출발하여 다음해 3월 21일에 복명復命하고 있다.8)

『필담』은 후술하는 바와 같이, 신재식이 청조의 지식인과 북경에서 필담했을 때의 기록이지 연행의 여정을 기록한 일기는 아니다. 그러나 다행히도 일행에 참가했던 홍석모洪錫謨의 『유연고游燕藁』가 있어서 이때의 연행 여정을 상세하게 알 수 있다.9) 『유연고』에 따르면 일행은 12월 26일에 북경에 입성하여, 숙사인 옥하관玉河館에 도착하였다. 그리고 다음해 2월 4일에 옥하관을 떠나서 귀국길에 올랐다.

신재식의 자는 중립仲立, 호는 취미翠微, 황해도 평산사람으로 영조英祖 46년 즉 건륭乾隆 35년(1770)에 출생하였다. 순조純祖 5년(1805; 嘉慶 10년)의 문과급제 출신으로, 연행을 위하여 서울을 떠날 때에는 호조참판의 지위에 있었다. 중국식으로 말하자면 호부시랑戶部侍郞이다. 연행사로 임명함에 있어서 예조판서 즉 예부상서에 상당하는 계급장을 부여하였다.

신재식의 저작으로는 『필담』 외에는 서목書目에 따르는 한 『상간편相看編』이 있다는 것밖에는 모른다. 『상간편相看編』은 1836년(道光 16년, 憲宗 2년)에 이번에는 정사로서 연행했을 때의 시집이다. 시집이라고는 하지만, 이때에 동행한 신재식 이하 합계 8인이 서울을 출발하여 북경에 도착하기 직전까지 함께 지어 불렀던 시를 편찬한 것으로 도광道光 17년 정월 17일 날짜에 청조의 황작자黃爵滋가 쓴 서문이 붙어 있다.

---

8) 『同文彙考補編』 권7, 使行錄(『同文彙考』[韓國史料叢書第二十四, 서울:국사편찬위원회, 1978]) : 『淸選考』(藏書閣貴重本叢書 第二輯, 서울:문화재관리국 장서각, 1972).
9) 이 책에 대해서는 본서, 제3부 제8장, 360쪽

황작자는 당시 홍려시경鴻臚寺卿 즉 외국사절을 접대하는 직임에 있어서, 많은 조선의 사절들과 교유하고 있었다.10) 즉 『상간편相看編』은 창화시집唱和詩集인데, 북경도착 후에 바로 청나라 사람의 눈에 뜨일 것으로 예측하여 편찬된 것이기에, 민감한 현안문제에 관한 말이나 또는 진심을 토로하는 것으로 보일 만한 말은 일체 보이지 않는다.

이처럼 『필담』 외에는 측면으로부터 그의 사상과 사람됨을 알 수 있는 재료는 많지 않다. 그러나 없는 것도 아니다. 그것은 신소申韶라는 인물이 그의 조부였다는 점이다. 신소는 어릴 때부터 비분강개하여 "나는 맹세건대 '오랑캐의 신하[虜庭의 陪臣]' 따위는 되지 않겠다"고 말했었다고 한다. 노정虜庭은 '야만민족'의 조정 즉 청조를 가리키는 말이고, 배신陪臣은 황제의 신하인 조선국왕의 다시 그 신하를 말한다. 즉 신소는 청조에 조공을 계속하고 있는 조선국왕의 신하가 되지 않겠다고, "조선에서 관료가 되는 일은 없을 것이다"라고 맹세하였던 것이다.

그는 학우와 더불어 『춘추春秋』의 대의를 강구하여, 그 맹서대로 과거시험을 보아 관료가 되는 길을 버리고 그대로 일생을 마쳤다. 어떤 사람은 그의 묘지墓誌를 쓰기를 '명明의 유사遺士'라 하였다고 한다.11) 또 신소는 이이李珥의 『격몽요결擊蒙要訣』을 얻어보고 감격하였다

---

10) 黃爵滋, 『仙屛書屋初集文錄』 권8에 「相看編序」가 수록되어 있는 외에 「朝鮮使者飲餞聯句帖序」도 수록되어 있으며, 권11에는 「申翠微飲餞帖跋」・「慈仁寺古松圖詩跋」을 수록하고 있어서, 연행사와의 교제를 말해 준다. 그 중에 「申翠微飲餞帖跋」은 申在植이 귀국에 즈음하여 전별연을 열어주었을 때에 기록된 것이다. 『相看編』은 天理圖書館藏.
11) 『朝鮮王朝實錄』 純祖 21년 3월 壬子(서울:국사편찬위원회, 1982, 제48책, 171頁); "右議政南公轍曰, 故學生申韶卽東伯在植之祖也. 自其幼少之時, 常慷慨自誦曰, 吾誓不爲虜庭陪臣. 及長, 與諸士友講磨春秋大義, 遂廢擧不仕, 以終其身. 其卒也, 如故儒賢宋明欽金元行, 使其家題祠版

고 하며, 이이의 학문은 모두 주자의 가르침에 의거한 것이라고 말하고 있는 점으로 보아12), 그는 당시의 조선지식인 중에서도 특히 전형적인 주자신봉자이며 또한 배만-존왕양이론자排滿尊王攘夷論者였다.

이것은 조부에 관련된 에피소드이지 신재식 본인의 됨됨이나 사상과 직접 관련된 것은 아니다. 그러나 당시 사회에 있어서 부와 자 또는 조부와 손자의 관계가 얼마나 긴밀한 것이었던가를 생각하면, 그는 조부의 영향, 또는 조부에 얽힌 전승의 영향을 크게 받았을 것이라고 생각하는 것은 아주 자연스럽다. 그렇게 말하는 것은 조부 신소가 "나는 맹세건대 '노정虜庭의 배신陪臣' 따위는 되고 싶지 않다"고 말했으며 그 말대로 과거시험조차 응시하지 않았던 사실은 그 당시부터 유명한 일이었던 것 같다. 의정부 우의정인 남공철南公轍이 국왕 앞에서 말하여 국왕까지도 알게 된 이야기이기 때문이다. 또 북경의 연석에서 조선의 학술을 소개할 때, 단지 이이의 학문에 대해서만 논급하고 있다. 그렇다면 그 자신도 이이 계통의 주자학을 신봉하였으며 또 배만-존왕양이론자였다고 생각하는 것이 가장 자연스러울 것이다.

『필담筆譚』은 산동성도서관山東省圖書館이 소장하고 있는 초본抄本이다.13) 합계 겨우 37쪽의 소책자이다. 봉면封面 즉 표지에는 좌상에 '필

曰處士, 故大提學黃景源撰其墓誌, 謂以明之遺士."
12) 任聖周, 『鹿門集』 권24, 處士申公墓誌銘(『韓國文集叢刊』 제228책, 서울:민족문화추진회, 1999), 513쪽; "旣而得栗谷李先生擊蒙要訣讀之, 至革舊習章, 卽愓然感憤… 其爲學, 一遵考亭成法, 謂聖學宗旨專在四書, 而義理之精, 蹊逕之明, 無如近思錄" 또 동서 권8에는 申在植의 부 申光蘊에 보낸 『太極圖說』을 논한 書答申元發가 보인다.
13) 『筆譚』은 大阪經濟法科大學의 伍躍 교수가 필자가 중심이 되어 행한 국제학술연구(科學研究費補助金研究), 「中國明淸地方檔案의 硏究」에 관련된 자료조사에서 수집한 것이다. 여

담筆譚'이라고 제목이 적혀 있고, 우단에는

> 海東申翠微手書, 贈菉友.
> 菉友裝背, 屬月汀署檢.

이라고 두 줄로 쓰여 있다. 녹우菉友라고 하는 사람은 후술하는 대로 왕균王筠인데, 산동성 안구현安邱縣 사람이며, 월정月汀이라는 사람은 이장욱李璋煜인데 산동성 제성현諸城縣 사람이다. 즉 오른쪽 두 줄은 "조선朝鮮의 신재식申在植이 손으로 써서 왕균에게 보냈다. 왕균이 장정하여 이장욱에게 제첨題簽[책의 제목:역자]을 쓰게 하였다"는 뜻이다. 산동성도서관에 이 책이 현존하는 까닭은, 왕균과 이장욱 모두 산동성 사람이었기 때문임에 틀림없다.[14]

이 책이 편찬된 연유는 이『필담』자체 속에 기록되어 있다. 신재식과 왕균·이장욱 등은 네 번에 걸쳐서 회합을 가졌는데, 첫번째 회합이 끝나갈 무렵 신재식은 다음과 같이 말을 꺼냈다.

기에 기록하여 감사한다. 『筆譚』에는 몇 군데 문자에 대해서, 右橫에 정확한 문자를 추가하고 있다. 예를 들면 회합에 참가한 어떤 인물이 필담한 것으로, 아마도 원본에도 기록되어 있었을 것인데, 원문을 그대로 두고 다른 사람의 인명을 오른 쪽에 추가함으로써 정정한 경우도 있다. 또 틀린 篆書문자의 오른 쪽에 정확한 문자를 추가하기도 한다. 이것은 山東省圖書館藏本이 申在植 원본이 아님을 말해 주는 것일 뿐만 아니라, 이것이 신재식과 회합을 함께 한 현장에 있었던 인물, 게다가 상당히 학식이 깊은 누군가가 정정의 붓을 더했음을 말해 주는 것이다. 그리고 본고에서는 『筆譚』에 한해서만, 원문 중에서 중요하다고 생각하는 부분에 대해서는 본문에도 인용한다.

14) 王筠은 나중에 말하는 대로 당시부터 유명한 문자학자였다. 그의 저서로는 『王鄂幸遺書』·『王菉友十種』·『淸詒堂集』 등이 있는데, 근래에도 『淸詒堂文集』(濟南:齊魯書社, 1987)이 출판된 바 있다. 輯校者인 鄭時는 본서를 편집함에 있어서 그가 소장하고 있는 申在植『談草』라는 초본을 사용하고 있다.[106쪽] 본서의 「贈申翠微先生序」(105쪽)과 「王菉友先生年譜」, 道光 7년, 241~242쪽에 인용된 『談草』의 문장과 『筆譚』의 문장을 비교하면, 약간 문자의 異同은 보이지만 거의 일치하고 있다. 다만 양자가 어떤 관계에 있는 것인지는 미상.

여러분에게 청원이 하나 있습니다. 중화中華의 문인으로서, 풍류와 아취를 아는 선비로부터 필묵을 얻어서, 언제나 바라보며 애완愛翫하고자 합니다. 조선에서 가지고 온 부채는 극히 조잡한 것이기는 하지만, 상자 속에서 찾아내어 오늘 자리를 함께 하신 제 선생에게 드리니, 거기에 각각 필묵을 써주셨으면 고맙겠습니다. 조선에 귀국한 다음에는 보물처럼 잘 보존하여 존안을 뵙는 것처럼 하고자 합니다.

이 날의 호스트인 엽지선葉志詵이 승낙하여 "각 자 악필임을 잊고 써서 보여드리지 않겠소"라고 한 말을 받아 이어 왕희손汪喜孫이 다음과 같이 말했다고 한다.

모이고 흩어짐은 무상하고, 광음光陰은 지나가기 쉽다. 함께 감히 천추를 위하여 사람들에게 전하여야만, 붕우로서 절차탁마하며 타산지석으로 삼아 자신을 갈고 닦는 수단이 되는 것이리라. 자 이것을 오늘부터 시작해야만 이 모임이 무의미한 파티로 끝나지 않지 않겠습니까.

聚散無常, 光陰易過. 共勉爲千秋傳人, 乃爲友朋切磨他山攻玉之道. 今日伊始, 始非虛會

신재식은 이 제안에 대하여,

오늘의 담초談草는 내가 모두 가지고 가서 조선에 귀국한 다음에 대강 편집하여 하나의 기록으로 만들어서 오늘의 교제를 후세에 전하고자 합니다.

今日筆談草紙, 僕將盡爲持去, 東歸後, 撮其大槪, 裒成 一錄, 以傳今日證交於後世也.

라고 하였다. 이에 대해 참가자가 입을 모아 '호好!'라고 답하였고, 거기에 이장욱이 "한 권의 책으로 꾸미면 보내주시오[若成一編, 因便寄示也]"

라고 확인을 하였다.

 즉 신재식은 처음 이러한 서책을 편찬하려는 의도는 전혀 없었다. 당시의 중국과 조선의 지식인은 의사소통에 있어서 필담하는 것이 통례였다. 필담할 때에 사용한 용지를 '담초談草'라고 한다. 필담을 하는 양자에게 이 담초가 서로에게 둘도 없이 귀중한 것일 경우에는 복제를 뜨는 일도 있었다. 예를 들면 1879년(光緖 5년, 高宗 16년)의 연행사였던 남일우南一祐가 어떤 인물과 필담했을 때 "동행한 친구가 보고 싶어 하니 담초를 빌리고 싶다. 내일 되돌려 드리겠다"라고 하여 소매에 넣어와서는 숙소인 옥하관에서 이것을 베꼈다.[15]

 이 담초 자체가 그대로 후세에 남기는 어렵다. 주지하는 대로 홍대용洪大容의 『담헌연기湛軒燕記』나 박지원朴趾源의 『열하일기熱河日記』에 보이는 필담기록도 '담초' 그대로의 원형은 아니고, 담초를 바탕으로 하여 자기가 편찬한 것에 다름 아니다. 이 점에서 신재식의 『필담』은 홍대용의 『담헌연기』나 박지원의 『열하일기』의 필담부분과 아무런 차이도 없다. 차이가 있다면 홍대용과 박지원이, 청조 지식인과의 필담을 자기와 자기 주변의 지식인에게 극히 중요한 것이라고 생각하였기 때문에 스스로의 의지로 필담을 정리 편찬한 데 비하여, 신재식의 경우에는 그 자신에게는 본래 그러한 의지가 없고, 오히려 청조 측의 왕희손이 그날의 필담을 기록하여 남기자고 제안하였기 때문에, 신재식이 대신해서 편찬하기로 된 점이다.

 『필담』을 편찬함에 있어서 결정적으로 작용한 것은 왕희손의 한마디, 아니 정확하게는 일필一筆이었다. 이렇게 보면, 그 들 사이에서

---

15) 南一祐, 『燕記』, 玉河隨筆, 정월 12·18일. 『燕記』에 대해서는 본서, 제3부 제8장, 412쪽.

일어났던 한학·송학 논쟁이 기록으로서 남게 된 것은 전적으로 우연이었던 것처럼 보인다. 확실히 왕희손이 여기서 일필을 더하지 않았다면 『필담』이라고 하는 책이 이 세상에 태어나지 않았을 가능성이 높다. 그러니 왕희손의 말을 새삼 한 번 더 음미해 보자.

그가 쓴 "천추千秋를 위하여 사람들에게 전하자"라는 말투로부터, 그날의 필담을 얼마나 중요하게 생각하고 있었는지를 읽을 수가 있으며, 그날의 필담기록을 가지고 자기와 우인이 "절차탁마하기 위한 타산지석"으로 삼자는 말에는 거의 구도자적인 느낌조차 있는 것이다. 그는 '허회虛會' 즉 무의미한 파티로 끝나서는 안된다고 한다. 우리들은 이 말에서 이것이 한학이 유행하던 19세기 초엽의 말이라기보다는 오히려 양명학이 유행하여 강학회講學會[講會]가 유행했던 16세기에서 17세기 초엽에 걸친 시대의 말이지 않을까 싶은 착각조차 일어날 정도이다.

더욱 흥미 깊은 것은 그가 여기서 말한 '우붕友朋' 즉 붕우라는 말이다. 왕희손이 여기서 말한 '우붕'이라 함은 그의 오랜 친구들 즉 그 자리에 참석한 청조 지식인들도 물론 포함된다. 그러나 필담의 상황을 생각한다면 그 '우붕'은, 이국 조선에서 찾아온 신재식 그 사람 및 신재식을 통하여 이국 조선에 연결되는 많은 수의 조선지식인을 가리키는 것이라고 말해도 좋다. 그 자리에 모인 청조 지식인은 모두 그들 상호간에 한해서 말하자면 새삼스럽게 한학이 옳은가 그른가를 토의할 일은 전혀 없고, 그 토론을 갖고 서로 절차탁마할 필요도 전혀 없었다.

사실 필담은 전부 신재식과 기타 참석자들 사이에서 오고 간 문답이었다. 왕희손은 국경을 초월한 '우붕', 즉 문화적인 차이를 갖는 '우붕' 사이에서 절차탁마해야 한다고 주장하고 있는 것이다. 한학·송학 논쟁이 국경을 넘어 행해진 것도 실은 여기에서 기인하는 것이다.

왕희손이 어떠한 인물이었던가는 나중에 살펴보기로 하자. 또 그가 김선신金善臣이라는 조선지식인으로부터 한학비판의 편지를 받은 다음에 어떻게 행동을 했는가에 관해서도 나중에 보기로 하자. 후술하는 것과 같은 사상과 신념을 가진 그의 입장에서 보자면 필담기록을 남기자고 제안을 하게 된 것은 극히 자연스러운 일이었다. 『필담』은 얼핏 보면 전혀 우연의 산물인 것처럼 보이지만 사실은 그렇지 않다.

왕희손 외에도 이장욱도 그와 아주 유사한 사상과 신념의 소유자였다. 간단히 말하면 스스로의 학술을 이국에 전할 만한 것이라고 생각하는 인물이었다. 신재식은 이러한 인물을 상대로 필담을 나누었던 것이며, 게다가 필담의 중심테마가 "한학, 옳은가 그른가?"라고 하는, 그들 입장에서는 용이하게 양보할 수 없는 것인 이상, 그것은 오히려 남을 만해서 남은 것이었다고 보아야 할 것이다.

『필담』에 의하면 신재식은 네 번에 걸쳐 청조 지식인과 회합을 가졌다. 그는 네 번 회합을 가질 때마다 그 때 그 때의 출석자를 다음과 같이 기록하였다.

『필담』에서는 청인의 이름을 호 또는 자를 먼저 기록하는데, 여기서는 본명을 먼저 든 다음에 다시 면담장소도 기록하였다. 또 『필담』에서는 두번째 이후의 회합에 대해서는 참석자의 이름만을 기록할 뿐인데, 그들의 자호·연령·관적을 알 수 있는 사람에 대해서는 함께 병기하였다.

제1회 정월 9일 엽지선葉志詵의 자택인 선무문宣武門 밖 호방교虎坊橋의 평안관平安館에서
  엽지선葉志詵: 자는 동경東卿, 48세 호북성湖北省 한양인漢陽人.
  이장욱李璋煜: 자는 방적方赤 호는 월정月汀, 36세 산동성山東省 제성인諸城人.
  왕균王筠: 자는 백견伯堅 호는 녹우菉友, 44세 산동성山東省 안구인安邱人.
  왕희손汪喜孫: 자는 맹자孟慈, 호는 감천甘泉, 42세 강소성江蘇省 양주인揚州人.
  안회주顔懷珠: 자는 단천丹泉, 56세 산동성山東省 곡부인曲阜人.

제2회 정월 21일 이장욱李璋煜의 자택인 소석정사小石精舍에서
  이장욱李璋煜.
  왕희손汪喜孫.
  엽지선葉志詵.
  호위생胡衛生: 호는 추당秋堂.
  장내집張迺輯: 호는 동화冬華, 74세 산동성山東省 제남濟南에 거주.
  궁개宮壒: 호는 상재爽齋.

제3회 정월 24일 조선연행사朝鮮燕行使의 숙사宿舍인 옥하관玉河館에서
  왕균王筠
  장내집張迺輯

제4회 정월 26일 선무문宣武門 밖 장춘사長春寺에서
  왕희손汪喜孫.
  이장욱李璋煜.

왕균王筠.
삼명선사三明禪師.

청조 지식인은 거의 김정희와도 관계를 갖는 사람들이며, 따라서 후지쓰카 치카시가 이미 소개한 바 있기 때문에[16] 여기서는 『필담』이 태어나는 중요계기가 되었으며, 신재식이 토론의 상대로 삼았던 한 사람 왕희손에 대해서만 간단하게 소개하겠다.

왕희손은 한학자·고증학자로 유명한 왕중汪中의 아들이다. 왕희손에게는 『왕순숙자찬연보汪荀叔自撰年譜』가 있는데, 유감스럽게도 1821년(道光 원년)에서 끝나서 도광 7년 전후의 소식을 전하지 않는다.[17] 1807년(嘉慶 12년)에 22세로 거인擧人이 되었지만, 결국 진사進士가 되지는 못했다. 진사가 되지 못한 채 1814년(가경 19년) 지인이 그를 위해 연납해 주었기 때문에 내각중서內閣中書라는 벼슬을 얻었다. 그 때부터 회시會試에 응시하면서 거의 일관되게 북경에 체재하였는데, 조선연행사와의 교제에 대해서는 일체 자찬연보에 보이지 않는다.

그는 왕중의 외아들로서, 왕중의 기대를 한 몸에 받으며 자랐다. 자찬연보에 의하면 6세 때부터 가숙家塾에 들어가 아버지로부터 책 읽기를 배웠다고 한다. 자찬연보의 제일 마지막에서 다음과 같이 말하였다.

본조 이학理學명신의 글로서는 탕빈湯斌의 『탕문정집湯文正集』, 육롱기陸隴其

---

16) 葉志詵은 본장 앞의 주 5) 藤塚鄰 저서, 281쪽, 李璋煜은 314쪽, 王筠은 331쪽, 汪喜孫은 403쪽.
17) 汪喜孫, 『汪荀叔自撰年譜』(『北京圖書館珍藏年譜叢刊』 제139책, 北京:北京圖書館出版社, 1998), 또 楊晋龍 主編, 『汪喜孫著作集』(台北:中央研究院中國文哲研究所, 2003)(下) 所收.

의 『육청헌집陸淸獻集』이 있다. 경사명유經史名儒의 글로서는 고염무顧炎武의 『정림문집亭林文集』과 대진戴震의 『대동원집戴東原集』, 장혜언張惠言의 『명가문茗柯文』 및 나의 아버지 왕중의 『술학述學』이 있다. 모두 해와 달처럼 빛나는 불후의 서이다.

이것은 왕희손이 한학·송학을 겸용하는 절충학파에 속하는 사람이었다는 점, 그리고 이상하리만큼 부친 왕중을 드러내는 데 애썼던 인물이었던 사실을 유감없이 보여주고 있는 것이며, 신재식에게도 거의 그대로 말하고 있는 것이다.

왕희손의 생애에 대해서는 그의 아들이 쓴 「맹자부군행술孟慈府君行述」이 가장 상세하다.[18] 이에 의하면 신재식과 만나던 무렵은 호부하남사주고겸귀주사주고戶部河南司主稿兼貴州司主稿라는 직책에 있었다. 호부귀주사戶部貴州司는 관세도 관할하는 관청이었기 때문에 그는 매일 바쁘게 일하고 있었다. "별을 보며 날이 밝기 전부터 관청에 출근하고", "자기 혼자서 문서를 썼기" 때문에 서리書吏는 나쁜 일을 저지르지 못하고, 나르듯이 붓을 움직이는 그의 모습을 시립하여 바라볼 수밖에 없었다고 한다.

물론 이것은 아버지를 위하여 아들이 쓴 글이기 때문에 감안해서 받아들이지 않으면 안된다 하더라도, 그가 직무에 열심이었던 점만은 그가 써서 남긴 『종정록從政錄』에 의해서도 거의 단언할 수 있다. 그런 사실을 보다 확실하게 하는 자료로서는 이하와 같은 에피

---

18) 汪保和·汪延熙, 「孟慈府君行述『汪孟慈文集稿本』」 所收. 또 본 장 앞의 주 17) 『汪喜孫著作集』 下, 1290쪽; "嘗與友書曰, 吾以身許國, 鞠躬盡瘁, 死而後已. 嗚呼孰意, 斯言竟成讖邪."

소드도 있다. 그는 1839년(도광 19년)에 하동하도총독河東河道總督 밑에서 황하의 치수를 하기 위해 지방으로 전출하여 1845년(도광 25년)에 하남성 회경부지부懷慶府知府를 제수받았다. 부임지에서는 계속해서 특별히 하도河道의 정비에 힘썼다.

그 무렵 청조는 이미 쇠망을 향하고 있어서, 하천정비의 손길이 구석구석까지 닿지 않아 그 곳에서는 수해와 한발이 빈발하고 있었기 때문이다. 그런데 그는 제방공사를 위해 진두지휘하는 중에 열풍우설烈風雨雪을 맞으며 가설 오두막에서 짚을 깔고 기거하였다. 그래서 습기 때문에 각기병에 걸렸다. 1847년(도광 27년) 봄에는 하남성에서 집으로 돌아가는 길에 감기에 걸려, 입에서는 침을 흘리고 왼손은 마비되기에 이르렀다. 그런데 그해 여름 회경부懷慶府에서는 또다시 한발의 고통을 겪고 있었기 때문에 왕희손은 사직社稷의 신을 제사하여 백성의 행복을 기도하고자 자식의 제지를 뿌리치고 출타하였는데 그 다음날 별세하였다.

그는 생원 때부터 세상에 유용한 학문을 강구하였는데, 어느 우인에게 보낸 편지에서 "나는 이 한 몸을 나라에 바쳐 국궁진췌鞠躬盡瘁[마음과 힘을 다하여 나라에 이바지함]하기를 죽은 다음에야 멈추고자 한다"고 말한 적이 있다. 이 예언이 드디어 현실이 되고 말았다고 「행술行述」은 기록한다. 왕희손이 하천정비를 위하여 분골쇄신하여 마침내 목숨을 다 한 것은 「행술」이 그렇게 말할 뿐만 아니라 당시에도 유명한 일이었던 것 같다.[19]

한학이라고 하면 "강학講學을 하지 않는" 것으로 여겨지며, 또 일

---

19) 陳奐, 『師友淵源記』; "汪喜荀, 原名喜孫. 河南大旱, 孟慈爲民請命, 日行百里, 感暑病卒."

명 박학樸學이라고도 불렸던바 "간단히 말하자면 자기 방에 처박혀서 책에 코 박고 죽기 살기로 조사하는" 학문으로 여겨지는 것이었다.[20] 고염무 등 청초를 산 사람은 한학의 선구자로서 특별대우를 받지만, 이 건가乾嘉 이후의 한학자는 경세經世 즉 현실의 정치나 사회문제를 어떻게 해결할까의 문제와는 무연이었던 것처럼 여기는 것이 일반적이다. 왕희손의 경우, 그 학문이 '경세經世의 학學'으로 부를 수 있는 정도였는지 어떤지는 모른다. 그러나 「맹자부군행술孟慈府君行述」에서 말하는 것처럼, 그는 생원 때부터 이미 '유용有用의 학學'을 지향하고 있었다. 그렇다고 하는 사실은, 왜 그와 조선의 신재식과의 사이에서, 또 같은 조선의 김선신과의 사이에서 한학과 송학을 둘러싼 논쟁이 벌어지지 않으면 안되었던가와 밀접한 관련이 있다고 생각된다. 또는 그는 건가乾嘉시대를 이미 지나서 '골동품 가게와 같은' 고증학[21] 즉 한학에 대한 반동이 일어나고 있었던 시대의 공기를 마시고 있었는지도 모른다. 그런 의미에서 한학·송학 논의가 양국의 지식인 사이에서 다투어지고, 『필담』을 쓰게 된 것도 한학 전성시대가 아니라 오히려 한학에 반동이 일어나고 있었던 시대였기 때문에 비로소 가능했던 것인지도 모른다.

왕희손은 고증학자로서 생존당시에도 유명한 인물인데, 『필담』에 등장하는 것은 42세가 되었을 무렵이다. 이장욱은 신재식에게 왕희손이 "경학經學에 관해 매우 깊다"고 소개하고 있을 정도이다. 그러나 그는 윤택한 자금의 혜택으로, 풍부한 서적에 둘러싸여 연구를

---

20) 內藤湖南, 『淸朝史通論』(『內藤湖南全集』 제8권, 東京:筑摩書局,1969), 358쪽,
21) 狩野直喜, 『中國哲學史』(東京:岩波書店, 1953), 611쪽.

계속하고 있었던 것 같지는 않다. 1841년(도광 21년) 정월에 『종정록從政錄』을 자비출판을 하고자 했을 때, "책을 팔아 쌀을 사면서도[易米賣書]" 이 책을 편찬했다고 자술하고 있다.22)

허한許瀚의 일기 1844년(도광 24년) 8월 23일자에서는 왕희손이 "책을 팔아 밥을 먹고 있다[賣書吃飯]"고 기록하고 있다.23) 이보다 앞서 1837년 (도광 17년, 헌종 3년), 그는 어떤 조선지식인에게 보낸 편지에서도 "근년 이래 서적을 팔아서 쌀로 바꾸었기 때문에 모두 유리창琉璃廠의 서점에 들어가 버렸다"고 썼다. 따라서 김정희가 구했던 서적을 보낼 수 없다고 말하고 있는 것이다.24) 하천공사 때문에 병을 얻어 죽었을 때에도 유족은 가난하여 송장을 입관하지도 못하였는데, 회경부 전체의 동료와 향신鄕紳·서민이 낸 의연금 즉 부조금에 의해 겨우 장례를 치를 수가 있었다고 한다.

조금 기묘한 느낌이 드는 이 왕희손에 대해서, 마지막으로 하나만 더 에피소드를 말해 두고 싶다. 그것은 나중에 소개하는 한학·송학 논의가 끝나고, 이윽고 귀국하려던 신재식에게, 재회를 기약하기 어렵다면서 다음과 같은 말을 헌사한 것이다.

오직 희망하는 것은, 언제나 편지로 서로 서로 소식을 전하여, 도의로써 서

---

22) 汪喜孫, 『從政錄』 從政錄序. 또 본장 앞의 주 17) 『汪喜孫著作集』 中, 373쪽; "服官三十年, 不復執何生計, 久居京師, 易米賣書, 謹撰是編, 以貽後人."
23) 許瀚, 『許瀚日記』(石家庄河北教育出版社, 2001), 227쪽. 한편 이 일기를 교정 정리한 崔巍는 청조 고증학자의 생태로서 얼마나 이것이 있을 수 없는 일이라고 생각했는지 "서적을 팔아 밥을 먹는다는 것은 情理에 안 맞지 않는가?"라고 술회하였다. 그리고 이 일기에는 葉志詵·李璋煜·王筠 등 『筆譚』 등장인물 외에 59쪽 등에 金命喜[山泉]의 이름이 자주 등장하여 흥미있다. 교정자는 金山泉이 조선의 金命喜임을 눈치채지 못하고 있는 듯하다.
24) 본장 앞의 주 5) 藤塚鄰 저서, 420쪽.

로 서로 절차탁마하고 싶다는 것입니다. 저는 근년 학문에 있어서는 여러 가지 일에 무리없이 도리가 통하는 '회통會通'을 얻고자 뜻하여, 경전을 읽으면 그 큰뜻을 알고자 하며, 이로써 스스로를 다스리고 다른 사람을 다스리고자 하는 것입니다. 순조로울 때는 다른 사람과 선을 함께 하는 '겸선兼善'에 힘쓰고 궁박할 때에는 자기 한 사람만으로 선을 행하는 '독선獨善'에 힘쓰며, 천리天理를 위배하지 않고, 인정人情에 어긋나지 않게, 어떻게 해서든 내 한 몸으로 하여금 천하에 도움 되게 하고자 기약하고 있습니다. 오늘 세도世道와 인심人心은 독서하여 진실에 밝은 유자가 자신을 바로잡고 백관을 바로 잡지 않으면, 선의 길로 나아갈 수 없게 되어있습니다. 엎드려 원컨대, 그대는 더욱 더욱 학식을 넓히시어, 훌륭한 명신이 되시어, 장래에 그 학문을 천추에 전하시기를. 우리 두 사람 사이에 타산지석이 되어 절차탁마하고자 하는 서로 돕는 마음이 있다면, 오늘 만나는가 헤어지는가는 말할 가치도 없는 것입니다.

저는 일찍이 관제묘關帝廟나 성황묘城隍廟에서 묵도한 일이 있습니다. 그것은 "관료가 되어 사업을 행함에 있어서, 만약에 뇌물을 탐내든가 엉터리로 형벌을 가한다든가 농간을 부려 자신에게 이익이 되게 하는 일이 있으면, 벼락이여 내 몸에 떨어지고, 불이여 내 집을 태워버리소서"라는 것이었습니다. 이와 같은 일편一片의 거짓없는 마음을 보여드리는 것은 예부터 전해지는 바람직한 교제가 아닐지도 모릅니다. 그대도 함께 힘써주시기를.

> 惟望常通書問, 以道義相切磨也僕於年來, 學問欲觀其會通, 讀經要知其大義, 以之治己, 以之治人, 達則兼善, 窮則獨善, 期于不背天理, 不拂人情, 使此身不可無益於天下. 今日世道人心, 非有讀書明道之儒, 正己以正百官, 不能驅而之善. 伏願執事益廣學識, 蔚爲名臣, 將來傳之千秋 吾二人有攻玉他山之助, 今日離合之故, 不足言也僕曾默禱關帝城隍, 居官行事, 如有貪贓枉罰 弄弊營私之事, 雷擊其身, 火焚其宅. 一片血誠, 難得占道如執事, 願共勉之

왕희손이 이런 말을 토로한 것은, 이제는 더 이상 만날 수 없게 된다는, 누구나 이별할 때 품게 되는 감상탓일지도 모른다. 또는 술

에 취한 때문일지도 모른다. 그러나 왕희손의 고지식함은 그가 신재
식과 함께 대화한 세 번 다 일치하고 있다. 결코 감상이나 술탓으로
만 돌려서는 이해할 수 없다. 그의 이 말은 그가 죽음에 임할 때의
태도와 완전하게 일치하고 있는 것이라고 생각한다.

또 모임에 참석한 사람들 중에 왕희손과 많이 닮은 분위기를 풍
기던 사람은 이장욱이다. 그는 엽지선이나 왕희손과는 달리 1820년(嘉
慶 25년)에 이미 진사에 합격하고 있으며, 도광 7년경에는 형부주사刑部
主事였다. 신재식이 그에게 어떤 일을 하고 있는가를 물으니 "강서일
성江西一省의 크고 작은 사법행정뿐만 아니라, 북경北京의 재판도 겸해
서 맡고 있다. 휴가는 1년 내내 낼 수가 없다. 형부刑部의 관청에서 일
을 끝낸 뒤에도 장부와 서류를 자택에 가지고 가서 결재하고 있다(掌
江西一省大小刑政, 故忙迫異常. 又兼京中獄訟, 屢屢不絕. 休沐之期, 終歲不得. 散直後, 猶携簿
書, 在家決之)라고 답하였다.

이장욱이 당시 형부에서 매우 바쁜 매일을 보내고 있었음은 유
명했던 것 같다. 다음 해 연행사의 일원인 박사호朴思浩도 이장욱의
형이 한 말이라고 하여 이것을 기록에 남기고 있다.[25] 또 이장욱이
왕균에게 보낸 편지에서도 때때로 형부의 관청에서 밤을 새워 일을
하고 있었던 것을 말하고 있다.[26] 신재식은 이때의 연행보다 앞서
이미 이장욱과 편지를 세 차례 왕복하고 있었다고 한다.

---

25) 朴思浩, 『心田稿』(『燕行錄選集』 上卷, 서울:成均館大學校大東文化硏究院, 1960), 923쪽 下; "篤
學好詩, 近在刑部事繁."
26) 『淸詒堂文集』, 243쪽에 李璋煜이 王筠에게 보낸 편지가 소개되어 있는데 "十六日晚, 弟在
署値宿, 去碩甫寓數武, 擬公事畢卽到其家, 作竟夕談(道光 7년 6월)"이라고 보이며, 253쪽에서
소개된 편지에도 "今日直宿在署, 明日方歸(道光 9년)"라고 말하는 대로 자주 刑部의 관청에
서 밤을 새워 일하고 있었던 것 같다.

각설하고 주제인 한학·송학 논의에 대하여 서술하고자 한다.

3. 한학·송학 논의

　한학·송학 논의는 초회인 도광 7년 정월 9일과 제4회인 정월 26일 2회에 걸쳐서 있었다. 이 2회 중에서도 정월 26일에 행해진 논의가 더욱 격렬한데, 그것은 논쟁이라고 부를 만한 것이었다고 말해도 좋다. 26일의 모임은 이윽고 신재식이 북경을 떠남에 즈음하여 그때까지 접대를 받았던 사례를 겸하여 신재식 쪽에서 식사와 술을 준비한 것이었다. 모인 장소는 선무문宣武門 밖의 장춘사長春寺인데 이 설의 주지인 삼명선사三明禪師도 당시 널리 조선연행사 사람들과 교류하였던 인물이다.

　이 송별연을 겸한 회합은 역시 온화한 분위기로 시작하여 조선의 술을 각자 주고받으며 환담하는 것이었다. 그런데 이장욱이 돌연 "왕희손은 소매 속에 김선신에게 보내는 편지를 가지고 있다. 이것은 한유漢儒 즉 한학을 절대로 버려서는 안된다고 변명하는 것으로 학문에 대한 관련성은 심대하다. 문장가의 초고와 동일시해서는 안된다[孟慈袖有一函書, 與淸山辨漢儒之必不可廢. 所關甚大, 不可視同詞章家草也]고 말을 꺼냈다.

　여기서 분위기는 일변한다. 왕희손과 이장욱은 아마도 처음부터 이 편지를 이 장소에서 보이려고 준비하여, 둘이서 짜고 신재식과 논쟁할 각오로 이 자리에 임했던 것이다. 한 마디 더하면 왕균도 김선신에게 보내는 이 논쟁에 관한 편지를 이보다 전날 써놓고 있었다. 그것은 후지쓰카 치카시가 이와 관련이 있음에 틀림없는 한 통의 편지를 소개하고 있기 때문에 알 수 있는 것이다. 그것은 이장욱이 정월 25일 즉 이날의 회합 전날에 서울의 김명희 앞으로 쓴 편지인데, 그 속에서 왕균이 김선신에게 보내는 수천 어에 이르는 편지를 김선신에게 전교해 주기를 의뢰하고 있는 것이다.27) 즉 그날의 한학·송학 논의는 이 세 사람이 꾸민 '공동모의共同謀議'에 의해 일어난 것이라고 해도 좋다.

그러면 왕균이 왜 수천 어에 달하는 편지를 썼으며, 왕희손도 한학을 버려서는 안된다는 편지를 썼고, 또 그날 논쟁이라고 할 만한 격론이 벌어지지 않으면 안되었던가? 그것은 이보다 앞서 김선신이 1822년(도광 2년, 순조 22년)에 연행사의 일원으로 북경을 방문하여 다음 해 귀국한 다음 신재식의 연행에 이르기까지의 사이에 "한학을 버려야 한다"고 주장하는 편지를 왕희손에게 보냈기 때문이다. 한학을 공격하는 편지를 받지도 않았는데 왕균이 위에서 말한 수천 어에 이르는 편지를 쓸 리가 없다. 또한 왕균도 같은 편지를 받았었는지도 모른다.

또 이들 편지가 몇년 몇월에 쓰인 것인지 명백하지는 않다. 그러나 1824년 정월 날짜로 이장욱이 김노경金魯敬에게 보낸 편지에서는 김선신의 재능과 학문을 칭찬하고 있을 뿐, 나중에 보는 것 같은 그에 대한 비판·비난이 보이지 않는 점으로 판단하면28), 그 전 해인

---
27) 본장 앞의 주 5) 藤塚鄰 저서, 330쪽.

1823년 10월에 서울을 출발한 연행사, 또는 그보다 먼저 같은 해 7월에 서울을 출발한 연행사에게 이 문제의 편지를 부탁한 것 같지는 않다. 김선신 일행이 연행의 여행을 끝내고 서울에 돌아온 것은 1823년 3월 17일이다. 그렇다면 김선신은 귀국 후 바로 이 한학비판 편지를 보낸 것이 아니라 숙고한 다음에 이 편지를 썼다고 생각하는 것이 타당할 것이다.

이 김선신에 의한 한학비판 편지의 상세한 내용이 어떠한 것이었는지 지금은 알 수 없다. 왕희손·이장욱과 신재식의 의론에서는 단지 "김선신은 동중서董仲舒와 정현鄭玄을 틀렸다고 하였다淸山以董仲舒鄭康成爲非", "한유를 통렬하게 비방하여 사설邪說이라고 하였고, 동중서도 포함하여 비방하기를 여지없이 하였다痛詆漢儒, 指爲邪說, 幷董仲舒而亦爲謗訕, 不留余地"고 할 뿐이었다. 다만 국경을 초월한 한학·송학 논의는, 김선신의 편지에 대해서 왕희손·왕균이 각자 쓴 답장으로 끝나는 것이 아니라, 김선신은 다시 재비판의 편지를 왕균에게 보냈는데, 이것이 남아 있기 때문에 그의 사상과 주장을 일부이기는 하지만 상세하게 알 수 있는 것이다.29)

---

28) 본장 앞의 주 5) 藤塚鄰 저서, 319쪽.
29) 이 장 앞의 주 14)『淸詒堂文集』244쪽 : 鄭時,「王菉友先生年譜」, 道光 7년 9월. 한편 鄭時는 여기서 金善臣의 편지를 인용함에 앞서서 김선신이 소장하는 申在植,『談草』에 의거하면서 논쟁의 경위를 기록하기를 "이보다 전에 汪喜孫이 김선신에게 한학을 중시해야 한다고 주장하는 편지를 썼는데, 이에 대하여 김선신이 변박하는 편지를 썼고, 다시 이에 대하여 先生[汪筠]도 변박하는 편지를 썼다. 이에 대하여 김선신이 다시 변박하는 편지를 왕희손에게 썼"고 하는데, 그렇지 않다.『필담』에 의하면 왕희손이 漢儒를 일방적으로 옹호하는 주장을 하였기 때문에 김선신이 격해져서 한학을 비판한 것이리라고 신재식이 말한 데 대하여, 왕희손은 "김선신의 설이 먼저이고, 내가 변명하는 것은 오늘이 처음이다[淸山說在前, 僕辨之始於今日]"이라고 말하였다. 즉 논쟁은 김선신의 한학비판에서 시작된 것이다.

이 편지는 1827년(도광 7년, 순조 27년) 9월 20일자로 쓰인 것이기에, 같은 해의 동지사 즉 신재식이 귀국한지 약 8개월 후의 연행사가 서울을 출발하기에 앞서서 쓰인 것임에 틀림없다. 첫머리 부분에서 "내가 한학을 즐겨 하지 않기 때문에, 가르침을 보내주시게 되었다"라고 말하고 있는 대로, 이 편지는 왕균이 김선신에게 보내는 편지의 답장이며 재 비판문이었다.

그것은 3천 어를 훌쩍 넘는 대논문인데, 요점은 이하의 몇 가지로 정리될 수 있을 것이다.

첫째로 왕균이 한학·송학이라는 학파를 나누어서는 안된다고 말한 데 대하여, 학문의 길로 들어가기 위해서는 어느 문으로 들어가는가가 중요한 갈림길이라고 주장한다. 물론 그는 주자학을 입문의 길이라고 주장하여, 주자학이야말로 공자孔子·맹자孟子 이래의 정맥이며, 이것은 백세의 공론이라고 말한다.

둘째로 훈고訓詁와 의리義理 양쪽 다 필요하다고 왕균은 말하지만, 의리를 밝히는 것이야말로 중요하며, 의리는 이미 주자에 의해 밝혀진 이상 훈고는 필요없다. 즉 "주공周孔의 학은 훈고를 필요로 하지 않는다"는 것이다. 구양수歐陽脩조차 "경經 가운데, 전傳이 없어도 분명한 것은 열에 일곱 여덟, 전傳이 있기 때문에 분명해지지 않는 것은 열에 다섯 여섯 있다"라고 하는 것처럼, 유교경전은 훈고가 없어도 기본적으로 이해 가능할 뿐더러 훈고가 오히려 경전의 이해를 방해하는 일조차 있을 수 있다.

셋째로 왕균의 주장에 의하면 주자의 경전해석에서는 정현의 설조차도 그대로 채용하고 있는 부분이 있다고 하는데, 이로써 정주程

朱의 학學은 한유의 설에 입각하고 있다는 등의 말은 할 수 없다. 만약 그렇게 말한다면, 그것은 한 줄기 개울물이 대해로 흘러들어갔다고 해서 이 개울이 대해의 발원이라고 말하는 것과 같은 것으로 틀린 것이다. 정현의 학과 정주의 학은 전혀 별개의 것이다.

넷째로 왕균의 편지에서는 "경經 속에서 멸망하여 없어진 것은 모두 정현의 힘에 의해서 이며, 현존하고 있는 것도 모두 정현의 힘에 의하는 것이다"라고 말하는데, 경經이 진秦의 분서焚書에도 불구하고 존속할 수 있었던 것은 훈고학이 있었는지 없었는지와는 관계가 없다.

다섯째로 정현의 학에 완전하지 못한 점이 있는 것은 정주에 앞서 왕통王通이나 구양수조차 이미 지적하고 있다.

여섯째로 정현이 전주箋注에서 '명물名物'을 밝혔음을 들어, 왕균이 그의 큰 공적으로 삼고 있는데, 학문에 있어서 중요한 것은 '명리明理'이다. '명물名物'을 밝혔다고 해서 스스로 자랑하지만 아무런 공적도 되지 못할 것이다.

일곱째로 왕균이 「명말군유明末群儒의 실失」에서 언급하고 있는 데에 대해서도 "이것은 오히려 정주와는 관련이 없는 것이다. '명名은 유儒이지만 행行은 석釋(佛敎)인 사람'과 정주의 학學을 같은 것으로 생각해서는 안된다"고도 반론한다. 「명말군유明末群儒의 실失」이라는 것이 김선신이 말하는 것처럼 "명名은 유儒이지만 행行은 석釋"이라는 의미라고 한다면, '명말군유明末群儒'라 함은 양명학자를 가리키고 있음은 말할 필요도 없다. 적어도 김선신이 한 편으로는 한학에 반대하며, 한 편으로는 양명학에 반대하는 사람이었음은 분명하기 때문이다.

김선신의 왕균을 향한 비판은 대개 이상과 같다. 편지의 끝부분에서, 왕희손이 자기를 비난하는 편지를 보내왔는데, 이에 대해서도 한두 가지 변박을 가해서 "답장을 보냈으니 함께 보아주시기를 바란다"고 끝을 맺고 있다. 그렇다면 김선신은 이들 편지가 공개되기를 스스로 원했으며, 공개될 것으로 예상해서 쓴 것이라고 생각하는 것이 자연스러울 것이다.

서울과 북경 사이에서는 당시 이처럼 편지를 통한 공개토론이 가능했다. 사실 이장욱은 의론의 발단이 된, 김선신이 왕희손에게 보낸 편지의 내용을 알고 있었음에 틀림없다. 그렇기 때문에 "한학을 절대로 버려서는 안된다는 것을 변명하는 것으로, 학문에 대한 관계가 심대하다"고 말했던 것이다.

한편 서울에 있던 김정희도 김선신이 『고문상서古文尙書』의 진위를 둘러싸고 청조 지식인과 몇 번이고 편지를 주고받았는데, 그 속에서 무엇을 주장하고 있는 것인지 알고 있었다.30) 그것은 그야말로 국경을 초월한 논쟁이며, 또한 공개논쟁이었다. 조선 측에서는 오직 김선신 한 사람뿐이지만, 중국 측에서는 왕희손·이장욱·왕균 세 사람이었다. 1827년(도광 7년, 순조 27년)에 이 세 사람 앞에 나타난 신재식은 그들의 국경을 초월한 대논쟁에서 대리전쟁을 하기 위하여, 우연히 자리를 함께하게 되고 말았던 것이라고 해도 좋다. 신재식이 김선신의 친한 지인임을 세 사람은 그를 만나기 전부터 잘 알고 있었다.

정월 26일이 되어서 논쟁이라고 할 만한 것이 되었는데, 정월 9일에 그 전초전이라고 해야 할 논쟁이 벌어졌다. 그날은 김선신의 편

---

30) 金正喜, 『阮堂先生全集』 권5, 與李月汀(『韓國歷代文集叢書』 제283책, 서울:景仁文化社, 1994), 386쪽.

지에 대해서는 일체 건드리지 않고, 돌연 한학·송학 의론을 왕희손이 시작했는데, 김선신의 편지내용을 포함하고 있음은 말할 필요도 없다. 김노경金魯敬·김정희·김명희 등의 근황을 물어본 다음, 이장욱이 특히 김선신의 소식을 물었던 것이 그런 사정을 나타내고 있는 것이리라.

그러면 이 김선신이라는 사람은 어떤 인물이었던가.

김선신의 자는 계량季良, 호는 청산淸山으로 경상도 선산善山(崇陽)사람이다. 형인 김선민金善民은 1801년(순조 원년)에 진사進士가 되었지만, 김선신은 소과小科의 수험자격을 갖는 유학幼學이었을 뿐이다. 그는 일본日本의 문화文化 8년(1811년, 가경 16년, 순조 11년)에 일본에 온 통신사通信使의 일원으로서 유명하며, 그 때의 기록『통신행등록通信行謄錄』에 의히면 1775년(건륭 40년, 영조 51년) 출생이다. 그 당시 37세였다. 쓰시마에서는 코가 세이리古賀精里나 마쓰자키 코도松崎慊堂 등과 필담하여 문명文名을 날렸던 점은 조선통신사 연구에서는 주지의 사실이다.31) 통신사의 한 사람으로서 김선신이 대마도에 체재했을 때의 기록으로부터 얼마간 그의 사람 됨됨이와 사상을 엿볼 수 있는 말이나 에피소드를 주울 수 있다. 여기서는 쇼헤이자카가쿠몬죠昌平坂學問所의 코가 세이리 등과 나눈 필담집『대례여조對禮餘藻』를 보기로 하자. 그 하나는 그가 코가와 필담하는 중에 "토요토미豊臣는 과연 원숭이의 아들인가?"라고 물었던 일이다.32) 히데요시秀吉가 '목하인木下人'·'원猿의 정精'이라고 하는 것은 그의 용모뿐만 아니라 키노시타 토키치로木下藤吉

---

31) 본장 앞의 주 5) 藤塚鄰 저서, 145쪽 : 藤塚鄰,『日鮮淸の文化交流』(東京:中文館書店, 1947), 93쪽 : 李元植,『朝鮮通信使の硏究』(京都思文閣出版, 1997), 426쪽 등.
32) 草場韡,『對禮餘藻』卷上, 6월 21일, 客館筆語.

郞라는 이름이었던 까닭도 있으며, '분로쿠文祿의 역役', '케이쵸慶長의 역役'[壬辰·丁酉倭亂] 전후에 쓰인 명대의 사서史書에서는 때때로 그렇게 불렸던 것이다. 김선신은 언제고 마음먹고 이 문제에 대해서 물어보고 싶었던 것이리라. 이것은 그가 솔직하게 말하는 인물임을 보여주는 에피소드이다. 또 그는 '문록文祿의 역役' 때 포로가 되어 일본에 끌려온 조선인의 소식에 대해서도 코가에게 물었는데, 다른 일본인이었다면 꺼려서 대답하지 않았을 터인데도 코가가 솔직하게 대답한 데 대해서, "당신은 성실한 사람이다"라고 말했다. 이 또한 그의 솔직함을 보여주는 것이리라.

더욱 흥미 깊은 것은 일본체재 중에 보여준 그의 청조학술에 대한 비판이다. 그것은 쿠사바 이草場韡 등이 『일동주학도日東州學圖』를 김선신에게 보여주었을 때 쓴 「서일본주학도후書日本州學圖後」에 보인다.33) 그것에 의하면 김선신은 일찍이 『연도벽옹도燕都辟雍圖』를 본 적이 있다. 연도燕都라 함은 북경을 가리키며 벽옹辟雍은 국자감國子監을 말한다.

북경 국자감은 조선연행사가 반드시라고 할 만큼 방문하는 장소이다. 그는 이 『연도벽옹도』에 제문題文을 붙여서, 중국에서는 학교가 존숭되지 않고 형해화하고 있다고 비판하였다. "천자天子는 학생의 학력을 체크하지 않으며, 군유群儒는 예禮를 강의하지 않는다.… 학교라고는 이름뿐이어서 그 실實을 잃고, 제례祭禮의 도구는 갖추어져 있

---

33) 金善臣, 『淸山島遊錄』, 書日本州學圖後: "余嘗書燕都辟雍圖曰, 天子不攷文, 群儒不講禮… 仮其名而遺其實, 有其具而無其用… 乃惟我東國, 學有序有庠, 培埴土類, 敦尙行義" 또 『對禮餘藻』卷中, 23일 客館筆語에도 거의 같은 문장이 보이는데 후반은 "乃唯扶植綱常, 敦尙學校, 唯我東最盛"으로 되어 있다.

지만 사용되지 않고 있다"고 북경 국자감의 현황을 지적한 다음 "그런데 우리 동방조선東方朝鮮에만 학교로서는 서序도 있고 상庠도 있어서, 사류士類를 양성하고 두텁게 행의行義를 존숭하고 있다"라고 자랑스럽게 말하였다.

그리고 『일동주학도』를 보게 되자, 그것을 보여준 쿠사바 등의 태도와 학식을 알고는 "조선과 마찬가지로 일본에서도 학교가 존숭되고 있는 것은 기쁘기 짝이 없는 일이다"라고 끝을 맺었다. 김선신 자신은 아직 북경에 가지 않았었는데도, 중국의 학술정세에 대해서 이미 비판적이며 조선의 현상을 오히려 자랑스럽게 생각하고 있었다. 그는 주자학을 신봉하는 코가와 의기투합하였는데, 그 자신이 송학신봉자임은 말할 여지도 없다.

김선신이 일본 통신사로서 대마도에 간 것은 1811년(가경 16년, 순조 11년, 文化 8년)이다. 그로부터 11년 후인 1822년(도광 2년, 순조 22년), 이번에는 생각치도 않게 연행사의 일원으로 북경에 가게 되었다. 그처럼 일본 통신사와 중국연행사를 겸하는 것은 드문 일이다. 그는 1805년(가경 10년, 순조 5년)에 이미 심양瀋陽까지 간 일은 있는데34), 북경은 처음이었다. 이번에는 정사正使 김노경 휘하의 '군관軍官'이라는 직함이었다. 이것은 연행사의 일원으로 참가하는 이상, 무엇이든 직무 명을 갖지 않으면 안되기 때문인데, 김로경의 차남인 김명희도 똑같이 정사군관正使軍官이라는 직함을 갖고 동행하였다.35) 다만 이것은 전혀 명칭

---

34) 三宅邦, 『雞林情盟』, 筆語, 6월 20일에서 金善臣은 이미 심양까지 간 적이 있다고 말한다. 金善臣, 『淸山遺藁』, 會寧嶺次使相韻에서도 "乙丑(嘉慶10년)秋曾步蹟此嶺"이라고 自註하였다.
35) 撰者未詳, 『燕行雜錄』 內篇, 「渡江人員」. 또 內篇, 「日記」, 도광 2년 10월 23일에서는 다음과 같이 말한다. "金善臣号淸山, 官今濟用監判官, 亦善詩. 曾隨通信使往日本國, 今以上房幕府赴

뿐으로, 통신사의 일원으로서 일본에 갔을 때에 정사 휘하의 서기書記라는 실무를 겸하는 직책을 가졌던 것과는 전혀 다르다. 군관이라고는 하지만 특별한 일을 할 필요는 없는 것이다. 그에게는 『청산유고淸山遺藁』(서울대학교 奎章閣藏)라는 짧은 문집이 남아 있는데, 그 권두에 "정사 김로경의 요청에 응하여 연행하였다酉堂金公以上使赴燕, 辟余從事"고 말하고 있기 때문에 사적인 비서의 일을 무엇인가 했는지는 모르나 기본적으로는 자유로웠다.

그가 연행사의 일원으로 참가한 것은, 일본에 갔을 때와 마찬가지로 단순히 미지의 세계를 알고 싶었기 때문이라고 생각해도 좋을 것이다. 그는 김명희와 사이가 좋아서 『청산유고淸山遺藁』에 실은 시문의 과반이 두 사람 사이에서 오고 간 것이다. 또 북경의 숙소인 옥하관에서도 두 사람은 방을 함께 쓰고 침식을 함께 하였다. 둘은 매일같이 북경을 관광하고 다녔는데 김정희 등의 소개를 의지로 청조 지식인을 역방하였음에 틀림없다. 김선신 48세의 일이다.

『청산유고』에는 이 연행 때에 지은 시도 실려 있는데, 유감스럽게도 그의 북경에서의 행동에 대해서 구체적인 것은 거의 아무것도 기록을 남기지 않았다.[36] 그러나 우연히도 이때의 연행사의 한 사람

燕也." 한편 이 『燕行雜錄』에 대해서는 본장 앞의 주 1), 본서, 제8장 「일본현존조선연행록 해제」, 주 16)에서, 아마도 徐有素의 찬일 것이라고 했다. 그러나 재차 찬자에 대해서 검토해 보니 현재로서는 찬자미상이라고 하는 편이 더 적절할 것으로 판단하였다.

36) 金鑢, 『藫庭遺藁』 권10, 題淸山小集卷後(『韓國文集叢刊』 제289책, 서울:민족문화추진회, 2002), 537쪽에 의하면 金善臣은 시문이 뛰어남에도 불구하고 스스로의 작품을 모으는 일에는 전혀 신경을 쓰지 않았다고 한다. 金鑢에게 남아 있던 시문을 모은 시문집으로서 『淸山小集』이 분명 있었을 터인데 현재는 전하지 않는 것 같다. 『淸山遺藁』도 아마 金命喜 주변에 우연히 남은 시문을 모은 것이라고 생각된다. 그리고 『奎章閣圖書韓國本綜合目錄』(서울:서울대학교 출판부, 1983), 1709쪽에서 『청산유고』를 저자미상이라고 하는데, 이것이 김선신

이 『연행잡록燕行雜錄』이라는 상세한 기록을 남기고 있다. 거기서 김선신이 엽지선과 만나서 좋은 인상을 받지 못한 것 같다고 한 기록에 대해서는 후에 다시 말하겠다. 또 하나, 그가 북경도교의 총본산인 백운관白雲觀에 갔을 때의 에피소드도 기록하여서 흥미롭다. 그는 도사가 명목瞑目 안좌安座하여 몸을 전혀 움직이지 않아 선인이 속계에 내려온 것처럼 꾸미면서도, 그 앞에는 그릇을 놓아두고 돈을 받고자 하는 모습을 보고 "세상에 돈을 달라는 신선이 있는가"라고 말했다 한다.37) 괴력난신怪力亂神을 말하지 않는다는 점에 있어서 전형적인 주자학자이며, 게다가 일본에서도 보여준 솔직함을 북경에서도 보여준, 그다운 에피소드이다.

『청산유고淸山遺藁』에서는 그의 연행 때의 언동을 거의 알 수 없다. 그러나 그의 연행 이후에 관해서는, 약간이긴 하지만 그의 사상 경향을 엿보기에 충분한 재료가 거기에 남아있다. 그 하나가 1845년(도광 25년, 憲宗 11년) 연말에 지어 친우인 김명희에게 보낸 8수의 절구絶句이다. 여기서는 염약거閻若據의 『고문상서소증古文尙書疏證』이나 방이지方以智의 『물리소식物理小識』을 포폄한 다음, 더 나아가 옹방강翁方綱을 '속유俗儒'라고 욕하기를 "얼마나 비뚤어진 학문방법[枉工夫]을 사람들에게 시키고 있는가"라고 비난한다.38)

의 문집임에는 의문의 여지가 없다.
37) 본장 앞의 주 35) 內篇,「日記」, 道光 7년 정월 19일; "觀內四五處, 道士輩聚坐着弊袍, 瞑目安坐, 寂然不動, 作仙人下降樣, 前置器受錢… 淸山曰, 世豈有覓錢神仙."
38)『淸山遺藁』, 乙巳除日, 醉後戱題八絶, 呈山泉. 下에 4絶만을 기록한다. "塵合千年可結山, 梅書今已鐵重關, 愚公枉費推移力, 誰讃夸娥二子還(古文疏證). 梯雲無計地天通,萬古悠悠一太空, 不是西方偏有眼, 如何曾見碧翁翁(斥異考). 多少奇文舊積逋, 都成今日晩嗚呼, 細推物理非無意, 爭奈胸中一物無(物理小識). 從來馬鄭是程朱, 敢謂方綱是俗儒, 直爲傍門憂一啓, 敎人多少枉工

옹방강은 엽지선의 스승이며 특히 금석학金石學에서 지도적 입장에 있는 인물이었다. 김정희도 역시 옹방강을 스승으로 떠받들고 숭배하고 있었다. 더욱 『고문상서古文尚書』의 진위에 대해서는 김명희와 7, 8회 장문의 서간을 왕복하면서 논쟁하고 있으며, 김명희가 『고문상서』를 가짜라고 보는 견해를 바꾸지 않았기 때문에, 두 수의 시를 지어 서간의 말미에 붙였다. 거기서 염약거나 혜동惠棟의 노력은 쓸데없는 노력이며, 그런 일로 주자의 청명淸明함을 흐리게 할 수는 없다고 주장하고 있다.39)

이렇게 볼 때, 그가 그 통신행으로부터 연경행을 거쳐서 1827년 전후에 몇 번이고 왕희손 등과 한학·송학 논쟁과 관련된 편지를 주고받았으며, 그리고 1845년에 이르기까지 30년 이상에 걸쳐서 그가 청조학술을 비판적으로 보고 있었음은 변하지 않았던 것 같다. 그의 경우 청조학술에 대한 비판은 이미 본 대로 조선 자존自尊의 정신을 동반하고 있었던 것이라고 생각된다. 또 『청산유고淸山遺藁』에 실은 「지천김공행장芝川金公行狀」에서는 김호천金浩天이라는 인물을 강렬한 반만·반청주의자로 묘사하고 있다. 이로써 판단하자면 김선신은 당시의 많은 조선지식인이 그랬던 것처럼 역시 청조를 멸시하는 사람이었다고 생각해야 할 것이다.

각설하고 신재식이 어떤 논쟁을 했는가는, 김선신이 왕균에게 보낸 편지를 통해 어떤 논쟁을 했는가를 이미 알고 있는 우리들로서는

夫(經學)."
39) 同前書; "與山泉論古文尚書眞僞, 長牘七八反. 山泉堅持己見, 又以二詩題牘尾寄之 一自梅書五百年, 無人不道是眞詮, 閤因好事張千語. 惠又多能出二篇… 傳疑何捐紫陽明, 誰遣浮雲翳太淸.漢孔家嫌唐孔氏, 濟南經絕汝南生.…"

대개 예상을 할 수 있다. 왕희손과 이장욱 여기에 왕균을 더한 세 사람의 주장은 송유의 인품이 높음을 존중함과 동시에, 한대漢代의 동중서·정현의 학문의 넓음과 고증의 정확함도 존중해야 한다는 한학·송학의 절충을 주장하는 것이다. 이에 대해서 신재식의 주장은 "조선의 학자는 모두 주자를 학문의 올바른 방향을 정하는 지남철로 삼고 있기 때문에, 공자 이후에는 오직 주자 한 사람만이 있을 뿐이다[東邦之學者皆以朱子爲南車. 竊以爲孔夫子以後, 有朱子一人而已矣]"라는 것이었다. 즉 신재식은 자국의 주자학 예찬을 대표하는 양 정현 등 한학자를 무시해 버릴 뿐만 아니라 맹자조차도 무시해 버리고 오로지 주자를 거의 공자와 동등한 위치에 두려는 것이었다.

거기서 조선의 유학자 김인후金麟厚의 시 "천지天地중간에 두 사람 있으니, 중니仲尼의 원기元氣, 자양紫陽의 진眞[天地中間有二人, 仲尼元氣紫陽眞]"를 인용하면서 공자와 주자를 동렬에 둘 것을 주장한다. 왕희손은 한의 정현은 인품에 있어서도 뛰어나며, 주자도 정현의 인품을 칭찬하고, 그의 훈고를 참용參用하고 있다며 한학도 존숭해야 함을 설파한다. "훈고訓詁 속에도 의리義理가 있음을 모르고 훈고를 버리고 의리를 담론한다면 그것은 아마도 선학禪學에 가깝다[不知訓詁內有義理, 舍訓詁而談義理, 恐近禪學耳]"라고 설득한다. 그는 또 "실사구시實事求是의 학문에서는 같은 무리와는 당파를 맺고 다른 무리는 치는 따위의 짓을 해서는 안된다[實事求是之學, 不在黨同而伐異]"라고 말한다.

이장욱이 "후인後人의 서書를 읽는 것은 고인古人의 서書를 읽음에 미치지 못한다. 공자와의 시간거리가 가까우면 가까울수록 진眞이며 리理이다[與其讀後人書, 不如讀古人書. 去孔子愈近, 而愈眞且理]"라고 하며 송유보다 한유 쪽이 공자와의 시간 거리가 훨씬 가깝다고 하는데도 신재식은 공자의 진眞과 리理를 계승한 사람은 주자뿐이라며 물러서지 않는다. 또 "자신은 한유를 비난하여 물리치려는 사람이 아니다. 단지 주자만이 높다. 때문에 한유의 말에 주자와 맞지 않는 부분이 있으면 자신도 그것을 취하지 않을 뿐이며[僕非黜漢儒者, 惟考亭是尊也. 故漢儒之論 若有與朱子不合者, 則僕亦不取之耳]", "한유 등의 주소註疏에는 정자·주자의 훈고와 어떻게 하더라도 일치하지 않는 부분이 많다. 이제 박학博學하고자 하면서 공자의 도道에도 어긋나지 않게 하려고 하더라도, 그것은 아마도 주자가 말씀하신 '아무짝에도 쓸모없는 많은 골동汩董骨董品을 이해하려는 것'에 가까운 것으로, 어찌 무난한 것이라고 할 수 있겠는가註疏多與程朱訓詁相反者. 今欲博綜而無畔, 恐近汩董, 得無難處乎]"라고 응전하여 한 발짝도 물러서지 않았다. 그의 주장은 당시의 조선왕조 또는 일반적인 조선지식인의 공식견해에 가까운 것이었다고 생각된다.

양자의 의론이 이처럼 평행선을 그리는 끝없는 소모전이라면, 그것을 여기서 상세하게 살펴보는 것은 큰 의미를 갖지 못할 것이다. 그래서 이하에서는 제4회 회합에서 청조 측의 두 사람이 어떠한 논법을 펴서 완강하게 물러서지 않는 신재식을 설득하였는가에 한해서 설명하고자 한다.

우선 한학·송학 겸용을 위하여 원용하고 있는 것은 탕빈湯斌의 설이다. 이장욱은 탕빈이 「십삼경주소론서十三經注疏論序」를 지어 "한유는 성인聖人의 박博을 얻었고, 송유는 성인의 약約을 얻고 있다. 만약 문호門戶를 나눈다면, 그것은 한유·송유의 경經이지, 성인의 경 은 아니다"라고 말하고 있다고 하면서40), "이학대유理學大儒인 탕빈조차도 이렇게 말하고 있으니까, 한학·송학 겸용론은 한 사람의 사언私言은 아니다[潛庵理學大儒而所言如此. 可知非一人之私言也]"라고 설득한다. 탕빈은 강희康熙시대에 주자학자로서 저명하며, 왕희손도 "주자의 학은 탕빈이 가장 두텁게 믿었다"고 말하였다. 신재식은 이광지李光地의 글은 읽고 있었지만 탕빈의 글은 읽고 있지 않았다. 그러나 확실히 주자학자로서 고명한 탕빈의 설을 꺼내어 한학·송학 겸용을 설파한 것은 유효했다고 생각된다.

다음 왕희손이 원용한 것은 이공李塨이다. 그는 이공에게 수십 종의 저서가 있으며, 이미 사고전서四庫全書·국사관유림전國史館儒林傳에 수장되었다고 그 권위를 우선 인정하게 하였다.[41] 이것을 이장욱이 이어 받아 다음과 같이 말하였다.

> 이공은 『대학大學』에서 말하는 「격물치지格物致知」의 '물物'은 『주례周禮』 사도司徒에서 말하는 '향삼물鄕三物'의 '물物'이며, 효孝[부모에 대한 효]·우友[형제의 사이 좋음]·목睦[부계친척과 친하게 지냄]·인婣[모계친척과 친하게 지냄]·임任[친구에 대한 믿음]·휼恤[가난한 자에 대한 베풂]이라는 여섯 가지라고 말하였는데, 아주 잘 도리道理가 통하고 있다. 아주 잘 도리가 통하고 있다. 옛사람에게는 이와 같은 구체적인 말씀을 제외하고 달리 소위 '이학理學' 따위는 없었던 것이다.
>
> 李剛主謂, 大學格物卽周官司徒之鄕三物, 孝友睦婣任恤也. 甚通. 甚通. 古人除此別無所謂理學也.

---

40) 湯斌, 『湯子遺書』 권6, 十三經注疏論에 "若偏主一家, 是漢儒宋儒之經, 而非聖人之經也"라고 있다. 또 「十三經注疏論序」라고 하는 것은 李璋煜의 기억착오일 것이다.
41) 李塨의 저서로 사고전서에 수록되어 있는 것은 『李氏學樂錄』 1종뿐이며, 『論語傳註』·『大學傳註』·『中庸傳註』·『傳注問』·『大學辨業』·『聖經學規纂』·『論學』·『小學稽業』·『恕谷後集續刻』은 存目에 著錄되어 있을 뿐이다.

각설하고 이공이 안원顔元의 제자로서 그의 학문은 실용을 중시하며 송학을 엄격하게 비판한 사람이었음은 이제는 개설서에서도 소개하고 있다.42) 이것은 실은 당시에도 주지의 사실이었던바 『사고전서총목제요四庫全書總目提要』에서도 이공의 『논어전주論語傳註』・『대학전주大學傳註』・『중용전주中庸傳註』・『전주문傳註問』을 해설하여 "그 경의經義의 해석에 있어서 많은 부분에서 송유와 상반하고 있다. 그의 학문은 안원에게서 나온 것으로 힘써 실용을 위주로 하고 있기 때문에 정자・주자의 '강습講習'이나 육상산陸象山・왕양명王陽明의 '증오證悟' 등 대개 입신경세立身經世에 절실하지 않은 것은 모두 하나같이 공담空談이라고 하여, 심성心性의 학學을 배격하기가 가장 격렬하다"고 비평하고 있었다. 그의 격물치지格物致知의 '물物'을 구체적인 인간관계 또는 구체적인 예의禮儀인 '향삼물鄕三物'의 '물物'이라고 하는 견해는, 확실히 주자의 견해와는 아주 멀리 떨어져 있다. 이장욱 본인도 이공의 학설이 한학・송학 겸용 등등의 것이 아니라, 오히려 명확한 반주자학이라는 사실은 충분히 알고 있었을 것이다.

그와 같은 학문을 평하여 그는 "도리가 아주 잘 통하고 있다"고 말했던 것이며, "옛사람의 이와 같은 구체적인 말씀을 제외하고 달리 소위 '이학理學' 등은 없었다"라고 말했던 것이다. 이것을 만약에 이공의 학문에 관해서 다소라도 이해하고 있는 사람에게 말했다고 한다면, 이것은 오히려 스스로 반주자학의 무리임을 표명한 것과 같

---

42) 梁啓超, 『淸代學術槪論』(『飮冰室專集』 제6책 所收, 臺北, 1978, 臺二版), 16쪽 ; 小野和子 譯, 東京:平凡社, 東洋文庫 245, 1974), 57쪽 ; 梁啓超, 『中國近三百年學術史』(台北臺灣中華書局, 1975, 台八版), 107쪽 ; 錢穆, 『中國近三百年學術史』(台北臺灣商務印書館, 1937 초판), 199쪽. 梁啓超는 李塨을 '實踐實用主義者'의 한 사람으로 꼽는다.

은 것이 되는 셈인데, 그는 신재식에 대하여 한학이 필요한 하나의 사례로서 이공의 설을 원용한 것이다.

세번째로 이장욱이 원용하고 있는 것은 능정감凌廷堪이다. 이것은 화제가 앞에서 말한 '향삼물鄕三物'에 미친 것을 받아서 왕희손이 "『주례周禮』에서 말하는 '삼물三物'도, 공문孔門의 '육예六藝'도, 모두 주공周公이 가르치신 것이다[周禮三物, 孔門六藝, 皆周公所教也]"라고 한 데 대해서, 신재식이 "주자학에서 말하는 격물치지格物致知의 '물物'은 만물에 해당하는데, 단지 '삼물三物'에만 미칠 수 있다고 해서는 너무 작지 않겠는가[格物之義足以該萬物, 但以三物言者, 不亦少乎]"라고 반론했다. 그에 대하여 다시 이장욱이 다음과 같이 답했다.

> 능중자凌仲子의 이름은 정감廷堪이다. 『논어論語』에서 말하는 '극기복례克己復禮'의 '예禮'라 함은 '오례五禮'를 가리킨다. 즉 "부자父子의 도道에 대응하는 사관士冠의 예, 군신의 도道에 대응하는 빙근聘覲의 예, 부부의 도에 대응하는 사혼士昏의 예, 장유長幼의 도에 대응하는 향음주鄕飲酒의 예, 붕우朋友의 도에 대응하는 사상견士相見의 예를 말한다"라고 말하였다. 이 설도 도리가 잘 통한다.
> 凌仲子名廷堪, 有以克己復禮, 謂是五禮. 其說亦通.

이 능정감의 설은 그의 『예경석례禮經釋例』 권수卷首의 「복례復禮」에 보인다. 능정감은 안휘성 휘주徽州사람으로서 동향의 강영江永·대진戴震의 학문을 흠모했다. 그는 예학禮學에 밝아서 "예禮에는 시세時世나 인정人情에 따라서 간략하게 하거나 반대로 수식하는 것도 있으며, 적당한 정도를 추구하기도 하는 것으로서, 공허하게 이理를 말하는 자에게 맡길 수 있는 것이 아니다"라고 말하고 있었다.43) 여기서 "공허하게 이理를 말하는 자"가 송유를 가리키는 것임은 말할 필요도 없다. 전목錢穆에 의하면 스승인 대진이 "이理를 말한다"라는 점에 있어서 송유를 깊이 배척한데 대하여, 능정감은 한발 더 나아가 "예禮를 말한다"는 점에 있어서 송유를 깊이 배척한 것이라고 한다.44)

격물치지格物致知의 해석에 대해서도 송유가 격물을 개개의 물에 내재하는 이理를 구명[궁리]하는 것이라고 한 데 대해서, 능정감은 예禮의 기수의절器數儀節을 생각하는 것이라고 보았다. 즉 능정감은 결코 한학·송학 겸용의 학자로는 보일 수 없는 사람이며, 오히려 송학을 매도하여 배척한 학자였다. 물론 이장욱이 능정감을 송유를 격렬하게 공격하고 배척한 인물로 알고 있었는지 어떤지는 확증이 없다.

그러나 이장욱의 옆에서 그와 신재식이 나누고 있는 필담을 지켜보면서, 때때로 자신의 의견을 덧붙여 써넣고 있던 왕희손은, 능정감이 송유를 격렬하게 매도하는 인물임을 틀림없이 알고 있었다. 능정감이 왕희손의 부친인 왕중을 위하여 「왕용보묘지명汪容甫墓誌銘」을 쓴 일이 있다. 그런데 거기서 "왕중은 송의 유자를 가장 미워하며, 사람들이 송유의 이름을 들먹이면 욕하기를 멈추지 않았다"고 썼다.

왕중에 대한 효행으로 이름을 날리고 있던 왕희손은 부친을 위하여, 그것을 무고라고 변명하는 글을 지어, 거기에서 부친은 오히려 송유를 매도하는 인물과는 절교하고 있었다고 밝히면서, "능정감은 부친이 송유를 매도했다는 사실에 붙여서, 자기 자신이 송유를

---

43) 『淸史稿』 권481, 凌廷堪傳.
44) 본장 앞의 주 42) 錢穆 저서, 495쪽.

매도하고 있었던 것은 아닐까"라고 말하고 있기 때문이다.[45]

왕희손과 이장욱은 한학과 송학의 어느 쪽도 배격해서는 안된다고 설득하기 위해서 탕빈·이공·능정감 세 사람의 학설을 들었는데, 그 가운데 탕빈을 제외한 두 사람의 학설은 그 본질에 있어서 송유를 배척하는 것이었다. 한학이 필요하다고 설득하는 재료로서 두 사람의 이름을 든 것은 좋다 하더라도, 송학도 필요하다고 주장하는 사람이 이들을 원용한 것은 극히 부적절하다고 말하지 않을 수 없다. 아니 더 말하자면 왕희손은 이보다 앞서 제2회 회합의 자리에서 능정감의 스승인 대진을 크게 칭찬하였다. 인품·학술 모두 뛰어난 인물로서, 청조 초기의 고염무와 건륭시대의 대진 두 사람을 추상推賞하고 있었던 것으로 "그 학문은 천인天人에 통하였고, 성정性情은 고개孤介하면서 절속絶俗, 유자儒者의 업業에 있어서 통하지 않는 바가 없다乾隆時, 戴東原名震, 學通天人, 性情孤介絶俗, 於儒者之業無所不通"고 최대한의 찬사를 보내고 있었던 것이다.

대진 그 사람도 대표작인 『맹자자의소증孟子字義疏證』을 일독한다면 어느 누구도 즉각 이해할 수 있게끔 송유가 말하는 이理를 완전하게 부정해 버렸던 사람이었다.

신재식은 이공이나 능정감은커녕 대진의 저서조차 읽지 않았던 것 같다. 왕희손으로부터 "고염무와 대진의 저서를 선물하고 싶다"라고 제안을 받고 감사하고 있는 것이다. 만약 신재식이 이공·대진·능정감의 저서를 읽고 있었다면, 이와 같은 인물의 학설을 원용

---

45) 同前書, 506쪽. 汪喜孫, 『孤兒編』 권3. 校禮堂集凌仲子撰先君墓銘正誤. 본장 앞의 주 17) 『汪喜孫著作集』 中, 700쪽.

한데 대하여 어떤 반응을 보였을까, 논쟁은 어쩌면 더욱 백열화하지 않았을까 흥미진진하지만, 신재식이 할 수 있었던 반격은 "삼물三物이던 오례五禮이던 힘써서 성인聖人의 뜻에 어긋나지 않게 하면 되는 것이다. 경의經義의 상세한 해석으로서는 송유만큼 완비된 것은 없다. 송유도 한유의 서書를 읽고 있다. 공자의 시대로부터 멀리 떨어진 지금, 단지 공자의 시대로부터 가까운가 먼가를 가지고 우열을 결정하여 한학을 올리고 송유를 눌러서는 안된다[無論三物與五禮, 務從不悖於聖人之旨爲可. 解釋經旨之詳, 莫備於宋儒. 宋儒亦非不看漢儒之書者. 今坐數百載之下, 但以年代之高下把作彼此之優劣, 以爲扶抑之論, 則不可矣]"라고 하는, 공격당할만한 표적을 아주 분명치 않게 하는, 또는 본지에서 벗어난 일반론일 뿐이었다.

물론 우리들은 왕희손과 이장욱 모두 신재식이 대진이나 이공 등에 관해서 잘 모른다는, 그들의 저서를 읽고 있지 않다는 사실을 꿰뚫어본 상태에서, 그들의 이름을 듣고 있었다는 가능성도 완전히 부정할 수는 없다. 그러나 그 가능성은 극히 낮다고 생각한다. 왜냐하면 이미 말한 것처럼 왕희손은 신재식으로부터 부탁받지 않았는데도 고염무의 저서와 대진의 저서를 선물하고 싶다는 호의를 담아서 말하고 있기 때문이다.

또 예를 들면 왕희손이 신재식의 귀국을 맞이하여 말한 데에서도 볼 수 있듯이, 그들이 신재식과 나눈 언사와 김선신과의 문통文通에서 보인 언동으로부터는 스스로의 학문에 대한 긍지와, 그것을 아직 모르고 있는 이국땅에 전하고 싶다는 열의를 느낄 수 있을 뿐이기 때문이다. 그들이 대진이나 이공의 이름을 댄 것은 우리들이 그들을 간단하게 한학·송학 절충론자로 처리해 버리기에는 그들은 너무나도 다양한 요소를 갖는 사람들이었다는 점을 보이는 데에 불과하다.

여기서 문제삼아야 할 것은 오히려 신재식 쪽이다. 확실히 신재식에 있어서 이번 한학·송학 논의는 불의의 공격이라고 할 만한 것으로서, 아무런 준비도 없이 반론할 수밖에 없었다. 또 그는 조선에 있어서 특히 이름있는 송학자이지도 않았다. 그러나 우리들이 주의해야 할 것은 그가 송학옹호를 위해 거명한 학자 가운데는 이장욱 등이 거명한 것과 같은 근래의 학자는 한 사람도 없었다는 점이다. 주자 자신을 제외하면 16세기 전반의 김인후金麟厚라고 하는, 청조 지식인이 거의 모를 조선의 학자뿐이었다.

한편 김선신은 숙고 끝에 왕균에게 장문의 편지를 썼을 텐데노, 거기에서도 근래의 학자의 설은 전혀 나오지 않는다. 앞에서 본 수隋의 왕통王通, 송宋의 구양수歐陽脩, 거기에 같은 송의 주자·이정二程·진순陳淳의 말을 인용할 뿐이다. 신재식은 고염무의 저작조차 모르며, 하물며 염약거나 대진의 저작 등은 전혀 몰랐다. 이에 대해 왕균은 단옥재段玉裁의 『설문해자주說文解字注』를 신재식에게 추천하고 "문자를 알려고 하는 자는, 이 서적에 의지할 수밖에 없다近有段茂堂先生, 名玉裁字若膺, 説文解字註法共四函, 京錢十二千可得. 其書誠説文至好之本. 其中有武斷處, 然不掩其瑜. 欲識字者, 非此莫由"라고까지 말하였다. 그 정도로 당시 양국의 문화에는 깊은 단절이 있었던 것이다.

조선실학 또는 북학으로 불리는 학문이 시작되고 이미 반세기가 경과하고 있었지만 고염무·염약거閻若璩·대진, 나아가 단옥재의 저작을 읽은 적이 없는 그와 같은 지식인이 당시 조선에서는 가장 보통이었다고 생각된다. 신재식 정도의 지식인이라면 양명학을 반박하는 논법의 대강은 배웠을 것으로 생각해도 좋을 것이다. 그런데 여기서 새로 그의 앞을 가로막고 서있는 한학이라고 하는 것은 구체적인 텍스트에 입각하여 "누구누구는 이렇게 말하고 있다"라는 그야말로 실사구시實事求是의 논법, 증거주의의 논법을 취하는 것이었다.

한학에 대항하기 위해서는 한학의 수법을 아는 것 외에는 방법이 없었던 것이다. 한학의 수법을 알기 위해서는 스스로 한학의 저작을 읽는 것밖에 없다. 한학의 저작을 읽고 그 옳고 그름을 판단하기 위해서는 그 자신이 '자기 방에 틀어 박혀 서물書物을 손에서 놓지 않고 목숨걸고 조사하는' 것밖에는 없는 것이다. 양국의 문화적인 차이는 역연하였다. 이러한 학문을 한 일이 없는 신재식은 이장욱으로부터 '향삼물鄕三物'이나 '오례五禮'의 해석에 대해서 언급이 있어도, 극히 초점이 분명치 않은 일반론으로 반격할 수밖에 달리 방법이 없었던 것이다.

4. 한학·송학 논의의 주변

청조에서 '한학'이라는 새로운 학풍이 지금 유행하고 있는데 그것은 '송학'과 대립하는 학술이라는 사실이, 조선연행사에게 명확하게 인식된 것은, 중국연호로 말하자면 겨우 가경嘉慶연간에 들어가기 전후의 일이었던 것 같다. 조선의 연호로 말하자면 정조正祖 20년대에 들어가기 전후였다. 그 일례가 1801년(가경 6년, 순조 원년)에 두번째 북경을 방문한 유득공柳得恭이었다. 그는 그때 청조에 있어서 학술의 변화를 명료하게 파악했다.

그때의 유득공의 연행은 주자서의 선본善本을 구입하려는 것이었는데, 북경의 서점에서는 찾을 수가 없었으며, 그뿐인가 기윤紀昀[四庫全書 편찬책임자: 역자]도 "일찍이 강남에서 그것을 구했지만 역시 찾을 수가 없었다고 한다"고 기록하였다.

기윤은 또 "최근에 학자의 풍기風氣는 『이아爾雅』・『설문說文』의 일파에만 쏠려 있다"고 말했다고 한다. 또 '한학漢學'・'송학宋學'・'고고가考古家'・'강학가講學家' 등의 분류가 있음을 알고는 이것들은 기윤이 제언한 분류라고 말하고 있다. 또 그는 그러한 현황을 "정주程朱의 서書를 강의하지 않는 것은, 이미 오래된 일인 것 같다. 중국의 학술이 그렇게 된 것은 참으로 탄식할 만하다"고 평하였다.

또 진전陳鱣과 대화했을 때에 "조선에서는 학관學官으로서 송유를 쓰고 있는가 그렇지 않으면 한유를 쓰고 있는가"라고, 송유・한유를 대조시키는 질문을 받았으며, 또 "문자학에 통하고서야 비로소 경서를 읽을 수 있다"라는, 그야말로 한학의 진수에 육박하는 지적을 받았다. 대진・왕념손・단옥재 등이 당대의 인기 있는 학자라는 사실도 그 때 처음 알았던 것 같다.[46]

---

46) 柳得恭, 『燕台再訪錄』(遼海叢書 所收), 4・9쪽; "此行爲購朱子書, 書肆中旣未見善本. 紀公曾求諸江南云, 而亦無所得. 紀公所云, 邇來風氣趨爾雅說文一派者, 似指時流, 而其實漢學宋學考古家講學家等標目, 未必非自曉嵐倡之也. 見簡明書目論斷可知也.… 程朱之書不講, 似已久矣. 中國學術之如此, 良可歎也. (陳鱣)問余曰, 尊處列學官者, 用宋儒抑用漢儒. 余曰, 尊奉朱夫

이보다 11년 전인 1790년(건륭 55년, 정조 14년)에 처음 북경을 방문했을 때에는 기윤이나 완원阮元 등 수많은 청조학자와 교제하면서도 이런 종류의 정보를 얻지 못했던 것 같다. 『난양록灤陽錄』에서 그는 학술변화에 관해서 자각한 것을 일체 기록에 남기지 않고 있다. 그는 당시 조선을 대표하는 중국학술통이라고 해도 좋을 인물이었기 때문에 그의 이때의 연행을 전후하여 조선에서 겨우 한학의 유행이 명확하게 인식되고 자각되었다고 말해도 좋을 것이다.

한학이 중국에서 유행하고 있다는 정보는 그 후 단기간에 연속적으로 조선에 전달되었다. 그리하여 김정희의 연행에 이르러 비로소 한학을 본격적으로 도입하게 되었던 것이다. 그의 연행은 1809년(가경 14년, 순조 9년)의 일이었다. 그는 귀국 후에도 청조의 옹방강翁方綱과 그의 아들 옹수곤翁樹崐, 그의 제자이며 또한 신재식과의 회합에서 자택을 제공했던 엽지선 등과 편지를 몇 번이고 왕복하여 한학의 도입을 꾀했던 사실에 대해서는 후지쓰카藤塚의 저서에 상세하다.

김정희의 연행과 전후하여 중국에서는 한학과 송학 간에 논쟁이 벌어지고 있다는 정보도 조선에 들어왔다. 예를 들면 남공철南公轍은 1812년(가경 17년, 순조 12년)에 심상규沈象奎와 이광문李光文이 연경에 갈 때에 맞추어 그들을 환송하는 서문을 지어 "방금 중국에서는 대체로 정주의 학을 중심으로 하고 있지만 때때로 한유를 옳다고 하는 자가 출현하고 있는데, 그 학문은 점차 왕성해지고 있다. 송학이 옳다고 주장하는 자는, 고주古注를 천착하는 데에 불과하다고 하여 한학을

子傳註章句硏經者, 又不可不參看古註疏. 問有爲六書之學否, 答, 或有之. 仲魚曰, 通此學, 方可讀經."

물리치고, 한학을 옳다고 하는 자는 송유를 부유腐儒라고 단정하니, 서로 자기의 견해를 주장하여 일치하지 못하고 있다"고 말하고 있다.47)

남공철 자신 1807년(가경 12년, 순조 7년)에 연행한 바 있기 때문에, 한학과 송학의 대립에 대하여 무엇인가 정보를 그 시점에서 얻었었는지도 모른다.[보주 2] 또 조인영趙寅永도 1813년(가경 18년, 순조 13년)에 연행한 홍기섭洪起燮을 위하여 그를 환송하는 서문을 지어, 중국에서는 근년 허식을 존숭하게 되었다고 탄식하면서 "그 경술經術에서는 주소註疏를 풀과 가위로 발라내어 '고정考訂'이라는 등 칭하고 있지만, 이리理와 의義를 오히려 잘 모르게 되었다"고 비판한다.48) 그도 역시 한학의 일면을 확실히 짚어내고 있었다고 말해도 좋을 것이다.

또 조인영의 1815년(가경 20년, 순조 15년) 연행에 즈음하여, 이번에는 성해응成海應이 환송하는 서문을 지어 "자신은 청의 학지기 고증으로 일삼고 있다고 들었다"고 하고, 그 위에 "한학은 명물도수名物度數에 상세한데, 이리理도 당연히 여기에 포섭되어 있을 것이다. 송학은 천인성명天人性命에 밝지만 명물도수도 여기에 혼재해 있을 것이다. 그런데 그 문호가 갈라지고 말아서 서로 공격해 마지않는다"고 비판한다.49)

---

47) 南公轍, 『金陵集』 권11, 送沈大學士象奎李侍讀光文赴燕序(『韓國文集叢刊』 제272책, 서울:민족문화추진회, 2002), 199쪽; "顧今中州之學, 大抵皆宗程朱, 而間有主漢儒者出, 其學漸盛. 主宋者斥古註爲穿鑿而棄之, 主漢者指宋儒爲腐, 各主己見, 又不能合而一 … 士之生於今世者, 當以程朱之義理, 漢儒之訓詁, 合而讀之, 以求其旨之所安而已. 奚必斥爲漢儒之辨析精義微辭, 不能盡合於孔子之舊."

보주 2) 南公轍, 『日記燕行日記』(お茶の水図서관 소장)은 1807년(嘉慶 12년, 순조 7년) 연행 때의 기록이다. 그 때의 정월 6일조에는 청조의 지식인 諸裕仁 등과 漢學・宋學에 대한 필담을 할 때 "義理當主朱子, 而訓詁則漢儒亦不可全棄"라고 주장하고 있다.

48) 趙寅永, 『雲石遺稿』 권9, 送內兄洪癡叟學士起燮行台之燕序(『韓國文集叢刊』 제299책, 서울:민족문화추진회, 2002), 172쪽; "其經術者, 刻裂箋註, 号爲考訂, 而理與義反晦."

49) 成海應, 『硏經齋全集』 권13, 送趙義卿遊燕序(『韓國文集叢刊』 제273책, 서울:민족문화추진

적어도 북경의 학술정보가 가장 빠르게 들어오기 쉬운 서울에서는, 김정희가 연행에서 귀국하기 전후에, 청에서는 한학이 유행하고 있으며, 게다가 송학과 대립하고 있다는 정보를 거의 정확하게 파악하기에 이르렀다. 김선신의 연행은 1822년(도광 2년, 순조 22년)의 일이다. 그것은 김정희의 연행으로부터 세어서 13년 후의 일이며, 신재식의 연행은 그로부터 다시 4년 후의 일이다. 김선신도 신재식도 김정희의 주변에서 가장 가까운 인물이다. 그들은 당연히 청의 새로운 학술의 움직임 즉 한학과 송학의 대립에 대해서 그들이 연행하기 전부터 어렴풋이나마 알고 있었다고 생각해야 할 것이다.

새로운 학술이 유행하는 가운데 주자학이 존숭되지 않고 있음을 걱정했던 것은 결코 김선신이나 신재식만은 아니었다. 신재식과 같은 연행사의 일원으로 참가했던 홍석모洪錫謨도 "학술이 여러 갈래로 갈라져서 청탁이 섞여 있어서 자양紫陽 즉 주자학 일파는 아마도 진眞을 상실할 것이다"라고 시로 중국학술의 위기적 상황을 읊고, 여기에 스스로 주를 붙여 다음과 같이 말했다.

> 학술에는 문장가・고증가・한묵가翰墨家・금석가가 있는데, 오직 고증가만이 도학에 가깝다고 한다. 그러나 그 숭신하여 어느 쪽인가로 기우는 바는 서로 갈라져서, 고증가 모두가 주자학을 위주로 하고 있는 것은 아니다. 이것은 참으로 세도의 걱정꺼리이다.50)

회, 2002), 293쪽; "吾聞北方之學者, 以考證爲事.… 彼皆根據鑿鑿而無窾言, 東人固不能及此, 況敢輕之哉.… 是雖東人之所不能及, 亦不急之務也. 蓋漢學深於名物度數, 而理固包括焉. 宋學明於天人性命, 而數亦錯綜焉. 顧其門戶旣分, 相攻擊不已. 苟能合漢學宋學, 而俱操其要以及乎博文約禮之訓, 則學於是乎優如矣. 考證之學固不足論, 況又聲律書畵哉."

50) 洪錫謨, 『遊燕藁』 권下, 皇城雜詠一百首(이 장 앞의 주 9) 『燕行錄全集日本所藏編』 제1책,

그는 새로운 학술의 동향을 '세도世道의 우憂'라고 표현했다. 그가 "고증가考證家만이 도학道學에 가깝다"고 말한 것은 예를 들면 대진의 『맹자자의소증孟子字義疏證』 등을 상기케 한다. 또는 지금까지 서술해 온 왕희손 등 절충학파를 염두에 둔다면 이해할 수 있는 것인데, 기묘하다면 기묘한 표현이다. 이렇게 말하는 것은 "진짜 도학은 송학이다"라고 한다면 "고증가考證家만이 송학에 가깝다"고 말하는 것과 같기 때문이다. 홍석모의 눈에는 그 정도로 북경에서 종래형의 송학을 하는 사람의 숫자는 극히 적고, 많은 사람들이 고증학의 영향을 받고 있는 것으로 비쳤던 것이리라. 사실 청조에서 주자학이 존숭되지 않게 된 것은 이보다 훨씬 전부터 시작된 일이며, 학술이 여러 갈래로 갈라진 것도 훨씬 전부터였다.

한편 당시의 조선에서는 학술은 거의 송학 한 줄기였는데 그런 의미에서 대체로 국내의 문화질서는 안정되어 있었다고 말해도 좋다. 또 아무리 이웃나라인 청조가 그들에게는 경멸하는 '이적夷狄'국가였다고 하더라도, 이적여부를 해석하는 배경인 『춘추春秋』의 이념으로 보자면, 중국땅을 우연히도 '이적夷狄'이 부당하게 점거하고 있는 것에 불과하며, 본래는 어찌되었든지 '중화中華'의 세계이며, 자국 조선은 '외이外夷'의 세계였다. 신재직조차도 논의의 자리에서 "나는 외이外夷이다. 왕희손 씨는 중국사람이다[僕則外夷也. 孟慈華人也]"라고 말했다.

신재식의 이 말에 아무리 굴절이 있다고 하더라도 당시의 조선

632쪽下: "操觚吮墨捷如神, 才氣沾□思出倫, 學術多岐涇渭混, 紫陽一脉恐喪眞(…學術則有文章家, 有考證家, 有翰墨家, 有金石家. 惟考證之家謂近於道學, 而崇信趣向各自分岐, 未必皆以朱學爲主. 是誠世道之憂也."

지식인이 일반적으로 갖고 있던 '소중화小中華'사상으로 보자면, 그가 논쟁상대로 삼고 있는 인물은 틀림없는 '중화中華'사람이어서, 그렇게 말한 것은 거짓 없는 기분이었음에 틀림없다. 그 '중화中華'의 세계에서 송학이 쇠퇴하고 대신 한학이 유행하고 있는 것은, 정신세계에서의 질서, 문화적 질서를 혼란케 하는 것에 다름 아니고, 북학 또는 실학이라고 불리는 학술이 시작된 이래, 언제나 '중화中華'의 학술 동향에 관심을 갖고 그 영향을 받지 않을 수 없었던 조선지식인에게는 "참으로 탄식할 만한" 사태이며 "참으로 세도의 걱정꺼리"였다.

그러나 좁은 소견으로 보는 한 김선신만큼 이 문제에 관해서 과감하게 또 집요하게 청조의 학자에게 도전한 사람은 없으며, 『필담筆譚』만큼 그 논쟁에 관해서 상세하게 기록한 것을 달리 알지 못한다. 여기서 새삼 밝혀야 할 문제는 왜 김선신이 그토록 집요하고도 철저하게 청조지식인을 상대로 한학을 비판했는가에 초점을 맞추어야 할 것이다.

그의 한학공격은 왕희손이나 왕균 등, 이윽고 당시의 학술을 대표하게 될 청조의 학자를 논쟁으로 끌어냈으며, 그들로 하여금 반격의 편지를 쓰게 했고, 그들로 하여금 신재식을 상대로 논쟁하도록 자극할 만한 것이었다. 그리고 국내에서도, 이미 말한 것처럼, 친구인 김명희와의 사이에서 『고문상서古文尚書』의 진위를 둘러싸고 7, 8회 서신을 주고받으며 논쟁했다.

그러나 여기에서 뒤집어서 생각해 보면, 아무리 송학만을 오로지 중시하는 사회라고 하더라도, 그처럼 한학을 전면부정하는 것이 아니라 송학과 함께 한학의 좋은 점은 채택한다는 절충적인 입장을 취할 수도 있었을 것이다. 사실 예를 들면 홍석주洪奭周·신작申綽·정약용丁若鏞·성해응 등은 제각기 정도의 차이는 있지만, 거의 그 시기에 한학·송학을 절충하는 입장에 서 있었던 것이다.51)

앞에서 든 남공철도 마찬가지로 절충론자이며 "선비로서 지금 세상을 살아가는 자는 정주의 의리와 한유의 훈고를 함께 읽고 그 의미가 귀결되는 곳을 찾아야 한다"고 주장하고 있었다. 아니 다름 아닌 한학도입을 본격적으로 시작한 김정희 자신이 전형적인 한학·송학 절충론자였다. 그는「실사구시설實事求是説」을 지어 한유는 훈고에 뛰어나고 송유는 도학을 처음으로 밝혔다고 말한다. 그리고 양자 모두를 높이 평가하면서 한학을 입구門逕로 비유하고 송학을 당실堂室에 비유하였다.

결론적으로 입구없이는 방으로 들어갈 수가 없다고 하여, 훈고를 상세하게 연구하지 않고 성현의 도道에 들어갈 수 없다고 하는 것이다.52) 게다가 왕희손 등 청조지식인은 송학을 배척하려던 것은 전혀 아니고 송학과 한학 양쪽을 다 존숭해야 한다고 말한 것에 지나지 않았다. 특별히 김선신처럼 한학을 비판하지 않고도 송학을 지킬 수 있었던 것이다.

무엇이 김선신을 한학의 철저비판으로 몰아세웠던가는 문헌에서 밝힐 만한 것이 없어서 정확한 것은 전혀 알 수 없다고 해도 좋다. 어쩌면 단순히 그의 됨됨이가 그렇게 시켰다는 것일 뿐인지도

---

51) 본장 앞의 주 6) 金文植 논문.
52) 본장 앞의 주 30) 金正喜 저서 권1, 實事求是說, 81쪽; "漢儒于經傳訓詁皆有師承, 備極精實…兩宋儒者闡明道學, 于性理等事精而言之, 實發古人所未發… 訓詁者門逕也. 一生奔走于門逕之間, 不求升堂入室, 是厮僕矣."

모른다. 또는 자기 나라에 대한 긍지, 청조멸시와 조선자존의 마음이 남보다 강해서 자국의 정체성을 지키려 했던 것인지도 모른다. 다시 또 당시로서는 드물게 일본의 학술정황도 알고 있는 국제인이었다는 사실이 거꾸로 그를 한학비판으로 몰아세웠던 것인지도 모른다. 이들 모두 나름대로 충분한 가능성이 있다고 생각한다.

그러나 여기서는 굳이 그가 한학을 순수한 학술이론으로서 어떻게 생각했는가가 아니라, 그 자신이 현장에 있었던 한학·송학 논의의 주변을 살펴보는 것으로 정리하고 싶다. 즉 북경에서 한학이라고 하는 학술이론을 가지고 연구하고 있던 학자를 살아 있는 인간으로서는 어떻게 보고 있었던가, 또 구체적으로 조선에 한학이 도입되어 가고 있는 가운데 무엇을 듣고 무엇을 보았는가, 혹은 그렇게까지 확신할 수 없다면 무엇을 듣고 무엇을 보았을 가능성이 있는가라는 관점에서 이 문제에 다가가 보고 싶다. 이처럼 한학·송학 논의의 주변을 본다고 하는 것은 그 논의가 어떠한 상황에서 이루어졌는가를 더욱 밝힐 뿐만 아니라, 실제로 한학이 조선에 도입됨에 있어서 어떠한 문제가 구체적으로 부착할 수밖에 없었는가를 밝히게 될 것이다.

여기서 다루는 것은 김선신이 실제로 면회하거나 또는 극히 빈번하게 그 소문을 듣고 있었음에 틀림없는 세 사람, 즉 하나는 김정희가 스스로 문을 두드려서 스승으로 모시게 된 옹방강이며, 또 한 사람은 그의 아들 옹수곤이며 마지막 한 사람은 그의 애제자 엽지선이다.

우선 옹방강이다. 그는 금석학이나 문자학 또는 중국고대의 명물에 관해서 당시를 대표하는 학자였는데, 학술의 방법으로서는 한학과 송학의 겸용을 주장하고 있었다. 그것은 예를 들면 당시 조선지식인과도 교유하고 있었던 진용광陳用光에 보낸 편지로 분명하다.53) 그 편지는 "의리義理를 말한다는 것을 빙자하여 고정考訂을 배척하고, 마침내는 고정하는 일을 사설邪說과 같다고 말하는" 자에게 반론을 가했던 것인데 "그러한 생각은 고정考訂이라는 것을 모르는 것일 뿐만 아니라, 의리라고 하는 것조차도 모르는 것이다. 애당초 고정의 학에 있어서 왜 반드시 고정하고자 하는가. 그것은 의리를 밝히려고 하기 때문일 뿐이다"라고 논박하고 있다.

의리를 밝힌다고 하는 것은 간단하게 말하면 천지 인간을 관통하는 도리와 사람으로서 어떻게 살아야만 하는가를 밝히는 것이다. 그는 고증이 고증을 위해서 있는 것이 아니라 어디까지나 의리를 밝힌다는 한 단계 높은 목적을 위해서 있는 것이라고 주장하였다. 김정희에게 보낸 편지에서도 "의리의 학이 있으며 고정의 학이 있다. 고정의 학은 한학이다. 의리의 학은 송학이다. 그 두 가지는 대도大道에 있어서는 하나이다"라고 하여, 정주의 가르침을 충실히 지켜야 함을 설파하고 있다.54) 이 또한 전형적인 절충론이며, 정말로 그럴싸한 말이지만, 역으로 말하자면, 독도 안되고 약도 안되는 견해라고 해도 좋다.

그러나 그는 그의 말대로 정주의 가르침을 충실히 지키고 있었

---

53) 『翁方綱題跋手札集錄』, 致陳用光(桂林:廣西師範大學出版社, 2002), 557쪽; "昨見尊集有王君芑孫紅字識語, 因言義理而斥考訂, 遂比之於邪說, 此不特不知考訂, 抑且不知義理也. 夫考訂之學 何爲而必欲考訂乎. 欲以明義理而已矣."
54) 同前書, 致金正喜, 542쪽; "有義理之學, 有考訂之學. 考訂之學, 漢學也. 義理之學, 宋學也. 其實適於大路則一而已矣."

는가. 또는 정주학에서 중시하고 있는 실천에 그는 성공하였던가. 아니 그것은 본인의 마음가짐에 불과하다고 한다면, 적어도 정주의 학을 지키고 실천하고 있다고 남들이 보고 있었을까. 이런 말을 하는 것은 조선연행사의 한 사람이 옹방강에 관해서 다음과 같은 기록을 남기고 있기 때문이다.

> 옹방강, 호는 담계覃溪로 재물을 탐내어 부를 이루었는데, 중국의 사대부는 이것을 경멸하고 있다. 그의 아들과 손자는 영락零落하여 무명인사가 되고 말았다.[55]

이것은 1828년(도광 8년, 순조 28년) 연행사의 기록인바 신재식의 연행 그리고 김선신과 청조지식인 간의 논쟁이 벌어진 2년 후의 일이다. 옹방강이 사거한 것은 1818년(가경 23년)의 일이니까, 그의 죽음으로부터 세면 10년 후의 일이다. 그런데 10년이 지나서도 북경에서는 옹방강은 '탐재치부貪財致富'로 알려지고 있었으며, 중국인 사이에서 경멸당하고 있었던 것인데, 이것이 조선에도 전해져 있었다. 고정考訂에 힘씀과 동시에 정주의 가르침을 충실하게 지킨다는 주장은 '탐재치부'와는 어떻게 연결되는 것일까. 우리들은 여기서 김선신이 옹방강을 '속유俗儒'라고 평한 것을 상기해야 할 것이다.

다음에는 그의 아들 옹수곤이다. 김정희는 조선에 귀국한 다음에도 옹방강 자신과 편지를 교환하여 그 지도를 받음과 동시에, 세대가 보다 가까운 옹수곤과 빈번하게 편지의 교환을 계속했다. 북경에

---

55) 본장 앞의 주 25) 朴思浩 저서, 885쪽上: "翁方剛(綱)号覃溪, 文章筆法頗有盛名, 與東人酬唱亦多, 而專尙蘇學, 又崇佛法. 貪財致富, 中國士大夫鄙之, 其子若孫, 零替不顯."

있는 자료, 아니 북경에만 있는 자료의 배달을 부탁하기에는 옹방강은 너무나 높은 구름 위의 존재인데, 그 점 연령이 한 살 많을 뿐인 옹수곤은 김정희에게는 가벼운 기분으로 의뢰할 수 있는 편리한 존재였던 것 같다. 한편 옹수곤에 있어서 김정희나 그의 소개로 차례차례 그의 앞에 나타나는 조선지식인들은 그들 또한 조선에 있는 문헌, 아니 조선에만 있는 문헌을 손에 넣기에 더할 나위없이 귀중한 존재였다.

한학은 독창성을 가장 중요시하는 학문이다. 독창성을 보이기 위해서는 다른 사람이 아직 도달하지 못한 견해를 내놓든가 다른 사람이 아직 내놓지 못한 자료를 내놓지 않으면 안된다. 어떤 방향만이라도 누군가가 이미 제시하고 있다면 후발자는 훨씬 간단하다. 옹수곤은 하나밖에 없는 옹방강의 자식으로서 부친의 기대와 총애를 한 몸에 받으면서 이 독창성을 어떻게 하던 내보이려고 하였다. 그래서 그는 부친이 귀하게 소장하던 컬렉션과 부친이 개척한 인맥을 최대한 이용함으로써 아직 미개척인, '조선금석학'이라고나 해야 할 분야를 개척하여 그로써 독창성을 보여서 이름을 날리려고 생각하고 있었던 것 같다.

그 증거의 하나가 중국국가도서관中國國家圖書館北京圖書館에 현존하는 옹수곤 원장原藏의 『해동문헌海東文獻』이다. 해동은 조선을 말한다. 그것은 명백하게 그가 조선금석학에 관련된 어떤 저작을 이루려고 뜻했었음을 말해 주고 있다.[56]

---

56) 村尾進, 「李鼎元 撰『使琉球記』解題」(拙編『增訂使琉球錄解題及び硏究』, 宜野湾市:榕樹書林, 1999), 127쪽에 『海東文獻』에 대한 간단한 해설이 있다.

그리고 또 다른 증거는 후지쓰카 치카시藤塚鄰가 수집하여 소개한 바 있는 옹수곤이 김정희 등 복수의 조선지식인에게 쓴 편지이다. 그것은 옹수곤이 조선금석학에 뜻을 두고 있었음을 보여줄 뿐만 아니라, 그의 한학 즉 연구방법이 어떠한 것이었나를 전해 주어 흥미가 있다. 예를 들어 조선의 이광문李光文에 보낸 편지가 있다. 이광문은 1812년(가경 17년, 순조 12년)에 연행함에 즈음하여 김정희의 소개로 옹수곤의 면식을 얻었는데, 귀국 후에도 그와 편지의 교환을 계속하고 있었다. 똑같이 한학 즉 고증학을 지향하는 그들에게 있어서 무엇보다도 자료가 중요하며, 그 독창적인 원본자료를 보내주는 지인이 필요했다.

옹수곤이 이광문에게 보낸 어떤 편지에서는 그가 필요로 했던 조선비각碑刻의 탁본을 자기에게 보내달라고 하면서 비문목록 한 권을 첨부하도록 강요하였다. "당신은 내가 어떤 사람인지 잘 아시며 나를 좋아하시기도 합니다. 결코 만 리 먼 곳에 있는 우인의 부탁을 거절하지 않으실 것입니다"라는 말까지 하며 압력을 넣고 있었다.[57] 후지쓰카는 이에 대하여 "그 유명한 금석적벽金石積癖이 어떠한 것이었는지를 잘 보여주는 것"이라고 평하여 가볍게 넘어가고 있는데, 우리들은 보다 솔직하게 '후안무치厚顔無恥'라고 평해야만 할 것이다.

마찬가지로 김정희를 통하여 친교를 맺은 홍현주洪顯周에 대해서도 역시 조선의 비각·서적을 찾아서 정리해 달라고 의뢰하면서, 그와 교환하여 "김정희조차 아직 갖고 있지 못한 탁본을 보낼 테니 감사하는 마음으로 받을 것. 또 부친이 누구에게도 보여주지 않는 비

---

57) 본장 앞의 주 5) 藤塚鄰 저서, 165쪽.

장秘藏 중의 비장, 원나라 사람의 발문跋文도 기회를 봐서 전부 복사하여 보내줄 것이다"라고도 말하였다.[58]

부친인 옹방강이 아직 생존해 있었기 때문에 간단히 말하자면 부친 몰래 복사해 주겠다는 것이다. 더욱 조선고탁본을 북경에 보낼 때는 "부탁한 고비古碑탁본은 오로지 나 옹수곤에게만 보내준다면 그 탁본도 임자를 제대로 만나는 것이다. 결코 경솔하게 다른 우인에게 보내서 이 옹수곤의 즐거움을 빼앗지 않도록 주의할 것"이라고 한 마디 더했다. 이것도 역시 우리들은 솔직하게 '완물상지玩物喪志'라고 평해야 될 것이다. 이 편지들은 그가 30세 전후에 써보낸 것이다.

당시 중국의 금석학계는 꽤 경쟁이 심했던 것 같다. 그 격렬한 경쟁 속에서, 게다가 부친의 압박을 받으며 독창성을 발휘하지 않으면 안되는데, 그렇다면 가장 손쉬운 방법은 부친이 개척해 준 이국 조선사람들과의 관계를 최대한 이용하여 미공개의 조선 비각탁본을 남보다 하루라도 빨리 한 점이라도 더 많이 손에 넣어, 이것을 교감校勘한 다음에 공개하여 '연구업적'으로 삼는 것이다. 이런 종류의 독창성은 한학이 갖는 일종의 숙명이라고나 해야 할 것이다. 특히 한학 제2세대 이후의 학자로서, 시간과 자금의 여유가 있으며 혜택받은 지위에 있는 자라면 누구라도 만들어낼 수 있는 독창성이었다.

원칙적으로 한학 즉 고증학은 '의리義理'를 밝히기 위한 것이었던 것이다. 그것은 한학을 주장하는 누구라도 주장하는 것이다. 옹방강이 제자들에게 그렇게 가르쳤던 사실에 대해서는 이미 서술했다. 그러나 한학에 몰두하는 일부는 옹수곤처럼 '의리'와는 전혀 무관하게

---

58) 同前書, 173~174쪽.

오로지 '완물상지玩物喪志'의 길을 걸어갔던 것이다. 우리들은 여기서도 김선신이 옹방강을 "방향착오의 학문적 노력을 사람들에게 시키고 있다"고 평하였던 사실을 상기해야할지도 모르겠다.

그런데 김정희는 그러한 사람들과 교제할 뿐만 아니라, 많은 우인을 차례차례 소개하고 답례로서 조선에만 있는 문헌을 보냄으로써 한학도입에 쉼 없는 노력을 했던 것이다. 김정희와 가장 가까운 곳에 있던 김선신은 한학의 조선도입을 과연 어떻게 보고 있었던 것일까.

마지막으로 엽지선이다. 엽지선은 이미 말한 대로 금석학의 대가인 옹방강의 애제자이다. 그 자신도 금석학에 관한 저서를 갖고 있다. 그의 저서 『평안관장기목平安館藏器目』·『평안관금석문자칠종平安館金石文字七種』 등은 현재까지 전해지고 있다. 거인擧人에 그치고 말아 끝내 진사가 되지 못했는데 신재식과 1827년에 만날 당시에는 국자감 전적國子監典籍이라는 관위에 있었다. 국자감에서의 교수법에 대해서 신재식이 질문하였을 때 "매일 과제를 내주고 매월 시험을 보아 게으름 피우지 못하게 할 따름이다"라고 대답하였다.(정월 21일) 그는 조선연행사로 갔던 사람들과 널리 교제하여 연행사들 사이에서 아주 유명한 인물이었기 때문에 여러 가지 연행록에서 그의 프로필을 다양하게 전하고 있다.

김선신도 1822년(도광 2년, 순조 22년)에 연행했을 때 만난 일이 있다. 그 면담 중에 "작년 귀국의 권씨 성을 쓰는 사람이 여기에 왔었는데, 그와 필담을 하던 중에 본조[청]의 문제가 화제가 되었다. 그 자리에 모인 모든 사람들이 불쾌해져서 담화를 멈추었다. 그 후 나는 귀국

사람들과 만나기 싫어졌다"고 말했다 한다.59) 본조의 문제 즉 청조의 문제는 말할 것도 없이 만주족에 의한 중국통치에 관한 것이다. 이 이야기를 김선신으로부터 들은 『연행잡록燕行雜錄』의 저자는 엽지선을 "범용凡庸하고 비천한 인간이다"라고 평하여 우리나라 사람들에게 이런 말을 하는 것은, 마음속으로부터 미워하고 있는 것이며, 마음 깊이 싫어하는 기분이 있기 때문이라고 하기도 하고, 또 "일찍이 엽지선을 본 적이 있는데, 얼굴 생김새도 괜찮고 머리도 좋아보이는데, 경박하기 짝이 없고 결코 중후한 군자는 아니다"라고 평하였다. 또 "국자감의 정원외조교額外助教가 된 지 10년이 되어도 승진하지 못하고 있다"고 부기하였다. 참으로 이렇게 비천하고 쓸모없는 인간이기 때문에 승진 못하고 있다고 말하려는 듯하다. 김선신 자신 상당히 불쾌한 생각을 담고 있었으리라고 상상하기 어렵지 않다.

또 다른 관찰도 물론 있다. 즉 신재식이 엽지선과 만나기 꼭 일년 전에 『수사일록隨槎日錄』이라는 연행록을 쓴 작자는 엽지선을 본 적이 있다. "저 사람이 엽지선이다"라고 통역관이 가리키는 것을 보고 "사람 됨됨이가 보통사람들과 달리 빛나고 있으며, 넉넉함과 기품은 사람의 마음을 움직인다"라고 플러스 평가를 하고 있다.60) 원래

---

59) 본장 앞의 주 35) 內篇, 日記, 道光 7년 정월 25일; "葉志詵嘗謂淸山曰, 年前, 貴國有權姓人來此, 與之筆談, 語及本朝, 滿座皆不樂而罷. 自其後, 不欲見貴國人. 葉之此說, 若謹愁而實未免庸卑. 渠以漢人當其時, 設聞忌諱之說, 外麾之而內許之可也. 今對我人輒說其事, 顯有深惡眞諱之意, 足爲一慨. 嘗見葉志詵, 面貌雖端哲, 輕佻殊甚, 決非重厚君子. 爲國子監額外助敎, 十年不遷."

60) 撰者未詳, 『隨槎日錄』道光 6년 정월 1일(본장 앞의 주 9) 『燕行錄全集日本所藏編』 제1책), 559쪽; "有葉舍人志詵, 善八分, 能詩詞, 我國亦知名. 卽日譯官指一朝士曰, 此葉舍人也. 衆中尤見俊異, 豊度逸韻, 令人動魄. 이 『수사일록』에 관해서는 본서, 제8장 「일본현존조선연행록 해제」, 346쪽 참조.

이것은 자금성의 의식자리에서 멀리서 본 것이긴 하다.

그런데 신재식이 엽지선을 만난 지 꼭 3년 후에 역시 연행사인 강시영姜時永이 그의 자택인 평안관平安館을 방문한 일이 있다. 그 때의 인상을 "엽지선은 현재 52세이며, 수염도 머리도 희지 않고, 용모는 둥글고 편안해 보이지만 별로 문아의 기품은 없다"고 평하였다. 강시영에 의하면 그가 사는 평안관은 옛날 기윤의 저택이라고도 하고 주이존朱彝尊의 저택이라고도 하는데, 그의 처는 학문의 스승인 옹방강의 딸이라고도 한다. 그런데 강시영은 "문아文雅의 기품이 없다"고 평하였다. 게다가 우연히 그가 "유봉고劉鳳誥라는 인물은 어디 사람입니까. 그의 문장과 서한의 유명함은 천둥과 같이 울려 퍼지고 있습니다"고 물은데 대해 "확실히 유명하긴 하지만 술탓에 오만하게 행동했기 때문에, 죄를 입고 탈직되어 고향으로 돌아갔다"고 대답하였다. 대신 오로지 완원의 학술을 칭찬해 마지않았던 점을 들어 "자기가 좋아하는 사람에게는 아부하고 자기와 다른 사람은 물리치는 인물"이라고 평하고 있다.[61]

얼핏 보면 이목구비가 뚜렷하고 온화한 인상이며 사람을 대하는 태도도 당당하지만 가까이서 잘 보면 어쩐지 약삭빠르고 경박하며 품위가 느껴지지 않는다는 것이, 연행사들이 관찰한 엽지선에 대한 인물평이었던 것 같다.

---

61) 姜時永, 『輶軒續錄』 道光 10년 정월 9일[林基中 編, 『燕行錄全集』(서울:東國大學校出版部, 2001), 권73, 191쪽; "東卿年今五十二, 鬚髮不白, 面貌円暢, 而別無文雅之氣… 劉鳳誥何許人乎. 文章筆翰盛名如雷, 在路已聞知矣, 葉曰, 此人果有此名. 但使酒亢傲, 已爲被罪革職還籍, 亦有年矣. 余見其氣色, 全無顧藉之意. 曾聞中朝朝士, 亦有偏黨互相訾毁. 此必劉非所好, 故雖對遠人, 如是非斥… 此皆所好者阿之, 而異己者斥之之意也."

더 말하자면 『필담』에 보이는 엽지선의 모습도 매우 인상적이다. 그것은 거기에 기록되어있는 가장 중요한 한학·송학 논의의 장면에서는 그가 일체 침묵하고 아무 말도 하지 않았기 때문이다.

'탐재치부貪財致富'라는 평판이 있었던 옹방강, '완물상지玩物喪志'라고 평할 수밖에 없는 옹수곤, 그리고 "중후重厚한 군자君子는 아니다" "조선인을 마음에서 증오하고 있다" "자기가 좋아하는 사람에게는 아부한다"고 평가받은 엽지선. 이 중에서 우리들에게 분명한 것은 김선신 스스로가 엽지선과 면회한 다음에 상당히 불쾌한 인상을 가졌던 것 같다는 정도이다.

다만 우리들은 다시 당시 김선신이 서울에서 처해있던 정황을 생각할 필요가 있다. 그것은 그가 북경의 각 인물에 대해서 어떻게 계속해서 소문을 듣고 또 얼마나 상세하게 지인이 어떠한 편지를 받았으며, 귀로 듣고 눈으로 볼 수 있는 정황에 있었는가에 관한 것이다. 당시 서울과 북경 사이에서는 1년에 적어도 두 번은 편지의 교환이 가능했다.[62] 그리고 많은 수의 조선지식인이 북경을 방문하여 북경에서의 견문을 서울에 가져왔던 것이다.

실은 신재식이 북경에서 청조지식인과 회합을 가진 일, 그리고 그 때의 기록인 『필담』을 귀국 후에 편찬한 일은 틀림없이 김정희도 알게 되어 있었다. 또는 김정희 자신이 그 편찬에 참여했을 가능성조차 있다. 그리고 그 편찬이 완료하자 틀림없이 그도 그 기록을 읽고 있었던 것이다. 그것은 신재식은 농담의 명수이며 그의 농담에 북경 평안관에 모였던 만좌의 사람들이 웃음보를 터뜨렸으며, 왕균

---

62) 『筆譚』 정월 26일; "月汀曰, 頒朔亦可通信, 一年可兩至也."

이 그를 '선학善謔'으로 칭찬한 일, 이것은 『필담』의 내용을 읽지 않으면 절대로 알 수 없는 것인데, 김정희도 이 부분을 읽고는 웃음보를 터뜨리고 있기 때문이다.63)[보주 3] 그것은 북경의 정황에 관심을 기울이면서 서울에 있는 조선지식인들이 얼마나 빈번히 북경정보에 접하고 있었는가를 말해 주고 있으며, 이미 말한 대로 양국간의 한학·송학 논의가 공개되어 있었는가를 말해 주고 있다.

신재식만이 김정희의 가까이에 있었던 것은 아니다. 다름 아닌 김선신도 역시 옹방강·옹수곤·엽지선 등과 조선지식인을 연결하는 가장 중요한 채널을 갖고 있던 김정희와 김명희 형제의 가장 가까운 곳에 있던 한 사람이었다. 서울의 지식인들은 일본의 에도시대의 지식인들이 거의 무기적인 서적으로부터만 중국의 학술동향을 알 수밖에 없었던 것과는 전혀 달리, 북경의 살아 있는 학자와 접하여 그들에 얽혀 있는 소문을 계속해서 들으며, 그들에게서 받은 많은 수의 편지를 읽으며 그 동향을 탐색하고 있었던 일, 우리들은 이 일에도 생각이 미쳐야 할 것이다. 김선신이 몇 명의 중국지인에게 몇 번이고 논쟁에 관련된 편지를 보낸 일, 옹방강을 평하기를 '속유

---

63) 본장 앞의 주 30) 金正喜著書 권9, 湊砌翠丈與燕中諸名士, 贈酬詩語談戲而成, 好覺噴飯(제 284책, 178쪽)에 「噢酒東方添雅謔(王業友)」라고 있는데, 이것은 『필담』에 보이는 申在植이 『神仙傳』이나 『蒙求』에 보이는 樊巴의 고사를 바탕으로 「以酒東向噢之」라고 말한 데 대해서, 李璋煜이 「則雨澤及遠矣」라고 농담조로 받아넘긴 부분을 읽었음에 틀림없다. 王筠이 「善謔」로서 신재식을 평했던 것도 『필담』 소수, 王筠, 「王菱友噢酒歌」에 보이는 말이다. 金正喜가 「噢酒東方添雅謔(王業友)」라고 표현한 것은, 이 필담기록을 읽지 않고서는 있을 수 없는 것이다. 또 '王業友'라고 한 것은 분명히 '王菱友'를 틀리게 쓴 것이다. 본장 99쪽의 "若成一編, 因便寄示也"는 다음과 같이 계속된다. "余曰, 謹領. 東卿曰, 如不成, 當罰用金谷. 余曰, 以酒東向噢之. 月汀笑曰, 則雨總及遠矣. 菱友大笑曰, 雅人深致."

보주 3) 주 63)을 있는 그대로 읽으면 김정희 자신이 신재식을 대신하여 『筆譚』을 편집한 것으로 생각하는 것이 자연스럽다.

俗儒'라고 욕한 일, 그의 학술을 평하여 "방향이 틀린 학문적 노력을 사람들에게 시키고 있다"고 표현한 일, 단순히 학술의 시비를 넘어선 상당히 감정적인 멸시를 느끼는 것은 필자만일까. 그는 스스로의 체험과 가까운 우인으로부터 들은 체험으로부터, 새로이 만나게 된 한학이라고 하는 것에 대해서, 그 표면적인 슬로건과는 반대로 아주 수상한 어떤 것을 냄새 맡은 것은 아닐까.

이러한 해석은 앞에서 본 몇 가지의 가능성 수준의 것에 불과하며, 그 이상의 것은 결코 아니다. 그러나 한학·송학 논의의 주변을 이와 같이 추적함으로써 이제까지의 연구에서는 지적된 일이 없었던 한학 도입의 실정, 더 말하자면 조선의 한학도입에 관련된 '제약 制約'이라고 하는 것에 대해서 밝힐 수 있었다고 생각한다.

5. 맺음말

송학의 쇠퇴와 한학의 융성을 '세도世道의 우憂'로서 받아들이는 사람은 조선의 지식인만이 아니라 물론 '중화中華'의 내부에도 많았다. 가장 유명한 사람은 방동수方東樹이다. 그는 1772년(乾隆 37년)생이며, 신재식은 1770년(건륭 35년, 영조 46년)생, 김선신은 1775년(건륭 40년, 영조 51년)생이니까 그들은 같은 세대의 사람이다. 그 주저인 『한학상태漢學商兌』의 자서自序는 1826년(道光 6년)에 쓰인 것인데, 이것은 우연히도 신재식이 연행한 해에 해당한다. 방동수도 송학을 신봉하여, 그 입장에서

이 책 속에서 한학을 엄하게 비판하였다.64)

김선신 그리고 신재식 등은 그들의 말을 빌리자면 '외이外夷'의 세계에서 '중화中華'의 세계로부터 시작된 학술의 변동에 반응하였음에 대하여, 방동수는 '중화'의 세계 내부에서 똑같이 질서의 변동에 대응한 것이라고 말할 수 있다

그러나 '중화'에 몸을 둔 채, 이 세계의 학술동향을 숙지하고 있는 사람의 눈으로 보자면, 1826년(도광 6년)이라고 하면 너무나 늦는 것이라고 말해도 좋다. 한학은 또 '건가乾嘉의 학學'이라고도 하는 것처럼 그 최전성기는 벌써 지나간 것이며, 오히려 청말로 향하면서 공양학公羊學 등 새로운 학술이 시작된 시대였다. 방동수 자신 그 서문에서 "한학을 행하는 학자가 유명해지기도 하며 또한 박학함으로써 사람들에게 존중될 뿐만 아니라, 필봉도 날카롭게 모든 학파를 꿰뚫어왔기 때문에 수십 년간에 걸쳐서 학문에 뜻을 두는 사람에게 커다란 장애가 되었다"고 말하고 있다.65)

또 한학의 기념비적인 저작인 염약거의『고문상서소증古文尚書疏證』이 대체로 완성된 때부터 세면 1826년(도광 6년)은 이미 백수십 년이 지났던 것이었다. 이와 같은 정세 속에서 방동수는 때를 기다리고 기다려서 반격에 나선 것이라고 해야 할 것이다. 이제 겨우 조선에 한학이 도입되기 시작한 때에, 한학에 반격을 가한 김선신이나 신재식과는 반격의 의미가 전혀 달랐던 것이다.

---

64) 본장 앞의 주 42) 錢穆 저서, 517쪽.
65) 方東樹,『漢學商兌』, 序例: "而其人類皆以鴻名博學爲士林所重, 馳騁筆舌, 串穿百家, 遂使數十年間, 承學之士耳目心思, 爲之大障."

또 『한학상태漢學商兌』를 일독하면, 거기에서는 아주 심한 고증벽이라고 할 만한 것을 간취할 수 있다. 거기에서는 우선 '범례凡例'를 설정함으로써 객관적인 원칙을 세우고, 본론에서 한학을 공격함에 있어서 염약거・혜동惠棟・대진 등 한학자의 이름을 한 사람씩 들어 그들의 문장을 인용하면서 반론해 나간다.

김선신은 염약거의 『고문상서소증古文尚書疏證』이 틀렸다고 7, 8회에 걸쳐서 우인인 김명희에게 논쟁을 도발했던 일은 이미 말했지만 『고문상서古文尚書』가 위서라고 하는 데에 대해서 방동수는 염약거・혜동의 저서가 나온 다음에는 "온 세상이 정론 있음을 안다"고 완전하게 인정한다.66) 또 신재식처럼 "공자孔子 이후에는 주자 한 사람만이 있을 뿐이다" 등과 같은, 주자를 공자와 거의 동등한 지위에 올리는 것과 같은 경솔한 말은 일체 하지 않고 있다.

여기서 우리들은 한학비판을 철저하게 해나가기 위해서는 그 연구수법 자체를 차용하지 않으면 안되었음을 알게 된다. 즉 한학의 목표는 '실사구시實事求是'이다. 김선신이나 신재식 등이 주장한 주자에 의해 이미 의리가 밝혀져 있는 것이기 때문에, 훈고는 이미 필요없게 되었다든가, 훈고를 밝히려면 역으로 의리를 밝히지 않으면 안된다 등의 주장만으로는 전혀 논증이 되지 않고, 거의 반론도 되지 않는 것이다. "누군가 이렇게 말하고 있다. 그러나 사실에 입각해서 보자면 그 주장은 옳지 않다", 또는 " 누구누구의 설은 어디까지는 옳지만 어디서부터는 틀렸다"라는 논법을 취할 뿐인 것이다. 이 논법을 위해서는 '박인방증博引旁證'이 요구된다.

---

66) 同前書 권하; "按僞孔古文書, 至閻惠諸家書出, 擧世皆知已有定論."

왕희손이나 이장욱이 신재식을 설득하기 위해서 이공·능정감과 같은 오히려 송학비판자의 설조차 이용할 수 있다고 보면 이용했던 점, 이미 살펴본 바이며, 역으로 신재식이 고염무 이후의 저작을 거의 읽고 있지 않아서, 핀트가 빗나간 일반론으로서 반론할 수밖에 없었던 점도 이미 살펴본 바이다.

확실히 '중화中華'세계에서의 한학유행은 조선지식인에게는 '세도世道의 우憂'였다. 그러나 한학비판을 근저로부터 행하는 것은 보통 일이 아니었다. 아마도 그것이 청조지식인을 상대로 한 한학비판이 극히 적고, 『필담筆譚』처럼 그것을 기록한 연행록이 적었던 하나의 원인일 것이다. 그런 점에서 이보다 200년 이상도 더 전에, 중국에서 양명학이 유행함을 알고는 그것을 비판했던 것과는 전혀 사정이 달랐다. 그것은 송학의 입장에서 양명학을 비판하는 것이라면 대량의 서적은 전혀 필요 없었기 때문이다.

그에 비해 '실사구시實事求是'를 비판하기 위해서는 대량의 자료가 필요한데, 그 대량의 서적을 어떻게 입수하는가? '실사구시'를 조선에서 주장하고 게다가 청조의 학자와 같은 문제를 추구하고자 한다면, 과연 구체적인 연구대상인 대량의 서적을 어떻게 손에 넣는다는 말인가?

한학은 이미 서술한 대로 독창성을 중시하는 학문이다. 조선금석학과 같은 분야라면 확실히 독창성을 보여주는 것은 가능했다. 그러나 청조의 학자와 같은 문제를 다투는 것이라면, 중국의 대량의 자료, 즉 '서책에 코박기' 해야 할 대량의 서책을 어떻게 손에 넣을 수 있다는 말인가?

연행사와 그에 따른 무역에서는 일부에서 말하고 있는 정도의 많은 중국서적을 가져올 수는 없었던 것이다. 여기에도 커다란 '제약制約'이 있었다. 조선은 중국처럼 서책이 넘치는 곳도 아닌가 하면, 게다가 그 시대는 건가乾嘉시대와 같이 '태평太平'을 구가할 수 있는 시대는 이미 아니었다. 귀중한 자료를 손에 넣기 위해서 조선의 지식인이 어떠한 수단을 쓰지 않으면 안되었는지 '후안무치厚顔無恥'라고 밖에 할 수 없는 사람을 상대하지 않을 수 없었던 사정은 이미 살펴본 바이다.

한학의 융성이라는 중국땅에서 태어난 문화질서의 변동은 확실히 조선에도 파급되었다. 그러나 그 수용방식은 중국국내와는 아주 다른 것일 수밖에 없었다. 그것은 실은 당시의 일부 조선지식인도 자각하고 있었던 것이다. 성해응은 조인영이 1815년(가경 20년, 순조 15년)에 연행하게 되었을 때, 청조에서 한학의 융성을 소개하면서 다음과 같이 주의를 환기시켰다.

[청나라 사람들이 하고 있는 한학에서는] 근거가 선명하여 믿을 수 없는 말은 없다. 본래 조선사람이 좇아갈 수도 없는 것인데 하물며 이를 가볍게 여길 수나 있겠는가.

그는 청조에서 행해지고 있는 것과 같은 연구는, 조선에서는 할 수 없는 것이라고 솔직하게 인정한다. 성해응과 같이 박학하며 많은 서책을 읽은 사람으로서도 이와 같이 인정하지 않을 수 없었던 것이다. 그러나 그렇게 평가하면서도 그는 다음과 같은 주의도 한다.

그것은 조선사람으로서는 좇아갈 수도 없는 것이기는 하지만 급하지 않은 일[不急之務]이다.67)

"그것을 가볍게 여길 수 있겠는가"라고 말하여, 한학이라는 학술의 방법을 의미 있는 것이라고 평가한 이상, 그 말은 고뇌에 찬 결단에 의해 이루어진 말이라고 해야 할 것이다. 그 자신이 한편으로는 고증학적 수법으로 많은 논문을 쓰고 있다는 사실이 이를 증명한다. 그 성해응의 말은 한학이라는 새로운 학술과 직면한 충격을 말해줄 뿐만이 아니다. 조선을 포함한 동아시아 각국은 이윽고 '근대近代'로 향하지 않을 수 없게 된다. 확실히 '골동품가게와 같은' 고증학은 당시에 있어서 '급하지 않은 일'이었을 것이다.

그러나 텍스트와 언어를 중시하며, 사실을 하나하나 굳혀가는 한학-고증학의 수법 그 자체를 채택하는 것, 즉 실사구시라는 정신적 지주 위에 구축되는 학술을 행하는 것이 과연 '급하지 않은 일'이었을까. 과연 '완물상지玩物喪志', '업적주의業績主義'라고 하는 폐풍을 한편으로 동반하지 않으면서 실사구시의 정신과 텍스트·언어를 중시하는 수법만을 도입한다고 하는 '입에 맞는 것만 고르기'가 가능했었을까. 그의 이 말은 그 후 조선학술의 모습과 역사 그리고 현재 우리들이 안고 있는 학술의 바람직한 모습에 관한 문제를 생각한다면, 그 보이는 모습보다 훨씬 깊고 무거운 의미를 포함하고 있는 것이다.

---

67) 본장 앞의 주 49).

제5장
조선통신사의 일본고학 인식
—조선연행사의 청조한학에 대한 파악을 시야에 넣어서—

1. 머리말

일본 및 한국에서는 조선통신사에 대한 연구가 활발하다. 그러나 가령 그 문화학술 방면의 교류에 관한 연구에 국한하더라도 커다란 문제가 둘이 있다.

하나는 그 대부분의 연구에서 통신사가 통신사로서만 분리되고 있다는 점이다. 조선의 수도인 서울로부터는 일본으로 통신사가 보내졌음과 동시에, 종주국인 중국의 청조淸朝에도 연행사燕行使로 칭해지는 외교사절이 파견되었다.[1] 지금까지의 통신사 연구에서는 통신사만이 분리되어, 이 연행사와의 관련에 대하여 언급하는 경우는 거의 없다. 예를 들면 두 사절이 문화학술 면에서 수행한 역할에 대하

---
[1] 「燕行使」란 原史料에 흔히 나오는 용어는 아니고, 오히려 학술용어라는 점, 그러나 동아시아의 현상이라는 관점에서 볼 때 조선이 중국의 明清왕조로 보낸 사절을 통신사와 대비하여 우선 「연행사」로 부르는 것이 적당하다는 점은 본서, 제3부 제8장 「일본현존 조선연행록 해제」, 288쪽 참조.

여 같은 시각에서 포착하려는 시도, 즉 이 두 사절이 외국에서 행한 교류를 바탕으로 조선·일본·중국 등 각국의 문화학술의 위상과 그 변화를 헤아려보려는 시도나 두 사절이 획득한 이국의 학술정보가 서울에서 어떻게 교차하였는가를 밝히는 시도는 지금까지 거의 없었다.

조선의 사료인 『청선고淸選考』를 근거로 헤아려 보면, 연행사는 청조가 북경으로 천도한 1644년부터 청일전쟁이 발발하여 조공朝貢이 폐지되는 1894년까지 합계 451번 파견되었다. 한편 에도시대에 일본으로 보낸 통신사는 쇄환사刷還使 등으로 불린 것을 포함해도 합계 12번밖에 없다. 즉 통신사가 가는 길은 지선支線이라고 하는 편이 실정에 부합한다. 따라서 지금까지의 통신사 연구는 말하자면 이 지선만을 떼어낸 연구였다고 해도 과언이 아니다.

나머지 하나의 문제는, 예를 들면 송학宋學 즉 주자학의 일본전파 혹은 일본과 조선의 주자학자의 교류에 관한 연구에서 보이듯, 통신사라고 하면 조선의 문화를 일본에 전한 역할만이 강조되어 온 것처럼 보이는 점이다. 거기에는 일본에서 조선에는 없는 이질적인 것이 생겼을 때, 일본에 온 통신사 일행이 이에 대하여 어떻게 반응하였는가 하는 관점은 거의 없다. 그들은 이 이질적인 것에 접촉하면서 어떻게 이와 대치하고, 혹은 어떻게 지적인 자극을 받았는가, 나아가서는 그들은 이것을 조선에 어떻게 전했는가 하는 점에 대하여 언급하는 연구는 지금까지 거의 없었던 것이다.

본고에서는 이상에 걸쳐 서술한 두 가지 문제를 전제에 깔고서 일본의 유학계儒學界에서 생겨난 「고학古學」을 다루고자 한다.

일본고학은 당시 조선의 학술과는 완전히 이질적인 것이었다. 이 고학이 일본에서 생겨 유행하기에 이르렀을 때 통신사들은 이에 어떻게 맞섰고, 또 어떻게 인식하였는가를 밝히려고 한다. 일본고학의 문제를 조선통신사의 문제로서만이 아니라 조선연행사의 문제와 관련시켜 다루는 것은 바로 일본에서 고학이 유행하고 있었을 즈음 고학과 매우 유사한 「한학漢學」이 중국의 청조에서도 생겨나 역시 일세를 풍미하기에 이르렀기 때문이다.

청조한학이란 고증학이라고도 한다. 즉 에도에 간 통신사가 일본에서 고학과 만난 직후 북경에 간 연행사들은 중국에서 이와 매우 흡사한 한학과 만나게 되었던 것이다. 우리는 여기에서 같은 시각에서, 두 루트의 행선지에서 각각의 사절이 어떠한 반응을 보였는가 하는 문제를 설정할 수 있을 것이다.

에도시기 일본에서 생긴 고학과 청조 중국에서 생긴 한학이 얼마나 매우 흡사한 것인가는 지금까지 자주 지적되어 왔다. 예를 들면 요시카와 코지로吉川幸次郞는 이토 진사이伊藤仁齋(1627-1705)·오규 소라이荻生徂徠(1666~1728)·이토 토가이伊藤東涯(1670~1736)를 낳은 일본의 겐로쿠元祿·쿄호享保 시기 유학과 대진戴震(1723~1777)·단옥재段玉裁(1735~1815)·왕념손王念孫(1744~1832)을 낳은 청조의 건륭乾隆·가경嘉慶시기 유학은 그 동기와 방법에서 극히 유사하다고 하고, 나아가서는 '국학國學'파의 모토오리 노리나가本居宣長(1730~1801)까지를 포함하여 "학술사의 단계로서 같은 곳에 위치하는 평행선인 것 같다"고 하였다.[2]

---

[2] 吉川幸次郞, 「學問のかたち」(『吉川幸次郞全集』 17, 東京:筑摩書房, 1969), 207쪽. 일본의 伊藤仁齋와 중국의 戴震이 매우 흡사하다는 것은 일찍부터 지적되고 있다. 이 점 및 양자가

요시카와吉川가 여기에서 동기로서 비슷한 점이 있다고 한 것은 고학과 한학 어느 쪽도 그때까지의 송명宋明의 유자儒者에 의한 경서 해석이 자의에 흐른 점을 반성하고, 그 시정을 동기로 삼은 데 있음을 말한다. 보다 단적으로 말하면 양자 모두 송대宋代의 주자학이나 명대明代의 양명학 특히 주자학[宋學]을 비판한다는 동기를 갖고 있었다는 것이다. 또 방법에서도 비슷한 점이 있다는 것은 양자 모두 고대언어의 사용례를 귀납 종합하고, 경서를 그 본래의 의미로 돌아가서 읽는 방법을 취한 것을 말한다.

필자는 전에 연행사의 일원으로 1826년에 중국 북경을 방문한 신재식申在植의 『필담筆譚』을 들어 이 조선지식인과 일부 청조지식인 사이에서 전개된 학술논쟁을 소개한 적이 있다.[3] 그리고 이 논쟁의 도화선 역할을 한 자가 1822년에 연행사의 일원으로 중국을 방문한 김선신金善臣이었음을 지적하였다. 당시 청조에서는 한학 즉 고증학이 한창이었지만, 조선에서는 일관되게 송학 즉 주자학이 국시였다.

김선신은 송학의 신봉자이고 신재식도 송학옹호의 입장에서 자기의 의견을 개진하였다. 신재식과 동행한 다른 지식인도 한학이 유행하고 송학이 거의 누구에게도 관심의 대상이 되지 않는 북경에서의 학술정황을 목도하고는 이를 '인륜도덕의 우려'라고 표현하며 탄식하였다. 그들은 송학이야말로 '세계'를 관통하는 보편원리라고 생각하고 있었기 때문에, 주자의 가르침이 존숭尊崇되지 않는 중국의 현상을 문화적 질서의 혼란 속에 있다고 파악하여 인간사회와 세계

酷似하기에 이른 사상사적 배경에 대해서는 余英時, 「戴東原與伊藤仁齋」(『論戴震與章學誠』, 北京:三聯書店, 2000) 참조.
3) 본서, 제2부 제4장 「조선연행사 신재식의 『필담』에 보이는 한학·송학 논의와 그 주변」.

에 있을 수 없는 사태라고 두려워했던 것이다.

또한 필자는 김선신이 집요하게도 과감한 「한학」비판을 행하기에 이른 하나의 원인으로 그가 연행燕行에 앞서 1811년에 통신사로 일본에 온 적이 있어서, 일본의 학술정황도 인식할 수 있었던 점을 거론하였다. 즉 김선신은 일본의 「고학」과 청조의 「한학」이라는 매우 흡사한 것이 조선을 사이에 두고 거의 동시에 동서에서 생겨나 유행하게 된 점, 되돌아보면 조선만이 송학이라는 고립된 보루를 지키고 있음을 알고는, 그가 상상하는 동아시아에서 마땅히 그러해야 할 문화질서의 위기라고 느꼈기 때문이 아닐까 하는 가정을 해보았다. 그러나 과연 김선신은 어디까지 일본고학을 인식하고 있었던 것일까, 혹은 그 자신에 대하여 이를 명료하게 말하는 사료가 없다고 한다면, 그에 앞서 일본에 갔던 통신사 일행을 포함하여 그 주위에는 어느 정도까지 고학의 유행을 인식할 수 있었던 것일까, 과연 그들에게도 「인류도덕의 우려」라는 같은 위기감이 있었던 것일까 등의 여부에 대해서는 이를 앞으로 해결해야 할 문제로 남긴 바 있다. 본고는 이 문제에 답하려는 시도이기도 하다.

일본고학에 대하여 조선통신사가 어떻게 맞섰는가를 문제시한 연구는 관견管見하는 한 거의 없다.[4] 그러나 다행히 이 문제에 관한 관련사료는 일부 조선 측 사료 외에 일본인이 남긴 필담기록이 다수 남아 있다.[5] 우리는 이들 사료를 통하여 고학을 둘러싸고 양국의 유

---

[4] 管見이기는 하지만, 河宇鳳, 「朝鮮後期實學과 日本近世古學의 比較硏究 試論-교류사적 측면을 중심으로-」(『韓日關係史硏究』 8, 1998)가 있을 뿐이다. 한편 거의 같은 논문이 일본어로도 공표되었다. 「朝鮮實學と日本古學との比較硏究試論-交流史的側面を中心として-」(『季刊日本思想史』 56, 2000).

자儒者들이 어떻게 격투를 벌이고, 어떻게 서로 격렬하게 싸웠는가를 알 수 있다. 우리는 거기에서 「우호」 혹은 「멸시」 등의 단순한 평가를 훨씬 뛰어넘는 학술교류를 볼 것이다.

조선통신사의 일본고학 접촉 내지 그 인식은 늦어도 1719년부터 시작하여 1811년 마지막으로 행해진, 즉 김선신이 참가한 통신사까지 계속된다. 그러나 본고에서는 일본고학의 파악에 있어 중요한 전기의 하나가 된 1748년의 통신사 즉 일본에서 말하는 칸엔통신사寬延通信使에 대해서만 고찰하려 한다. 이하 우리는 가급적 이 때의 통신사들이 보낸 시간의 흐름을 중시하여 그들의 인식이 진전하는 과정을 좇아, 가능한 한 구체적인 필담의 내용에 의거하여 이 문제에 접근하려 한다.

2. 왕로, 오사카 이서에서의 고학정보

1748년 즉 일본의 연호로 칸엔寬延 원년에 일본에 온 조선통신사는 전회의 1719년 통신사로부터 29년 뒤에 해당한다. 이 29년 동안 일본의 유학계에서는 커다란 변동이 있었다. 한마디로 말하면 진사이仁齋학파 대신에 소라이徂徠학파가 일세를 풍미하고 있었던 것이다.

이토 진사이伊藤仁齋의 『동자문童子問』이 1719년 통신사의 요구에 따라 그의 아들 바이우梅宇가 증여하여 조선으로 전해진 일은 이미 주

---
5) 李元植, 『朝鮮通信使の研究』(京都:思文閣出版, 1997), 第5章 「筆談唱和集總目錄」.

지하는 바이다.[6] 1748년의 통신사 가운데 몇 명은 이 책을 이미 읽고 일본에 왔다. 서기 이봉환李鳳煥은 후쿠야마번福山瀋廣島縣의 토모노우라鞆の浦에서 『동자문』을 읽은 적이 있다고 말하고 있다. 나중에 보는 바와 같이 정사의 수행원 홍경해洪景海도 조선에서 이미 읽었다. 서기 이명계李命啓도 에도에서의 필담에서 "『동자문』을 한 번 본 적이 있다"고 답하고 있다.[7] 제술관製述官 박경행朴敬行도 출발 전에 특별히 신유한申維翰을 만나러 갔기 때문에, 이토 진사이에 대해서는 대강 알고 있었을 것이다. 신유한은 저서 『해유록海游錄』 속에서 진사이의 학설에 대하여 이미 논하였기 때문이다.

일행이 부산을 출발한 뒤 쓰시마번對馬藩의 성하부중城下府中에 도착한 것은 2월 24일이다. 쓰시마에 체재하는 동안 거기서부터 에도까지 수행하여 줄 쓰시마번의 유자儒者 키노고쿠스이紀國瑞와 당시 일본의 학술상황에 대하여 필담이 이루어졌다. 이 때 서기 이봉환이 "이토 코레사다伊藤維楨仁齋에는 후계자가 있는가? 『동자문』 외에 저술은 있는가?" 하고 물어보았다.[8] 키노코쿠즈이와의 필담에서 통신사측으로부터 화제로 제기된 일본인 저작은 이 『동자문』 한 책뿐이었기 때문에 그들에게 이 책이 얼마나 문제시되었는가 분명하다. 그 후의 그들의 언동을 보면 그들은 진사이학설을 가상의 적으로 간주하고 있는 것 같다.

키노코쿠즈이는 이에 대하여 자기는 주자학을 배우고 있다며 진

---

6) 姜在彦,「朝鮮通信使と鞆の浦」(『玄界灘に架けた歷史-歷史的接点からの日本と朝鮮』, 東京: 朝日新聞社, 1993), 137쪽.
7) 山宮維深, 『和韓筆談薫風編』, 9쪽.
8) 洪景海, 『隨槎日錄』.

사이의 후계자에 대해서는 일절 언급하지 않았고, 또 그밖에 저술에 대해서도 "모른다"고 하여 대답하지 않았다.

남아 있는 사료에 의하는 한 통신사 일행에 대하여 일본의 새로운 학술상황이 우선 전해진 것은 하기번萩藩[山口縣]의 아카마가세키赤間關에서였던 듯하다. 아카마가세키는 통신사 일행이 바야흐로 세토瀨戶내해를 항행할 때 우선 들르는 항구인데, 여기서는 하기번의 유자들이 나와서 맞이하는 것이 관례이다.

그 때의 일본 측 기록으로서는 『장문무진문사長門戊辰問槎』가 있다. 이에 의하면 제술관 박경행은 조선을 출발함에 즈음하여 일찍이 쿄호통신사享保通信使의 제술관을 역임했던 신유한과 만나 일본소식에 대하여 이야기를 나누었다고 일본 측에 전했다. 그리고 그는 일본의 학술에 관하여 "최근 30년 동안 누가 장악하고 있소? 하쿠세키白石의 문하로서 그 후계자는 있는가, 또 시문詩文 외에 성리학을 연구하고 있는 자는 있는가, 자세히 알려주시오"라고 말했다. 이에 대해서 하기번의 서기관인 오다무라 모치유키小田村望之는 다음과 같이 대답하였다.

> 40년 전에는 소라이徂徠 선생이 복고復古의 학문으로 홀로 나아갔소. 그를 따라 배우는 자가 구름과 같았고, 그 중에서도 효시를 이룬 자로서 에도에 난카쿠南郭服部南郭와 슌다이春台[太宰春台], 우리 번藩에 슈난周南[山縣周南]이 있었는데, 모두 경학經學과 문장에 조예가 깊소. 하쿠세키白石 등은 시문으로 유명할 뿐이오.[9]

---

9) 『長門戊辰問槎』卷上, 11쪽; "此邦文學之盛, 四十年前有徂徠先生者, 以復古之學獨步海內. 從

여기서 하쿠세키 등은 이미 문제가 아니었고, 명료하게 오규 소라이와 그 후계자야말로 일본유학계의 지도자라고 말했다. 역시 30년의 세월은 길었다.

그런데 우연하게도 그 후 이토 진사이의 책에 화제가 미쳤다. 어떤 자가 조선에서는 『주역周易』의 무슨 주석서注釋書를 이용하고 있는지 물어본 데 대하여 박경행이 그렇다면 일본에서는 무슨 주석서가 유포되고 있는지 되물어보았기 때문이다. 이 인물은 "일본에서는 이토씨伊藤氏의 『고의古義』・『사설私說』도 있다"고 답하였다.(卷中, 23) 『고의』란 진사이의 『역건곤고의부대상해易乾坤古義附大象解』를, 『사설』은 토가이東涯의 『독역사설讀易私說』을 가리킬 것이다. 박경행은 즉각 『고의』와 『사설』을 한번 보고 싶다고 신청하여 귀로에 보여주겠다는 약속을 얻어내었다.

진사이와 관련한 것은 다음에 일행이 후쿠야마번의 토모노우라鞆の浦에 도착했을 때에도 보인다. 이 곳에서 진사이의 손자 이토 키소伊藤輝祖[霞台]와 만나 진사이의 저작을 역시 귀로에 토모노우라에 왔을 때 증여하겠다는 약속을 받아내었다.10) 진사이학설에 대한 정보 수집에 실로 열심히 임하고 있었던 것이다.

홍경해의 일기에서는 계속해서 4월 17일에 오카야마번岡山藩의 우시마도牛窓에 이르렀을 때, 콘도 아쓰시近藤篤[호는 西厓 또는 西涯]와 필담한 사실을 전하고 있다. 콘도에게는 이 때의 기록으로서 『우창록牛窓錄』이 있지만, 이토 진사이 혹은 오규 소라이를 언급한 적은 전혀 없

遊如雲, 囑矢其間者, 東都有南郭, 春台, 我藩有周南, 皆經學文章窺其蘊奧. 白石唯以詩藻鳴耳."
10) 洪景海, 『隨槎日錄』, 4월 15일.

었던 듯하다. 그는 주자학자였기 때문이다. 홍경해와 조명채曹命采의 일기에서도 이질적인 것과 접하는 긴장감은 전혀 보이지 않는다.

일행이 진사이에 대하여 새로운 정보를 획득한 것은 겨우 오사카에 도착한 뒤부터였다. 홍경해는 서울을 출발하기 전에 이미 『동자문』을 읽었다. 오사카에 도착하자 통역을 통하여 진사이의 저작을 구하도록 시켜『논어고의論語古義』와『어맹자의語孟字義』를 획득하였다. 이를 읽은 감상을 다음과 같이 기록하였다.

> 이른바『고의古義』란 자기의 견해를 밝혀 한 장章마다 주석을 가한 것이다.『자의字義』란 심心・성性・정情・사단四端・칠정七情・성誠・경敬 등의 글자에 대하여 한자 한자 자기의 의견을 덧붙인 것이다. 뭍에서 멀리 떨어진 섬에 사는 야만인[絶海蠻兒]이 우매함에 빠져 선현을 업신여김이 이런 지경에 이르렀다. 참으로 가련하다고 해야 할 것이다.11)

심心・성性・정情・사단四端 등의 순서는 『어맹자의語孟字義』의 순서 그대로이기 때문에 홍경해의 진사이에 대한 평은 이 책을 실제로 접한 뒤 내린 것이라고 해야 옳을 것이다.

그러나 홍경해 등의 앞에 나타나 유학에 대하여 필담을 나눈 것은 주자학자뿐이었던 것 같다. 주자학자의 한 사람인 미야케 쇼카三宅紹華와의 필담에 대해서는 조명채의 일기에도 보이는데, 주로 서기인 류후柳逅와의 필담으로 기록되어 있다. 류후가 오로지 신경쓴 것

---

11) 洪景海,『隨槎日錄』4월 22일~26일; "得論語古義, 語孟字義. 所謂古義卽自立己見, 逐章釋註者也. 字義卽以心性情四端七情誠等字逐字論辨者也. 絶海蠻兒坐於愚昧, 侮毁前賢至此, 良足良憐."

도 역시 진사이였던 듯 "이토의 학문은 어떠한가? 코레사다惟貞維楨라는 자는 『논어』에 주석을 고쳐 달고 학문을 멋대로 자임自任하고 있다"고 비판하였다. 이것은 막 손에 넣은 진사이의 『논어고의論語古義』에 대한 비판일 것이다. 이에 대하여 미야케三宅가 "우리나라의 호걸지사豪傑之士이지만, 학문을 우리와 달리하기 때문에 자세히 알고 싶지 않소"하고 대답하자, "그 자야말로 정주程朱의 죄인이오. 당신이 그를 배척할 수 있다면 경하할 일이오"라고 응대하였다.12) 미야케는 역시 진사이에 대해서 아무 말도 하지 않았다.

이토 진사이가 바로 문제였던 것은 일본 측 자료인 『화한창화록和韓唱和錄』에 보이는 코즈키 신케이上月信敬와의 필담에 의해서도 알 수 있다. 코즈키上月도 역시 주자학도인데, "귀국의 유자 가운데에는 이퇴계李退溪·이율곡李栗谷·이회재李晦齋李彦迪·권양촌權陽村權近은 모두 정주程朱 유학자의 백미로서 명明의 설경헌薛敬軒薛瑄·호경재胡敬齋胡居仁와 어깨를 나란히 하고, 구경산丘瓊山丘濬과 채허재蔡虛齋蔡清의 위에 있다"고 상찬賞讚하였다. 이에 대하여 박경행은 "조선의 4현四賢이 중국의 설薛·호胡·구丘·채蔡보다도 뛰어나다는 것은 참으로 말씀 그대로요. 적확한 의견이오"라고 대답하고 "정주학설程朱學說의 해설서는 이미 많아서 근자의 신설新說을 구할 필요는 없소"13)라고 대답하였다. 이즈음의 필담에는 조선 측의 자부심이 분명하게 드러나고 있는데, 코즈키와의 응답도 의기투합하여 화기애애하다.14)

---

12) 曺命采, 『奉使日本時聞見錄』, 4월 24일.
13) 『和韓唱和錄』 卷上, 20쪽; "所示弊邦四賢優於薛胡丘蔡則誠如尊敎, 看得可謂的確. …然程朱書中有餘師矣. 何必近求新說乎?"
14) 同前書 권상, 19쪽.

그런데 필담은 조선에서는 이단의 학문이라고 할 수 있는 송宋의 육상산陸象山과 명明의 왕양명王陽明 학설을 거론하였다. 코즈키는 일본에서 주류는 조선과 마찬가지로 주자학이라고 하면서도, "다만 최근에 이반룡李攀龍과 왕세정王世貞에게 배우고 정주程朱를 배척하며 쓸데없이 중국의 선박이 싣고 온 책만을 읽는 자가 있다"고 덧붙여 말했다. 이반룡과 왕세정에게 배운다면 당시 일본의 유자라면 따로 명시하지 않아도 소라이학파임은 누구도 알았다. 그러나 서기 이봉환은 이에 대하여 다음과 같이 응대했다.

> 귀국의 이토씨氏의 『동자문』이나 『논(어)맹자의論語孟字義』 등의 책은 한결같이 정주의 도道에 반하고, 유학에 대한 그 천박한 해석이 얼마나 공정함을 결여한 편견인가는 육상산과 왕양명의 무리보다도 심한 바가 있소. 귀국의 학자 가운데는 양묵楊墨과 같은 이 진사이仁齋를 거부하려고 생각하는 자는 없소?15)

이봉환은 이 시점에서 소라이학파라는 것에 대하여 거의 아무것도 몰랐던 것이다. 코즈키는 다음과 같이 대답하였다.

> 이토 진사이가 정주程朱를 논박하고 있는 것은 다만 『동자문』과 『어맹자의』에서 뿐만은 아니오. 그러나 야마자키 안사이山崎闇齋는 진사이보다 먼저 타계했지만, 문인 아사미 케이사이淺見絅齋가 전부 진사이의 잘못을 변별하고 바로잡아 일시一是로 돌아갔다오. 명조明朝의 풍가馮柯[貞白]와 진건陳建淸瀾은

---

15) 同前書 권상, 21쪽; "貴國伊藤氏之童子問論孟字義等書一反程朱之道, 則淺解之頗僻, 殆有甚于象山陽明之徒. 未知貴國學者獨無拒楊墨之意耶?"

양명학을 철저하게 변별하여 바로잡았다고 말할 수 있겠지만, 진사이의 책을 배척한 책은 1~2권이 있을 뿐이오.[16]

코즈키 신케이上月信敬는 여기서도 소라이와 그 문하에 대한 언급을 피하고 있다. 상대가 일본의 유학상황에 무지한 점을 이용하여 오해하는 대로 입을 맞추어 필담을 계속하였다. 그 당시 "진사이의 잘못을 변별하여 바로잡는 것"으로서는 주자학파와 고학파 내의 소라이학파 등 두 파가 있었다. 소라이 자신이 그 『켄엔수필蘐園隨筆』과 『변도辨道』 등 수많은 책 속에서 진사이의 학설을 비판하였다. 게다가 코즈키가 진사이를 논박한 자로 든 자가 아사미 케이사이淺見絅齋였지만, 아사미는 이미 1711년에 사망하였다. 즉 그것은 1748년부터 30년 전 이상의 일로서 시대에 뒤떨어진 정부에 불과하다. 그는 최근 학술계의 동향에 대해서는 정확한 정보를 굳이 전하지 않았던 셈이다.

루스 토모노부留守友信도 이 때 통신사 일행과 필담을 나눈 한 사람이었다. 다행히 그에게는 자기의 필담 창화집唱和集인 『화한문회和韓文會』가 있어 이 때의 학술정보 교환을 상세히 알 수 있다. 그가 통신사 일행과 회견한 것은 역시 4월 23일이었지만, 다음날인 24일 제술관 박경행과 서기 이봉환 및 이명계李命啓에 대하여 각각 장문의 편지를 보냈다.

루스留守는 이 편지 속에서 자신이 미야케 쇼사이三宅尙齋의 제자임을 밝힌 바대로 쿄토京都의 쇼사이尙齋에게 배운 주자학자였다. 쇼

---

16) 同前書 권상, 21쪽; "伊藤仁齋之駁程朱, 不只童子問語孟字義而已. 而闇齋先於仁齋沒, 門人絅齋盡辨之, 歸於一是也. 辨王氏者馮貞白, 陳淸瀾辨之可謂至矣. 但斥之書有一二耳."

사이의 스승은 말할 것도 없이 야마자키 안사이山崎闇齋이다. 박경행에게 준 편지에서 루스가 주장한 것은 대략 두 가지, 하나는 야마자키山崎에 대한 선전이고, 다른 하나는 주자학자의 입장에서 보아 이단과 사설邪說이 횡행하는 속에서 어떻게 학문을 할 것인가 하는 문제였다. 그는 일본의 학술상황에 대하여 언급하여 "쓸데없이 글월의 교묘한 것을 숭상할 뿐이지 그 의리義理에 어긋남을 살피지 않고, … 바로 '하은주夏殷周 3대의 문장으로 거슬러 올라가 배운다'는 등의 말을 하고 민락閩洛의 송유宋儒의 학설은 논하지 않는다. 학계 전체가 한쪽으로 쏠리는 것이 마치 불나방이 불 속으로 뛰어 들어가는 듯하다"고 탄식하였다.17) 다만 이러한 우려할 만한 상황 속에서도 도학道學을 제창하는 자는 없지 않아서 대표적인 자가 야마자키 안사이 선생으로서 '일본의 주자朱子'라고 불리고 있다고 소개하였다.

여기서 소개되고 있는 것은 주자학자뿐이다. 게다가 여기서 루스도 소라이나 소라이학파에 대해서는 조금도 거명하지 않았다. "쓸데없이 글월의 교묘한 것을 숭상한다"고 말하고, "바로 하은주 3대의 문장으로 거슬러 올라가 배운다고 하고 민락의 송유를 논하지 않는다"는 것이 소라이학파라는 사실은 조금이라도 당시 일본의 유학상황을 안다면 이해할 수 있었을 것이다. 또 그가 우려하는 학술의 혼미가, 진사이 그리고 소라이로부터 시작된 것도 말할 필요도 없다. 그런데 주자학자인 그는 조선의 주자학자들에게 실명을 들어 일본의 반反 주자학자들을 소개하는 일은 피하였다. 이러한 태도는 이미

---

17) 留守友信, 『和韓文會』卷上, 11쪽; "徒愛其文辭之工而不察其義理之悖,… 直謂上學三代之文, 閩洛不論也. 擧世傾動, 若夜虫之就火."

살펴본 미야케 쇼카三宅紹華도 코즈키 신케이도 완전히 마찬가지여서 진사이의 이름조차 조선통신사 쪽에서 제기되어 비로소 거론된 것이었다. 주자학자들은 당대 유학계의 새로운 동향에 대하여 자기 쪽에서 정직하게 말하고자 하지 않았던 셈이다.

그런데 통신사는 뜻하지 않게 일본고학 특히 소라이의 학문과 접촉하게 된다. 서기 이봉환이 기회를 잡아 일본의 유학계에 도발적인 언사를 던졌던 것이다.

일행이 오사카의 숙소인 니시혼간지西本願寺에 도착하자 주방장인 노구치 모씨野口某氏가 자기의 조상들이 역대의 통신사들로부터 선물을 받아 소중히 보관하여 온 작품을 서기 이봉환에게 보여주었다. 아마 선대까지의 통신사의 작품에 뒤를 이어 이봉환에게 아무 말이라도 덧붙여 써줄 것을 원했던 것 같다. 이봉환은 노구치에 대하여 이러한 경우에 써주는 것으로는 이례적인 문장을 남겼다.

이봉환은 일본의 산천이 아름답고, 또 인물이 많음에도 불구하고 "논의의 대상이 되는 바가 조선과 일본이 다른 것은 유감이다"라고 하고, 그 다음에는 차례차례 숙소에 찾아오는 일본의 유자儒者들이 "거의 글을 화려하게 짓는 습속에 따라", 시문詩文의 아름다움과 작품의 수를 가지고 우리 통신사와 대항하려 하고 있다고 문장 속에서 비판하였다. 이에 비하여 우리 조선에서는 요순문무공맹정주堯舜文武孔孟程朱가 존숭되고, 시서사자소학근사詩書四子小學近思가 강론되며, 관혼상제冠婚喪祭에 신중하고, 충신독경忠信篤敬에 힘쓰고 있다. 군자는 도의道義를 즐기고 염치廉恥를 무겁게 여기며, 소인은 예禮에 의한 질서를 범하는 것을 부끄러워하고, 가령 해괴한 가르침을 좇아 말기末技

를 좇는 자가 있으면, 모두 배척하여 가까이하지 않는다고 썼다.[18]

이것이 단순한 자기 나라 자랑으로 끝나지 않는다는 것은, 일본에서는 완전히 그 반대임을 누구도 알아챌 수 있을 정도로 암시하고 있기 때문이다. 일본에는 진정한 유학은 아직 뿌리내리지 않았다고 그는 말한다. 다만 다행히 선왕의 도道는 어디에도 보편적으로 전해질 수 있고, 현재 인접국인 우리 조선에서는 선왕의 도가 행해지고 있다. "예악의문禮樂儀文 가운데 번쩍번쩍 분명하게 빛나는 것 모두는 우리 조선만이 독점해서는 안된다. 천하와 인접국에 전하기 충분하다"는 것이다. 일본은 산천이 아름다우니 반드시 개명할 기운을 갖고 있고, 일본의 인물은 많다는 점에서 본다면, 지금은 "부유해지고 사람이 많아진 후에는 가르쳐야 할『논어』子路篇 시기"라고 그는 말한다.[19]

이봉환은 마치 타국으로 전도하기 위해 온 것과 같은 기개를 말하였다. 일본은 이미 인구가 많은데다가 부유하다. 그 다음에 빠진 것은 가르침 즉 진정한 유교인 주자학이다. 이것을 우선 신분이 낮은 주방장 즉 조선의 문화를 흠모하여 글월을 구하러 온 일개 주방장에게 전수하는 것으로부터 시작하자고 말한 셈이다.

그런데 이 문장에는 기묘한 점이 몇 개 있다. 가장 기묘한 것은 코즈키 신케이의 말 그대로라면 "야마자키 안사이의 문인 아사미 케이

---

[18] 『和韓唱和錄』卷下, 16쪽; "獨恨其所講者異耳 … 率倣綺麗彫篆之習, 欲爲詩多鬪靡而止… 先王文物之盛具在方冊. 我朝鮮講而行之, 所尊者堯舜文武孔孟程朱, 所講者詩書四子小學近思, 所致謹者冠昏喪祭, 所服膺者忠信篤敬, 爲文在羽翼斯道, 爲詩務昌明風雅, 君子樂道義而重廉恥, 小人恥貪冒而厭機巧. 苟有執左道而務末技者, 皆斥而遠之… 凡其禮樂儀文, 燦然明白者, 旣非自私自諱之物, 足以使聞於天下隣國也."

[19] 『和韓唱和錄』卷下, 16쪽.

사이淺見絅齋가 모두 진사이의 잘못을 변별하고 바로잡아 일시一是로 돌아간" 것이므로 이미 이봉환이 일부러 노구치野口와 같은 인물에게 문장을 써서까지 가르칠 필요가 없었던 점이다. 간단하게 말하자면 이봉환은 오사카 주자학자들의 말을 완전히 신용하지 않아 굳이 기회를 잡아 도발적인 문장을 썼던 것이다. 이것은 오사카를 떠나기 2일 전인 4월 29일에 작성되었다. 이봉환의 나이 39세 때의 일이다.

이봉환의 노림은 멋지게 들어맞았다. 다만 위에서 서술한 바로부터 추측할 수 있는 바는 그가 "해괴한 가르침을 펼치는 자"로서 주시하여 그 반응을 기대한 것은 진사이학설을 신봉하는 자였을 것이라는 점이다. 그런데 이 도발적인 비판문에 반응을 보인 자는 소라이학설을 신봉하던 스가누마 토카쿠菅沼東郭였다. 이에 대해서는 아래의 「4. 귀로, 다시 오시키에서」 부분에서 서술할 것이다.

일행이 오사카를 출발한 것은 5월 1일, 그들이 쓰시마의 부중府中에서 키노코쿠즈이와 필담을 나눈 뒤로부터 이미 2개월 정도가 지났다. 그런데 이 단계에서 통신사 일행은 소라이학설은 말할 것도 없이 그들이 알고자 한 진사이학설의 현황에 대해서조차 거의 아무 것도 알 수 없었다.

3. 에도에서의 고학인식의 심화

오사카를 떠난 일행이 에도에 도착하기까지의 연로沿路에서 고학에 대하여 어떠한 정보를 접했는가, 이에 대해서는 불분명하다. 다만 이번 통신사에 대해서 말하자면 삼도三都 가운데 하나인 쿄토에서는 일본인이 조선통신사와 접촉하는 것은 엄금되어 있었던 것 같다.[20] 그곳은 가는 길에 일박, 오는 길에 일박한 곳에 불과하여, 통신사와의 문화교류에 대해서 보면, 단순한 일개 숙박장소와 다름없어서, 이 곳에서 새로운 정보를 입수하는 일은 불가능했다.

일행이 에도에 도착한 날은 5월 21일이다. 3일 후인 24일 다이가쿠노카미大學頭*인 하야시 노부미쓰林信充가 린케林家일족을 데리고 숙소인 혼간지本願寺를 찾아왔다. 린케일족에는 이 때의 기록으로『린케한관증답林家韓館贈答』이 있지만, 물론 고학에 대하여 필담을 나눈 기사는 보이지 않는다. 문제는 이 때의 방문자 가운데 나카무라 란린中村蘭林이 끼어 있는 점이다.

* 에도시대에 林羅山의 손자 鳳岡가 從五位로 서임되어 大學頭라고 칭한 뒤로부터 林氏가 대대로 이를 맡아 幕府의 학교의 일체를 통할하였다. 우리나라의 國子祭酒에 해당한다.

나카무라 란린은 일명 후지와라 아키토藤原明遠로 알려져 있다. 무로 큐소室鳩巣의 제자이다. 그의 수필『우의록寓意錄』(1760년 自序) 등을 읽어보면, 그의 학문이 주자학 중심이었다는 점은 분명하지만, 뒤에 볼 조선통신사와의 필담기록 등에 의하면, 이토 진사이伊藤仁齋와 오규 소라이荻生徂徠의 영향을 강하게 받았던 점도 분명하다. 이러한 의미에서 그는 절충학파에 가깝다고 할 수 있을 것이다. 이 때 그는 52세였다.

첫 대면의 통신사 일행에게 나카무라中村는 우선 깊은 학식을 갖

---

20) 曺命采,『奉使日本時聞見錄』, 6월 27일.

춘 인물이라는 인상을 주었다. 그의 풍모를 홍경해洪景海는 "궁유窮儒의 태도가 있으니 필시 독서인이다[有窮儒態, 必是讀書之人也]"라고 기록했고, 조명채曹命采는 "면모는 마르고 험상궂지만 평온한 듯이 보인다[面貌瘦峭, 少似安詳]"라고 기록하고 있다. 조명채는 또 나카무라가 필담에서 특별히 조선의 정몽주[圃隱]·이언적[晦齋]·이황退溪을 거명하여 "정대순아正大純雅의 군자 가운데 가장 걸출한 인물이다"고 칭송하고, "그 책을 읽을 때마다 경복敬服하고 있다"고 기술하였다고 적었다. 일견 나카무라는 박학하고 조선의 문화를 흠모하는 주자학자로서 오히려 바람직한 인물처럼 보였다.

그런데 나카무라는 조명채에게 작별을 고한 뒤 다시 제술관 박경행과 서기 등에게 회견을 신청하였다. 여기서 그에 대한 평가는 뒤집어진다. 홍경해는 "명원明遠中村蘭林은 정주程朱를 기롱譏弄하니, 이토 진사이와 동류라고 한다[明遠譏訾程朱, 與維楨一套云]"고 기록하였다.

그렇다면 무엇이 문제발언이었던가? 이에 대해서는 홍경해의 일기에도, 조명채의 일기에도 아무 언급이 없다. 나카무라 쪽에도 이 때의 기록 『한객필어韓客筆語』 2권 2책이 있고, 최근에 이르기까지 존재하였던 것 같지만, 유감스럽게도 지금은 그 소장처가 불분명하다.[21] 그런데 다행이 『선철총담先哲叢談』에서 나카무라를 기록한 내용 중 이 때의 필담 일부라고 보이는 것이 간단하지만 수록되어 있다.[22]

---

21) 『國書總目錄』(東京:岩波書店, 1963)에는 소장처로서 舊淺野·中山久四郎이라고 적혀 있다. 舊淺野란 廣島藩 淺野家의 舊所藏書籍이지만 현존하지 않는다. 中山久四郎은 東京文理大學 교수였던 中山氏의 소장임을 의미하는데, 현재 '中山文庫'로서 東京都立中央圖書館에 소장된 것 가운데 『韓客筆語』는 없다. 이 中山氏 소장본에 대해서는 筑波大學 명예교수 酒井忠夫 씨에게 자문했지만, 현재 행방이 묘연하다는 것이었다. 병상임에도 극히 친절하게 敎示를 내려주신 酒井 씨에게 진심으로 감사를 드린다.

그에 따르면 나카무라는 통신사 측에 대하여 "주자의 경전주석은 가장 정밀해서 빠뜨린 바가 없다고는 하더라도, 그 용어는 때로는 고훈古訓에 어긋나고, 그 해석에는 때로 고의古意에서 벗어나는 바가 있다"고 말하였다. 한 걸음 더 나아가 주자의 성명도덕론性命道德論에 대해서도 "고원함에 지나친 바가 있다"고 비판하였다. 이것은 분명히 고학에 근거한 주자학 비판이다. 우선 나카무라는 경전의 해석은 고대의 언어를 가지고 행해야 한다고 말한다. "무릇 고서를 읽는 데에는 모름지기 그 당시의 언어에 통달해야 한다"고 말한다. 또 "송유宋儒는 항상 근언近言으로 고언古言을 풀고, 금의今意에 근거하여 고의古意를 해석하고 있다"고 하고, 주자를 대표로 하는 송유를 비판하였다.[23]

이 경전해석 방법은 이토 진사이가 창시하여 이를 오규 소라이가 연구방법론으로까지 높인 것으로서 나카무라는 이에 의거하여 주자학을 비판한 데 불과하다. 거기서는 그에게 특별한 독창성은 아무것도 보이지 않는다. 예를 들면 나카무라는 『대학』에서 말하는 '명명덕明明德'의 명明이라는 글자의 해석으로서 주자의 집주集注 가운데에는 이를 '허령불매虛靈不昧'한 것이라고 해석하고 있지만, 이 용어는 "이를 고서에서 찾아보는데 이러한 예는 없는 듯하다", 즉 고대의 문헌에서 찾아내는 것은 불가능하다고 하였다. 그러나 이 허령불매라

---

22) 『先哲叢談』(源了圓・前田勉 校注, 東京:平凡社, 東洋文庫 574, 1994), 377쪽.
23) "朱子諸經傳註, 亦雖最窮精密, 無復餘蘊, 然或言違古訓, 義失古意者, 未必爲無. 大抵於性命道德之間, 失諸高遠者有矣. 又曰, 僕竊謂凡讀古書, 須通其時之言辭… 但宋儒每每以近言解古言, 以今意解古意, 是以非古意者或有之矣. 今以明德一事言之, 朱子於大學, 以心之虛靈不昧說之, 其意非不精妙, 雖然證諸古書, 似無此例."

는 말이 그밖에 주자학에서 사용하는 명경지수明鏡止水・곽연대공廓然大公 등의 용어와 함께 모두 노장老莊의 책이나 후세의 선서禪書로부터 나온 것임은 이미 진사이가 『동자문』(189쪽)에서 지적하였다.[24]

또 송유의 성명도덕性命道德에 대한 의론議論에는 고원高遠함에 지나친 바가 있다고 하는 비판도, 진사이는 "알기 어렵고 행하기 어려우며 고원高遠해서 도달하기 불가능한 이야기이다蓋難知難行高遠不可及之說, 乃異端邪説"라고 하여 송유를 비판한 적이 있다.(57쪽) 진사이는 『동자문』 속에서 이미 여러 차례에 걸쳐 이러한 송유의 학설은 잘못이며, 본래 『논어』나 『맹자』에서 가르치고 있는 것은 역으로 알기 쉽고 행하기 쉬운 "인륜일용人倫日用의 평소 행할 수 있는 도道이다人倫日用平常可行之道, 實爲至極"(192쪽)고 서술하였다. 나카무라中村의 주장은 이러한 면에서도 『동자문』에서 말하는 주장을 넘은 것은 전혀 아니다.

이에 대하여 통신사 측은 "당신의 견해는 진사이에게 오도된 것이 아니오? 진사이는 귀국 일본에서 호걸지사豪傑之士라고 말할 수 있겠지만, 성학聖學을 실천하는 점에서는 크게 잘못하고 있소. 당신은 이를 알고 있소?"라고 말했다고 한다. 또 그 후 나카무라는 제술관 박경행 등에게 서신을 보내어 『중용』은 공자의 손자인 자사子思의 작품이 아니라고 주장하였다. 이를 본 조명채는 "비로소 이 나카무라가 이토 진사이의 괴도怪徒임을 알았다始知此 人即伊藤惟貞之怪徒也"(5월 29일)고 기록하였다. 진사이는 『중용발휘中庸發揮』에서 주자 이래로 정설이 되어 있었던 『중용』의 자사子思작성설을 독창적인 문헌학을 근거로 이미 부정하였다. 유아사 쵸잔湯淺常山의 『문회잡기文會雜記』 권1상에 의

---

24) 家永三郎 等校注, 『近世思想家文集』(日本古典文學大系 97, 東京:岩波書店, 1966).

하면, 나카무라는 통신사 측에게 다섯 개의 견해를 제출했다고 하는데,『중용』에 관한 의논도 그 가운데 하나였다. 그는『중용』은 수미일관한 책이 아니라고 주장했는데, 진사이도 이것이 옛 악경樂經의 탈간脫簡 가능성이 있다고 지적하였음을 언급하였다.25) 진사이의 이름은 자설自說에 선행先行하여 매우 흡사한 것을 말한 인물로서 나카무라 스스로가 제기하기도 하였다.

　이처럼 나카무라가 진사이의 영향을 강하게 받고, 스스로 진사이와의 관계를 말한 것은 분명하지만, 다른 한편에서 제시했다고 하는 "무릇 고서를 읽는 데에는 모름지기 그 당시의 언어에 통달해야 한다"는 등의 이론화된 경전연구 방법은 분명히 소라이徂徠의 것이다. 그것은 소라이가 옛 문자학을 경전해석에 응용함으로써 수립한 연구방법이다. 나카무라가 진사이와 마찬가지로 소라이의 영향을 받았음은 의심의 여지가 없다. 그런데 홍경해와 조명채는 모두 소라이의 이름을 기록하지 않았다. 이것은 아마 이 시점까지 그들이 소라이의 학설에는 아직 접하지 않았다는 점, 문제는 진사이라는 의식을 여전히 벗어던지지 못하고 있었던 사실을 보여주고 있다.

　그러나 분명히 일행은 이때 에도에서 그것이 소라이학설이라는 점, 그리고 소라이학설이 일세를 풍미하고 있다는 사실을 알게 된다. 그 한 예가 마쓰자키 칸카이松崎觀海의『내정집來庭集』에 남아 있다.

　마쓰자키 칸카이[본명은 惟時]에 관한 것은 대개『선철총담속편先哲叢談續編』권7에 실려 있다. 그는 13세 때에 에도에 가서 다자이 슌다이太宰春台의 문하에 들어갔다. 통신사와 만난 것은 24세 때이다.『내정집』

---

25) 湯淺常山,『文會雜記』卷1上.

에 의하면, 그는 두 번에 걸쳐 제술관 박경행, 서기 이봉환 등과 필담을 나누었다. 우선 첫번째 자리에서 마쓰자키가 "일본의 유자儒者로서 조선에까지 이름이 알려져 있는 자가 있소?" 하고 물어보니, 이봉환은 "야마자키와 아사미淺見의 문집은 조선에 전해져 있소. 진사이의 책도 전해져 있지만 5척의 어린아이도 배척해야 됨을 알고 있소"하고 답하였다. 이에 대하여 마쓰자키는 다음과 같이 응대했다고 한다.

> 진사이의 사후에 소라이 부쓰 모쿄物茂卿가 있소. 실로 천하의 제일인자이오. 나의 선사先師인 슌다이는 그 고제高弟요… 소라이와 슌다이 두 분은 야마자키와 아사미에 비하면 두 분 다 1억 배요. 만약 두 분의 저술이 조선에 알려지지 않았다면 훗날 란안蘭菴紀國瑞을 통하여 보시기 바라오. 당신은 이미 이를 보시지 않았는지요?26)

이에 대하여 이봉환은 "모두 보았소[盡得見之]"라고 답했다고 한다. 여기서 말하는 야마자키·아사미는 야마자키 안사이와 아사미 케이사이淺見絅齋다. 통신사 일행이 오사카에서 주자학자인 루스 토모노부留守友信로부터 얻은 정보에 의하면, 야마자키는 '일본의 주자'로 불려 이단사설異端邪説을 배격하고 있었고, 또 코즈키 신케이上月信敬로부터 얻은 정보에 의해서도 아사미의 노력으로 진사이의 학설이 배척되고 있어야 했다. 그런데 소라이徂徠와 슌다이春台 두 사람은 야마

---

26) 松崎觀海, 『來庭集』; "仁齋沒後有徂徠物茂卿, 實海內一人. 僕先師春台, 乃其高足, 徂徠門人極多.… 二家比諸山崎淺見, 皆萬萬倍. 若二家著述未行於大國, 則願他日因蘭菴呈覽, 不知公等已一覽之耶?"

자키와 아사미에 비하면 1억 배라는 것이다.

　두 번째의 회견 석상에서 마쓰자키松崎가 필담을 나눈 상대도 역시 박경행과 이봉환 등이었다. 마쓰자키는 여기서 다시 소라이와 슌다이의 저서에 대하여 화제로 삼았다. 이하에서 간단하게 이 때의 필담을 재현해 보고자 한다.

　　마쓰자키: 당신은 '모두 소라이와 슌다이의 책을 보았다'고 대답했소. 이것은 아마 너무 바쁜 나머지 야마자키 및 아사미와 혼동한 것 같소. 땅은 동서로 격리되어 있기 때문에 소라이와 슌다이의 책은 아마 조선에서는 아직 크게 유행되지 않는 것 같소. 혹은 쓰시마에서 이 책을 얻었는지요?
　　이봉환: 슌다이의 작품은 아직 보지 못했소.
　　마쓰자키: 소라이는 어떠한지요?
　　이봉환: 매우 질박하기는 하지만 적확함이 부족한 듯하오.
　　마쓰자키: 당신은 소라이의 『변도辯道』와 『변명辯名』을 읽었소?
　　이봉환: 읽지 않았소.
　　마쓰자키: 오늘은 내가 가지고 와서 선사하고 싶지만, 국금國禁에 의해 멋대로 일본인의 저술을 인접국에 전하는 것은 금지되어 있소. 때문에 견사堅師에게 맡겨 두겠소. 훗날 만약 이를 받아서 읽어보신다면, 당신도 소라이가 천 년에 한 번 나올 만한 호걸임을 인정할 것이오.27)

　이봉환은 이때까지 소라이의 저서를 읽지 않았다. 마쓰자키는 이

---

27) 同前書: "(松崎觀海) 公答以已盡見其書. 恐忙中與山崎淺見事混耳. 春台輩皆近時大家, 地隔東西, 恐未盛行於大國, 或亦自對州得之耶? (李鳳煥) 春台作未得見之. (松崎) 徂徠何如. (李鳳煥) 頗醇而似欠的確. (松崎) 公讀辯道, 辯名耶否? (李鳳煥) 否. (松崎) 今日携來, 將奉案下. 國禁不聽輒傳國人著述於隣國, 故託堅師. 他日若賜領收電覽, 則公亦恐許徂徠千載一豪傑."

를 넘겨보고 굳이 캐묻고는 『변도』와 『변명』을 모쪼록 읽기 바란다, 이를 조선에 전하고 싶다고 말한 것이다. 여기에서 마쓰자키가 말한 견사란 쓰시마의 이테이안以酊庵 장로長老로서 쿄토 텐류지天龍寺의 승려 쇼켄承堅호 翠巖을 가리킨다. 그는 접반승接伴僧으로서 에도까지 동행해 와 있었다. 후에 마쓰자키가 이봉환에게 준 편지에 의하면, 그는 거듭해서 소라이와 슌다이를 상찬하고 "나는 하잘것없는 자이기는 하지만, 동방의 일본에서 교화를 입은 자이오. 의리상 본조本朝의 장점을 타국에 전하게 하지 않을 수 없소"라고 하고, 『변도』·『변명』 3부를 이미 스이간翠巖에게 맡겼다고 말하였다.[28]

이제 앞서의 필담을 계속해서 조금 더 재현해 보고자 한다.

> 마쓰사키: 송宋의 여러 노선생老先生의 가르침을 훌륭하시 않다고는 할 수 없소. 그러나 고언古言을 알지 못하고 자기의 생각으로 고인古人의 말을 풀고 있으니, 성인聖人의 본뜻을 얻을 수 없는 것은 당연하지 않겠소? '명경明鏡'이라는 용어는 불교에서 나오고, '지수止水'라는 용어는 『장자』에서 나왔소. 「허령불매虛靈不昧」는 불경의 용어를 쪼개 나눈 것이오. 성인의 가르침에 이러한 것은 없었소. 일찍이 성인의 가르침과 수행에 볼 만한 것이 있다 해도, 치평治平의 술術이 매우 부족한데, 어떻게 가家·국國·천하天下의 쓰임에 보탬이 될 수 있겠소? 송유宋儒에게 의구심을 품지 않을 수 없는 것은 이 때문이오.
>
> 이봉환: 귀국의 학문은 넓은 것은 넓지만, 대개 모두 털을 불어 정자程子와 주자朱子의 업적에서 하자를 발견하려는 것과 같은 흠집 찾기요. 이토씨伊藤氏 이래로 돌고 다시 돌아 그 폐단은 육상산 및 왕양명과 마찬가지요. 논하

---

[28] 同前書, 與李濟庵書: "僕雖微乎, 身爲東方被化之民, 義不忍使本朝之美, 不傳於異邦."

는 바는 각각 다르지만, [송유를] 기롱譏弄하는 점에서는 동일하오. 한당漢唐의 전주箋注는 기문記問의 학문, 즉 타인의 문난問難에 대비하여 외워두는 학문에 불과하오. 정자나 주자없이 어떻게 계몽할 것인지? 후학은 정해진 도道를 준수해야 하며, 옥에 티를 기롱해서는 안되오. '명경明鏡'과 '지수止水'라는 용어가 장자莊子나 달마達磨에서 나왔다고는 하지만, 이 용어는 비유하는 데 적합하니, 어찌 말을 한 사람이 문제라고 해서 그 말 자체를 사용하지 못한다는 논리가 성립할 수 있겠소?29)

송유의 학설 가운데 그 가르침과 수행修行에 대해서는 볼 만한 것이 있지만, 치평治平의 술術이 매우 부족하다. 선왕先王의 도道란 치국평천하治國平天下의 術이라는 것이다. 소라이학설의 핵심 가운데 하나는 도덕과 정치의 분리이다.30) 여기에서 간단하기는 하지만, 소라이학설의 또 다른 일단이 소개되고 있다. 그러나 마쓰자키는 이 윤리와 도덕이 아닌 제도와 정치를 중시해야 한다는 의논에 대해서는 이 이상 깊이 들어가지 않았다. 여기서 그가 송유의 잘못으로 든 것은 오히려 경전해석의 방법론이었다. 후에 이봉환에게 준 편지에서는 이를 "후세의 선비는 고문古文을 연마하여 비로소 고언古言에 능통하였다[故後世之士, 必見修古文辭, 而後始能通古言]"고 표현하고, 이 방법에 따르지 않은 야마자키와 아사미는 경전해석에서 오류를 면할 수 없었다

---

29) 同前書: "(松崎) 宋諸老先生立敎, 豈不美耶. 然不知古言, 以己意解古人之言, 宜乎不得聖人之旨. 明鏡出佛書, 止水出莊子, 虛靈不昧, 皆剖折佛書之字. 聖人之敎, 豈有此耶. 且其立敎持行可觀, 而治平之術甚疎, 何以供家國天下之用, 所以不免致疑. (李鳳煥) 貴國之學, 非不瞻博, 而率皆吹毛覓疵於程朱之緖業, 自伊藤氏以來, 一轉再轉, 其弊將與陸王同歸. 蓋以所論雖異, 而所譏者同耳. 漢唐箋註, 只是記問而已. 不有程朱, 何以啓明. 後學當遵守規轍, 不當譏訕瑕纇. 明鏡止水, 雖出於莊磨, 其言善於譬喩, 則豈可以人廢言耶."
30) 丸山眞男, 『日本政治思想史硏究』(東京:東京大學出版會, 1954), 83쪽.

고 말했다[與李濟庵書]. 나카무라와 같은 견해이고, 이는 원래 소라이의 말이다.31) 마쓰자키는 여기서 자기가 슌다이의 제자이고, 소라이의 손제자係弟子라고 칭하였다. 즉 이상과 같은 경전해석 방법은 이 소라이와 슌다이 두 사람의 것이라고 명확하게 밝힌 셈이다.

이봉환은 "이토씨 이래로 돌고 다시 돌아 그 폐단은 육상산 및 왕양명과 마찬가지이다"고 일본의 유학계를 비판하였다. 육상산과 왕양명의 학문은 조선에서는 주자학에 반대하는 전형적인 학설, 간단하게 말하자면 이단임을 의미한다. 돌고 다시 돈다는 말은 진사이仁齋로부터 소라이로, 소라이로부터 슌다이로, 다시 나카무라 란린中村蘭林과 눈앞의 마쓰자키에게로 서로 비슷한 자가 차례로 생겨나고 있다는 인식이 이봉환에게 이 때 생겨난 것을 가리키는 것 같다. 1748년의 통신사 일행은 여기에서 진사이만이 문세인 것은 아니다, 소라이학설이라는 이 또한 이단으로 보아야 할 학설이 크게 유행하고 있다는 낙관할 수 없는 사태가 일본의 유학계에 출현하고 있음을 명확하게 인식했던 것이다.

6월 4일 이봉환은 주자학자 야마미야 코레미山宮維深와 필담을 나누었다. 야마미야에 대해서는 오사카의 주자학자인 루스 토모노부留守友信로부터 전부터 듣고 있었다. 야마미야가 루스의 제자였기 때문에 이봉환은 안심했던 듯, 대면하자마자 곧 "귀국의 문헌은 훌륭하지만 유독 경전해석의 방법[談經之道]에서 대부분 주자를 등져, 털을 불어 하자를 찾는 흠집찾기에까지 이르렀다"고 불만을 털어놓았다.32)

---

31) 『辯道』, 11・34쪽 : 『辯名』, 41쪽.[吉川幸次郎 等校注, 『荻生徂徠』(日本思想大系 36, 東京:岩波書店, 1973)].

또 6월 10일에 큐이칸宮維翰[宮瀨龍門, 劉維翰] 등과 필담을 나눈 때에는 "소라이 선생 부쓰 모쿄物茂卿가 우뚝 솟아난 뒤로부터 비로소 복고復古의 학문이 제창되었다"는 이야기를 전해 들었을 뿐 아니라, 한 걸음 더 나아가서 조선과 같이 인재가 많은 곳에서 "송유宋儒의 고루함을 버리고 복고의 문을 열 자는 없는가?"라고까지 공격을 받았다.33) 이래서는 입장이 바뀐 셈이다. 1748년의 통신사는 이토 진사이伊藤仁齋를 가상의 적으로 간주하였지만, 일본유학계의 전변轉變은 그들의 상상을 뛰어넘어 훨씬 격렬하였다. 그들은 에도에서 진사이학설보다 더 이단으로 보아야 할 학설인 소라이학설과 만났다. "예악의문禮樂儀文 가운데 찬란하고 분명하게 빛나는 것 모두는 우리 조선만이 독점해서는 안된다"고 하여 이미 부유하게 된 일본에 그들 쪽에서 가르침을 전하러 왔던 것이다. 그런데 역으로 마쓰자키는 "의리상 본조의 장점을 타국에 전하게 하지 않을 수 없다"고 하며, 소라이의 『변도』와 『변명』을 필히 갖고 돌아갔으면 한다, 조선에 전하고 싶다고 말했다. 큐이칸宮維翰은 조선처럼 인재가 많은 곳에서 "송유의 고루함을 버리고 복고의 문을 열 자는 없는가?" 하고 전향을 촉구했다.

마쓰자키와의 필담에서 또 하나 주목할 만 한 점은 이봉환이 일본고학에 대하여 이를 「한당漢唐의 전주箋注」를 중시하는 경향의 학문으로 파악한 것이다. 그것은 그 경전해석 방법을 무리하게 훈고학과 연결시킨 부정확한 이해라고 해야 한다. 또 이 이해는 소라이가 서

---

32) 山宮維深, 『和韓筆談薰風編』 卷上, 2쪽; "貴國文獻非不美矣. 獨於談經之道, 實多背馳朱子, 甚至於吹毛覓疵, 不覺自歸於蚍蜉樹之科."
33) 宮維翰, 『鴻臚傾蓋集』. 8쪽; "自徂徠先生物茂卿者勃起, 始倡復古之學… 徒以貴國人才之盛, 鴻儒故老亦何限. 其中有捨宋儒之固而別闢復古之門者乎."

한西漢 이전의 고문古文을 중시한 점으로부터 보더라도 정확하지 않다. 그러나 다른 한편으로는 확실히 일본고학의 본질에 접근하는 이해이기도 하였다. 청조한학이 바로 「한학」이라고 칭해지는바 그대로 후한後漢의 정현鄭玄 등의 훈고訓詁를 다시 배우는 것에서 시작한 것과 같이, 일본고학도 분명 훈고를 중시하는 학문이었기 때문이다. 그것은 양명학과 매우 다른 방법에 의하여 주자학을 비판하는 것이었다. 이봉환은 이토 진사이伊藤仁齋·오규 소라이荻生徂徠 등과 육상산·왕양명을 동급에 놓고 "송유를 기롱譏弄하는 점에서는 동일하다"고 하면서, 한편으로는 그들 주자학 비판이 육상산·왕양명과는 달리 훈고학과 비슷한 방법으로 행해지고 있음을 이해한 것이다. 이봉환 등은 몇 번이나 그들 방법이 「고언古言」을 중시하는 것임을 전해 들었다.

통신사 일행은 이 곳 에도에서 결국 소라이학설에 접함과 동시에 일본고학의 개요를 불충분하고 부정확하기는 했지만 인식할 수 있었던 것이다.

4. 귀로, 다시 오사카에서

일행이 에도를 떠난 것은 6월 13일이다. 박경행은 귀로에 나고야名古屋에서 스가 교쿠칸須賀玉潤과 필담을 나누었다. "에도에서 문사文士와 만났는데, 정주程朱를 비방하는 자가 많았다在東武見文士, 多有沮程朱者"라고 적었다.34) 오사카로 돌아온 것은 6월 28일이다.

6월 28일 카나자와金澤 출신으로 본초학자本草學者인 류겐슈龍元周[直
海]가 박경행과 필담을 하였다. 여기서 류龍는 20년 전에 소라이徂徠라
는 자가 있어 "고언古言과 금언今言은 다르다. 송유宋儒는 금언今言을 가
지고 고언古言을 해석한다"고 비판했다고 말하고, 나아가 오늘날 일
본학자는 소라이를 존중하여 "비로소 송유가 고루함을 알았다. 지금
귀국에서는 오로지 송학宋學을 주장하기 때문에 아무도 묻지 않는다"
고까지 말했다.35) 소라이에 대하여 말한 것만이 아니다. 류겐슈는 한
걸음 더 나아가 우 테이宇鼎 즉 자는 시신선생士新先生이라는 자를 소
개하고 "그도 고문古文을 제창했지만, 송유에서도 거의 취하는 바가
있고, 고문이라도 취하지 않는 바가 있다雖古文亦有所不取焉"고 해설하
였다. 우 테이란 절충학파에 속하는 우노 메이카宇野明霞를 가리킨
다.36) 우노宇野는 3년 전에 사망했기 때문에 분명 실시간으로 일본유
학계의 새로운 정황이 전해졌던 것이다. 박경행은 이에 대하여 "소
라이의 이름은 들었다. 사람됨은 호걸이지만, 그 학문은 의義와 이理
에 크게 벗어나 있다. 귀국에서 정자程子와 주자朱子를 배척하는 것은
모두 이 자의 죄이다"고 응답하였다.37)

7월 3일 주자학자 루스 토모노부는 숙소인 니시혼간지西本願寺를

---

34) 『善隣風雅後編』 卷下, 13쪽.
35) 龍元周, 『班荊閒譚』, 卷下, 5쪽; "吾國二十年前物茂卿號徂徠先生者, 以倡古文鳴. 其言, 曰古
言與今言不同. 宋儒唯以今言解古言. 宜哉胥陷理窟也… 始知宋儒之固陋. 今貴國專主張宋學,
故無有問者耳."
36) 佐藤文四郎, 「折衷學槪括」(德川公繼宗七十年祝賀記念會編, 『近世日本の儒學』, 東京:岩波書
店, 1939), 697쪽.
37) 龍元周, 『班荊閒譚』 卷下, 5쪽; "徂徠之名, 吾聞之矣. 人則豪傑云, 學則大違義理, 貴邦排斥程
朱者, 皆此人之罪也."

방문하여 박경행·이봉환과 다시 만났다. 그 때의 필담기록이 역시 『화한문회和韓文會』에 수록되어 있다. 이 때의 필담은 정오부터 4시까지 이어졌다. 다음날인 4일에는 오사카의 숙소를 떠나 귀국하기 위해 승선하였다. 출발 전의 이 어수선한 4시간 동안 그들은 무슨 대화를 나누었던가?

간단히 의례적인 시문詩文을 주고받은 뒤 문제를 꺼낸 것은 박경행이었다.

> 나는 일본의 학자가 오로지 정자程子와 주자朱子를 배척하는 것을 가장 득의得意로 하고 있음을 보았소. 진사이仁齋 이하가 모두 그러하오. 지금은 이미 고황증膏肓症 즉 불치의 병이 되어, 복용하면 현기증을 일으킬 정도의 강력한 약이 나에게 있다 해도 아무 소용이 없을 것이오.38)

오사카로 돌아온 박경행은 일본의 유학계는 이미 구하기 힘든 정황에 있다고 인식하였다. 이미 그가 성학聖學으로 삼는 송학을 가르쳐 일본인의 미혹을 깨우치는 것은 불가능한 듯 보였다. 이러한 인식에 입각하여 박경행은 마찬가지로 송학을 신봉하는 루스留守에 대하여 이러한 상황을 어떻게 생각하고, 어떻게 되돌릴 작정인지 물어보았던 것이다. 루스의 대답은 다음과 같았다.

> 근자에 일본에는 이토 진사이가 나와서 그의 저서『논맹고의論孟古義』[정확하게는『논어고의(論語古義)』·『맹자고의(孟子古義)』·『대학정본(大學定本)』·『중용발휘(中庸發

---

38) 留守友信,『和韓文會』卷下, 5쪽; "僕見日東學者專以排斥程朱爲第一能事. 蓋自□□仁齋以下皆然耳. 今則已成膏肓之症. 僕雖有瞑眩, 焉得以用之."

揮]』 등이 보급되고, 그 학설은 점차 유행하게 되었소. 선배인 아사미 케이사이淺見絅齋 선생이 그 소굴을 쳐서 그 병근病根에 침을 놓아 점차 쇠퇴하여 지금은 100에 1~2만이 남아 있을 뿐이오. 또 양명학을 제창하는 자가 있었지만, 우리 선사先師 미야케 쇼사이가 어쩔 수 없이 흑백을 정해 힘을 다해 그 몽매함을 깨우쳤기 때문에 그 무리도 거의 절멸하였소.

또 근자에 성은 부쓰物, 자는 모쿄茂卿, 호는 소라이徂徠라는 자가 있어 박람고재博覽高才로 문장이 좋은데, 처음에는 고문古文을 배워 이반룡李攀龍과 왕세정王世貞을 목표로 하였지만, 다시 거슬러 올라가 경전을 연구하여 새로운 견해를 만들고, 『학칙學則』・『변도』・『변명』의 3책을 써서 이를 「고학」이라고 이름을 붙였소. 그러나 그 가르치는 바는 춘추전국진한春秋戰國秦漢의 글을 모방하는 것에 불과하오. 이를 가지고 문장을 짓는 도道로 하고 있소. 거경궁리居敬窮理・존양성찰存養省察의 실천을 배척하여 사설邪說이라고 하고, 자사子思・맹자孟子・주돈이周敦頤・정자程子・장재張載・주자朱子를 해충害蟲처럼 간주하고, 이리하여 세상을 속이고 이름을 도적질하며, 천하의 햇병아리나 송사리 같이 새파란 젊은이도 조금 재주가 있으면 우르르 소라이를 따르고 있소.

그 도당인 다자이 토쿠후太宰德夫春台는 그 학설을 과장하여 고학을 제창하고, 야마자키 안사이를 비방하여 '도학선생道學先生'이라 하고 있소. '도학'이란 두 글자를 별명으로 하는 것은 중국의 송조宋朝에서 성학聖學인 주자학을 '위학僞學'이라고 칭한 것과 같은 것으로, 그 죄는 소라이를 뛰어넘는 것이오.39)

---

39) 同前書, 卷下, 5쪽; "近世此方有伊藤仁齋者. 其所著論孟古義・大學定本, 中庸發揮等書行于世. 其說浸充溢矣. 先輩絅齋淺見先生搗其巢窟, 砭其病根. 於是乎漸次衰廢, 今也百存一二. 又有倡陽明之學者. 僕先師不得已辨詰剖折, 竭力闘之, 其黨亦幾亡矣. 又近有姓物子茂卿號徂徠者, 博覽高才善文章. 初學古文辭以于麟・元美爲標的. 及溯而治經, 敝立新見著學則辯道・辯名三書, 命之曰古學. 然其所敎不過模放春秋戰國秦漢之文也. 而以此爲其修辭之道, 斥居敬窮理存養省察之功夫爲邪說, 觀思孟周程張朱如蟊賊, 以欺世盜名, 而海內黃口䱊生之小有才者, 靡然從之. 其徒太宰德夫張皇其說, 以倡古學, 譏議山崎闇齋, 目之曰道學先生. 以道學二字爲綽號

통신사가 가는 길에 오사카에 머물렀을 때 루스留守는 박경행과 필담을 하면서 「고학」에 대해서는 전혀 말하지 않았다. 박경행에게 준 장문의 편지에서도 "직접적으로 하은주夏殷周 삼대의 문장으로 거슬러 올라가 배운다고 하여 민락閩洛[宋學]은 논하지 않는다"고 말할 뿐 소라이 혹은 슌다이라는 이름은 전혀 나오지 않았다. 귀로에 박경행이 일본유학계의 정황에 대하여 꽤 상세하게 파악하고 있음을 알고, 한편으로는 위기감을 머금은 그의 질문을 받고, 루스는 그제야 굳게 닫은 입을 열어 실제상황을 말하고, 자기의 우려를 밝히는데 이르렀던 것이다.

여기서 말한 내용도 그 당시의 실상이라고 할 수 있다. 소라이는 이미 20몇 년 전에 타계했지만, 다자이는 소라이보다 더욱 죄가 무겁고, 야마자키 안사이를 '도학선생'이라고 불러 아유하고 있다고 말했다. 또 소라이와 슌다이 등은 스스로의 학문을 '고학'이라고 명명하고 있다고 여기서 명확하게 전했다.

박경행은 루스留守의 이러한 답변을 듣고, 한편으로는 답변을 들으니 안개가 걷히고 하늘이 보이는 것 같다고 말하면서,

> 동쪽의 에도에서는 매우 힘들게 나카무라 신조中村深藏[蘭州]와 논쟁을 하였지만, 바로잡혀지지 않아 조금의 효과도 없었소. 통탄스러울 뿐이오.[40]

라고 거듭 절망감을 토로하였다.

이봉환은 루스와 박경행의 필담을 본 뒤에 다음과 같이 말했다.

也, 猶宋朝稱僞學, 其罪過於徂徠也."
40) 同前書 卷下, 7쪽; "在東武, 與中村深藏論辨甚苦, 而扞格不入, 無一分之效, 可歎也已."

나는 5천 리를 왕복하는 동안 수백 명의 문사와 차례로 만났지만, 사장기송詞章記誦의 테크닉뿐으로 사람은 어떠해야 하는가 하는 근본문제에는 전혀 관심을 두지 않았소 어쩌다가 경전학술經典學術에 대하여 질문을 던졌지만 모두 염낙관민濂洛關閩 즉 송학이라는 정도正道를 노서생老書生의 상투어라고 여겨 흘겨볼 뿐 돌아보지 않았소.41)

이봉환도 박경행과 전적으로 동감이었다. 게다가 그는 "후지와라 아키토藤原明遠[中村蘭林]는 크게 재주와 식견이 있지만, 주자학에 대해서는 겉으로 높이고 속으로 배척하고 있소. 요컨대 이토 코레사다伊藤惟貞[仁齋]의 일당에 지나지 않소"라고 말했다.42) 이처럼 자주 나카무라 란린中村蘭林이 거론되는 것은 박학한 주자학자라고만 생각하고 있던 그조차 진사이와 소라이에게 강한 영향을 받고 있음을 알았을 때의 엄청난 놀라움과 어찌할 수 없는 불안감을 나타내는 듯하다. 한편에서 조선문화를 흠모하는 독실한 주자학자가 다른 한편에서는 주자비판의 학설에 좀먹고 있다는 것은, 당시의 조선지식인으로서는 상식을 뛰어넘는 믿을 수 없는 사태였다. 그리고 이봉환은, "초야산림草野山林 사이에 경전의 깊은 뜻을 캐고 학문을 닦으며 정자程子와 주자朱子의 가르침에 어긋나지 않는 자가 몇 명이나 있단 말인가?"라고 마찬가지로 초조감이 가득 묻어난 표현으로 글을 맺었다.

한편 이봉환이 가는 길에 오사카에서 숙소의 주방장 노구치野口에 대하여 도발적인 문장을 써준 것, 스가누마 토카쿠菅沼東郭가 이를

---

41) 同前書 卷下, 12쪽: "僕於五千里往返之役, 閱歷數百文士, 而詞章記誦之藝, 都不關繫於爲人樣子. 間有以經術爲問, 而皆以濂洛關閩之正路爲老生常談, 睨而不顧"
42) 同前書: "江戶藤原明遠頗有才識, 而亦於朱學陽奪而陰擠. 究其所就, 亦不過伊藤維楨之餘派也. 未知草野山林之間, 窮經而講學, 不悖程朱之旨, 有幾人哉."

보고 바로 반응한 것은 이미 언급하였다. 여기서 스가누마菅沼가 어떠한 반응을 보였는가, 그리고 그 반응이 어떠한 파문을 불러일으켰던가 보도록 하자.

스가누마 토카쿠(1690~1763)는 성은 미나모토源, 이름은 시코大簡, 자는 다이칸子行, 통칭은 문암文庵 혹은 문성文誠이며, 토카쿠東郭는 그의 호이다. 에도 출신이지만 오사카에 거주하였다. 오규 소라이에게 사숙하고, 소라이의 『논어징論語徵』에 소疏를 붙인 『논어징소의論語徵疏義』 등의 저서가 있다. 노구치는 이봉환의 글을 즉각 스가누마에게 보였다. 그는 이를 읽고 바로 그것이 일본의 문사가 시문만을 짓고, 실학實學이 없다고 기롱譏弄하는 것임을 알았다. 실은 그도 이 이전에 숙소인 니시혼간지西本願寺까지 가서 통신사와 시문을 주고받은 한 사람이었다. 스가누마가 이봉환의 비판에 반응을 보인 문제의 문장은 박경행이나 저 이봉환에게 보낸 시와 함께 역시 『화한창화록和韓唱和錄』 권하에 실려 있다.

그의 주장에 의하면, 시의 증답贈答만에 그쳤던 것은 "선왕先王의 도道를 논하는 데 넉넉한 시간이 없었기 때문이다. 또 조선의 학자는 자사子思・맹자孟子・정자程子・주자朱子를 깊이 신봉하는 것이 공자를 신봉하는 것 이상이다. 우리나라의 학자는 자사와 맹자에게 폐해가 있고, 정자와 주자에 잘못이 있음을 알기 때문에 조선의 학자와 성난 눈빛으로 우열을 다투어 일찍이 송대宋代에 주자와 육상산이 아호사鵝湖寺에서 논쟁한 전철을 밟고 싶지 않았던 것이다. 대저 군자는 다투지 않는다. 다툰다면 이미 자사・맹자・정자・주자와 다르지 않다. 때문에 그들과는 진심으로 도道를 논하지 않았던 것이다"고 반론

을 펼쳤다.[43]

그런데 여기서 스가누마菅沼가 말하는 "군자는 다투지 않는다"고 하여 자사·맹자·정자·주자와 동급의 위치에 스스로를 두지 않는다는 주장은 소라이의 『변도』의 권두언 그대로이다. 스가누마는 논쟁의 수사를 완전히 소라이로부터 빌려와 쓰고 있다. 따라서 스가누마의 반론은 조선통신사를 상대로 한 논쟁의 형식을 취하지 않고, '동지同志'에게 보내는 메시지라는 형식을 취한다.

스가누마가 동지에게 보낸다는 메시지는 거의 모두 『변도』에 보이는 소라이의 설을 축약한 것이다. 거기서는 일본에서는 소라이가 「고학」을 제창한 뒤로 유학은 진한秦漢 이래로 최고점에 달한 점, '선왕의 도'란 송유가 말하는 '물리당연物理當然의 이理'가 아닌 점, 맹자가 심心이나 성性을 논한 것은 고자告子나 양묵楊墨과 대항하기 위해 채택한 수단이고, 후세의 송유는 자사子思나 이 맹자에게 오도된 점 등을 주장한다. 가령 통신사들이 이를 읽었다면, 에도에서 마쓰자키 칸카이松崎觀海에게 들은 소라이학설보다 훨씬 '과격'한 것으로 생각했을 것이다. 그것은 맹자조차도 폄하하고, 더욱이 송유는 이에 오도되었다 등의 말은 그들이 '이단'으로 간주하는 육상산과 왕양명의 설에서도, 심지어는 진사이仁齋의 『동자문』에서도 보이지 않는 설이기 때문이다.

그렇다면 통신사들은 이 스가누마가 동지에게 보낸 메시지를 읽었던 것일까? 이에 답하기 위해서는 우선 박경행이 쓴 기괴한 편지

---

43) 『和韓唱和錄』卷下, 17쪽: "未嘗遑談先王之道也. 且彼邦之學者深信思孟程朱勝於孔子也. 吾邦學者知思孟之有弊, 程朱之多差, 則何與彼邦人怒目抗衡, 以追朱陸鵝湖之爭乎. 夫君子無所爭, 爭則何以異於思孟程朱哉. 故無與論道者也."

를 소개해야 한다.

창화시문집唱和詩文集인 『선린풍아후편善隣風雅後編』에 의하면, 박경행은 접반승으로서 에도까지 동행하여 함께 돌아온 텐류지天龍寺의 승려 쇼켄承堅에 대하여 7월 4일부로 다음과 같은 편지를 보냈다.

> 오사카 인사人士가 출판한 우리와의 창화집唱和集을 보니, 내 시의 태반은 일본인의 위조작품이오. 창화唱和한 자도 당일 좌중에서 본 적이 없는 자요. 극히 기괴한 일이라 하겠소. 다만 이 책을 볼 수 있었던 것은 누군가가 보내주었기 때문이 아니라 다른 자가 대신 구매하여 볼 수 있었던 것뿐으로 잘못을 정정할 길이 없소.44)

그리고 박경행은 이 책에 이름이 실린 자 가운데 오사카의 루스 토모노부만이 훌륭한 자이고, 그에게 이를 알리고 싶지만, 역시 그 길이 없으므로 이 뜻을 전하고 싶다고 의뢰하고, 이하에 자기의 작품이 아닌 '위작'으로서 오사카 인사 8명에게 준 창화시唱和詩를 나열하였다.

그런데 여기서 나열된 '위작' 창화시唱和詩 8수首를 조사해 보면, 그것들은 모두 『화한창화록和韓唱和錄』에 실려 있다. 당시 일본에서는 통신사 일행에 관한 책의 출판이 극히 유행하여 신속하게 출판되고 있었다. 이 편지를 수록한 『선린풍아후편善隣風雅後編』도, 루스留守의 『화한문회和韓文會』도, 모두 이 해 출판된 것이다. 문제의 『화한창화록』(京

---

44) 『善隣風雅後編』卷上, 33쪽: "得見大坂士人刊出僕輩唱和之卷, 則僕詩太半皆是日本人贋作, 其唱和之人亦是當日座中所未見之人. 事極怪訝. 第此卷之得見, 非由諸人之送寄, 因他人中間買見, 故無路辨正."

都大學 부속도서관 소장)은 통신사가 아직 일본에 체재하던 중에 풀판된 것이었다.

그것은 상하 2권 2책으로 구성되는데, 상권은 「연향창화延享唱和」란 제목으로 무라카미 슈한村上秀範의 편집이고, 하권은 「이방연벽二邦連璧」란 제목으로 미나모토 시토源子登의 편집이다. 그리고 첫번째 책에는 「조선필담화한창화집朝鮮筆談和韓唱和集 상」, 두번째 책에는 「조선필담화한창화집 하」라고 기재된 제전題箋이 달려 있다. 판권장版權張에는 "延享戊辰年五月 大坂書林柏原屋與市, 村上屋清三郎刊行"이라고 기재되어 있고, 연향延享 무진戊辰 즉 1748년(연향 5년, 寬延 원년) 5월에 오사카에서 출판되었다.

1748년 5월이라면 통신사 일행이 바로 5월 1일에 오사카를 떠나 쿄토로 가서 에도에서 체재하고 있던 동안의 일이다. 즉 가령 이 판권장을 믿는다면, 『화한창화록』은 통신사 일행이 오사카를 떠나자마자 바로 출판되었던 것이다. 게다가 이 책의 서문은 「이방련벽소인二邦連璧小引」이라는 제목으로 첫번째 책의 권두에 실려 4월 날짜로 미나모토 시토源子登가 작성하였다. 시토子登는 스가누마 토카쿠의 아들이다. 권상에는 주자학자인 루스留守나 코즈키 신케이의 시문이, 권하에는 스가누마나 시토 등의 시문이 수록되어 있다.

그런데 박경행이 자기 시의 위작이라고 열거한 것을 하나하나 조사해 보면, 그것들은 모두 『화한창화집和韓唱和集』에 수록되어 있다. 게다가 8수首 가운데 첫번째 인물인 이누이 토큐乾桃丘에게 준 시로부터 일곱번째 인물인 코 다이리쿠高大陸에게 준 시까지는 모두 권하에 수록된 것으로서, 그 순서는 박경행이 열거한 것과 같은 순서이다.

스가누마의 시도 문제의 주자학 비판의 문장도 실은 '미나모토 토카쿠源東郭'의 이름으로 이 권하에 수록되어 있다. 또 네번째 인물로 거명되고 있는 미나모토 시메이源四明야말로 서문 「이방연벽인二邦連璧引」을 쓴 미나모토 시토 즉 스가누마 토카쿠의 아들이다. 그리고 여덟번째 인물인 칸에이管桀만이 권상 즉 이미 언급한 대로 주자학자인 코즈키上月·루스留守 등과의 창화唱和를 수록한 곳에 놓여 있다.

즉 박경행이 목도한 책은 이 『화한창화록』 상·하 2권이었다는 점은 거의 의심의 여지가 없다. 박경행은 접반승 쇼켄承堅에게 편지를 쓸 때 이 책을 눈앞에 두고, 우선 위작이 집중되어 있는 이 책의 권하로부터 순차적으로 열기列記하여 가서 다시 권상으로 돌아온 것이다. 오사카의 인사가 박경행이 말한 바대로 위작이 섞인 창화록唱和錄을 출판했다고 한다면, 이것은 그가 말한 대로 기괴하기 짝이 없는 일이고, 그들의 분명한 조작을 알아챌 수 있었을 것이다.

그러나 박경행의 이 쇼켄에게 보낸 편지도 실은 기묘하다. 첫째로 이 문제의 책의 서명書名이 명기되어 있지 않다. 자기 작품의 위작이 실려 있다는 중요한 증거임에도 불구하고, 서명이 명기되어 있지 않다. 누군가로부터 받은 것이 아니라고 하여, 보낸 자나 서명을 그 이상 찾아볼 여지를 스스로 끊고 있다.

둘째로 루스留守에는 이를 알릴 길이 없다고 말하지만, 실은 이미 본 바와 같이 박경행은 이 편지를 쓴 7월 4일의 전날 즉 7월 3일에 오사카의 숙소 니시혼간지西本願寺에서 그와 만나 일본의 학술상황에 대하여 장시간에 걸쳐 필담을 나누었다. 루스에게 이를 알리고 싶었다면, 이 7월 3일에 당연히 가능했다. 7월 4일은 일행이 숙소를 떠나 귀국의 길에 오른 날이다. 이날 우연히 이 책을 입수했을 가능성도 물론 부정할 수 없다. 그러나 이 총망한 하루에 우연하게도 다른 사람이 이 책을 구매해서 가져 왔는데, 바로 이를 읽고 위작이 섞여 있음을 알고, 즉각 그날 안으로 쇼켄에게 변별하여 바로잡아야 된다는 편지를 썼다고 한다면, 너무나도 우연히 겹친다. 오히려 전날의 루스와의 필담 즉 오사카에서도 소라이徂徠학설이 크게 유행하고 있고, 루스가 수세에 처하고 있음을 알게 된 필담이야말로, 다음날 이 편지를 쓰게 한 원인이 되었다고 보는 편이 타당할 것이다.

셋째로 가장 기묘하게도 '미나모토 토카쿠源東郭' 즉 스가누마 토카쿠의 이름이 전혀 보이지 않는다. 『화한창화록』의 권하 즉 「이방연벽二邦連璧」에서 가장 많이 창화시가 수록된 것은 그의 작품이다. 여기에는 앞에서 소개한 바 있는 이봉환이 노구치 모씨野口某氏에게 준 일본문사를 비판한 글도, 스가누마菅沼가 쓴 이에 대한 반-비판문도 동시에 수록되었다. 이에 대해서는 완전히 침묵하고 언급하지 않는다.

'미나모토 토카쿠'라는 이름이 쇼켄에게 준 편지에서 완전히 언급되지 않은 것은 박경행의 작위作爲이다. 원래 이봉환은 일본 유학계를 비판하는 문장을 일개 주방장에게 준 데 불과하고, 스가누마 토카쿠 즉 미나모토 토카쿠에게 준 것은 아니었다. 스가누마도 반비판의 문장을 이봉환에게 준 것은 아니었다. 그것은 동지에게 준 메시지라는 형식으로 작성된 것에 불과하다. 그렇다면 미나모토 토카쿠라는 실명을 내걸 필요는 전혀 없다. 『화한창화록』이라는 서명을 그대로 드러내면, 당연히 그들이 '미나모토 토카쿠'의 격렬한 통신사 비판과 주자학 비판주장을 읽은 셈이 되고 만다. 그렇다면 정면에서 반론하지 않을 수 없게 되어버린다. 대신 박경행은 일부러 그의 이름을 묵살하고 서명도 명시하는 일없이 거기에 자기 시의 위작이 실려 있다, 자기가 창화하였다고 되어 있는 인물은 회견석상에 없었다는 등의 다소 어른답지 못한 내용을 접반승接伴僧에게 전하는 방식으로 반격을 가한 것이다.

박경행이 보인 이러한 작위는 도리어 그들이 스가누마菅沼의 비판문을 이 때 알았음을 말해 준다. 거기에 전개된 고학의 주장과 주자학 비판이 "육상산이나 왕양명과 같은 부류이다" 혹은 "진사이仁齋와 동류이다"라는 간단한 재비판을 더하는 것으로 끝낼 수는 없을 만큼 무거운 내용이었음을 말해 주는 것 같다.

이 『화한창화록』은 분명히 조선으로 건너갔다. 게다가 그 이름이 알려졌다. 과거 조선과 일본의 문화교류사 연구의 개척자 가운데 한 사람인 마쓰다 코松田甲는 이 『화한창화록』이 『이방연벽록二邦連璧錄』이라고도 칭하는데, 조선에서 이름이 알려져 있었음을 전하고 있다.[45] [보주 1] 『이방연벽록』이 정확히는 '이방연벽二邦連璧'임은 거의 틀림없을 것이다. 『화한창화록』은 스가누마와 이봉환의 문장을 제외하면, 다른 창화집에 비하여 특별한 점은 아무것도 없다. 역시 스가누마의 문장이야말로 문제였다고 생각될 뿐이다.

---

45) 松田甲, 「李朝英祖時代戊辰信使の一行」(『日韓史話』2, 東京:原書房, 1976, 原本 第四編, 1927), 68쪽. 한편 前注 5)의 李元植 저서, 658쪽에 의하면, 이 책은 한국 국립중앙도서관에 한 부가 현존한다고 한다.

보주 1) 李明五, 『泊翁詩鈔』 권5, 辛未海行錄에 沈象奎, 「奉贐泊翁詞伯日本之行」이 수록되어 있는데, "戊辰有二邦連璧錄. 錄中源東郭與濟庵(李鳳煥)最多酬唱. 其子四明年十七亦能屬和. 今如在者年當八旬矣. 泊翁必訪之也"라고 있다. 松田甲의 발언은 이에 의거하고 있음이 틀림없다.

한편 흥미깊은 것은 이로부터 60년 이상 지난 뒤인 1811년의 이른 바 문화통신사文化通信使에 의하여 '미나모토 토카쿠源東郭'가 다시 문제가 된 점이다. 문화통신사에는 이명오李明五라는 인물이 서기로 가담하고 있었다. 그는 코가 세이리古賀精里와의 필담 속에서 다음과 같이 말했다.

> 전에 들은 바로는 귀국의 부쓰 모쿄物茂卿[荻生徂徠]와 이토 코레사다는 주자학과 힘껏 싸웠고, 무진戊辰 즉 1748년의 통신사행에 나의 부친이 서기書記로 일본에 왔었을 때 미나모토 토카쿠가 대담하게도 크게 성학聖學을 공격하였다는 것이오. 이 때문에 나는 항상 귀국의 학문이 올바르지 않음을 의아하게 생각했소.46)

이명오의 부친이 바로 이봉환이다. 이명오는 코가 세이리와의 필담석상에서 미나모토 토카쿠라는 일본에서는 일류이지도 유명하지 않은 인물의 이름을 하등의 착오도 없이, 더구나 스가누마 토카쿠가 아닌 미나모토 토카쿠라는 이름으로 거론했다. 이것은 부친인 이봉환으로부터 미나모토 토카쿠라는 이름을 몇 번이나 들었던 것이든지, 『화한창화록』에 실려 있는 문장을 스스로 읽었기 때문으로밖에 생각할 수 없다.

이상을 통하여 1748년의 조선통신사는 그 여정에 동반하여 일본고학에 관한 인식을 심화시켜 간 점, 그들의 인식은 정확하지는 않았다고는 해도, 그 개요정도는 확실히 알았던 점을 확인하였다.

---

46) 『對禮餘藻』 6월 21일 客館의 筆語; "昔聞貴邦物茂卿, 伊藤維楨力戰朱學, 至於戊辰信行先大夫以書記入來之時, 源東郭斐瞻博大攻聖學. 故僕常以貴邦學術之不正爲訝."

어느 연구에 의하면 통신사가 일본에 왔을 때 일본의 유자(儒者)가 조선의 이퇴계를 높이 평가하고, 일본의 야마자키 안사이 등을 소개한 한 예를 가지고 이 1748년의 통신사가 거론되고 있다.[47] 확실히 거기에 조선과 일본 양국 주자학자들의 교류가 있었던 것도 사실이다. 그러나 그 통신사 일행에게 야마자키 안사이 등은 이미 어떻든 상관없는 문제였다. 그들의 입장에서 보면 어차피 야마자키 등은 조선주자학의 재탕으로밖에 비쳐지지 않았었을 듯하다. 처음 그들이 쓰시마에 도착해서 문제시한 것은 『동자문』이었다. 또 귀로에 오사카에 이르기까지 주자학 측이 거의 수세에 처하고 있음을 알고 거의 절망감이라 해야 할 개탄의 느낌을 가졌다.

일본의 주자학자가 취한 태도도 문제이다. 그들은 일본유학의 현황을 정직하게 이야기하려 하지 않았다. 그들 자신이 수세에 몰리고 있었기 때문이다. 오히려 코즈키 신케이와 같이 허위로 평하는 것이 그에 어울렸다. 허위라고 하는 것이 지나친 말이라면 자기의 주관적인 바람을 전한 데 불과했다.

5. 맺음말

이상 1748년 통신사가 도달한 일본고학에 대한 인식을 살펴보았다. 당시의 조선지식인에게 주자학이란 조선이라는 국가의 존재이

---
47) 阿部吉雄, 『日本朱子學と朝鮮』(東京:東京大學出版會, 1965), 469쪽.

유일 뿐 아니라 마땅히 그래야 할 '세계'를 관통하는 보편적인 원리이기도 하였다. 이적의 민족이 지배하는 청조에서조차 강희제康熙帝가 주자학을 극구 칭찬하고 있는 듯이 보였다. '뭍에서 멀리 떨어진 섬에 사는 야만인[絶海蠻兒]'의 땅인 일본에서도 앞선 역대의 통신사들이 전한 바에 따르자면, 주자학의 보급에 힘쓰고 있는 듯이 보였다. 그런데 1748년의 통신사에 이르러 이 곳 일본에서는 주자학이 이미 존중되지 않고 있음을 명확하게 알게 되었다.

조선통신사가 일본의 학술계에 대하여 이만큼 위기의식과 절망감을 갖지 않으면 안되었다는 사실, 이를 그들의 주관主觀을 벗어나 동아시아 학술계에서 각국의 위상이라는 한 차원 높은 관점에 서서 바라본다면, 거기에 커다란 변동이 생기고 있었던 것임을 의미한다. 그때까지 동아시아의 동쪽 끝에는 학술이라 하면 대개 조선에서 일본으로 흘러가는 것으로 정해져 있었다. 그런데 진사이의 『동자문』이 일단 조선에 전해지자 이를 무시해 버리는 것이 불가능하여 다음 번 통신사는 이를 가상의 적으로 간주하였다.

한국과 일본의 오랜 학술관계로부터 본다면 이것은 획기적인 변화이고, 학술흐름의 방향이 전환되었음을 시사한다. 앞서 우리는 조선의 박경행이나 이봉환과 일본의 마쓰자키 칸카이나 큐이칸과의 필담에 대하여 "이래서는 입장이 바뀌었다"고 말했다. 우리는 거기에 단순한 양국의 민족주의가 서로 대립하는 모습만을 읽어내서는 안된다. "입장이 바뀌었다"는 것은 그들 개인이나 민족의 입장을 넘어, 학술 그것이 놓여 있던 위치가 바로 그 즈음에 크게 역전되어 바뀌어가고 있었던 것까지도 의미하고 있다.

나아가 이를 조선연행사의 청조 한학에 대한 파악을 시야에 넣고서 다시 본다면, 아래와 같은 결론을 얻을 수 있다.

첫째로 이 1748년의 단계에서 일본고학이 단지 반反주자학이라는 입장에 서 있었을 뿐 아니라 그 뒷받침으로서 "고서를 읽는 데에는 모름지기 그 당시의 언어에 통달해야 한다"는 경전해석의 방법론, 이 청조한학에도 같이 적용되는 방법론을 갖고 있던 것이 통신사 일행에게 몇 번이나 명확하게 전해졌다. 통신사는 이 고학이 크게 유행함을 알고, 이를 '고황증膏肓症' 즉 불치의 병이 되고 있다고 개탄하였다. 거기에는 조선연행사가 보인 '인류도덕의 우려'라는 개탄과 서로 통하는 바가 있다.

처음에 필자는 김선신金善臣이 연행과정에서 집요하기까지 한 반反한학의 언사言辭를 청조의 지식인에게 던지기에 이른 한 요인으로서, 그가 연행燕行하기 앞서 일본고학에 대한 인식이 생겼던 점을 거론했지만, 이상에 의하여 그 가능성은 더욱 높아지게 되었다고 생각한다. 이 문제에 대해서는 다시 1764년과 1811년의 통신사의 경우에 보다 풍부한 사료를 제시하는 것이 가능할 것이다.

둘째로 1748년의 통신사행에서는 일본고학을 중심으로 한 학술정보가 거의 실시간으로 전해졌다. 이는 다음과 같이 말할 수 있다.

처음에 말한 바와 같이 조선연행사의 루트가 간선幹線이라면 통신사의 그것은 지선支線이었다. 다만 흥미 깊은 것은 이 간선이 일시적으로 정상적인 기능이 정지되어 있었다는 점이다. 통상적으로는 조선연행사의 루트는 정치적 또 경제적인 대동맥일 뿐 아니라 문화적인 대동맥이기도 하였다. 연행사들에 의하여 다양한 사상과 서적

혹은 문물이 북경에서 서울로 전해졌다. 그런데 1636년에 청淸이 조선을 침략했기 때문에 명조明朝에의 사절파견이 폐지되었다. 1644년에 청조가 북경으로 천도한 뒤 연행루트는 재개하였지만, 조선지식인은 청조가 이적의 민족인 만주족 국가라고 하여 이를 경멸하고, 나아가 그 지배하에 있던 한족까지도 경멸하여 그들과의 교류를 떳떳하지 않게 여겼다. 여기에 매년 대량의 인원이 서울에서 북경을 왕복하고, 정치적 또는 경제적으로 중요한 간선이 부활했음에도 불구하고, 문화면에서의 유통이 극히 결핍되어 있다는 변칙적인 루트가 출현하였다.

이는 1765년 홍대용洪大容의 연행 때까지 계속되었다고 말해도 좋다. 1644년부터 헤아리면, 실로 100년 이상에 달한다. 이 동안 인원의 빈번한 왕래와 물자의 대량적인 이동이 있었음에도 불구하고, 청조의 학술정보는 정치에 깊이 관련된 것을 제외하면 극히 제한적인 것밖에 들어오지 않았다. 그만큼 많은 수의 조선지식인이 북경을 방문했지만, 몇 명인가의 예외를 제외하면 그들은 청조인淸朝人과 교제하는 것을 기피하였다.

1748년 통신사의 바로 전회 즉 1719년의 통신사로서 일본에 온 신유한申維翰은 쿄토의 서점주인인 세오 겐베이瀨尾源兵衛로부터 "귀국은 중국 청조와 왕래하고 있으므로 현재의 중국지식인 중에서 누가 걸출한 인물인지 알고 있겠지요?"라는 질문을 받자,

사절使節은 왕래하고 있지만 청조인淸朝人과는 교류하지 않소… 청조에 벼슬하고 있는 자나 유자儒者의 문학과 학문에 대해서는 듣거나 물어보지 않

앉기 때문에 그 곳에 사는 자의 상황은 모르오.48)

라고 솔직하게 답하였다. 김선신金善臣이나 신재식申在植이 청조지식인의 사택을 방문하여 그들과 자유롭게 학술논쟁을 행한 것은 그로부터 훨씬 뒤의 일이었다.

한편 일본에 간 통신사들은 그들이 원하지 않아도 일본인 다수가 숙소로 찾아와 다양한 학술정보를 제공하여 주었다. 숙소에는 차례로 일본인이 찾아와 통신사들의 시문詩文을 요구하고, 그들과의 필담을 원하였다. 그것은 통신사 측의 일기에 자주 보이는바 그대로 응대하는 데 쉴 틈이 없어 피로가 쌓일 정도였다. 때로는 고의로 진실이 은폐되고, 때로는 의도적으로 허위도 전해졌지만, 통신사들의 알려고 하는 열의에 따라, 혹은 일본유자들의 전해 주려고 하는 의욕을 통하여 학술정보는 거의 실시간으로 전달되었다. 이 의미에서 이 1748년과 다음 차례의 1764년의 경우는 원래 연행사가 담당해야 할 역할을 일부 대행한 것이었다.

셋째로 이와 관련하여 이 통신사는 청조한학이 무엇인지 전혀 모른 채 일본고학과 접촉했다. 1748년이란 중국 청조의 건륭乾隆 13년에 해당한다. 여기서도 바로 그 즈음 일본의 고학보다 다소 늦게 이와 매우 흡사한 '한학'이 시작되고 있었다. 청조고증학을 대표하는 혜동惠棟은 이 해에 이미 52세였고, 대진戴震은 26세였다. 그러나 조선 연행사는 그간의 사정 즉 청조의 학술정보를 충분히 파악할 수 없었

---

48) 『桑韓塤篪集』 卷10, 22쪽, 韓客筆語; "雖有使介往來, 不與其人相接… 其朝士儒生文詞學問非所聞問."

다. 연행사와 통신사 가운데 새로운 학술동향을 먼저 파악한 것은 통신사 쪽이었다. 이 때문에 서울에서 두 루트가 교차하였지만, 1748년의 통신사는 청조의 학술정보를 모른 채 일본에 갔던 것이며, 거기서 느낀 위구심과 위기감에 따라 열심히 '고학'에 대한 정보를 수집할 수밖에 없었다. 외국에서 가져온 학술이라면, 우선 중국에서 들어오는 것이었던 그때까지의 조선의 역사에서 보아 이 때의 통신사가 행한 일본고학의 파악이 얼마나 곤란했던가, 그리고 그들이 획득한 정보를 조선국내에 정확하게 전달하는 것이 얼마나 곤란했던가는 짐작하기 어렵지 않다.

1748년의 통신사가 획득한 일본고학에 대한 인식은 과연 조선국내에서 어떻게 전달되고, 그 이후의 통신사 일행에게 어떠한 영향을 미쳤을까? 또 이에 대한 인식은 그 이후 어떻게 변화하게 되었을까? 우리는 조선연행사의 중국학술에 대한 인식을 시야에 두면서 더욱 고찰해 나아가야 한다.

제6장
1764년 조선통신사와 일본의 소라이학

1. 머리말

　조선통신사에 대하여 통설처럼 말해지는 것 가운데 하나는 통신사가 조선의 선진학문 혹은 선진문화를 일본에 전했다는 점이다. 그것이 통신사의 역할 가운데 하나로 열거되기조차 한다.[1] 확실히 17세기는 그랬는지도 모른다. 그러나 일본에서 고학古學이 일세를 풍미하기에 이르고, 이를 이어받은 18세기 중엽 이후가 되면, 이 통설은 성립되지 않는다. 일본의 유학계儒學界에서는 조선의 학술문화를 선진적인 것으로는 벌써 여기지 않았을 뿐 아니라, 심지어는 일본에서 생긴 고학을 거꾸로 통신사를 통하여 조선으로 전하려는 자까지 나타났다.
　한편 통신사 일행에 포함되어 일본에 온 조선의 지식인은 현지에서 고학이 유행하면서 주자학을 더 이상 높이 받들지 않는 모습을

---

1) 『新版 韓國の歷史 第二版-國定韓國高等學校歷史敎科書』(世界の敎科書シリーズ 1 東京:明石書店, 2000), 274쪽. 한편 『고등학교 국사』(서울:국사편찬위원회・국정도서편찬위원회, 2002 초판, 2004 발행), 131쪽에서도 이 부분은 바뀌지 않는다.

목격하고는, 일본의 유학계는 결국 불치의 병에 걸리고 말았다는 뚜렷한 위기의식이 더욱 확대되기에 이르렀다. 우리는 이 점을 1748년의 통신사에 대하여 이미 살펴본 바 있다.[2] 이 장에서는 그 속편으로서, 1764년의 통신사에 대하여 양국의 학술관계를 밝히려는 글이다.

본고에서는 소라이徂徠 본인의 학술만이 아니라 그의 학설에 입각하여 이를 정형화한 제자들의 업적까지도 포함하여 '소라이학徂徠學'이라 지칭한다. '소라이학'에 초점을 맞춘 것은 1764년의 통신사 일행에게 가장 문제시되었던 학술이 단적으로 이것이었기 때문이다.

조선에서 통신사를 일본에 파견할 때 최고수준의 문인을 그 사절단 속에 가담시켰다는 것은 지금까지 통설처럼 말해져 왔다. 그러나 그들이 조선에는 없는 이질적인 학문을 일본에서 접하고 어떻게 대응했던가, 귀국 후 그것을 어떻게 소개했던가 하는 점은 지금까지 문제로 거론된 적도 없었다.

1764년의 통신사 일원 가운데 원중거元重擧라는 인물이 있다. 그는 귀국 후 역대의 통신사가 남긴 것으로서는 가장 상세한 일본연구서인 『화국지和國志』를 지었다. 이 때문에 그의 일본인식에 대해서는 이미 다소의 연구가 있고, 그 속에서 소라이학에 대한 인식에 관해서도 간단하게 언급되었다.[3] 다만 원중거의 인식에만 문제를 한정해서

---

2) 본서, 제2부 제5장 「조선통신사의 일본고학 인식-조선연행사의 청조한학에 대한 파악을 시야에 넣어서」. 한편 본고에서 '1764년의 통신사'라고 부르는 것을 조선에서는 '癸未通信使'라고 부르고, 일본에서는 '甲申通信使' 혹은 '寶曆・明和의 通信使'라고 부른다. 본고에서 문제로 삼는 양국 간의 학술교류는 거의 치쿠젠(筑前) 하카타(博多)에서 멀리 떨어진 바다쪽에 있는 아이지마(藍島-相島)에 일행이 도착한 癸未年 12월 3일(1764년 1월 5일) 이후의 일이다. 따라서 본고에서는 이 통신사를 1764년의 통신사라고 지칭한다.
3) 河宇鳳, 「元重擧의 『和國志』에 대하여」(『全北史學』 11·12합집, 1989); 同氏, 「元重擧의 日本認

는, 당시 양국의 학술이 서로 어떠한 위치에 있었던가 하는 중요한 문제가 사라져 버리고 만다. 그래서는 1764년이라는 단계에서 조선통신사들이 소라이학을 어디까지 알려 했던가, 그리고 어디까지 알게 되었던가 하는 점은 전혀 해명되지 않는다. 더욱이 그들이 이를 안 것이 무엇을 의미하는지는 문제조차 되지 않는다.

일본에는 일본인들이 남긴 필담筆談기록이 상당수 남아 있다.4) 우리는 이를 조선 측의 기록과 대조함으로써 그들이 당시의 일본학술계에서 가장 영향력이 컸던 소라이학에 대하여 어느 정도까지, 어떠한 과정으로 알게 되었는가를 밝힐 수 있을 뿐 아니라, 그들이 이국에서 이를 알게 된 그 의미에까지 다가갈 수 있을 것이다.

본론으로 들어가기 전에 일본인 유학자들과 필담을 나눈 주요인사 즉 남옥南玉·성대중成大中·원중거元重擧·이언진李彦瑱 등 4인에 대하여 간단히 소개하고자 한다. 우선 제술관製述官 남옥(1722~1770)은 자가 시온時韞, 호가 추월秋月로 의령宜寧사람이다. 1753년(영조 29년, 乾隆 18년)의 문과출신이다. 1764년에 일본에서 귀국했는데, 다음해인 1765년(영조 41년)에는 서얼청통庶孼淸通운동에 의하여 이봉환李鳳煥·성대중成大中과 함께 특별히 청직淸職으로 임용하라는 국왕의 명을 받았다.

이봉환도 1748년의 통신사 일원이었다. 즉 그들은 조선시대에 관료사회에서 차별적 대우를 받은 서얼출신이자 수재였다. 남옥은 1770년(영조 46년)에 이봉환과 함께 같은 사건에 연루되어 옥사하였다.5)

識」,『李基白先生古稀記念韓國史學論叢』下, 서울:일조각, 1994); 신로사, 「元重擧의『和國志』에 關한 硏究-그의 日本認識을 中心으로-」(성균관대학교 대학원 석사논문, 2004).
4) 李元植,『朝鮮通信使の硏究』(京都:思文閣出版, 1997), 제5장「筆談唱和集總目錄」.
5) 金聲振,「南玉의 生涯와 日本에서의 筆談唱和」(『韓國漢文學硏究』19, 1996). 그의 淸職化와

남옥이 일본에서 체재한 것은 42세로부터 43세에 걸친 시기였다. 그 때의 일기로서 『일관기日觀記』가 있다.

다음으로 정사正使의 서기 성대중(1732~1809)은, 자가 사집士執, 호가 용연龍淵 혹은 청성青城 등으로 창녕昌寧사람이다. 1756년(영조 32년)의 정시庭試에 합격하였다. 일본에서 귀국한 다음해 남옥·이봉환과 함께 청직淸職으로 임용되었던 사실은 위에서 이미 언급하였다. 즉 그 또한 서얼출신이었다. 정옥자鄭玉子에 의하면, 그는 노론老論계열의 성리학파 가운데 낙론계洛論系에 속한다고 한다.6) 북학北學사상이 대두되자 이에 경도하였는데, 그 자신이 북학사상 형성의 일익을 담당하였다. 문학으로 유명했고, 문집으로 『청성집青城集』(『韓國文集叢刊』 제248집)이 있다. 일본의 유학자들과 필담을 나눈 때는 32세부터 33세에 걸친 시기였다. 그 때의 일기로서 『사상기槎上記』, 일본론으로서 『일본록日本錄』이 있다.

한편 부사副使의 서기 원중거(1719~1790)는 자가 자재子才, 호가 현천玄川으로 원성原城사람이다. 1750년(영조 26년)의 생원生員이다. 일본체재는 45세로부터 46세 때였다. 그 때의 일기로서 『승사록乘槎錄』, 일본론으로서 『화국지和國志』가 있다. 하우봉河宇鳳에 의하면 원중거도 노론 가운데 낙론계에 속하는데, 김용겸金用謙의 학문에 영향을 받았다고 한다.7) 역시 하우봉에 의하면, 족보에 의거해서는 확인할 수 없지만, 많은 정황증거로부터 보아 원중거가 서얼출신임은 확실하다고 한다. 한편 마에마 쿄사쿠前間恭作는 통신사의 제술관과 서기는 서얼의

投獄 및 사망은 『朝鮮王朝實錄』 英祖 41년 6월 壬戌 : 46년 11월 壬申조 참조.
6) 鄭玉子, 「성대중」(『한국민족문화대백과사전』, 서울:한국정신문화연구원, 1995).
7) 河宇鳳, 앞의 논문, 1994.

독무대였다고 하였다.[8] 만약 그 말대로라면 남옥·성대중·원중거뿐 아니라 뒤의 서기 김인겸金仁謙도 서얼이 된다.

마지막으로 이언진(1740~1766)을 소개한다. 그의 자는 우상虞裳, 호는 담환曇寰 혹은 운아雲我로서 강양江陽사람이다.[9] 대대로 그 집안은 역관譯官출신이었는데, 그 자신도 1759년(영조 35년)의 역과譯科에 합격하여 사역원司譯院의 주부主簿가 되었다. 일본에 왔을 때의 직함이 한학통사漢學通事였던 점으로부터도 알 수 있듯이, 그는 일본어 통역으로 온 것은 아니었다.

역관은 양반출신이 아닌 중인中人신분이 맡는다. 따라서 위에 언급한 세 사람이 서얼이라고는 해도 양반출신이었던 것과는 전혀 다르다. 일본체재 시에 그는 24세부터 25세에 해당했는데, 귀국한 지 2년 후 즉 1766년(영조 42년)에 27세의 나이로 요절하였다. 저작으로는 후인이 편집한 『송목관신여고松穆館燼餘稿』(『韓國文集叢刊』 제252집)가 있다.

2. 소라이학에 대한 인식의 진전-특히 그 저작의 획득

1764년의 조선통신사 일행이 일본에서 어떻게 소라이학에 대한 인식을 심화시켜 갔는가를 밝히는 데 있어, 우선 문제가 되는 것은 그들이 일본에 오기 전에, 이전의 통신사로부터 이에 대하여 어느

---

8) 前間恭作, 「庶孼考(2)」(『朝鮮學報』 6, 1954), 79쪽.
9) 韓泰文, 「李彦瑱의 文學觀과 通信使行에서의 세계인식」(『國語國文學』 34, 1997) ; 鄭珉, 「『東槎餘談』에 실린 李彦瑱의 필담 자료와 그 의미」(『韓國漢文學研究』 32, 2004).

정도로 전달받아 알고 있었던가 하는 점이다.

지난번의 사절使節과 이번의 사절 사이에서 어떤 접촉이 있었던 것을 전해 주는 사료로서는, 우선 남옥의 『일관기日觀記』 계미 7월 24일의 기사를 들 수 있다. 이에 의하면 이날 서울을 출발하기 전 삼사三使·제술관·서기 등이 궁정에 모여 영조英祖와 만났다. 이 때 시문詩文으로 전별한 자 가운데 류후柳逅·이봉환李鳳煥·박경행朴敬行 등 세 사람의 이름이 보인다. 세 사람 모두 1748년의 통신사 일행인데, 그 중에서도 이봉환과 박경행 두 사람이 고학파古學派를 중심으로 하는 일본유학자들의 공세를 집중적으로 받았다는 점은 이미 언급한 바 있다.

다만 일본의 유학정세에 대하여 양자 간에 무슨 내용이 어느 정도 전해졌는가는 조선 측의 기록, 일본 측의 기록 모두 명확하게는 기재되어 있지 않다. 이러한 사료상황 속에서 중요한 시사가 되는 것은 원중거가 일기 『승사록乘槎錄』에 남긴 에피소드이다. 그것은 그가 막 일본으로 떠나기 직전, 부산에서 '양우兩友'와 주고받은 대화이다. '양우'라고 그가 지칭한 자가 제술관 남옥과 서기 성대중이라는 것은 『승사록』에서 몇 번이나 보이는 양우라는 용례의 대부분이 '온집양우蘊執兩友' 즉 남옥[자는 時韞]과 성대중[자는 士執]의 두 벗이라고 기록되어 있는 점 등으로부터 보아 확실하다. 대화는 아래와 같다.

> 원중거: 일본인은 정자程子와 주자朱子의 학설을 무시하고 있소. 나는 정자와 주자의 설에 의거하여 일본인에 대응하려고 하는데, 어떻게 생각하시오?
> 남옥·성대중: [난색을 표하며] 그것은 좋은 일이기는 하오. 그러나 그들이

무시하고 있는데, 자기만 일방적으로 말하면, 반드시 서로 어긋나 맞지 않게 마련이오. 『좌전左傳』이나 『세설신어世說新語』를 근거로 하여 우스갯소리를 섞어 익살꾼처럼 하는 편이 가장 간편할 것이오.

원중거: 정주程朱의 도道에 대하여 내가 이해하고 있다고는 생각하지 않소. 그러나 이것 없이는 나는 이야기를 할 실마리조차 찾을 수 없소. 내 아둔하고 용렬한 재주로는 설령 실컷 농담을 지껄이며 마음껏 담소하려 해도, 평소에 할 수 없는 것을 무리하게 해서 될 리가 없소… 우리 예禮와 의義가 있는 조선朝鮮을 배경으로 장중하고 공경하게 거동하는 동시에 관복을 정돈하고, 동작과 위의威儀의 규범을 잃지 않으며, 정주程朱에 없는 것은 말하지 않고, 경서經書에 없는 것은 끌어들이지 않는 것이 오히려 좋지 않겠소? 시문詩文이라면 재능이 미치지 못하므로, 이를 짓지 않으려 하오.

남옥·성대중: [웃으면서] 말씀하신 것은 모두 올바르고 당당합니다. 우리들도 명심할 것이오. 다만 시문을 주고받는 자리는 본래 학문에 대한 깊은 논의가 이루어지지 않는 법이오. 가령 이쪽에서 정주를 끌어들여 말하더라도 일본인이 멋대로 비난하고 배척한다면, 흑백을 분명히 나누어 설복시키는 것이 가능하겠소? 체면을 구겨 그치는 것보다는 처음부터 문제를 일으키지 않는 편이 좋을 것이오.

원중거: 좌중에 만약 정주를 비난하고 배척하는 무리가 있다면, 정색하여 이를 물리쳐 시문을 주고받지 않으면 무슨 체면을 구길 일이 있겠소? 그러나 결코 이런 지경에까지 이르지는 않을 것이오. 가서 일단 살펴봅시다.

그래서 두 벗은 이에 찬성했다고 한다.[10]

---

10) 元重擧, 『乘槎錄』 甲申 3월 10일: "初到釜山. 余謂兩友曰, 日本之人, 不知有程朱. 吾欲動引程朱以接之. 兄意如何. 兩友難之曰, 豈不好耶. 但彼所不知, 己獨言之, 必有齟齬不相合之弊矣. 不若依左傳·世說, 雜諛諧, 以俳優蓄之之爲簡便矣. 余曰, 程朱之道, 吾安能知之耶. 但非此則吾無藉手藉口之語. 以吾鈍劣, 縱欲謔浪笑傲, 淋漓談讌, 平生所不能者, 顧何可强而能之耶.… 以

이 대화로부터 엿볼 수 있는 첫번째는 "일본인은 정자와 주자의 학설을 무시하고 있다"는 인식을, 출발 전에 이미 세 사람이 공통적으로 갖고 있었다는 점이다. 일본의 유학계에서는 이미 송학宋學 즉 정주程朱의 학설을 거의 누구 한 사람 진지하게 배우는 자는 없는 듯하다. 일본의 유학자에 대하여 그것의 정당함을 설득하는 것은 이미 거의 불가능할 뿐 아니라, 일단 송학이 옳은가 일본에서 유행하고 있는 학술이 옳은가에 대한 논쟁이 벌어지면, 조선통신사 쪽이 이기지 못할 위험성이 있다고까지 그들은 생각하고 있었다.

이것은 앞선 1748년의 통신사로부터 모종의 전달이 없이는 불가능한 일이다. 그것은 그들이 이보다 앞선 즉 1719년의 통신사였던 신유한申維翰의 『해유록海游錄』을 읽고 일본에 왔었지만, 거기서는 "일본에서의 성리학은 어느 하나 들을 만한 점이 없다"고 한 바와 같이, 일본의 유학은 경멸의 대상에 불과했기 때문이다. 또 이황李滉의 『퇴계집退溪集』이 어느 집에서도 소리내어 읽히고 있다고도 기록되어 있었다.[11] 거기에는 일본의 유학은 매우 뒤떨어진 것으로서 일본의 유학계는 조선의 주자학에 대하여 공경과 흠모의 마음을 품고 있다고 적혀 있었다. 따라서 "함부로 비난과 배척을 당하여" "체면을 구긴다"는 걱정을 할 필요는 없었다. 세 사람의 대화 속에 보이는 긴박감은

吾禮義朝鮮, 莊敬自持, 修飾冠服, 不失動作威儀之則, 非程朱不語, 非經書不引, 顧不好耶. 至於詩文, 則才旣不逮, 必欲略之. 兩友笑曰, 立言甚正大, 吾亦服膺. 第唱酬之席, 本非講學之時. 已若語引程朱, 而彼或忘加斥, 則其可盡與辯難耶. 若至不好顔面而罷, 則不如初無事之爲愈矣. 余曰, 座中若有非斥程朱之類, 則正色斥之, 勿與唱酬, 亦何傷耶. 然必不至於此境矣. 行且觀之, 兩友唯唯矣."

11) 申維翰, 『海游錄』, 『海行摠載』 一, 『朝鮮群書大系』 續續 第三輯, 京城(서울):朝鮮古書刊行會, 1914) 352, 299쪽.

바로 1748년의 통신사였던 박경행 및 이봉환이 일본유학계의 실상을 목격하고 전해 준 바와 서로 통하는 점이 있다.

또 원중거가 자기를 '아둔하고 용렬하다'고 인정하지 않을 수 없었던 것도, 이 또한 1748년의 통신사가 가져 온 필담기록이나 주고받은 시문詩文을 스스로 보았던가, 박경행이나 이봉환으로부터 일본 문인의 시문능력이 급속하게 향상되었다는 이야기를 직접 들었기 때문으로밖에 생각할 수 없다. 그것은 신유한의 기록에서는 역시 아직도 일본인의 시문이 얼마나 형편없는가가 강조되고 있기 때문이다.12) 1748년의 통신사에 의한 정보가 없이는 그가 이처럼 심각한 열등감이나 공포감을 느낄 이유는 없는 것이다.

이처럼 그들이 조선을 출발하기 이전에 일본의 유학계가 거의 반反주자학으로 기울고 있다는 인식을 갖고 있었던 것은 분명하다. 다만 그 중심이었던 오규 소라이荻生徂徠의 저작을 읽었는가의 여부가 그들의 기록에서는 전혀 보이지 않는다.

그런데 이 문제에 대해서는 일부 일본 측 사료가 유력한 정보를 제공해 준다. 우선 오사카大坂의 오쿠다 모토쓰구奧田元繼가 남긴 필담집 『양호여화兩好餘話』를 들 수 있다. 이에 의하면 남옥 등의 일행이 왕로往路에 오사카에 들렀을 때, 오쿠다奧田는 "『동자문童子問』·『변도辯道』·『변명辯名』·『논어징論語徵』 등은 이미 조선에 전해져 그 설의 타당성 여부를 논의하여 판정하고 있소?" 하고 물었다. 이에 대하여 남옥은 "그 저서들은 지난 번 통신사가 이미 가져왔소. 이를 본 적이 있지만, 대단히 혐오스러운 내용이었소"라고 대답하였다.13) 이에 의하면 그

---
12) 위의 책, 343쪽.

들은 일본에 오기 전부터 소라이의 주요저작을 읽었던 셈이 된다. 확실히 진사이仁齋의 『동자문童子問』은 1719년의 통신사가 실제로 조선으로 가져갔기 때문에, 그가 이 책을 보았을 가능성은 있다. 그러나 과연 소라이의 『변도』・『변명』・『논어징』을 그가 정말로 읽었는지 그 여부는 의심스럽다.

남옥・성대중・원중거의 일기 및 현존하는 일본인이 쓴 수많은 필담기록 속에서 소라이의 이름이 처음 나오는 것은 계미년(1763) 12월 10일이다. 그것은 하카타博多에서 바다 쪽으로 멀리 떨어진 아이지마藍島에서 일행이 카메이 난메이龜井南冥와 필담을 나눴을 때이다.

카메이는 소라이학파에 속한다.14) 그의 『앙앙여향泱泱餘響』에 의하면 남옥이 "일본에서는 누구의 문집이 높이 평가되고 있소?"라고 물어본 데 대하여 "켄엔蘐園 옹의 작품일 것이오"라고 답하고 있다.15) 한편 남옥의 일기에서는, 소라이의 제자 나가토미 호永富鳳[獨嘯庵]의 『낭어囊語』를 읽고 거기에 나오는 켄엔이란 "부쓰 소하쿠物雙栢의 한 호이다"라고 적었다. 또 원중거의 일기에서도, 카메이와의 필담에서 나오는 켄엔은 부쓰 소하쿠를 말한다고 썼다. 이들의 기록에 의하는 한, 아마 남옥도 원중거도 켄엔이 소라이의 호라는 것조차 이 단계까지는 몰랐던 것 같다. 또 여기에서 소라이의 이름이 나오고 있는데, 남옥은 "켄엔의 문집은 몇 권이오? 오사카에 가면 구매하여 읽을 수

---

13) 奧田元繼, 『兩好餘話』 卷上, 3쪽; "彼所謂童子問・二辯・論語徵等旣有傳貴邦, 議定其道可否邪.… 諸著則前使已齎去. 一觸鄙眼, 可惡可惡."
14) 『龜井南冥・昭陽全集』 第1卷(福岡: 葦書房, 1978), 9쪽.
15) 龜井南冥, 『泱泱餘響』(同前書), 513쪽 下; "秋月曰, 貴國百餘年來, 文集以誰爲宗. 道哉曰,… 予所見知者, 且蘐園翁乎. 秋月曰, 蘐園集幾卷, 到大坂, 可求見否."

있소?"라고 물어보았을 뿐으로『변도』등을 이미 읽었는지는 일언반구도 없다. 1748년의 통신사가 일본에 왔던 때에는 쓰시마번對馬藩의 유학자와 만나자마자 바로『동자문』이라는 책을 거론했었는데, 그 때와는 크게 다르다.

『변도』・『변명』・『논어징』이 소라이의 주요저작이라는 사실은, 남옥 등이 왕로에 아카마가세키赤間關[下關의 옛 이름]에 이르렀을 때 타키 카쿠다이瀧鶴台로부터 알게 되었다.16) 타키瀧도 소라이학파에 속한다.17) 이 자리에서도 남옥 등은 이들 저작을 이미 읽었다는 등의 말은 한 마디도 하지 않는다.

남옥의 일기를 비롯하여 남겨진 자료에 의거하는 한, 그가 분명히 소라이 본인의 저작을 읽은 것은 일행이 에도江戸에 체재하고 있던 때, 즉 고작해야 1764년 3월 2일의 일이있다. 게다가 그것은『변노』・『변명』혹은『논어징』이 아니라『소라이집徂徠集』이었다. 그때의 일을 그는 대체로 다음과 같이 기록하고 있다.

나바 로도那波魯堂가 하쿠세키白石의『정운집停雲集』과 소라이의『소라이집』을 가지고 왔다.… 소라이란 부쓰 소하쿠의 문집으로서 이른바 켄엔이다. 『사서징四書徵』을 지었고, 온 힘을 다하여 주자를 공격했으며, 멋대로 편파적이고 도리에 어긋난 말을 하여 온 나라 사람들을 선동하여 따르게 하였는데, 그만큼 명성이 있는 자는 없다.… 이반룡李攀龍을 알게 된 후에 처음으로 고학古學・수사修辭・입언立言이란 무엇인가를 알았다고 하는데, 적절

---

16) 瀧鶴台,『長門癸甲問槎』권1, 7쪽; "近歲東都有徂徠先生者. 大唱復古之學, 風靡海內. 所著有 辯道・辯名・論語徵等, 其詳非一席話所能盡也."
17)『先哲叢談』(源了圓, 前田勉 校注, 東京:平凡社, 東洋文庫 547, 1994), 425쪽.

한 설명이 없고, 도리에서도 크게 벗어난다. 그 시詩는 문장에 미치지 못하고, 우리 조선인을 업신여기는 말이 많이 보인다.18)

그의 일기에서 어떤 내용이었는지는 모르겠지만, 어쨌든 소라이의 저작을 읽었다고 기록된 것은 이것이 처음이다. 소라이의 문집을 손에 넣는 것은 하카타에서 바다 쪽으로 멀리 떨어진 아이지마에서 카메이로부터 그 이름을 들은 이래, 그의 염원이었다. 그는 이 책을 오사카에서도 입수할 수 없었다. 그는 오사카로부터 일행을 수행하여 온 나바 로도에게 대신 구입해 달라고 부탁했는데, 결국 이날 선물로 받게 되었던 것이다.19) 다만 여기서는 『논어징論語徵』이라고 해야 할 것을 『사서징四書徵』이라고 잘못 기록하고 있다.

남옥이 3월 2일에 『소라이집』을 입수한 것은, 그만이 아니라 성대중과 원중거에게도 큰 수확이었다. 3일 후인 3월 5일, 에도의 관의官醫인 야마다 세이친山田正珍호는 宗俊이 숙소를 방문했을 때, 성대중이 한창 『소라이문집徂徠文集』과 『슌다이문집春台文集』을 읽고 있는 것을 목격하였다. 야마다山田가 "소라이의 문장이 어떠하오?"라고 묻자, 성대중은 "소라이의 언어구사는 '일본의 거장'이라고 해야겠지만 학술은 크게 잘못되었소"라고 답했다고 한다.20) 이는 남옥이 『소라이집』을

---

18) 南玉, 『日觀記』 권8, 3월 2일; "師曾携示停雲集・徂徠集. 停雲源嶼所選日東詩, 徂徠乃物雙栢之文, 所謂護園也. 作四書徵, 攻朱子無餘力, 肆爲詖淫之辭, 鼓一國而從之, 其聲望莫之先焉. 觀其文, 非不爲自中之雄, 光燄燁然, 辭說玄放, 而以得李滄溟而後, 始得古經修辭立言之義云者, 求說不得, 於理不近. 詩又不及文, 多譏貶我人之語."
19) 顯常大典, 『萍遇集』 卷上, 5월 5일의 필담 기록에서 "秋月曰, 魯堂贈我以徂徠集, 不言價"라고 되어 있다. 那波가 南玉에게 『徂徠集』의 책값을 말하지 않았던 데 대하여, 남옥은 대금을 지불하고 싶다고 말했던 것이다. 이것이 그가 대신 구입해 달라고 말한 것을 의미하는 것 같다.

입수했기 때문에 그도 즉시 윤독輪讀했음을 말한다.

원중거의 일기에서는 『소라이집』을 읽었다는 기사는 3월 10일에 보이기 때문에, 그도 또한 남옥이 입수한 것을 윤독했음이 분명하다. 실은 원중거도 나바 로도에 대하여 『소라이집』을 읽고 싶다고 전부터 말하였다. 평소에 정자와 주자밖에 말하지 않는 원중거가 왜 『소라이집』을 읽고 싶다고 하는지 나바는 의아스러웠다. 원중거가 『소라이집』을 읽고 난 뒤 나바가 그 느낌을 묻자, 그는 "기이한 재주에 기묘한 기풍이오. 아쉽고 가련할 뿐이오"라고 대답했다고 한다.[21] 이 말투를 통해 보면, 원중거도 역시 에도까지 와서 비로소 소라이의 저작을 읽었는데, 그 저작은 『소라이집』이었음을 알 수 있다.

그런데 성대중이 귀국길에 아카마가세키에서 하기번萩藩의 타키 카쿠다이와 다시 만났을 때, 소라이의 전집全集과 『변도』·『변명』은 이미 읽었지만, 그의 수필과 『논어징』 및 『학칙學則』은 아직 보지 못했다, 어떻게 읽을 수 없겠는가 하고 물어보았다.[22] 이것은 귀국시의 일이다. 그는 『소라이집』 외에 『변도』·『변명』을 그때 이미 입수했었던 것 같지만, 수필 즉 『켄엔蘐園수필』과 『논어징』·『학칙』은 이 단계에서 아직 손에 넣지 못했던 것이다.

이상을 통해 보면 그들은 소라이 저작 가운데 『소라이집』을 가장 먼저 읽었음을 알 수 있다. 남옥은 왕로에 오사카에서 오쿠다 모토

---

20) 山田正珍, 『桑韓筆語』; "時龍淵讀徂徠文集·春台文集. 故問之 (龍淵曰) 徂徠文辭可謂日東巨匠, 而學術大誤."
21) 元重擧, 『乘槎錄』 3월 10일.
22) 瀧鶴台, 『長門癸甲問槎』 권2, 9쪽; "徂徠隨筆·論語徵未見. 其全集已見, 辯道辯名亦已見, 未見學則. 足下有帶來者否."

쓰구奧田元繼의 질문에 대하여 『변도』・『변명』・『논어징』을 이미 읽고 온 것 같은 자세를 취했지만, 이 가운데 『논어징』은 귀국시에 이르기까지도 읽지 못했던 것이다.

한편 이언진은 역관, 게다가 중국어 통역관이었기 때문에, 양반 출신의 남옥 등과는 필담의 자리를 같이하지 않았다. 실은 그는 성대중이 귀국시에 이르러서도 입수할 수 없었던 『학칙』을 훨씬 전에 에도에서 이미 입수했던 듯하다. 큐이칸宮維翰[宮瀨龍門・劉維翰]은 3월 10일 그의 벗인 미야타 아키라宮田明[金峰]가 이언진에게 선사하기 위해 이 책을 가져왔다고 기록하고 있기 때문이다.[23] 3월 10일이라고 하면 남옥이 『소라이집』을 입수한 직후였지만, 그의 일기에서도 원중거의 일기에서도 『학칙』에 대해서는 전혀 언급하고 있지 않다. 게다가 말하자면, 그는 『소라이집』도 남옥보다 먼저 입수했던 것 같다. 이보다 앞선 2월 18일, 이요伊予 오오즈번大洲藩의 유학자로서 숙소에서의 접대를 맡았던 토 시테쓰滕資哲와 필담을 할 때 『소라이집』을 읽었다고 말하고 있기 때문이다.[24] 이언진은 남옥 등과는 신분이 완전히 달랐으므로, 각자가 얻은 학술정보를 교환하는 일은 없었던 듯하다.

이상에 의하여 그들이 조선을 출발할 때 소라이의 저작을 어느 것 하나 읽지 않았다는 점은 거의 단언할 수 있다. 또 왕로의 오사카에서 오쿠다 모토쓰구奧田元繼에게 남옥이 한 대답도, 실은 허세에서 나온 것임도 거의 단언할 수 있다. 역으로 이상에 의하여 1764년의

---

23) 宮維翰, 『東槎餘談』 卷下, 3쪽; "龍門曰, 金峰持徂徠學則來, 爲贈足下也. 知否. 雲我曰, 旣知之."

24) 滕資哲, 『鴻臚館文稿』 2월 18일, 筆語; "(雲我曰) 先生知物茂卿乎. 頃間見彼集, 此子亦奇士哉. 文章博雅可敬, 然學問一段必非眞法門. 惜其才之美, 不入正道而爲賢人爲君子也."

통신사 일행이 일본에 온 이래 소라이의 저작을 입수하려고 얼마나 열성적이었던가는 분명해졌다. 『소라이집』・『변도』・『변명』 등 세 책을 획득한 것이 소라이학에 대한 그들의 인식을 비약적으로 높인 점도 여기서 거의 단언해도 좋을 듯하다.

남옥은 귀로에 아카마가세키에서 타키 카쿠다이에게 "나는 『소라이집』 및 『변도』・『변명』을 숙독하였다"고 말했다.[25] 그가 세 책 가운데 적어도 『소라이집』을 숙독한 것은 귀국 후에 쓰시마에 대하여 논한 다음의 문장으로부터 확인할 수 있다. 그것은 "소라이의 문장에 의하면, 조선에는 9세대가 지난 후에도 [일본에게] 반드시 복수하려는 의지가 있지만, 인삼은 천하사람들의 목숨이 달려 있는 것이므로 우호관계를 끊어서는 안된다. 쓰시마는 양국 사이에 놓여있기 때문에 잘 대우해 줘야 한다고 씼다"는 내용이다.[26] 실은 이것은 『소라이집』 권10, 「쓰시마의 서기 우 하쿠요에게 주는 글贈對書記雨伯陽叙」의 관련 부분을 요약한 것으로서, 결코 원문 그대로 기재하지는 않았지만, 용어는 대부분 소라이가 사용한 것이다.[27] 이러한 문장은 『소라이집』을 곁에 두고 쓴 것이 아니라면, 상당히 숙독한 자가 아니고는 쓸 수 없다.

성대중이나 원중거는 적어도 『소라이집』을 숙독하였다. 성대중은 타키瀧에게 그 스승인 야마가타 슈난山縣周南의 이름을 듣자 바로

---

25) 瀧鶴台, 『長門癸甲問槎』 권2, 15쪽; "僕熟閱徂徠集及辯道辯名."
26) 南玉, 『日觀記』 권10, 總紀, 源系; "物雙栢之文有策國之論曰, 朝鮮有九世必報之志, 人參繫海內生靈之命, 不可絶和. 馬州守介於兩國, 亦不可不善遇."
27) 『徂徠集』 권10, 「贈對書記雨伯陽叙」; "其介乎二大國,… 萬一釁啟, 毋乃弗有齊襄九世之志乎. 若或貢聘一絶, 則人參繫乎海內生靈之命矣.… 夫對府之重爲最於諸邊."

"그 이름은 『소라이집』 속에서 본 적이 있소"라고 응대했다. 확실히 그 이름은 『소라이집』에 몇 번 나온다. 더욱이 타키에게 이토 진사이伊藤仁齋와 토가이東涯의 이름을 듣자 곧바로 "토가이東涯란 소라이가 말하는 '서경西京[京都;역자]에 이 겐조伊原藏가 있고, 관關의 서쪽에 우 하쿠요雨伯陽[雨森芳洲]가 있다'고 한 그 자인가요?"라고 물었다.[28] 이것은 『소라이집』 권27, 「쿠쓰 케이잔에게 답함[答屈景山]」에 나오는 "낙洛[쿄토·역재]에 이 겐조伊原藏가 있고, 해서海西에 우 하쿠요雨伯陽가 있으며 관關 동쪽에는 곧 시쓰 시레이室師禮[室鳩巢]가 있다"는 말에 근거하고 있음이 분명하다. 필담현장에서 즉각적으로 나온 답변이었음에도 불구하고, 이처럼 거의 같은 문장의 구성이었던 것은 『소라이집』을 상당히 숙독하고 있는 자가 아니고서는 불가능하다.

원중거도 마찬가지이다. 일기 『승사록乘槎錄』에는 에도를 떠날 때 썼다고 생각되는 그의 일본론이 실려 있다. 거기에는 의학론醫學論을 전개하면서, 『소라이집』에서 소라이는 "인삼은 천하사람들의 목숨이 달려 있다"고 말하고 있다. 이것도 이미 언급한 대로 『소라이집』, 「쓰시마의 서기 우 하쿠요에게 주는 글[贈對書記雨伯陽叙]」에서 "인삼은 천하사람들의 목숨이 달려 있다"고 한 그대로이기 때문에, 그는 이 책을 곁에 두고 쓴 것이 아니라면, 정확하게 읽고 파악해 두고 있었음을 알 수 있다.

또 그는 귀로에서 하카타번博多藩의 주자학자 이노우에 슈도井上周道[魯洞]와 필담을 나눌 때, 그의 스승인 타케다 슌안竹田春庵에 대한 이야기가 나왔다. 그는 거기에서 "『소라이집』 속에 있는 「슌안에게 주

---

28) 瀧鶴台, 『長門癸甲問槎』 권2, 18쪽; "東涯者茂卿所謂西京有伊原藏, 關以西有雨伯陽者邪."

는 학문을 논하는 편지[與春庵論學書]를 읽고, 슌안春庵이 가는 길이 올바르고, 명성에서도 실력에서도 대단하여 소라이라는 외부의 적으로부터 지켜낼 수 있는 견고한 성城임을 알았다"고 말하고 있다.29)

『소라이집』 권27에는 확실히 「타케 슌안에게 주는 편지[與竹春庵]」 2통이 수록되어 있는데, 그 편지들은 타케다竹田가 송유宋儒를 옹호하고, 명조明朝의 왕세정王世貞·이반룡李攀龍을 공격한 것에 대하여, 소라이가 반 비판을 가한 서간이다. 원중거도 『소라이집』을 숙독하고 그 내용을 파악하고 있었던 것이다.

이상을 통하여 그들 세 사람은 소라이의 저작을 입수하는 데 매우 열성적이었고, 또 세 사람 모두 일본을 떠나기까지 『소라이집』을 숙독하고 있었던 사실은 거의 증명되었다고 생각한다.

3. 소라이학파의 교감학과 고서적의 복각에 관한 지식의 진전

다음에 문제가 되는 것은 야마노이 카나에山井鼎나 다자이 슌다이太宰春台 등 소라이의 제자들이 시작한 교감학의 업적 및 일본에서 전해지고 있는 고서적을 이용한 중국고전의 복각復刻에 대하여 그들이 어떠한 관심을 보이고, 어디까지 알고 있었던가 하는 문제이다.

---

29) 『和韓雙鳴集』 권5, 25쪽; "且見徂徠集中與春庵論學書, 知春庵門路克正, 望實蔚然, 屹爲徂徠 堅城… 大抵東方學問, 九分被徂徠輩壞了."

야마노이 카나에는 아시카가足利학교 소장의 송판宋版『오경정의
五經正義』등을 저본으로 하여 3년에 걸쳐『칠경맹자고문七經孟子考文』을
편찬하였다. 소라이의 동생인 부쓰 칸物觀이 여기에서 빠진 것을 보
충하고, 소라이의 서문을 덧붙여 출판한 것은 1731년(享保 16년)이었다.
다자이 슌다이가 공안국전孔安國傳의『고문효경古文孝經』을 교감한 뒤
음주音注를 붙여 출판한 것은 그 다음해인 1732년(享保 17년)의 일이었다.
한편 마찬가지로 소라이의 제자인 네모토 손시根本遜志가 역시 아시
카가학교의 저본을 토대로 황간皇侃『논어의소論語義疏』를 간행한 것은
1750년(寬延 3년)이었다.

이 책들이 나가사키長崎를 경유하여 중국으로 건너가, 청조고증
학에 영향을 주었을 뿐 아니라, 그 후『사고전서四庫全書』에 수록되었
던 점은 주지하는 바이다.30) 이 소라이의 제자들이 시작한 일본 현
존 고서적의 복각에 대하여, 이에 관련한 내용이 처음으로 조선통신
사에게 전해진 것은 1748년의 일이었다.31)

1764년의 통신사에게, 이에 관한 정보는 더욱 상세하게, 게다가
각지에서 몇 번이나 전해졌다. 이에 관한 필담기록으로서는 우선 다
음과 같은 것이 있다.

　　이시카네 노부아키石金宣明: 저 중국에도 없는 책이 우리나라에는 종종 있소
　　경전으로는 송판宋版의『칠경七經』・『맹자孟子』・『고문효경古文孝經』등의 종
　　류이고, 전주傳注로는 황간皇侃『의소義疏』와『맹자직해孟子直解』등이오 이

---

30) 狩野直喜,「山井鼎と七經孟子考文補遺」,(『支那學文藪』東京:みすず書房, 1973).
31) 졸고,「조선통신사와 일본의 서적-古學派校勘學의 저작과 古典籍을 중심으로-」(본서, 제
　　2부 제7장) 참조.

러한 책들은 현재 중국에서는 없어졌다고 하오. 그밖에 자子·사史·전기傳
奇도 다 있소.『통전通典』·『문헌통고文獻通考』, 통사通史 등은 공부하는 자들
이 아침저녁으로 암송하며 익히고 있는데, 집집마다 구비하고 있소.
남옥南玉: 지금 예시한 책들은 [중국에서] 배로 보내온 것이오? 최근 보내온
것이오?
이시카네 노부아키: 그렇지 않소. 배로 중국에서 온 책은 거의 만력萬曆·가
정嘉靖 각본刻本이오. 그 가운데 [급고각汲古閣] 모진毛晋소장의『십삼경十三經』·
『십칠사十七史』·『한위총서漢魏叢書』·『진체비서津逮秘書』등은 일본 에도시대
초기의 케이쵸慶長연간 이래 유입된 것이오. 내가 대답한 송판은 중고中古
이래 우리 천조天朝의 비고秘庫에 보관해 온 것이고, 지방의 학교에 보관된
것도 있는데, 글자체는 한자 한자 뚜렷하여 명판明版과는 크게 다르오.[32]

이시카네 노부아키石金宣明의 이름은 남옥『일관기日觀記』에서는 2
월 25일의 기사에 세키 노부아키石宣明로 등장한다. 무쓰陸奧 출신이
지만, 에도에서 사숙私塾을 열고 있었다. 필담에 참가한 자는 남옥·성

---

32) 石金宣明,『韓館應酬錄』2월 25일; "石金: 彼中國所無間有焉. 經則宋版七經孟子及古文孝經
類, 傳注則皇侃義疏孟子直解等, 若此彼邦今則靡有云. 其他子史傳奇悉存矣. 通典·通考·通史
等, 學士所朝習夕誦, 家藏之. 南玉: 今所示目, 海舶所送乎. 近送之乎. 石金: 不然. 海舶來書, 率
萬曆嘉靖刻也. 其中毛晋所藏十三經·十七史·韓漢魏叢書·津逮秘書如此等, 慶長以來送之.
僕所答宋板者, 中古以來藏天朝秘庫, 亦有藏郡國學校者, 字樣明楷, 大異明本."
한편 이 응답 후에 石金은 다음과 같은 코멘트를 남기고 있다. "宋板經子多出足利郷學校,
而其書朝鮮本云. 往征朝鮮之時, 長門毛利氏齎來, 藏之學校文庫也. 余以此不答者, 避征韓之事
也." 즉 石金은 아시카가足利학교 소장의 宋版 가운데 대부분은 조선으로부터의 약탈본
으로 이해하고 있었다. 아울러 川瀨一馬,『足利學校の硏究』(東京:講談社, 1948), 148쪽에 의하
면, 足利學校에는 朝鮮版 15部가 있는데, 아마 이것들은 德川家康과 관계가 깊었던 三要元
佶이 기증한 것인 듯하다고 한다. 그러나 山井이나 根本이 底本으로서 사용한 宋版『五經
正義』나 鈔本 皇侃,『論語義疏』등은 이미 15세기 이전에 足利學校에 들어와 있었던 것으
로서, 이 朝鮮本과는 관계가 없다. 三要가 足利學校의 경영과 활자판의 출판에 크게 관여
했기 때문에 당시 이와 같이 생각하는 자도 있었던 것이다.

대중·원중거 등 세 사람이다. 이 필담은 남옥이 "여행도중에 이따금 『통전通典』을 보았소. 일본에는 참으로 책이 많군요. 모든 기서奇書의 도서목록을 들려주지 않겠소?"라고 적은 데 대한 대답으로서 이시카네石金가 몇 권의 책 이름을 거론했던 것이다. 남옥이 이시카네가 제시한 도서목록에 대하여, "배로 보내온 것이오? 최근 보내온 것이오?"라고 초점에서 벗어난 내용을 묻고 있는 것은, 이 필담이 행해진 단계에서는 그가 아직 『소라이집』을 읽지 않았음을 말한다. 그것은 『소라이집』에는 「칠경맹자고문서七經孟子考文叙」가 수록되어 있었기 때문에, 만약 이를 이미 읽었다면, 이시카네으로부터 송판 「칠경맹자七經孟子」라는 말만 들었다 해도, 바로 이것과 관계있는 이야기임은 이해할 수 있었을 터이고, 이러한 초점에서 벗어난 질문을 하지는 않았을 것이기 때문이다. 또 야마노이 카나에·부쓰 칸의 『칠경맹자고문보유七經孟子考文補遺』, 다자이 슌다이太宰春台의 『고문효경古文孝經』, 네모토 손시根本遜志의 『논어의소論語義疏』가 이미 출판된 것도, 또 그러한 저작이 일본 현존의 고서적을 저본으로 한 것도, 그는 이 단계에서는 몰랐던 듯하다.

에도에서는 3월 10일, 다음과 같은 필담도 행해졌다.

> 큐이칸: 황간皇侃의 『논어의소論語義疏』, 공안국주孔安國注의 『고문효경古文孝經』, 왕숙王肅의 『공자가어주孔子家語注』 등 책은 이미 간행되었소 이 책들은 중국에서는 사라지고, 온전하게 우리 일본에만 현존하는데, 옛것을 좋아하는 학자들이 높이 받들고 있소… 당신은 송학에 심취하고 있으므로, 이 책들을 귀한 것으로는 생각하지 않을 듯하오
> 원중거: 그렇소 이들 주해注解가 있다 해도, 『대학大學』에서 가르치는 정심正心·

성의誠意를 실천하는 데 무익하기 때문에 우리나라에서는 별 필요가 없소[33]

큐이칸은 역시 소라이학파에 속한다.[34] 조선 측에서 동석한 자는 원중거·남옥·성대중과 김인겸이었다.

여기서는 명확하게 황간의 『논어의소』 이하의 여러 책이 일본에서 간행되고 있음이 전해졌다. 큐이칸의 말이 다소 도발적이었기 때문이었는지 원중거는 주자의 가르침에 유용하지 않다면 필요가 없다고 답하였다.

한편 그들은 그 후 황간의 『논어의소』란 어떠한 책이고, 거기에는 어떠한 내용이 실려 있는지를, 귀로에 오사카에서 알게 되었다. 필담의 상대는 나바 로도邢波魯堂의 동생 오쿠다 모토쓰구奧田元繼이다.

오쿠다 모토쓰구: 황간이 의소義疏를 가한 『논어』에는, 전편에 걸쳐 야也·의矣·언焉 등의 글자가 주자의 집주본集註本보다도 많이 사용되고 있소. 그밖에 문자가 다소 다른 것으로서는, 집주본에서 '빈이락貧而樂'(「學而」편)이라는 부분이 '빈이락도貧而樂道'라고 되어 있고, '구이경지久而敬之'(「公冶長」편)가 '구이인경지久而人敬之'라고 되어 있는 등이오. 또 공야장公冶長이 새의 말을 이해할 수 있었다고 황간의 『논어의소』에는 상세하게 실려 있소. 그런데 주자의 『논어집주論語集註』에서는 "공야장이란 어떤 인물이었는지 불분명하다"라고 하고 있소. 주자처럼 책을 많이 읽은 인물도 황간의 책은 보지 못

---

33) 宮維翰, 『東槎餘談』 卷下, 8쪽, 3월 10일; "龍門(宮維翰): 若皇侃論語義疏·孔安國註古文孝經·王肅孔子家語註, 是等旣刊行. 此逸於中土, 全然存吾日東, 好古學士崇尙之. 寧樂(卽南都)吾先生王舊都, 有三大庫. 庫中多唐來珍籍, 若杜預左傳釋例, 中士不聞傳之, 蓋存庫中云. 公等想心醉濂洛之學, 不貴此等之書. 玄川(元重擧): 然. 縱有此等註解, 無益正心誠意術, 弊邦所不取也."
34) 『先哲叢談後編』 권6, 劉龍門(東京:國史硏究會, 1916), 193쪽.

했던 듯하오

원중거: 주자는 공자 이후 오직 한 사람 성맥聖脈을 전해준 분이기 때문에, 모르는 것이 있을 리 없소 예를 들어『사서四書』는, 도道는 크나큰 천지를 관통하고, 이리理는 깊은 산해山海를 꿰뚫고 있소 우리들이 이러쿵저러쿵 말할 수 있겠소? 당신의 말은 터무니없소35)

황간은 위인魏人이고,『논어의소』란 하안何晏의『논어집해論語集解』에 소疏를 붙인 것이다. 후에 작성된『사고전서제요四庫全書提要』에 의하면, 이 책은 남송南宋시대에 이미 없어졌다고 한다. 따라서 원중거 등이 이 책의 이름을 알고 있었는가 여부도 불분명하다. 그러나 여기에서 이 책에 의하면『논어』의 텍스트에 이동異同이 있다는 사실을 알게 되었다. 심지어는 주자조차도『논어집주』를 지을 때, 이 책을 보지 않았던 듯하다고 구체적인 사례를 근거로 귀띔을 받았다. 분명히 황간의『논어의소』가 어떠한 책인지 전해졌던 셈이다.

물론 원중거는 "주자가 몰랐을 리 없다"고 반박하였다. 여기에서만 보자면 원중거의 태도, 단적으로 말해서, 그의 고루함은 에도에서도 귀로의 오사카에서도 일관하고 있었던 것 같다. 그런데 실상은 그렇지만은 않았다. 원중거는 오쿠다奧田의 제자에게『고문효경』을 보여달라고 간청하고 있기 때문이다.

오쿠다의 제자인 쿠테이켄衢貞謙은 한漢나라 공안국孔安國이『고문상서古文尙書』의 서문에서 서술했다는 말, 즉 한대漢代에 공가孔家의 벽

---

35) 奧田元繼,『兩好餘話』卷上, 26쪽; "仙樓(奧田元繼): 皇侃義疏論語, 通篇用也矣焉等字, 多於朱子之本, 其他文字較異, 如貧而樂, 作貧而樂道, 久而敬之, 作久而人敬之之類 又公冶長解鳥語, 詳皇疏 然朱子以爲長之爲人無所考. 如朱子博覽, 亦不見皇本然. 玄川(元重擧): 朱子, 孔子之後 一人聖脈, 豈有所不識乎. 如四書則道貫天地之大, 理極山海之深. 僕輩焉得奉議. 公之言妄矣."

에서 『고문상서』 외에 전傳인 『논어』와 『효경』이 나왔다는 유명한 이야기를 끄집어내어 여기서 말하는 전傳 『논어』, 전傳 『효경』이란 어떠한 책인지 물어보았다. 원중거와의 문답은 다음과 같다.

원중거: 본전本傳[『論語傳』]은 본 적이 없소. 『효경전孝經傳』은 일본에 전해지고 있다고 하는데 정말이오?
쿠테이켄: 다자이 슌다이가 이미 그 가숙家塾에서 출판하여 음주音注를 붙였소. 우리나라 지식인, 적어도 학문에 뜻을 둔 자는 모두 먼저 이를 읽는다오.
원중거: 한 번 보고 싶지만 아직 보지 못했소. 만약 갖고 있으면, 잠시 보여주지 않겠소?36)

에도에서 이시카네 노부아키나 큐이칸 등과 나눈 필담에 의하여 원중거는 공안국전 『고문효경』이라는 것이 일본에 전해져 현존하고 있음을 알게 되었다. 오사카에 오자, 다자이 슌다이가 음주音注를 붙여 이미 공간한 사실도 알게 되었다. 게다가 에도에서는 주자의 가르침을 실천하는 데 무용하다면 필요없다고 말한 원중거였지만, 그 스스로가 『고문효경』을 한번 보고 싶다고 하여 마음이 동하기에 이르렀던 것이다.

성대중이 귀로에 아카마가세키에서 타키 카쿠다이瀧鶴台와 재회

---

36) 撰者不詳, 『朝鮮人草書日本人眞書筆話』(大阪府立中ノ島圖書館藏); "元重擧: 本傳未及見聞. 孝經傳傳到貴邦云. 未知信然否. 某[衢貞謙]: 春台太宰氏者旣刻其家塾, 且附音註. 弊邦人士, 苟志學者皆先讀之. 元重擧: 欲得一看而不得. 尊若有之, 幸暫示之." 이 책에는 撰者의 이름이 없다. 여기에 기록된 문답을 奧田元繼, 『兩好餘話』附錄 즉 茅山[姓은 衢, 이름은 貞謙, 자는 士鳴, 호는 茅山, 浪華人]과 南玉·成大中·元重擧 등과의 필담과 대조하면, 그 태반이 일치한다. 따라서 이 책은 衢貞謙撰으로 보아 거의 틀림없다. 그는 奧田의 문인으로서 『兩好餘話』의 서문을 쓰고, 그 校定을 한 인물이다. 南玉, 『日觀記』에 의하면 4월 5일에 면담했다.

하여『소라이집』・『변도』・『변명』은 이미 읽었다고 말하고, 나아가서『논어징』・『학칙』등을 읽고 싶다고 자청한 점은 이미 말한 바 있다. 이때의 필담기록에 의하면 이에 앞서 성대중은 타키瀧와 다음과 같은 문답을 나누었다.

> 성대중: 아시카가足利학교의 고경古經과 키슈紀州의 산군山君의 저술과 같은 것은 해외의 이본異本인데, 내가 한번 살펴볼 기회조차 없다는 것은 크게 유감이오. 귀국준비로 바쁘고, 구입하여 돌아갈 수 없는 것이 가장 안타깝소. 당신은 휴대물로 가져오지 않았소? 한번 구경하고 싶소.
> 타키: 고경은 아직 간행되지 않았고,『고문考文』도 책 수가 많소. 나는 가져오지 않았기 때문에 보여줄 수 없어 유감이오.[37]

이 단계에서 성대중은 아시카가학교에 고경이 현존하는 점, 그리고 '키슈紀州의 산군山君' 즉 키슈의 야마노이 카나에가 이를 근거로『칠경맹자고문七經孟子考文』을 지은 사실을 이미 알고 있었다.『소라이집』에 실린「칠경맹자고문서七經孟子考文叙」에서는 송학이 융성을 극한 이후, 중국에서는 없어져버렸음에도 불구하고 일본에 전해지고 있었던 고경을 지금 왜 중시해야 하는가가 기록되어 있었다.『소라이집』은 남옥 이하 세 사람이 모두 크게 관심을 기울여 숙독한 책이었다.

그들은 소라이의 이 서문도 읽고, 내용을 이해하고 있었다고 생각하는 편이 자연스러울 것이다. 적어도 성대중은 이해하고 있었다

---

[37] 瀧鶴台,『長門癸甲問槎』권2, 9쪽: "龍淵(成大中): 足利學校之古經, 紀州山君之著述, 如是海外異本, 而僕未得一玩, 深可恨也. 歸裝甚忙, 無由購去, 尤可歎. 行槖其或帶來耶. 願得一覽. 鶴台(瀧): 古經未刊行, 考文亦多卷帙, 僕不携來, 不得供覽, 可憾也."

고 생각하는 것이 자연스럽다. 오사카에서 오쿠다 모토쓰구와의 필담에 그도 가담하고 있었기 때문에, 그는 황간의 『논어의소』에는 『논어』 본문에 이동異同이 있는 듯하다는 점, 주자도 다분히 이 책을 읽지 못했던 것 같다는 점을 이해하고 있었다. 그 고서적들이 일본에서는 일부 복각되어 일본인이라면 쉽게 구입하여 읽을 수 있다는 점도 알고 있었다.

또 소라이가 쓴 이 서문에서는 '카나에鼎'이라는 이름의 인물이 3년에 걸쳐 고경과 고주古注의 교정작업을 행한 일, 그 때문에 정력을 소진하여 중병을 얻어 거의 죽을 지경에 이른 사실이 기록되어 있었다. 성대중은 한 사람이 목숨을 건 일의 의미를 어느 정도는 이해하고 있었다고 생각하는 편이 자연스러울 것이다. 이것들을 이해하고 있었기에, 그는 귀국길에 오르기까지 소라이 자신의 지작뿐 아니라, 고경도 야마노이山井의 저작도 손에 넣으려고 했던 것이다.

이상에 의하여 1764년의 통신사 일행이 소라이학이 무엇인가를 충분히 이해할 수 있는 소라이의 주요저작을 입수할 수 있었을 뿐 아니라, 일본인 유학자와 필담을 교환하는 과정에서 소라이의 제자들에 의해 행해진 교감학에 관한 업적과 고서적의 복각에 대해서도 알았던 사실이 분명해졌다. 그것들을 알고서 이를 얻으려고 그들이 얼마나 열의를 가졌던가도 분명해졌다.

여기서 우리는 조선학술과는 이질적인 것에 대한 그들의 강한 호기심과 극히 왕성한 지식욕을 간취할 수 있다. 이 점에서 그들이 일본의 새로운 학술에 대하여 취한 태도는 앞선 1748년의 통신사가 그것을 배척하는 데에만 열심이었던 것과는 완전히 달랐다고 평가할 수 있을 것이다.

4. 귀국 후의 소라이학에 대한 소개

그러면 이와 같이 애써 획득한 소라이의 여러 저작이나 일본유학자와의 필담에서 얻은 여러 정보를 바탕으로, 그들은 소라이학에 대하여 귀국 후 어떻게 소개한 것일까?

우선 남옥의 『일관기日觀記』에서는 다음과 같이 기록하였다.

[소라이는] 주자가 경전을 잘못 해석하고 있다 하고, 이반룡李攀龍의 문집을 얻은 뒤 성인聖人이 지으신 경전의 핵심 뜻은 여기에 있고, 경전의 해석은 이를 버려서는 안된다고 한다.38)

[그는] 화음華音 즉 중국의 음으로 독서하는 것을 가르치고 있다.

다음에 성대중은 『일본록日本錄』에서 대개 다음과 같은 평가를 내렸다.

쿄토京都의 이토 진사이는 『동자문童子問』을 지었는데, 그의 도道는 육학陸學 즉 양명학陽明學에 가깝다. 에도의 오규 소라이는 그 문장의 뛰어남은 거의 일본제일이지만, 학술은 왜곡되어 올바르지 않고, 맹자孟子 이하 모두에게

---

38) 南玉, 『日觀記』권10, 「總紀」, 學術·稱號 "朱子爲誤經, 得李攀龍文集, 以爲聖經之旨在是, 解經舍是不得. 物雙栢以爲倭讀書有釋無音,··· 敎以華音讀書."

모멸을 가하면서, 스스로는 왕세정王世貞과 이반룡李攀龍 덕택에 도를 깨쳤다고 말한다. 글도 왕王과 이李를 좋아하고, 그들을 스승으로 삼고 있다. 그 견식의 비루함이 이와 같다.

진사이는 『논어주論語註』를 지었다. 소라이는 『논어징』을 지었는데, 논박은 진사이로부터 주자에 미치지만, 재능이 있는 자는 모두 그를 따르고 있다. 간혹 정주程朱를 높이고 숭상하는 자가 있어도 모두 나이든 학자뿐이어서, 힘이 미약하여 자립하지 못한다.39)

마지막으로 원중거는 『화국지和國志』에서 소라이를 다음과 같이 평했다.

[소라이는] 후에 왕세정·이반룡의 문집을 나가사키의 중국 배로부터 얻어 그 시문詩文을 흠모할 뿐 아니라 이를 정학正學이라 하여 배우고, 스스로 왕이王李의 학學이라 이름 붙였다. 스스로 『논어징』을 지어 맹자 이하 모두를 모욕했는데, 정주程朱에 대하여 가장 심하다.… 온 나라 사람들은 파도처럼 소라이에게 경도되어 '해동선생[海東夫子]'이라고 칭할 정도이다.
그러나 불노佛老가 성性과 덕德이란 무엇인지 논하는 것과 같은 기발함은 없고, 육상산陸象山과 왕양명王陽明이 논한 양지양능良知良能이란 무엇인가를 거의 다루지 않는다. 그런데 그가 높이고 숭상하는 왕세정과 이반룡은 천하사람 모두가 함께 조롱하는 인물이다.
또 화음華音[중국음]으로 책 읽는 법을 학생에게 가르치고, 화음이 이해된 이후에 작문을 가르친다.40)

---

39) 成大中, 『日本錄』; "西京有伊藤惟貞字原藏, 號仁齋, 著童子問, 門路近陸學. 江戶物茂卿, 名雙栢, 號徂徠… 文章俊麗, 殆日東第一, 而學術詖僻. 自孟子以下, 皆加侵侮, 然自言因王李而悟道, 文辭亦尊尙王李, 以王李爲宗師. 其見識之卑如此. 惟貞作論語註, 茂卿作論語徵, 駁惟貞幷及朱子, 材俊者靡然從之. 雖或有尊崇程朱者, 皆老學究, 力弱不能自立."

그런데 소라이학에 대한 세 사람의 소개에서 공통점은 첫째로 소라이가 주자학을 맹렬하게 공격했다는 점, 둘째로 그는 명조明朝의 왕세정과 이반룡의 영향을 강하게 받았다는 점 이 두 가지이다. 또 화음華音으로 독서와 작문을 하라고 가르쳤다고 소개하는 점에서 남옥과 원중거가 일치하고, 맹자까지도 비난한다는 점에서 성대중과 원중거가 일치하고 있다. 소라이의 학술을 그릇되고 올바르지 않은 것으로 소개하는 점에서는 물론 전원이 일치하고 있다.

이상에서 본 바와 같은 소라이학에 대한 소개는 조선에서 처음 행해진 것이었다. 그 의의는 소라이학이 처음으로 조선에서 상세하게 소개되었다는 점만은 아니다. 이미 1719년의 통신사가 진사이의 『동자문童子問』을 반입한 이후, 한정된 범위에서는 이책 저책이 읽혀지고 있었다. 또 그것은 소라이의 설과 마찬가지로 주자를 등지는 이단의 설로 소개되고는 있었다. 그러나 소라이라는 일본 최고 유학자의 설이 이처럼 여러 각도에서 상세하게 소개된 것은 아마 조선이 개국된 이래 초유의 일이라고 말해 좋을 것이다. 우리는 이 점에 충분히 주의할 필요가 있다.

그러나 세 사람이 적어도 『소라이집』을 숙독했던 점, 남옥 한 사람에 대하여 말하자면 심지어는 『변도辨道』와 『변명辨名』까지도 숙독하고 있었던 점 등과 같은 사실로부터 생각해 본다면, 이상과 같은 소라이학에 대한 소개는 너무나도 빈약한 것이 아닐까? 적어도 이

---

40) 元重擧, 『和國志』 권2, 「異端之說」; "後得王世貞・李于麟文集於長崎唐船, 不但慕其詩文, 謂之正學而學之, 遂自名王李之學. 自著論語徵, 自孟子以下, 一皆詆侮, 至程朱尤甚… 一國之人波奔瑞赴, 至稱爲海東夫子… 而無佛老論性論德之奇, 乏陸王良知良能之辨. 而所宗祖王李者, 又是天下所共笑之人."

것으로 소라이학 가운데서도 그 핵심부분을 소개했다고 말할 수 있을까? 이 점을 검증하기 위하여 우리는 이상의 세 저작에 담겨 있던 소라이학의 핵심이라 해야 할 몇 가지 점을 들어보고자 한다. 그리고 이와 대조하는 방식으로, 그들 세 사람은 무엇을 소개하고 무엇을 소개하지 않았던가, 이 점을 밝혀보고자 한다. 사견에 의하면 소라이학설의 핵심은 이하의 몇 가지 점이다.[41]

① 소라이에 의하면 주자 등 송유宋儒에 의한 경전 해석의 잘못은 그들이 "모두 금언今言을 가지고 고언古言을 해석"하는 연구방법을 취한 점에 있다.(34쪽, 512상, 537하) 즉 고대 선왕先王의 도를 파악하기 위해서는, 예를 들면 송대의 언어인 '금언'을 통해서는 불가능하고, 그 대신 서한西漢 이전에 사용된 고문사古文辭의 용례를 파악하여 '고언' 즉 고대언어를 통해서야 비로소 해석할 수 있다고 한다.(35쪽)

② 소라이는 정치와 도덕을 나누고, 정치가 도덕보다 우위에 있다고 주장한다. "선왕의 도는 천하를 편안하게 만드는 길이다", "백성을 편안하게 하는 길이다"는 것이다.(12, 498하) 선왕의 도는 성인聖人이 만든 것이라고 한다. 여기에서 도란 사물이 그처럼 되어야 할 이理라고 하는 송유도, 효제孝悌 등의 도덕을 도라고 하는 진사이도 모두 부정된다. 인仁이란 마음의 문제 즉 개인도덕이 아니라 백성을 편안하게 하기 위한 정치를 행하는 것이라고 한다.

③ 양명학이나 진사이학도 주자학과 마찬가지 차원에서 비판된다. 육상산·왕양명·이토 진사이는 모두 마음의 문제를 주자와 마찬가지로 마음으로

---

41) 이하의 쪽수는 『荻生徂徠』(日本思想大系 36, 東京:岩波書店, 1973)에 근거한다. 동서에 수록되지 않는 문장에 대해서는 『徂徠集』의 권수와 쪽수를 표시한다. 소라이학의 主旨에 대해서는 주로 吉川幸次郎, 「徂徠學案」(동서에 수록); 丸山眞男, 『日本政治思想史硏究』(東京:東京大學出版會, 1952)를 참조하라.

해석하려 했기 때문이다. 그것들은 "다만 그 마음으로 마음을 말함"에 불과하다. 선왕의 도를 구하면서 그것을 보여주는 확실한 근거를 "'사辭[古文辭]'와 '사事[구체적 사실]'에서 구하지 않는다."(530상) 소라이는 마음이라는 애매하고 만인에게 각각 다른 것을 탐구하기보다는 육경六經에 기록된 구체적인 사실 즉 성인聖人이 정한 시서예악詩書禮樂이라는 파악 가능한 사실을 탐구해야 한다고 주장한다. 그리고 이를 수련하여 익히는 것이야말로 학문이라는 이야기이다.(30, 542하)

④ 공자와 맹자를 나눈다. 맹자는 양자楊子나 묵자墨子와 마찬가지 차원으로까지 지위가 끌어내려져 자주 비난을 받는다. 그의 성선설도 제자諸子와의 논쟁에서 이기기 위하여 일면만을 강조한 설이라고 하여 배척된다.(139, 517하) 또 "기질을 변화시켜", "배워서 성인聖人이 되는 것"은 불가능하다고 한다.(10, 16, 24, 538상)

⑤ 명대明代의 이반룡과 왕세정이 제창한 고문사학古文辭學에 찬동한다. 이 문학이론으로서의 고문사학을 문학의 세계에 그치지 않고 경학經學연구에 응용한다. '고언'을 알기 위하여 고문사古文辭를 배워야 한다고 한다. 송대의 문학, 구양수歐陽脩와 소식蘇軾을 대표로 하는 문장에 심한 혐오감을 보인다. 고문사학의 주장에 따르고, 의논을 위한 문장을 피하고, 또 서사敍事를 위해서는 수사修辭가 필요하다고 한다.(503상, 529상, 537하)

⑥ 한문漢文을 읽고 쓰기 위해서는 왜훈倭訓 즉 일본식의 훈독訓讀은 버리라고 주장한다. 화음華音[중국음]을 배우고, 화음으로 읽고 써야 함을 주장한다.
[『徂徠集』 권29, 119]

⑦ 송宋의 학자가 가한 주석을 배척하고, 송학이 융성하기 이전의 텍스트나 주석에 착안해야 함을 주장한다.(490하, 530상)

소라이학은 극히 광범위하다. 물론 위에서 열거한 일곱 개의 항목으로 요약할 수 있는 성질의 것은 아니다. 또 이 일곱 개의 항목도 서로 밀접한 관계를 갖는다. 그러나 남옥 등이 소라이학을 어떠한 것으로 소개했는가를 고찰하기 위해서는 이상에서 충분한 비교의 대상이 될 것이다. 먼저 세 사람이 행한 소개의 공통점으로서 첫째로 소라이가 주자학을 맹렬하게 공격하고 있는 점을 들었다. 그러나 여기에서 다시 보게 되면, 그들은 소라이가 송학의 어디가 잘못되었다고 하고 있는가에 대해서는 거의 아무 말도 하지 않았다. 경전연구의 마땅한 방법을 주장하고, 동시에 주자학을 공격①한 것에 대하여 세 사람은 모두 아무 말도 하지 않았다. '고언'과 '금언'이라는 핵심 용어에 대하여 어느 한 사람도 소개하지 않았다. 또 도덕과 정치를 나누고, 후자가 우위에 있다②는 점에 대해서도 세 사람은 전혀 아무 말도 하지 않는다. 주자학만이 아니라 양명학까지도 공격하였다③는 점에 대해서도, 세 사람은 아무 말도 하지 않는다. 세 사람이 공통적으로 소라이의 잘못으로 구체적으로 열거하고 있는 것은 겨우⑤ 즉 소라이는 명조明朝의 왕세정과 이반룡에게서 큰 영향을 받았다는 점 만이라고 해도 무방하다. 우리는 그들이 소라이학의 어디가 잘못되어 있다고 생각하고 있는가를 그 소개의 말로부터는 거의 읽어낼 수 없다. 그들이 행한 소라이학의 소개는 모두 핵심을 벗어나고 있다고 말해도 좋은 것이다.

그렇다면 이것은 세 사람이 소라이의 저작을 입수하는 데에 매우 열성적이었고, 『소라이집』을 숙독했던 듯하다는 주장과 모순되는 것은 아닌가? 혹은 그들이 이를 숙독했다는 우리의 고증이 잘못된 것이었을까? 소라이의 세 저작을 숙독했다고 남옥이 말한 것은 이 또한 빈말이었던 것일까?

그러나 이제 다시 소라이학에 대한 그들의 소개를 보자. 거기에는 몇 가지 점을 주의해야 한다. 첫째로 남옥의 소개에서 소라이는 "이반룡의 문집을 얻은 뒤 성인이 지은 경전의 핵심 뜻은 여기에 있고, 경전의 해석은 이를 버려서는 안된다"고 주장하였다고 서술하였다. 게다가 에도에서 『소라이집』을 읽었을 때 바로 쓴 일기에서도, "이반룡을 안 뒤 비로소 고경古經・수사修辭・입언立言이란 무엇인가를 알았다"고 말하고 있다고 그는 서술하였다. 성대중 또한 "소라이는 왕세정과 이반룡 덕택에 도를 깨쳤다고 말하고 있다"고 소개하였다.

이들의 소개는 소라이가 왕세정과 이반룡 두 사람의 영향을 문학이론 면에서 받았다는 말뿐만은 결코 아니고, 이를 넘어 그것을 고경古經의 해석에 응용하였던 것으로 그들이 이해하고 있었음을 보여준다. 예를 들면 소라이는 "이반룡과 왕세정의 마음은 좋은 역사 서술가가 되려고 하는 점에 있었을 뿐으로 육경六經에까지 마음이 미치지는 않았다. 나야말로 고문사古文辭를 육경에 적용했는데, 이것이 두 사람과 다른 점이다"[537하]라고 자부하고, "이반룡과 왕세정은 문장가에 불과하다. 나야말로 하늘의 은혜를 입어 육경의 도를 밝힐 수 있었다"[권22, 5쪽, 與富春山人 第7簡]고 하면서 왕세정과 이반룡을 뛰어넘었음을 자랑하였다. 남옥도 성대중도, 소라이가 왕세정과 이반룡의 고문사학에 대한 단순한 조술자祖述者는 아니었음을 충분히 알고 있었던 것이다.

둘째로 원중거는 "소라이는 '육상산과 왕양명이 밝힌 양지양능良知良能이란 무엇인가라는 것을 거의 논하지 않는다"고 소개하였다.

이것은 그가 소라이학이 육왕陸王의 학學과는 다른 이단임을 정확하게 이해하고 있었음을 보여준다.

셋째로 성대중은 『소라이집』권27, 「쿠쓰 케이잔에게 답함答屈景山」에 보이는 이 겐조伊原藏伊藤東涯와 우 하쿠요雨伯陽雨森芳洲의 이름을 거의 원문의 구문을 이용하여 필담석상에서 인용한 사실은 이미 확인한 바 있다. 이 「쿠쓰 케이잔에게 답함答屈景山」에는 '고언' '금언'이라는 그의 방법론에서 핵심용어가 기재되어 있었다. 그의 방법이 왕세정과 이반룡의 고문사학을 경전해석에 응용한 것임도 쓰여 있었다. 송유宋儒들은 한 사람 한 사람이 서로 다른 마음에서 이理를 구할 뿐으로 이를 고대 성인聖人의 작위作爲가 구현되어 있는 '사事'와 '사辭'에서 구하지 않는다고 비난하는 내용도 있었다. 이 '마음으로 마음을 말한다'는 점에서는 양명陽明도 진사이仁齋노 송유와 마찬가시라고 규탄하기도 하였다. 이 글 속에는 소라이학의 진수라고 해야 할 것이 가득 들어가 있었던 셈이다.

중요한 내용이었던만큼 『소라이집』뿐만이 아니라 그의 생전에 간행된 『학칙』에도 수록되어 있었다. 성대중이 이 글 속에서 '고언'에도 '금언'에도 집중하지 않고, 송유의 어디가 잘못되어 있다고 명확하게 지적하고 있는 부분에도 주의하지 않고, 심지어는 양명과 진사이까지도 비판하고 있는 부분을 건너뛰고는, 다만 이 겐조伊原藏와 우 하쿠요雨伯陽에 대하여 쓴 부분만을 읽고 기억하고 있었다는 따위는 전혀 있을 수 없는 일이다. 만약 그렇게 생각한다면 그의 독서능력을 완전히 과소평가하는 셈이 된다. 이 서간은 전혀 난해하지도 않다.

마찬가지로 원중거도 『소라이집』 수록의 「슌안에게 주는 편지[與

春庵」를 분명히 읽었다. 그런데 이 글에서도 역시 "정주程朱는 고언古言을 모른다"고 비난하면서, 고언을 이해하지 못하는 정주가 지은 주석에 의거하여 고전을 해석하려고 하는 것은 "화어華語를 조선에서 구하려는 것과 같다"는 멋진 비유를 하였다. 원중거가 '정주'의 어디가 잘못되었는지 기록된 부분을 읽지 않고 건너뛰고, '조선'이라는 글자에 대해서도 무신경했다고는 도저히 생각할 수 없는 것이다.

이와 같이 본다면 남옥 등은 역시 『소라이집』을 상세하게 읽었다고 보아야 하며, 그들이 일본에서 그것을 숙독하여 이해한 것과 귀국 후에 소개한 것 사이에 너무나도 커다란 차이가 있음을 인정하지 않을 수 없다. 귀국 후 그들이 소개한 소라이학은 모두 정곡을 찌르지 못하고 겉돌았다고 말할 수밖에 없다. 혹은 그들은 소라이학을 소개함에 있어 말해서 좋은 것과 나쁜 것을 무의식적이든지 의식적으로 신중하게 선택한 것은 아닐까?

도대체 그들은 정말로 소라이학을 어떻게 생각하고 있었던 것일까? 이 점을 밝히기 위해 우리는 이제 다시 일본으로 돌아와, 이 곳에서 그들이 교환한 필담기록에 의거하면서 소라이학에 대한 그들의 대응을 다시 한번 되돌아보아야 한다.

5. 필담기록에 보이는 소라이학에 대한 대응과 평가

이제 소라이학에 대한 그들의 본심을 알아보기 위해 일본인과의 필담기록을 되돌아보려 한다고 하였다. 그러나 그 본심을 필담기록에서 명료한 형태로 찾아낼 수 있는가 하면, 그게 그렇게 간단하지는 않다. 그들은 일본에서도 이르는 곳마다 이구동성으로 "주자가 옳다. 주자를 등지는 자는 이단이다"고 말하고 있었기 때문이다. 그 발언의 일부는 이미 본 바 그대로이기 때문에, 여기서는 모두 생략한다. 그런데 우리는 이러한 공식견해와 같은 발언 속에 섞여, 왜 그들이 소라이학에 대하여 정말로 생각하는 바를 솔직하고 명료하게 말하지 않았는가에 대한 대답을 찾아낼 수 있다. 그 답변을 통하여, 그들이 귀국 후 소라이학에 대하여 말해도 좋은 것과 나쁜 것을 변별한 것이 아닐까 하는 앞에서 제출한 의문에 대해서도 답할 수 있다.

3월 10일 에도의 큐이칸宮維翰은 원중거 등과 필담을 하였다. 역시 이구동성으로 "주자학을 연마하고 격물궁리格物窮理를 하라"는 말을 하자, 이에 입을 다문 큐이칸은 자리를 바꾸어 이언진李彦瑱에게 "진심으로 당신은 어떻게 생각하고 있는가"라고 물었다. 이에 대하여 이언진은 다음과 같이 대답했다고 한다.

> 조선의 국법에서는 송유宋儒에 의거하지 않고 경전을 말하는 자는 엄중하게 처벌되오 이 문제에 대해서는 더 이상 말하고 싶지 않소 문장에 대하여 논하는 것이 좋지 않겠소?[42]

이언진은 직설적이고 명료하게 대답하였다. 그는 '이단아'라고 말해도 무방한 인물이다. 또 역관이라는 신분상의 홀가분함도 있었고,

---

42) 宮維翰, 『東槎餘談』 卷下, 16쪽; "雲我曰, 國法外宋儒而說經者重繩之, 不敢言說此等事. 請論文章."

남옥 등과는 필담의 자리를 달리 하고 있었다. 그렇기 때문에 직설적으로 말할 수 있었던 것이다. 그가 일행 속에 포함되어 있었다면, 우리는 이러한 명쾌한 대답을 결코 듣지 못했을 것이다. 그러한 그조차도 유학에 대하여 솔직하게 말하려 하지 않았다. 보다 정확하게 말하자면, 자유롭게 말할 수 없었다. 그리고 화제를 문학 쪽으로 바꾸자고 말했다.

이보다 앞선 3월 4일 토 시테쓰滕資哲는 남옥 등에 대하여 일본에서는 최근에 송유를 비판하는 기풍이 강하다고 소개하면서 "귀국에서는 정주의 가르침을 받들고, 이설을 받들지 않는다고 들은 적이 있소. 귀국에서도 근년에 또한 탁견을 갖춘 인물이 있어, 송유를 비판하게 된 자가 있소?"하고 솔직하게 물어보았다. 이에 대하여 남옥은 한 번 읽어보기만 했을 뿐, 한 마디도 답하지 않았다고 한다.[43]

마찬가지로 에도의 유학자인 시부이 타이시쓰澁井太室도 진심을 들어보고 싶어 한 사람 가운데 한 명이었다. 그는 숙소인 혼간지本願寺에서 통신사 일행과 면회를 한 뒤, 이별을 아쉬워하며 사와다 토코澤田東江 등과 함께 그들을 시나가와品川까지 전송하여, 이 곳에서 밤 늦게까지 필담과 시문詩文을 교환하였다. 그는 이별에 즈음하여 일본의 유학儒學 상황을 소개한 장문의 편지를 가져와 이에 대한 대답을 구하였다. 이에 대하여 남옥은 역시 "소라이학은 틀렸다. 주자학이 올바르다"는 공식견해로 답하였다. 시부이澁井는 이에 불만이었던지 여정에 오르는 일행에게 다음과 같은 편지를 보냈다.

---

43) 滕資哲, 『鴻臚館文稿』 3월 4일 筆語: "嘗聞貴國宗程朱之訓, 不貴異說. 近世又有卓識之人, 而有見于此乎. 聊吐所蘊. (秋月)展閱一過, 而無復一語矣."

다만 들은 바에 의하면, 선생들은 에도에서 소라이의 『논어징』과 문집『소라이집』을 구해 읽었다 하오. 때문에 어떠한 의견을 갖고 있는지 물어본 것으로, 결코 시험하려는 생각은 없었소.

그런데 남옥은 이번에는 김인겸・원중거・성대중과의 4인 연명으로 다음과 같은 답장을 보냈다.

『소라이집』은 대강 훑어보았소… 당신이 "결코 시험하려는 생각은 없었다"라는 말로 소라이에 대한 생각을 우리에게 구하였다는 것은 잘 생각해 보면, 그 속에 깊은 의도가 담겨있음을 알 수 있소. 이 말은 과연 당신의 본심에 맞는 것이오?…44)

시부이로서는 친해졌다고 생각했기 때문에, 이렇게까지 솔직하게 쓴 것이었겠지만, 남옥은 답변을 무정하게 거절하였다. 소라이 학설에 대하여 생각하는 바를 솔직하게 대답하려 하지 않았다. 시부이에 대한 대답 속에는 그들이 가장 문제로 삼고 싶어 하지 않는 것을 문제시한 데 대한 곤혹과 노여움을 읽어낼 수 있을 것이다.

우리는 이에 이르러 남옥 등이 귀국 후에 행한 소라이학설에 대한 소개가 무슨 이유로 그렇게도 정곡을 찌르지 못하고 겉돌 수밖에 없었던가, 비로소 답변을 낼 수 있기에 이르렀다고 생각한다. 간단하게 말하면 그들은 생각한 바를 정직하게 말할 수 없었던 것이다.

---

44) 澁井太室, 『品川一燈』; "但聞諸公在江都之日, 覓双松論語徵與其集讀之, 故問貴見如何, 非敢嘗試也. 徂徠集略略看了.… 足下既以非敢嘗試發之, 而求其說於僕輩者, 極知有深意於其間. 未知此言果有契於足下之本意否耶."

"조선의 국법에서는, 송유에 의거하지 않고 경전을 말하는 자는 엄중하게 처벌"되었으므로 그들도 가능하면 "이 문제에 대해서는 말하고 싶지 않았던 것"이다.

애초에 '고언'·'금언'이라는 소라이학의 방법론은 분명히 주자의 그것과 저촉하는 것이었기 때문에 이러한 '이단'학설을 상세하게 소개하는 것 자체가 큰 문제였다. 나아가서는 이를 말하는 것은 주자의 방법론에 대하여 스스로 의문을 표명하는 셈이 될지도 모르는 일이었다. 스스로가 '이단'이라고 잘못 규정되지 않기 위해서는, 소라이의 논법을 깨뜨릴 수 있는 논법을 스스로 제시해야만 하였다.

게다가 만약 소라이가 주자학만이 아니라 양명학까지도 비판하고 있다고 소개한다면, 그가 무엇을 근거로 양명학까지도 비판하는지 설명해야만 하였다. 그런데 당시 조선지식인의 상식에 의하면 주자학을 비판한다면 그것은 당연히 양명학으로 정해져 있었다. 그렇기 때문에 진사이仁齋나 소라이의 학설을 비난할 때, 그들은 "그것은 육왕陸王의 학설과 비슷하다"고 표현했던 것이다. 그것이 가장 간단한 설명이고, '이단'에 대한 비판이었다.

그런데 소라이는 양명학까지도 주자학과 함께 비판하였기 때문에, 이것을 어떻게 소개하고 어떻게 설명하면 좋을까? 주자를 옹호하면서 그것을 설명하는 것이 얼마나 어려운 일인가는 우리들도 쉽게 상상할 수 있다.

그들이 공통적으로 소라이학이 잘못되었다고 든 논거를 생각해 보자. 그것은 소라이가 주자를 등지고 있다는 동어반복과 같은 논거를 제외하면, 겨우 명조의 왕세정과 이반룡에 의한 고문사학의 영향을 받았다는 점뿐이었다. 그러나 원중거가 적절히 말한 바와 같이 당시의 조선에서는 "왕세정과 이반룡은 천하사람 모두가 조롱하는 인물"로 간주되고 있었다. 따라서 그들은 소라이학의 잘못을 그 이상 논증할 필요가 없었다. 왕세정과 이반룡의 이름을 끄집어내면 가장 안전하고 확실하게 '그 견식의 비루함'을 '논증'할 수 있었던 것이다.

소라이학에 대한 솔직하고 명료한 논평을 피하려 한 점에서는, 일본체재 중에도 조선으로 귀국한 후에도 마찬가지였다. 게다가 남옥·성대중·원중거 세 사람이 조선을 떠나 일본으로 향하기 전에 일본인과 정면으로 부딪혀 유학에 관한 논쟁을 하는 행위는 피하고, 정주程朱일변도로 간다는 합의는 시종 일관하여 유지되었다. 따라서 우리는 세 사람이 『소라이집』을 얻은 이후도 포함하여, 그들이 일본에서 소라이학에 대하여 어떻게 말하고 있었던가를 보는 것은 전혀 쓸데없는 작업이라고 말해 무방하다. 예를 들면 원중거는 귀로에 스루가駿河의 요시와라吉原에서조차 "귀국 일본의 문인은 그 학문에서 명유明儒가 육상산陸象山을 조술祖述하는 설을 존숭하고 있다"고 비난하였다.[45] 또 나고야名古屋에서도 변함없이 그는 "우주 속에 두 분이 있다. 중니仲尼孔子의 원기元氣와 자양紫陽朱子의 진眞이 그것이다"고 말했다.[46] 에도에서 획득한 『소라이집』에서 얻은 지식을 그는 전혀 활용하지 않는다. 그는 이처럼 일본인을 비난하며 신봉하는 바를 말하고 있었던 것이다.

---

45) 秋山章, 『青丘傾蓋集』 卷下; "玄川曰, 觀貴邦文士, 學則尚明儒祖陸之說."
46) 磯谷正卿, 『河梁雅契』 11쪽. 이 구절은 조선의 儒者 金麟厚의 시로서 유명하다. 그 후 漢學을 배울 필요가 있다고 주장하는 청조의 학자를 비난할 때에도 사용된 점은, 본서, 제2부 제4장 「조선연행사 신재식의 『필담』에 보이는 한학·송학 논의와 그 주변」, 133쪽.

다만 하나, 소라이학에 대한 그들의 견해를 엿볼 수 있는 필담을 소개하려 한다. 그것은, 일행이 귀로에 들른 아카마가세키에서 타키 카쿠다이와 나눈 필담이다. 타키는 버젓한 소라이학파의 인물이었지만 원중거는 그 일기에서 "해외의 중화인中華人이다"고 평한 바와 같이 그의 인품과 학식에는 높은 평가를 내리고 있었다. 여기서 원중거는 타키 카쿠다이가 소라이의 학도임을 유감이라 하고, "주자의 도는 태양이 중천에 있는 것처럼 바르고 명백하여 공자의 뒤로 오직 한 사람뿐이다"고 논하여 설득을 시도하였다. 타키는 원중거의 비판이 너무나 추상적이라 하여, 이에 대하여 다음과 같이 대답하였다.

> 소라이의 학설은 고언古言을 가지고 고경古經을 해석하는 것이고, 그 명확함은 불을 보는 것과 같소. 주자의 '명덕明德'에 대한 해석은 『시경詩經』・『좌전左傳』과 합치되지 않고, 인仁을 마음의 덕으로 간주하고 있소… 고대에서는 시詩・서書・악樂을 사교四敎・사술四術이라 하고, 사군자士君子가 배우는 것은 이것뿐이었소. '본연기질本然氣質'・'존양성찰存養省察'・'주일무적主一無適' 등 정주程朱가 말하는 것과 같은 개념이 어디 있었소?[47]

타키는 여기에서 소라이학의 진수로서 우리가 앞에서 열거한 요점의 ①・②・③을 거론한 셈이다. "고언을 가지고 고경을 해석한다"를 "고언을 가지고 고경을 증명한다"고 왕로往路에서도 말했기 때문에 소라이의 방법론을 말한 것은 이것으로 두번째이다. 그런데 원중거

---

47) 瀧鶴台, 『長門癸甲問槎』 권2, 13쪽: "徂徠之學, 以古言解古經, 明如觀火. 如朱子明德解, 與詩・左傳不合, 仁爲心德… 古者詩書禮樂, 謂之四敎四術. 士君子之所學是已. 豈有本然氣質・存養省察・主一無適等種種之目乎. 唯懸空詆訶徂徠已, 而未蒙明擧似其敎與先王孔子之道相齟齬處."

도 다른 두 사람도 이에 대응하는 답을 내놓지 않았다. 대신 원중거는 다만 당신은 소라이의 좋은 부분(明處)은 이해하고 있지만, 잘못된 부분(暗處)은 취사선택해야 한다고 추상적인 비판을 반복할 뿐이었다.

『소라이집』에서 몇 번이나 나오는 이 '고언'에 근거한 주자학에 대한 비판 가운데 과연 어디가 잘못된 부분(暗處)인가, 혹은 고대 성인의 시대에는 '본연기질本然氣質' 등의 개념은 없었다고 지적했지만, 어디가 잘못되어 있는가는 전혀 설명하지 않았다. 타키는 당신들은 "다만 공허하게 소라이를 비방할 뿐으로, 그 가르침이 선왕이나 공자의 도와 다르다는 점을 분명하게 제기하지 않는다"고 논평하였다. 이 타키의 논평은, 그들이 귀국 후 행한 소라이학에 대한 비판이 전혀 핵심을 찌른 것이 아니라는 우리의 견해와 완전히 일치하고 있다.

그런데 성대중은 이 자리에서 주목할 만한 다음과 발언을 하였다.

> 소라이의 잘못은 그 재능이 지나치게 높고, 변론이 지나치게 통쾌하고, 식견이 지나치게 기발하고, 학문이 지나치게 넓은 바에 있으며, 그 화려한 문필의 힘은 실로 간단하게는 배척할 수 없는 부분이 있소. 후학은 그 본받을 만한 점을 본받고, 그 버려야 할 점을 버린다면, 그 자체로 소라이를 잘 배운다고 말할 수 있고, 소라이도 또한 후세에 도움을 줄 바가 있을 것이오.[48]

이것은 소라이에 대한 폄사貶辭일까, 찬사讚辭일까? '소라이의 잘못은'이라고 시작한 말이기 때문에 형식적으로는 그를 비난한 모양

---

48) 瀧鶴台, 『長門癸甲問槎』 권2, 14쪽; "茂卿之誤入, 正坐才太高, 辨太快, 識太奇, 學太博, 而其文華力量, 實有不可遽斥絶者. 後學若能師其可師者, 而捨其可捨者, 則可謂善學茂卿, 而茂卿亦將有補於後人也."

으로 되어 있기는 하다. 그러나 실질적으로는 이것은 소라이에 대한 찬사이다.

　　남옥도 귀국 후 이와 매우 비슷한 평가를 내렸다. 그것은 소라이를 토요토미 히데요시豊臣秀吉에 비길 수 있다는 내용이다.[49] 히데요시라고 한다면 조선에서는 최고의 악인으로 규정되어 있었다. 그런데 그는 일본에게 누구보다도 대공大功과 대죄大罪를 가져다 준 인물로서 소라이를 히데요시와 같은 급에 올려놓았다. 한편 주자학자인 루스 토모노부留守友信에 대해서는 "다소 올바르기는 하지만 고루하다"고 긍정적인 평가를 하면서도 실은 부정적인 평가를 하였다.

　　남옥은 루스留守로부터 그의 저서인 『주역연의周易衍義』 3책을 선사받았는데, 일본에서 그것을 읽고 그를 "자못 학문에 뜻하는 바가 있다"고 평가하였다.[50] 그러나 이 평가도 또한 60세나 되는 이 오사카의 주자학자를 마치 어린아이처럼 취급했다고 말할 수 있다. 절충학파인 난구 카쿠南宮岳에 대해서도 "박학하지만 비틀어져 있다"고 하여 거의 안중에 두지 않았다. 난구南宮가 박식하게도 명대 유학자의 말을 많이 인용하면서, 한유漢儒도 송유宋儒와 함께 존중해야 한다고 주장하고, 남옥과 서간을 주고받은 사실은 그의 『강여독람講餘獨覽』에 상세하게 기록되어 있고, 『일관기日觀記』에도 간단한 언급이 보인다. 남옥은 또 "주자를 공격하는 자는 준재俊才인 자가 많고, 주자를 지키는 자는 용렬庸劣한 자가 많다"고도 평하였다. 이러한 점으로부터 본다

---

[49] 南玉, 『日觀記』 권10, 「總說」, 學術; "然攻朱者多才俊, 主朱者多庸下. 近世物雙栢眩惑一世,… 功罪俱魁, 如秀吉之於其國… 留守友信之學稍正而陋, 南宮喬之學博而詖."
[50] 위의 책. 권7, 정월 23일.

면, 남옥의 소라이에 대한 평은 폄사는 결코 아니고, 오히려 그 아무도 두려워하지 않는 대담함이 마음에 들었다고 하는 최대의 찬사였다고 보아야 할 것이다.

1764년의 통신사에 포함된 조선지식인으로서 좋든 싫든 문제였던 것은 소라이였다. 그리고 그들은 소라이에 대해서 폄사와 찬사가 뒤섞인 평가를 내리면서, 일본체재 중으로부터 귀국 후에 그를 논평한 문장을 쓰기까지 줄곧 소라이에 대한 결정적인 반격의 논리를 여전히 구축하지 못하였던 것이다.

6. 맺음말

이상에 의하여 1764년의 통신사가 일본학술의 무엇을 문제로 하고 있었던가가 밝혀졌다. 소라이학에 대한 인식은 과거의 통신사에 비하여 비약적으로 진전하였다. 그러나 진전하였기 때문에 도리어 아직 조선에는 정확하게 전하지 않았다. 외국으로 나간 자가 그곳의 학술문화에 커다란 관심을 기울이면서 국내사정 때문에 그것을 그대로 전하지 못하는 일은 현재 우리가 살아가는 세계에서도 자주 볼 수 있다.

원중거가 당시 조선의 학술계에서 가장 뛰어난 인물 가운데 한 사람이었던가 그 여부는 알 수 없다. 그러나 남옥과 성대중은 분명히 일류의 학식을 갖춘 인물이었다. 이언진李彦瑱이 이 일행에 가담한 것은 완전한 우연이었지만, 그도 또한 일류의 학식을 갖춘 인물이었다. 그들은 각각 일본에서 생성되어 조선의 그것과는 이질적인 학술에 흥미를 갖고, 왕성한 지식욕으로 그것이 무엇인지 알려고 하였다. 학식이 높았기 때문에 지식욕도 왕성했다고 해야 할 것이다.

1748년의 통신사에 있어 조선지식인들은 일본의 고학古學에 강한 반발심을 느껴 그 유행을 걱정하는 말만을 일본인과의 필담에 남겼다. 그러나 1764년의 통신사의 경우 그들은 소라이학에 이상할 정도로 관심을 보이고, 이에 관한 정보수집에 열성적이었다. 그들의 관심은 소라이의 제자들이 이룬 업적에까지 미쳤다. 우리는 여기에서 양국의 학술관계가 이미 크게 전환하고 있었음을 간취해야 한다.

그러나 1764년의 통신사 일행은 일본의 학술을 그대로 받아들이지 못했고, 귀국 후에 이를 그대로 전하지도 않았다. 그 원인 가운데 첫째가 "송유宋儒에 의하지 않고 경전을 말하는 자는 엄중하게 처벌되기" 때문이라는 점은 이미 언급하였다. 그 원인으로서 아래에 두 가지를 더 들고자 한다.

첫째는 그 학술이 다름 아닌 일본 즉 그들이 '뭍에서 멀리 떨어진 섬에 사는 야만인絶海蠻兒'의 땅이라고 생각하고 있던 곳에서 생겼기 때문이다. 이 나라에서는 유사有史 이래로 일본의 학술을 받아들인 경험 등은 한 번도 없었다. 원중거가 갖고 있던 문명사관은 이와 관련하여 매우 흥미롭다. 그에 의하면 "천지의 기氣는 북에서 남으로" 흐르는 것으로 정해져 있었다. 일본이 이 정도까지 문명이 열린 것도 북에 있는 조선으로부터 빼어난 기가 남으로 흘러들어갔기 때문으로서, 이와 반대로 남에서 북으로 기가 흐르는 것은 조선의 문화와 사회가 혼란하고 파멸됨을 의미하였다.51) 이러한 문명사관을 갖는 자가 남에서 생겨난 학술을 스스로 수용하는 것은 불가능하고, 그것을 북으로 적극적으로 전하는 것도 불가능하다.

둘째는 당시 조선은 스스로 소중화를 칭하면서 이적의 민족이 지배하는 청조淸朝 중국도 멸시하고 있었기 때문이다. 이 또한 유사 이래라고 말해도 좋을 정도로, 중국에서 학술문화를 받아들여온 이 나라였지만 당시는 마침 조선적인 화이관념이 가장 강하게 지배하고 있던 때였으므로, 중국의 학술문화조차 받아들이기를 거절하고 있었다. 그러한 시대에 일본의 그것을 받아들일 리는 없다. 소라이학을 중심으로 한 일본의 학술이 이때 전해지지 않은 것은, 조선국 내의 여러 사정 때문이지, 학술문화 그것의 우열과는 전혀 관계가 없다.

일본의 학술이 눈에 보이는 형태로 영향을 주게 된 것은, 이 조선적인 화이관념이 일부 타파되어 청조의 한학漢學이 도입된 이후의 일, 즉 1764년부터 약 반세기나 지난 뒤의 일이었다. 청조의 한학 도입에 열심이었던 김정희金正喜阮堂는, 최후의 통신사 즉 1811년의 통신사가 가져온 일본의 학술성과에도 강한 공감을 보였다.52) 또 어느 연구에 의하면, 정약용丁若鏞은 그의 『논어고금주論語古今注』(1813년, 순조 13년)에서 이토 진사이伊藤仁齋의 설을 3회, 오규 소라이荻生徂徠의 설을 50회, 다자이 슌다이太宰春台의 설을 148회 인용하였다고 한다.53)

---

51) 瀧鶴台, 『長門癸甲問槎』, 卷下, 12쪽; "日東文運日闢. 古人所稱天氣自北而南者, 斯有驗矣. 但恨目今波奔而水趣者, 大抵是明儒王李之餘弊, 而唱而起之者, 物徂徠實執其咎."
52) 藤塚鄰, 『淸朝文化東傳の硏究-嘉慶・道光學壇と李朝の金阮堂-』(東京: 國書刊行會, 1975) 140쪽.
53) 河宇鳳, 『朝鮮後期 實學者의 日本觀硏究』(서울: 一志社, 1989) 230쪽[일본어역, 河宇鳳, 『朝鮮

그러나 문화적인 쇄국상태에 커다란 구멍을 뚫은 결정적인 계기가 홍대용洪大容의 연행燕行이고, 그것이 1764년 통신사가 귀국한 다음 해에 행해진 것이었음은 과연 우연이었을까? 확실히 소라이학 그것은 그 시점에서 명료한 형태로 영향을 주지 않았는지도 모른다. 그러나 통신사 일행이 포착한 일본의 새로운 학술정황이나 풍부한 문화현상은 때로는 긍정적인 평가인지 부정적인 평가인지 애매한 표현을 취하면서, 또 때로는 분명한 위기의식과 선망의 말이 되어, 확실히 귀국 후 전해졌다.

우리는 1764년 통신사 일행이 남쪽의 일본에서 새로 생겨난 학술을 열심히 알리려고 한 정신과 문화적인 쇄국상태를 타파하려고 연행사燕行使의 일원으로 북으로 향한 홍대용洪大容의 정신에는 남북의 차이는 있다 해도 어딘가 일치하고 있음을 볼 수 있다.

實學者の見た近世日本』(東京:ペリカン社, 2001), 273쪽.

제7장
조선통신사와 일본의 서적
-고학파의 교감학 저작과 고서적을 중심으로-

1. 머리말

　　조선후기는 대제로 일본의 에도江戶시대에 해당힌다. 에도막부幕府가 지속된 1603년부터 1867년까지 쇄환사刷還使 등으로 불린 것까지 포함해서 모두 12번의 통신사가 조선에서 일본으로 파견되었다. 이들 통신사 측이 남긴 기록 혹은 일본인 유학자들이 그 일행과 주고받은 필담기록에는, 그들이 일본에서 보고들은 서적에 대한 이야기가 여러 차례 나온다. 그 책들 가운데에는 중국에서 수입된 지 얼마되지 않은 서적이나 조선의 서적도 포함된다. 그러나 이 글에서 소개하고자 하는 것은, 고학파古學派 유학자의 저작, 특히 소라이徂徠학파가 쓴 교감학에 관련된 저작과 그들이 새롭게 주목하게 된 당시 일본에서 전해지고 있던 고서적에 대해, 그들은 어떤 내용의 필담을 나누었는가 하는 문제이다. 그리고 여기에서 보이는 학술정보의 교환과, 한 조선지식인이 청조淸朝의 고증학을 도입하고 그 이후에 내린 그에 대한 평가를 통하여 일본·한국·중국의 학술이 각각 당시에 어떠한 문제를 안고 있었는지를 고찰해 보고자 한다.

2. 1748년 통신사와 일본의 고전적

일본고학파 유학자의 주된 주장은 주자학이 틀렸다는 것이다. 그들은 주자학 즉 송학宋學을 부정하면서, 중국고대의 언어용례에 근거하여 경전을 해석해야 한다고 주장하였다. 동시에 유교경전의 텍스트 그 자체에 대해서도 관심을 기울였다. 송학이 유행함에 따라 고전의 텍스트나 주석 가운데 상당수가 사라져버렸기 때문에, 그 텍스트에는 도대체 무엇이 어떻게 쓰여 있었던가가 새롭게 관심의 표적이 되었던 것이다.

야마노이 카나에山井鼎가 『칠경맹자고문七經孟子考文』을 짓고, 여기에 부쓰 칸物觀 등이 빠진 것을 보충한 『칠경맹자고문보유七經孟子考文補遺』라는 이름의 저서를 출판한 것은 1731년(享保 16년)의 일이다. 그 후 이 책은 나가사키長崎를 경유하여 중국으로 건너가 청조淸朝의 고증학자들에게 커다란 영향을 주는 등 높은 평가를 받았다.[1] 야마노이 카나에는 소라이의 제자이고, 부쓰 칸은 소라이의 동생이다. 소라이는 출판에 앞서 「칠경맹자고문서七經孟子考文叙」를 썼는데, 여기서 다음과 같이 말했다.

---

1) 狩野直喜,「山井鼎と七經孟子考文補遺」(同氏,『支那學文藪』, 東京:みすず書房, 1973).

송대宋代 이후에 사람들은 새로운 학설을 좋아하고, 오래된 주소注疏는 더 이상 쓸모없는 것으로 취급해 창고에 집어넣어, 이를 읽을 수 있는 자는 거의 없어져버리고 말았다.[2]

주자朱子 이전에 작성된 유교경전의 텍스트나 주석注釋을 찾고자 했을 때, 다행히도 일본에는 중국에서 전래된 수많은 송판宋版과 함께 헤이안平安・카마쿠라鎌倉시대로부터 일본에서 필사되어 온 초본抄本이 많이 남아 있었다. 야마노이 카나에가 교감을 할 때 저본底本으로 삼았던 것은, 무로마치室町시대인 15세기 전반에 재건된 이후 계속되어 온 아시카가足利학교의 장서였다.

조선통신사에게 처음으로 그들의 업적과 당시 일본에서 현존하던 고서적에 대한 내용이 전해진 것은 1748년(寬延 원년, 영조 24년)의 일이다. 이 때 통신사가 일본고학파의 유학자들과 나눈 논의는 18세기 양국 간 학술관계의 전환을 시사하는 것으로서 중요한 의미를 갖는다.[3] 고학파가 주목한 이래, 각광을 받게 된 당시 일본에서 전해지던 고서적 및 그 복각판復刻版에 대하여, 예를 들면 에도의 한 유학자는 통신사의 일원이었던 이봉환李鳳煥과 다음과 같은 필담을 나누었다.

안 시하쿠安子帆東海: 우리나라는 보잘것없는 나라이지만, 볼 만한 것도 있으

---

2) 荻生徂徠,『徂徠集』권9,「七經孟子考文叙」;『七經孟子考文補遺』序: "故千載之後, 欲求聖人之道也, 終不能廢漢儒而它援, 爲是故也. 宋而後, 人喜新說, 而古註疏束之高閣, 鮮有能讀焉者. 是阿其所好, 沿流忘源. 況人非聖人, 何必盡善, 而乃執一以廢百, 亦弗思之甚也. 今閱世所行古註疏板刓文滅, 不可得而讀之. 夫以諸夏聖人之邦, 世奉敎之弗衰, 學士之衆何限, 而乃致斯泯泯者, 豈非人不體仲尼之心, 信而好古之義熄焉邪."

3) 본서, 제2부 제5장「조선통신사에 의한 고학의 인식-조선연행사에 의한 청조 한학의 파악을 시야에 넣어서-」.

니, 이를 말해 보고자 하오.『십삼경주소十三經注疏』선본善本,『공자가어孔子家語』선본,『고문효경공안국주古文孝經孔安國註』, 황간皇侃의『논어의소論語義疏』와『동관한기東觀漢記』·『효경구명결孝經鉤命訣』등은 모두 송대宋代 이전에 일본으로 들어온 서적이오. 중국에서는 현재 없어졌다고 하오. 나와 같이 재능이 없는 자도 아침저녁으로 이 서적들을 공부하며 낭송할 수 있는 것은 행복한 일이라 하겠소.

이봉환:『십삼경주소』이하는 전부 우리나라에도 있는 서적들이오. 다만 이 책들은 정자程子와 주자朱子의 취사선택을 이미 거쳤기 때문에, 창고에 넣어 두고 가끔 참고로 할 뿐이오.4)

이 필담을 옆에서 보고 있던 엔 코가이淵好凱는 다음과 같은 감상을 기록에 남겼다.

안 시하쿠가 중국에는 없는 서적을 소개했을 때, 이봉환은 조선에 전부 있다고 대답했다. 터무니없는 말이라 하겠다. 정자程子나 주자朱子가『동관한기東觀漢記』를 읽고 취사선택한다는 따위가 가당키나 한 말인가. 이봉환이 본 것도 송대 이후의 책에 불과하니, 그가 고주古注를 모르는 것은 이를 통해서도 알 수 있다. 황당할 따름이다.

이 때의 필담은 일본 측은 안 시하쿠와 엔 코가이 외 3명, 조선 측은 이봉환李鳳煥[濟庵]과 이명계李命啓[海皐] 외에 박경행朴敬行[矩軒]이었다.

---

4) 淵好凱,『延享槎餘』; "安子帛(東海): 我邦雖最爾, 尙有可觀者, 請試言之. 如十三經注疏善本·孔子家語善本·古文孝經孔安國註·皇侃論論(語)義疏·東觀漢記·孝經鉤命訣等書, 皆趙宋以前海舶所載來者也. 聞中華今則亡矣. 雖不才如僕者, 六(亦)朝習夕誦, 所從事于斯, 以此爲幸耳. 李鳳煥: 十三經注疏以下諸書, 鄙邦亦皆有之. 而此等書旣經程朱去取, 則不過充棟東閣, 以時參考而已(好凱[淵好凱] 按. 東海告中華所無之書, 而濟菴答爲彼邦悉有之. 可謂誣以虛妄矣. 程朱豈讀東觀漢記爲去取乎. 彼所見亦唯宋以後書, 故不知古注, 足爲證也. 可笑."

호가 토카이東海인 안 시하쿠와 엔 코가이 모두 어떤 인물인지는 불분명하다.

필담의 내용은 안 시하쿠가 당시 일본에 전해지고 있던 중국의 고서적이 풍부한 것을 자랑한 데 대하여, 이봉환이 "『십삼경주소』 이하는 전부 모두 조선에도 있는 책들이다. 그러나 정자와 주자가 이 책들을 취사선택하여 『사서집주四書集註』 등을 편찬했기 때문에, 지금은 더 이상 쓸모없는 서적이 되어버렸으므로, 이를 창고에 넣어두고 있다"고 대답하자, 이에 대하여 엔 코가이는, "이봉환은 터무니없는 말을 하고 있다. 『동관한기』는 송대에 이미 사라져버렸기 때문에, 정자와 주자가 취사선택할 수 있었을 리가 없다"고 비웃었다는 것이다.

이 자리에 동석했던 큐이칸宮維翰[宮瀨龍門]도 이 때의 필담에 대해 다음과 같은 코멘트를 남겼다.

> 안 시하쿠가 우리나라의 서적은 중화中華에도 없다며 자랑스러워했지만, 이봉환은 『십삼경주소』는 창고에 넣어두었고, 모두 정주程朱의 취사선택에 따르고 있다고 답했다. 그는 정주程朱에 심취해 있어 콩과 보리도 구별하지 못할 정도여서, 더 이상 듣고 싶지 않았다.[5]

큐이칸은 류이칸劉維翰이라고도 칭하는데, 소라이학파에 속한다. 여기에서 안 시하쿠가 말하는 『십삼경주소』 선본이란 정확히는 송판宋版 『주역주소周易注疏』·『상서정의尚書正義』·『모시주소毛詩注疏』·『예기정의禮記正義』·『춘추좌전주소春秋左傳註疏』를 가리킨다. 통상 이들을 총

---

5) 宮維翰『龍門先生鴻臚傾蓋集』; "子帛誇詫本邦典籍, 中華之所無, 則濟庵答以十三經注疏, 架閣樓上, 一從程朱之取舍也. 彼心醉程朱, 而至不辨菽麥, 掩耳而避耳."

칭하여 송판宋版『오경주소五經注疏』혹은 송판『오경정의五經正義』라고 부른다. 모두 아시카가학교의 소장본으로 야마노이 카나에가『칠경맹자고문七經孟子考文』을 편찬할 때 이용한 서적이다. 송판『상서정의』·『모시주소』·『예기정의』·『춘추좌전주소』이 네 종류는 모두 1439년(永享 11년)에 아시카가학교에 들인 것인데, 송판『주역주소』도 1454년(享德 3년) 이전에 들어왔다고 한다.6)

『공자가어』선본이란 예를 들면『군서치요群書治要』권10에 수록된 것을 들 수 있다. 이는 카마쿠라시대의 필사본으로 알려져 있다. 원래 카나자와金澤문고에 소장되어 있었지만, 현재는 궁내청宮內廳 서릉부書陵部에 보관되어 있다.7) 또한 중국 원조元朝 왕광모王廣謀의『공자가어구해孔子家語句解』조선고간본朝鮮古刊本이 무로마치시대에 일본으로 유입되어, 그 필사본이 1515년(永正 12년)에 아시카가학교로 들어왔다. 그러나『공자가어』가 에도시대에 유명해진 것은 무엇보다 1741년(寬保 원년)에 쿄토京都의 코 하쿠쿠岡白駒가 여러 책들을 교감한 뒤 출판하고, 또 다음해인 1742년(寬保 2년)에는 소라이의 제자 다자이 슌다이太宰春台가 역시 여러 책들을 교감한 뒤 주注를 늘려 에도에서 출판했기 때문이다. 이 책들은 모두 1638년(寬永 15년)에 쿄토에서 출판된 목활자본木活字本을 저본으로 삼았다고 한다. 그리고 이 칸에이寬永 간본刊本은 송판을 저본으로 하여 출판된 겐나(元和: 1615년~1624년) 고활자본古活字本을 다시 새긴 것으로 알려져 있다.8)

---

6)川瀨一馬,『足利學校の硏究』(東京:講談社, 1948), 202쪽.
7)『圖書寮漢籍善本書目』(東京:宮內省圖書室, 1930), 45쪽.
8)山城喜憲,「知見孔子家語諸本提要(一)」(『斯道文庫論集』21, 1984), 191쪽 ; 同,「知見孔子家語諸本提要(二)」(『斯道文庫論集』22, 1987), 1·23쪽 참조.

『고문효경공안국주古文孝經孔安國註』란 공안국전孔安國傳의 『고문효경 古文孝經』을 말한다. 이 책의 필사본은 일본에서는 옛날부터 다수 전해져 왔다. 예를 들어 쿄토대학 부속도서관에 현존하는 것은 1241년 (仁治 2년)의 발문跋文이 붙여진 필사본이다. 그밖에 카마쿠라시대와 무로마치시대의 필사본이 열 몇 점 남아 있으며, 아시카가학교에서 소장하는 것은 무로마치시대 중기 이후의 필사본이라 한다.[9] 1593년(文祿 2년)에 『고문효경』이 동활자銅活字를 이용하여 출판되었는데, 1599년(慶長 4년)에는 목활자木活字로도 출판되었다. 1602년(경장 7년)에도 목활자판이 나왔다. 한편 1732년(享保 17년)에는 다자이 슌다이가 이 여러 책들을 교감하여 음주音注를 붙여 공안국전 『고문효경』을 출판하였다.[10]

황간 『논어의소』도 일본에는 다수의 필사본이 남아 있다. 예를 들어 1477년(文明 9년)에 필사된 것이 현재에도 류코쿠龍谷대학 도서관에 소장되어 있다.[11] 야마노이 카나에가 『칠경맹자고문』을 편찬할 때 이용한 책은 아시카가학교 소장본으로서, 대략 16세기 전반에 필사된 것으로 알려져 있다. 역시 소라이의 제자인 네모토 손시根本遜志[根遜志]가 1750년(寬延 3년)에 황간 『논어집해의소論語集解義疏』를 간행했을 때 저본으로 쓴 것도 이 책이다.[12]

안 시하쿠의 말에 아무리 과장과 자랑이 있었다고 해도, 송판 『오경주소五經注疏』는 당시 중국에서도 매우 구하기 힘든 책이었음은 분

---

9) 阿部隆一, 「古文孝經舊鈔本の硏究(資料篇)」, 『斯道文庫論集』 6, 1964, 4~24쪽 : 長澤規矩也, 『足利學校貴重特別書目解題』(동, 『長澤規矩也著作集』 4권, 東京:汲古書院, 1983), 311쪽.
10) 阿部隆一·大沼晴暉, 「江戶時代刊行成立孝經類簡明目錄」, 『斯道文庫論集』 14, 1977).
11) 『論語義疏』(大坂懷德堂記念會, 1924) : 武內義雄, 「論語義疏校勘記」 條例.
12) 『論語集解義疏』, 服部南郭(服元喬), 「皇侃論語義疏新刻序」.

명하다. 고초본古抄本도 당시 중국에서는 좀처럼 구하기 어려웠다. 그러나 『동관한기東觀漢記』와 『효경구명결孝經鉤命訣』이 에도시대에 전해지고 있었다는 이야기는 과문寡聞한 탓인지, 전혀 들어본 바 없다.

3. 1764년 통신사와 일본의 고전적

1764년(明和 원년, 영조 40년) 통신사가 일본에 온 것은 1748년 이래로 16년 만의 일이다. 일행에는 제술관製述官 남옥南玉, 서기書記 성대중成大中과 원중거元重擧, 그리고 역관譯官으로 이언진李彦瑱이 포함된다. 그들은 모두 열성적으로 일본에 대한 각종 지식을 얻으려 하였다.[13]

학술면에서 특히 관심을 끈 것은 오규 소라이荻生徂徠의 학술이었다. 남옥南玉이 처음으로 읽을 수 있었던 소라이의 저작은, 필자가 조사한 바로는, 에도에서 구한 『소라이집徂徠集』이었다. 3월 2일 수행하던 나바 로도那波魯堂가 대신 구입하여 남옥에게 선물로 주었던 것이다.[14] 성대중과 원중거도 즉시 이 책을 돌려가며 읽었다. 한편 이언진은 이보다 앞서 『소라이집』을 입수했다. 이 책에는 소라이가 쓴 「칠경맹자고문서七經孟子考文叙」가 수록되어 있다. 여기에는 주자학을 비판하면서 고주소古注疏나 이를 기록한 고서적을 왜 지금 여기서 다시 존중해야 하는지 역설하는 내용이 실려 있었다.

---

13) 본서, 제2부 제6장 「1764년 조선통신사와 일본의 소라이학」.
14) 南玉, 『日觀記』.

또 일본의 시모쓰케노쿠니下野國현재의 栃木縣에는 산기 오노노 타카무라參議小野篁가 수백 년 전에 세운 학교가 남아 있는데, 키이국紀伊國 출신으로 이름은 '카나에鼎', 자字는 '쿤이君彝'라고 하는 소라이의 학생이 콘 손시根遜志라는 인물과 함께, 여기에 보관되어 있는 송판 『오경정의』나 황간의 『논어의소』 등의 가치를 발견하여 교감을 한 사실, 3년 동안 이 작업에 몰두했기 때문에 정력을 다 쏟아부어 병이 나서 거의 죽을 지경에 이르게 된 사실 등이 기록되어 있었다.[15] 소라이의 서문序文은 격조있는 한문으로 적혀 있기 때문에, 저자인 야마노이 카나에山井鼎 혹은 산 쥬테이山重鼎라는 이름이 겨우 이름은 '카나에鼎', 자는 '쿤이君彝'라고밖에 기록되어 있지 않고, 야산기野參議의 유적이라고 하면, 당시 일본의 유학자라면 누구나 아시카가학교임을 알았지만, 이 점도 명기되어 있지 않았다. 그러나 조선통신사들이 혹시 이때 소라이가 행한 반 주자학의 주장뿐 아니라, 나아가 그 주장 속에 담겨 있는 중국고전에 대한 생각에까지 관심을 넓힐 수 있었다면, 일본의 학술계에서는 고서적에 대하여 어떠한 태도를 취하고, 그 서적들을 이용하여 어떠한 연구를 하려고 했는지를 소라이의 이 서문에서 대강은 알 수 있었음이 분명하다.

남옥·성대중·원중거 등은 에도 및 오사카에서 일본의 유학자로부터 고학파 학자들의 교감학 업적과 그에 관련한 현존 고서적에

---

15) 荻生徂徠, 『徂徠集』 권9, 「七經孟子考文叙」:『七經孟子考文補遺』 序; "上毛之野有野參議遺址, 乃數百年絃誦之地焉. 紀人神生夙有好古癖, 偕州人根遜志者往探之, 獲宋本五經正義. 文具如弇州之言, 而較之明諸本, 其所缺失皆有之, 紕繆悉得. 又獲七經孟子古文及論語皇疏校之, 其經註頗有異同, 而古時跋署可徵, 亦唐以前王段吉備諸氏所齎來, 存于此而亡于彼也. 生喜如拱璧, 遂留三年, 罄其藏以歸, 因積勤得疾.… 生名鼎, 字君彝." 한편 여기서 '上毛之野'라고 쓰여 있는 부분을 『七經孟子考文補遺』에 붙인 서문에는 '下毛之野'라고 기록하고 있다.

대하여 종종 정보를 전달받았다. 이에 대해서는 이 자리에서 생략할 수밖에 없다. 다만 여기서는 그들이 귀국하기 직전 아카마가세키赤間關[山口縣의 下關]에서 하기번萩藩의 타키 카쿠다이瀧鶴台와 성대중 사이에 주고받은 필담 및 서로 주고받은 시詩만을 소개하고자 한다.

타키瀧는 소라이의 제자인 야마가타 슈난山縣周南에게 배웠고, 에도로 가서는 핫토리 난카쿠服部南郭에게 배웠다. 그가 소라이학파에 속하는 자임은 분명하다.16) 그 필담 및 시는 일행이 돌아가는 길에 아카마가세키에 들렀을 때, 즉 5월 21일에 주고받았다. 「증성용연贈成龍淵」이라고 제목을 붙인 시의 일부에서 타키는 다음과 같이 읊었다.

그밖에 동모東毛의 고경古經이 있는데,
당신을 통해 이역異域으로 전하고 싶소.17)

이 시에 대하여 그는 주를 덧붙였지만, 이를 그대로 성대중에게 전했는지는 분명하지 않다. 성대중에게 준 시 속에서 나오는 '동모東毛'의 고경古經이란 것이 주에 기록된 바와 같이 시모쓰케노쿠니에 있는 아시카가학교를 가리키는 것임은 말할 나위도 없다. 여기서 가장 주목해야 할 것은, 타키가 "당신을 통해 이역으로 전하고 싶다憑君欲使異方傳"고 한 부분이다. 즉 『칠경맹자고문七經孟子考文』・『고문효경古文孝經』, 황간皇侃의 『논어의소論語義疏』 등이 이미 수십 년 전에 중국의 청

---

16) 『先哲叢談』(源了圓, 前田勉 校注, 東京:平凡社, 東洋文庫 574, 1994), 425쪽.
17) 瀧鶴台, 『長門癸甲問槎』 권2, 1쪽: "乘槎星使自朝鮮, 遊遍歸來日出邊, 海上十洲逢大藥, 洞天幾處會群仙, 國風難和王仁詠, 秦火獨餘徐福篇, 更有東毛古經在, 憑君欲使異方傳. 毛野州足利鄕有學校, 參議野篁所創, 有謄寫古經宋板十三經等, 比明板大爲善本. 近徂徠先生塾生紀人山重鼎校讎異同, 官刻七經孟子考文・行於海内, 好古之士以爲奇寳焉."

조淸朝로 전해진 것처럼, 이번에는 통신사가 귀국할 때 조선에도 전해지기 바란다고 말한 것이다. 성대중은 '동모고경東毛古經'이 아시카가학교의 소장본이라는 점, 저술한 자가 키슈紀州의 산모山某라는 점, 소라이의「칠경맹자고문서七經孟子考文叙」를 거듭 맞추어 보면 분명히 그 작자가 야마노이 카나에라는 점을 알고 있었다. 이는 다음과 같은 필담이 그때 오갔기 때문이다.

성대중: 아시카가학교의 고경古經과 키슈紀州의 산군山君의 저술과 같은 것은 해외의 이본異本인데, 내가 한번 볼 수조차 없는 것은 크게 유감이오. 귀국 준비로 바빠서 사 갈 수 없는 것이 가장 안타깝소. 당신은 여행의 휴대물로 가져오지는 않았소? 한번 보고 싶소.
타키: 고경古經은 현재 간행되지 않았고,『고문考文』도 책 수가 많소. 나는 휴대해오지 않았기 때문에 보여줄 수 없어, 유감이오.[18]

즉 성대중은 야마노이의 저작이나 아시카가학교의 고경이 '해외의 이본'임을 충분히 이해할 수 있었고, 이 책들을 한번 보고 싶다고 부탁했다. 소라이의「칠경맹자고문서」와, 앞장에서 살펴본 바와 같이 에도 및 오사카에서의 필담에서 얻은 정보 등을 종합해 보면, 일본의 유학자가 이루어 낸 교감학의 업적과 현존 고서적의 의의에 대하여, 그들은 아직 막연하기는 했겠지만, 귀국하기 전까지 어느 정도는 이해하고 있었다고 보아야 한다.

---

18) 瀧鶴台,『長門癸甲問槎』권2, 9쪽; "成大中: 足利學校之古經, 紀州山君之著述, 如是海外異本, 而僕未得一玩, 深可恨也. 歸裝甚忙, 無由購去, 尤可歎. 行橐其或帶來耶. 願得一覽. 瀧鶴台: 古經未刊行, 考文亦多卷帙, 僕不携來, 不得供覽, 可憾也."

4. 일본고전적의 조선으로의 유전

　결과적으로 1764년의 통신사는 『칠경맹자고문』, 황간의 『논어의소』, 공안국전의 『고문효경』 등을 가지고 귀국할 수 없었던 듯하다. 또 일본의 교감학이나 고서적에 대해서도 그들은 조선학계에 전달한 바가 거의 없었던 것 같다. 그들의 일기에 이에 관한 뚜렷한 언급이 보이지 않을 뿐 아니라, 통신사가 쓴 일본연구로서 가장 상세한 원중거의 『화국지和國志』에서조차 야마노이 카나에의 이름도, 『칠경맹자고문』, 황간의 『논어의소』・『고문효경』의 이름도 전혀 나오지 않는다. 이에 관한 정보 가운데에는 남옥이 귀국 후, '우리나라에서는 볼 수 없는 서적'이라면서 소개한 공안국의 『효경전孝經傳』, 양梁 황간皇侃의 『논어소論語疏』, 당唐 위징魏徵의 『군서치요群書治要』, 송宋 강소우江少虞의 『황조류원皇朝類苑』이 매우 적기는 하지만, 가장 잘 정리된 소개라 할 수 있을 것이다.[19]

　남옥이 예로 든 책 가운데 공안국의 『효경전』, 양 황간의 『논어소』에 대해서는 이미 언급한 바 있다. 당 위징의 『군서치요』도 카마쿠라 시대 중기의 필사본이 일찍이 카나자와金澤문고에 소장되어 있었는데, 지금은 궁내청宮內廳 서릉부書陵部에 소장되어 있다는 사실도 이미 언급했다. 『군서치요』는 위 필사본을 바탕으로 1616년(元和 2년)에 동활

---

19) 南玉,『日觀記』권10,「書畵」; "書冊之無全經, 歐陽公旣已辨之矣.… 我國所未見者, 孔安國孝經傳・梁皇侃論語疏・唐魏徵群書治要・宋江少虞皇朝類苑."

자로 출판되었다. 그 후 목판으로도 출판되었다.20) 『황조류원』은 『황조사실류원皇朝事實類苑』 혹은 『황송사보류원皇宋事實類苑』이라고도 불리는데, 1621년(元和 7년)에 역시 동활자로 출판되었다.21)[보주 1]

이처럼 일본의 교감학 저작과 고서적에 관한 정보는 극히 한정된 내용밖에 조선에 전달되지 않았던 듯하다. 원중거와 인척관계이며, 18세기 후반을 살았던 조선지식인 가운데 누구보다 박식했던 이덕무李德懋조차 그의 저술 속에서 거의 아무런 언급도 하지 않았다. 『청장관전서靑莊館全書』 권58에 보이는 「일본문헌」에서도 거의 대부분이 한 회 이전인 1748년의 통신사가 전한 정보밖에 없다. 또 그의 저작으로 알려진 『청령국지蜻蛉國志』에는 명백히 1764년의 통신사가 전한 정보가 많이 기록되어 있지만, "일본서적을 모두 다 기재할 수 없음[日本書籍不可殫記]" 이하에 나열한 다수의 서적을 보더라도, 당시 일본에서 전해지고 있던 고서적이나 교감학 저작은 포함되어 있지 않다. 진秦나라 시황제始皇帝가 일본에 파견했다는 서복徐福에 대하여 서술한 곳에서, 원중거가 하카타博多의 유의儒醫 카메이 난메이龜井南冥에게 "고문 육경六經은 서복이 일본으로 가져온 것인가"라고 물어 이에 대한 문답이 기록되어 있지만, 이는 옛날부터 조선통신사가 품고 있던 관심사였을 뿐, 당시 유행하던 교감학이나 이와 관련된 고서적과는

---

20) 尾崎康, 「群書治要とその現存本」(『斯道文庫論集』 第25輯, 1990) : 川瀨一馬, 『古活字版の硏究』(東京:安田文庫, 1937), 388쪽.
21) 川瀨一馬, 『古活字版の硏究』(東京:安田文庫, 1937), 192·388쪽.
보주 1) 曹命采, 『奉使日本時聞見錄』의 5월 24일조에 의하면, 中村蘭林은 그들에게 "漢唐以來, 典籍浩瀚, 中華之旣亡者, 我邦多存之. 若孔安國『孝經傳』梁王侃『論語疏』唐魏徵『群書治要』宋江少虞『皇朝類苑』不一而足. 貴邦亦傳此等之典籍乎"라고 묻고 있다. 아마도 조명채에 의한 이 정보에 기인한 것으로 보인다.

전혀 관계가 없다.[22]

『칠경맹자고문보유七經孟子考文補遺』・『고문효경古文孝經』・『논어집해의소論語集解義疏』가 나가사키를 경유하여 중국으로 건너가, 뒤의 두 책은『지부족재총서知不足齋叢書』에 수록되었고, 또 세 책 모두『사고전서四庫全書』에 수록되었다. 조선학자 가운데『칠경맹자고문보유』를 처음으로 본 사람은 김정희金正喜[阮堂]이다. 그것은 1810년(嘉慶 15년, 순조 10년, 文化 7년) 북경에서 완원阮元이 보여준 것이라고 한다.[23] 김정희가 북경에 다녀온 이후, 중국을 방문한 조선지식인과 청조지식인 사이에 이 일본서적들에 대한 이야기가 종종 화제에 올랐던 것 같다. 그 한 예를 들자면 신재식申在植이 1827년(道光 7년, 순조 27년) 북경에서 왕희손汪喜孫[甘泉]・이장욱李璋煜[月汀]과 주고받은 필담이 있다.

　왕희손: 일본에는 황간『논어의소』가 있는데, 중국에는 없습니다. 귀국 조선에는 이 책이 있습니까?
　이장욱: 일본은 근자에 부쩍 학문을 좋아하는 경향이 있어, 출판되는 책이 매우 많다고 듣고 있습니다.
　신재식: 일본은 바다로 격리되어 있고 통신사도 좀처럼 가지 않기 때문에 자세한 것은 모릅니다. 그러나 몇 년 전 마침 사절使節의 왕래가 있었습니다. 그렇게 대단하지는 않다고 들었습니다.[24]

---
22)『靑莊館全書』Ⅲ(『韓國文集叢刊』259, 서울:민족문화추진회, 2000), 163·167쪽 참조.
23) 藤塚鄰,『淸朝文化東傳の硏究-嘉慶・道光學壇と李朝の金阮堂-』(東京:國書刊行會, 1975), 108·142쪽 참조.
24) 申在植,『筆譚』道光7年 正月 9日; "甘泉曰, 日本有皇侃論語疏, 中國所無. 貴邦有此書否. 月汀曰, 聞日本近甚好學, 刊書頗多云矣. 余(申在植)曰, 日本隔海, 通信亦罕, 不可詳知. 而年前適有使介之往來, 蓋聞其不甚高明矣."『필담』에 대해서는 본서, 제2부 제4장「조선연행사 신재식의『필담』에 보이는 한학・송학 논의와 그 주변」참조.

신재식이 여기에서 몇 년 전에 통신사가 왕래하였다고 한 것은, 1811년(가경 16년, 순조 11년, 문화 8년)의 일이다. 이 필담에서 볼 수 있듯이 청조지식인은 황간『논어의소』등에 대하여 보다 상세한 정보를 얻을 수 없는지, 연행사燕行使에게 물었다. 신재식이 왕희손의 질문에 답하지 않은 것은 조선에는 황간『논어의소』가 아직 들어오지 않았던가, 아니면 그가 이러한 책에 관심이 없었음을 보여주는 것 같다.

그러나 확실히 이 때 쓰시마對馬 경유였던가, 북경 경유였던가는 불분명하지만, 그 책은 조선에 들어와 있었다. 그리고 이 황간의『논어의소』를 읽고 이 책을 가짜라고 단정한 인물이 있었다. 바로 성대중의 아들 성해응成海應이다. 그는「제왜본황간논어의소후題倭本皇侃論語義疏後」를 썼는데, 여기서 다음과 같이 논했다.

> 왜인은 원래 가짜를 좋아한다. 최근에 또한 서적이 점점 많아짐에 따라 거짓도 심해졌다. 황간의『논어의소』가 해외의 중국으로 전해진 일도 전혀 이상할 것이 없다.『논어의소』가운데 하안何晏의 문장과 다른 부분은 모두 날조이다.[25]

사고제요四庫提要에서 청조의 고증학자는『논어의소』에 대하여 "이는 분명히 고본古本으로서 가짜가 아님을 알 수 있다"는 판단을 내렸다.[26] 즉 이 책은 근자에 만든 위서僞書가 아니라고 판단한 것이다.

---

25) 成海應,『研經齋全集』續集(『韓國文集叢刊』279, 서울:민족문화추진회, 2001), 250쪽. "倭人素好贋作, 近又書籍寖盛, 益滋其詐. 皇侃疏流傳海外者, 誠亦無怪. 彼與今何晏本異者, 皆僞撰也. … 其狡詐不測乃如此, 乃謂之眞本乎." 한편 成海應의 孔安國傳,『古文孝經』에 대한 견해는 동서, 外集(동서 276집), 199쪽,「日本古文孝經孔氏傳」에 보인다.
26)『四庫全書總目提要』(台北:台灣商務印書館, 1971), 713쪽; "知其確爲古本, 不出依託."

성해응은 이에 대하여 조목조목 논박을 가하였다. 그는 이 책을 입수했음이 분명하다. 그 연구방법은 증거주의이다. 청조고증학이 논거로 든 증거는 충분한 증거가 아니라고 보았다. 그것은 청조고증학의 방법을 응용한 것이고, 또 야마노이 카나에가 취한 방법과도 매우 흡사하다. 그런데 그는 『논어의소』가 일본에서 서적이 대량으로 나돌고 있는 상황을 배경으로, 일본인이 최근에 지은 위서라고 단정했다. 게다가 한 걸음 더 나아가 "그 헤아릴 수 없을 정도의 교활함과 거짓이 이와 같음에도 불구하고, 이 책을 진본으로 보고 있다"고 하면서 사고제요의 설을 비난하였다. 즉 청조고증학자의 고증도 틀렸다고 단정한 것이다.

5. 맺음말

조선통신사가 일본인과 주고받은 고서적에 관한 '서적정보'는 우리에게 몇 가지 중요한 점을 가르쳐 준다. 조선지식인이 그 후 중국의 청조로부터 도입하게 되는 '서적정보'를 여기에 덧붙여 생각하면, 당시 일본·한국·중국 등 각 국이 각각 점하고 있는 학술상황과 그 위상을 잘 이해할 수 있다. 각각의 정보가 의미하는 바에 대하여 아래에서 몇 가지 고찰을 해보고자 한다.

우선 1748년에 안 시하쿠와 이봉환과의 사이에 오간 문답을 상기해 보자. 이미 서술한 바와 같이, 『십삼경주소十三經注疏』 선본善本, 『공자가어孔子家語』선본,『고문효경공안국주古文孝經孔安國註』, 황간의『논어의소論語義疏』에 대하여 안 시하쿠가 소개한 것은 당시 일본에서 전해지고 있던 고서적과 최근 30년 동안 일본의 유학계가 달성한 업적 중 그 일부를 거의 정확하게 전해 주었다고 해도 과언이 아니다. 그가 자랑스럽게 말한 것도 이해할 만한 일이다.

그러나 그 책들과 함께 거론한『동관한기東觀漢記』와『효경구명결孝經鉤命訣』이 당시 현존하고 있었던 것 같지는 않다. 적어도 그가 전해준 내용은 정확하지 않았다.『논어의소』는 이 필담이 있었던 2년 후에 겨우 재판이 나왔고, 또『동관한기』와『효경구명결』은 재판이 나온 적이 없는 듯하다. 따라서 그가 말한 바와 같이 "아침저녁으로 이 책들을 공부하며 낭송"할 수 있는 상황은 아니었다. 그렇다면 왜 여기서『동관한기』라는 서명이 거론되었을까? 그것은 아마『일본국현재서목록日本國見在書目錄』에『동관한기』148권이, 나라奈良시대에 견당사遣唐使였던 키비노 마키비吉備眞備가 가지고 온 이래 현존하는 책으로 기록되어 있었기 때문일 것이다.

『일본국현재서목록』은 헤이안平安시대에 작성된 목록으로 알려져 있다.27) 그러나 만약 이러한 귀중한 서적이 18세기에 일본에서 현존했다면, 중국에서 건륭乾隆연간에『영락대전永樂大典』등에서 빠진 글들을 모아『동관한기』를 복원하기 전에, 누군가가 그 책을 출판했었을 것이다.『효경구명결』도『일본국현재서목록』에 "『효경구명결』6권, 송균宋均이 주注를 달다"라고 기록되어 있다. 둘 다 당시 일본에 전해

---

27)『日本書目大成』1권에 수록된『日本國見在書目錄』(東京:汲古書院, 1979), 15쪽 참조. 또 太田晶二郎,「吉備眞備の漢籍將來」(『太田晶二郎著作集』제1책, 東京:吉川弘文館, 1991) : 大庭脩,『漢籍輸入の文化史』(東京:硏文出版, 1997), 28쪽 참조.

지고 있던 서적에서 이들을 복원하는 것은 거의 불가능하며, 그때에도 현존하고 있었을 가능성은 매우 낮다.[28]

당시 일본의 유학자는 일본고학古學이 주자학을 능가했다고 생각하여 이를 자랑했을 뿐 아니라, '고서적의 현존과 복각復刻에서도 중국을 뛰어넘었다, 적어도 일부는 능가했다'고 여기며 자랑했다. 당시 중국에는 이미 없어졌다며 나가사키에서 중국으로 자랑스럽게 보냈거나 혹은 보내려 했던 고서적의 복각본은 결코 다자이 슌다이太宰春台의『고문효경』과 네모토 손시根本遜志의『논어의소』뿐만은 아니었다. 이보다 앞서 다자이가『공자가어』를 교정·출판했을 때에도, 그가 저본으로 삼은 칸에이寬永연간의 옛 활자본과 당시 중국에서 출판된 급고각본汲古閣本『공자가어』를 비교해본 결과, 그 본문이 거의 동일했기 때문에 "일본의 서적이 혹시 중국으로 흘러 들어가, 급고각 모진毛晉이 이를 중각重刻한 것은 아닐까 하고 나는 생각했다"고 기술하였다.[29]

이러한 의식이 곧『동관한기』가 현재에도 남아 있다고 하는 '전설'과 결부된 것 같다. 학술의 급속한 진전 속에서 어느덧 '전설'을 '사실'로 여기게 되었던 듯하다. 안 시하쿠는 이러한 학술상황 속에서 과장해서 말한 것이니, 결과적으로 보자면, 부분적으로는 허위의 정보를 전달한 셈이다.

그런데 이봉환은 안 시하쿠가 전한 서적정보의 일부가 허위임을 모른 채 이에 대하여 역시 허세에서 나온 허위의 정보로 맞섰다. 엔

---

28)『本邦殘存典籍による輯佚資料集成』(京都:京都大學人文科學硏究所, 1968) 114쪽:「孝經鉤命訣」, 동『續編』19쪽,「東觀漢記」.
29) 太宰春台,『標箋孔子家語』跋: "後得汲古閣板一本則王子雍注全本也. 因以我東方所有舊本校之, 其文全同,… 余怪以爲我本或流傳於彼, 而汲古閣氏得重刻之邪."

코가이淵好凱가 『동관한기』를 예로 들어 그 허세와 무지를 조롱했던 사실은 이미 살펴본 바 있다. 일본에 다수의 고서적이 현존했다는 것, 그리고 당시 일본의 학술이 급속도로 진전하고 있던 것은 사실이다. 그러나 안 시하쿠도 그랬지만 엔 코가이 역시 『고문효경』 등이 당시 일본에서 전해지고 있던 필사본을 저본으로 하면서도, 조선에서 약탈해 온 동활자를 이용하여 예전에 인쇄되었으리라는 점, 이 동활자에 의한 인쇄가 목활자에 의한 인쇄를 촉진하여, 일본의 학술발전에 일정한 역할을 한 점에 대해서는 전혀 무지했든지, 혹은 고의에 의한 것인지를 이봉환에게는 말하지 않았다.

    큐이칸은 이봉환은 정주程朱에 심취해 있기 때문에 귀를 막고 그 이상의 문답을 피했다고 해석하였다. 확실히 주자학 일변도였던 조선의 학풍이 이러한 대응을 낳았다고 해석될 수 있다. 그러나 아마 그 이상으로, 조선은 문화적으로 일본보다 훨씬 높은 수준에 있으리라는 자신 즉 '과신'이 있었던 것과 함께, 보다 객관적인 조건으로서, 당시 조선에는 '서적정보'가 너무나 적었다는 사실이 이러한 대응을 불러일으킨 근본원인이었다고 생각해야 할 것이다.

    1764년 통신사의 경우에 성대중과 타키 카쿠다이瀧鶴台와의 필담에서 볼 수 있듯이, 조선지식인이 야마노이 카나에의 저작에 관심을 보이기에 이르렀다. 고서적에도 관심을 갖기에 이르렀다. 그러나 『칠경맹자고문七經孟子考文』을 입수하여 귀국할 수 없었을 뿐 아니라, 귀국 후 일본의 고서적에 대한 정보를 거의 전달하지 않았던 듯하다. 이는 그들의 일기에서 드러나는 바와 같이 오규 소라이의 학술에 보이는 반 주자학과 고문사학古文辭學의 핵심에 대해서는 상세하게 기술하여, 이를 귀국 후에도 전한 것과는 크게 다르다.

성대중의 아들인 성해응成海應이 일본고학파의 업적 특히 『칠경맹자고문』·『논어의소』·『고문효경』에 관심을 가진 것은 중국의 청조에서 고증학의 영향을 받은 이후였다. 그는 "왜인은 원래 가짜를 좋아한다"는 선입관과 일본에서는 "최근에 또한 서적이 점점 많아지고 있다"는 통신사의 전언, 혹은 북경을 경유하여 연행사燕行使가 전한 정보를 근거로 『논어의소』를 근자에 일본인이 교묘하게 날조한 위서라고 단정하였다.

그러나 그는 『논어의소』가 일본에는 늦어도 1477년에 필사된 사실을 포함하여 15~16세기에 필사된 것이 대량으로 현존하고 있었던 사실을 아마 몰랐던 듯하다. 만약 그것을 그가 알았다면 그 단계에서 그의 '고증'은 너무나 쉽게 무너져버리고 말았을 것으로 보아야 한다. 왜냐하면 그의 증거주의를 일관되게 적용하려 하면, 중국에서조차 그다지 서적이 대량으로 유통되지 않던 15세기라는 시대에 일본에는 대량의 중국서적이 유입되어 있었다는 점, 게다가 이러한 종류의 가짜를 만들 정도로 높은 학력을 갖춘 일본인이 당시 이미 존재했다는 점을 증명할 필요가 있었기 때문이다. 이 점에서 그는 분명히 오류를 범했다고 말할 수 있다.

사실 이 점에서는 청조의 고증학자도 같은 잘못을 범하고 있다. 공안국전孔安國傳의 『고문효경古文孝經』이 위서僞書라는 것은 현재 정설이 되었다고 해도 과언이 아니다.[30] 이는 그 당시부터 이미 의심받고 있었던 것으로, 일본의 야마노이 카나에도 "그 진위를 확실히 밝

---

30) 張心澂, 『僞書通考』(上海:商務印書館, 1954 重印), 433쪽.

힐 수 없다"고 기술하여 그것이 진본임을 의심하였다. 청조의 고증학자들도 『사고제요四庫提要』에서 이를 위서로 단정을 짓다시피 하였다. 문제는 왜 청대에 들어와서야 겨우 그 책이 일본에서 중국으로 전해졌는가에 대해 그들이 내린 해석이다. 그들은 이것을, "아마 해외무역이 행해져 [일본인이] 중국의 서적을 자못 많이 획득하여, 교활하고 문장의 의미를 알만한 자가 여러 책에 실려 있는 공안국孔安國의 전傳을 모아 멋대로 작문을 해서, 스스로 책의 내용이 풍부함을 자랑한 것이 아닐까" 하고 해석하였다.31) 그는 또 이 책에서 사용된 용어가 "당·송·원 등 옛날 사람이 사용하던 용어와 다르다"고 하여, 중국에서는 명조明朝에 해당하는 시대 이후에 만든 가짜라고 보았다. 즉 그들 역시 공안국전의 『고문효경』이 일본에는 늦어도 카마쿠라 시대인 1241년 이전까지 소급할 수 있음을 아마도 놀랐던 듯하다. 그들 역시 성해응과 마찬가지로 "교활하고 문장의 의미를 알만한 자"가 최근에 교묘하게 지은 위서라고 생각하였다. 일본에 대한 선입관, 게다가 틀에 박힌 중화의식이 오류를 이끌었던 것이다.

성해응이 『논어의소』에 대해 내린 판단에는 청조의 고증학자 등이 공안국전의 『고문효경』에 대해 내린 판단과 다소간의 유사점이 있다. 그 무렵 자국에 대한 자부심, 민족의 일원으로서의 자존심이 동아시아 3국의 학술을 각각 크게 발전시켰다. 그러나 다른 한편 당시로서는 이 점이 또한 과장과 허위를 자아냈으며, 나아가 오해를 낳는 요인이기도 했다.

---

31) 『四庫全書總目提要』(台北:台灣商務印書館, 1971), 648쪽; "殆市舶流通, 頗得中國書籍, 有桀黠知文義者, 撫諸書所引孔傳, 影附爲之, 以自誇圖籍之富歟."

제3부 연행록과 사조선록

284 연행사와 통신사

제8장
일본현존 조선연행록 해제

1. 머리말

　조선왕조 시대에 한국의 수도 서울을 출발하여 명청明淸시대 중국의 수도였던 북경까지 왕복했던 사람이 남긴 여행기는 일반적으로 연행록燕行錄이라는 이름으로 알려져 있다. 중국에서는 명조明朝가 통치하고 있었던 시대, 그 중에서도 조선이 병자호란丙子胡亂으로 인하여 청조의 지배를 받기 이전까지는 이러한 여행기를 일반적으로 조천록朝天錄 혹은 조천일기朝天日記 등의 이름으로 부르고 있었다. 그러나 한국과 일본의 학계에서만은 조천록과 조천일기 등을 포함한 이러한 종류의 여행기를 모두 「연행록燕行錄」이라고 지칭하는 것으로 정착되고 있는 것 같다.
　연행록 혹은 조천록 등으로 불리는 여행기의 사료적 가치는 학계에 알려져 있다. 자료집으로서는 일찍이 『연행록선집燕行錄選集』(상·하 2책)·『국역연행록선집國譯燕行錄選集』(12책)·『조천록朝天錄』(4책)이　간행되어 한국사를 연구하는 사람들뿐만 아니라 중국사를 연구하는 사람들에게도 크게 공헌한 바 있었다. 그러나 2001년에 『연행록전집 燕行錄全集』(100책)과 『연행록전집일본소장편燕行錄全集日本所藏編』(3책)이 함께 간행됨으로써 연행록 그 자체에 대한 연구 및 북경에 갔던 조선사절 使節에 대한 연구는 완전히 새로운 단계를 맞이하였다.

그런데 이러한 종류의 여행기가 연행록이라고 하는 이름으로 이미 학계에 정착되고 있다는 것은 앞에서 서술한 바이지만, 이 서울-북경 간을 왕복했던 사절을 무엇이라고 불러야 할 것인가에 대해서는 아직도 역사연구자들 사이에 정착된 용어가 없는 것 같다.[1] 이 점은 같은 시대에 서울에서 일본의 에도江戶에 파견된 사절이, 일본 측에서는 '조선통신사', 한국 측에서는 '일본통신사' 또한 범칭으로서 '통신사'라는 이름으로 정착되어 있는 것과는 큰 차이가 있다.

사실 조선왕조 시기의 실제자료에서도 '통신사'라는 말은 빈번하게 사용되고 있었고, 이러한 점에서 '조선통신사'·'일본통신사' 혹은 '통신사'라는 말을 학술용어로서 사용하는 것은 매우 적절한 것이라고 할 수 있다. 그럼 이 '통신사'에 대응하는 것으로서 북경으로 향했던 조선사절을 무엇이라고 부르는 것이 적당할까?

---

1) 全海宗, 『韓中關係史硏究』(서울:一潮閣, 1970): 張存武, 『淸韓宗藩貿易(1637~1894)』(中央硏究院近代史硏究所專刊 39, 臺北:中央硏究院近代史硏究所, 1978): 張存武, 『淸代中韓關係論文集』(臺北:臺灣商務印書館, 1987): 陳尙勝, 『中韓關係史論』(濟南:齊魯書社, 1997): 全海宗, 『中韓關係史論集』(全善姬 譯, 北京:中國社會科學出版社, 1997, 이 책에는 全海宗 앞의 책 외, 몇 가지의 관련 논문을 수록하고 있다): 陳尙勝 等, 『朝鮮王朝(1392~1910)對華觀的演變:『朝天錄』和『燕行錄』初探』(濟南:山東大學出版社, 1999): 劉勇, 『淸代中朝使者往來硏究』(合爾濱:黑龍江敎育出版社, 2002): 松浦章 編著, 『明淸時代中國與朝鮮的交流:朝鮮使節與漂着船』(臺北:樂學書局, 2002): 朴元熇, 『明初朝鮮關係史硏究』(서울:一潮閣, 2002) 등에서 조선사절에 대한 호칭은 일정하지 않다.

우선 생각할 수 있는 것은 '부경사赴京使'이다. 왜냐하면 18세기 전반에 편찬되고, 그 후 몇 번이나 속찬續纂·중간重刊된 조선 외교사료 『통문관지通文館志』 안에 그 12권본의 권3 사대事大에는 「부경사행赴京使行」이라는 제목의 상세한 기사가 있다. 이것은 대중국 외교사절에 대해서 기록한 것인데, 이와 대비되는 대일본 외교사절에 대해 기록한 같은 책 권6 교린交隣에는 「통신사행通信使行」이라는 제목을 붙이고 있기 때문이다. 여기서 '통신사'에 대응하는 것은 '부경사'이다. '부경사'라는 이름은 중국에서 명청교체가 있었음에도 불구하고 전시대에 걸쳐서 사용할 수 있는 용어이다. 더구나 『조선왕조실록』 등에서도 정확하게는 '부경사신赴京使臣'이라는 표현이기는 하지만, 실제로 가장 많이 사용되고 있다. '부경사' 혹은 '조선부경사'가 당시의 용어를 그대로 사용하는 것이기 때문에 가장 적격이 아닐까 생각되기도 한다. 또한 '부경사'와 매우 유사한 용어로 '조천사朝天使'·'사대사事大使'가 있다.

이처럼 '부경사'·'사대사'·'조천사'는 북경으로 향했던 조선사절의 총칭이었다. 그러나 실제로는 동지冬至에 사행하는 동지사冬至使, 정월의 원단元旦의식을 위해서 사행하는 정조사正朝使, 황제의 탄일을 축하를 위한 성절사聖節使, 조선 측이 무엇인가에 대해서 감사의 뜻을 표하기 위해 사행하는 사은사謝恩使 등 그 연행사절의 목적에 따라 다른 이름으로 불리는 것이 가장 일반적이었다. 그러나 '동지사'·'정조사' 등과 같이 사행의 목적에 따라 다르게 부르는 명칭은 총칭이 될 수 없다.

그렇다고 현대에 사는 우리가 조선의 사절들을 '부경사'·'사대사'·'조천사' 등으로 총칭한다면 더욱 부적절할 것이다. 이러한 용어는 당시 중국과 조선의 외교관계를 적확하게 보여주는 것임이 분명하고, 사절의 실체를 사실적으로 표현하고 있다는 점에서 옳다. 그러나 '부경'·'사대'·'조천' 모두 너무나 특정시대의 가치를 표현하는 말이기 때문에 우리가 이것들을 학술용어로서 사용하게 된다면 오히려 향후 학술의 진전을 저해하게 될 것이다. 아마도 이러한 호칭이 오랫동안 정착되지 않았던 것도 '통신사'에 상당하는 용어가 사료상에 그다지 많이 보이지 않았고, 또 당시에 사용되었던 용어를 그대로 학술 용어로 사용하는 것에 적지 않은 망설임이 있었기 때문일 것이다. 당시의 용어를 그대로 사용하는 것이 오히려 '부경사'·'사대사'·'조천사'에 대한 연구를 저해하는 측면이 있다고 생각한다.

일본의 류큐사琉球史 연구에서 실태를 그대로 반영하고 있는 책봉사冊封使라고 하는 용어를 극히 자연스럽게 학술용어로서 사용하고 있는 것과 같이, 이 실태를 나타내는 용어를 학술용어로서 자연스럽게 이용할 수 있게 되려면 우리는 앞으로 더 오랜 '역사'가 쌓이기를 기다려야 할 것이다. 따라서 이 글에서는 굳이 '부경사' 혹은 '조선부경사' 등의 용어를 사용하지 않고, '연행록燕行錄'이라는 용어가 학술용어로서 정착되고 있는 현상에 비추어 '연행사燕行使' 혹은 '조선연행사朝鮮燕行使'라는 용어를 사용하고자 한다.

연행사는 세계외교사에서 극히 특이한 존재이다. 그들은 약 5백 년간에 걸쳐서 서울에서 북경에 이르기까지 거의 같은 경로를 경유하고 있으며, 고려시대 이전을 포함하면 더 오랜 시간이 된다. 그리고 조선朝鮮과 명조明朝 사이에는 정기적인 사절만 매년 거의 3회가 파견되었다.2) 『청선고淸選考』라고 하는 사료를 기초로 조사해 보면 조선朝鮮과 청조淸朝 사이에도 인조仁祖 15년(崇德 2년, 1637)부터 청일전쟁淸日戰爭이 발발한 고종高宗 31년(光緖 20년, 1894)까지 258년간 494회, 매년 평균 거의 2회의 사절이 파견되었다.3) 이것은 조선국왕이 청조황제에게 파견한 정식사절의 횟수로서, 청조가 북경으로 천도하기 이전에 심양으로 갔던 성절사 등이나, 북경천도 후에도 황제가 선조의 능을 참배하기 위해 심양에 행차했을 때 문안인사를 위해서 파견된 문안사問安使 등 심행사瀋行使도 포함한 수치이다.

여기에 국왕이 황제에게 파견한 사절이 아닌, 오늘날로 보면 외교부급 사절로 파견된 것을 더하면 그 수치는 더욱 방대하다. 물론 명조의 수도가 남경南京에 있던 시대에는 사절이 남경까지 갔고, 혹은 청조가 현재의 요녕성遼寧省에 해당하는 지역을 점령하고 있던 시대에는 해로海路를 통하여 북경으로 향했다. 또한 청조가 심양을 부도副都로 삼자 의무적으로 심양을 경유해 북경으로 향하도록 하는 등 약간의 경로변경도 있었다. 그러나 만약 우리가 세계사 지도책

---

2) 『萬曆大明會典』 卷105, 禮部, 朝貢, 朝鮮國의 규정에 의하면 명대에는 연 3회 즉, 황제 탄생일을 축하하기 위한 聖節使, 원단의식을 위한 正旦使, 황태자 탄생을 축하하기 위한 千秋使라고 하는 조공사절을 3회 받아들이게 되어 있었다. 물론 명대를 통틀어 보면, 연간 파견회수에 변화가 있고, 비정규의 사절도 많이 파견되었다. 또 正旦使는 嘉靖 10년(1531)부터는 冬至節을 축하하기 위한 冬至使로 대신하고 있다.
3) 조선과 청조 사이의 燕行使·瀋行使 파견회수에 대해서는 주1) 全海宗 앞의 책(1970), 71쪽에 1637년부터 1874년까지 兼使를 하나로 계산하여 합계 396회, 여기에 1875년부터 1894년까지를 계 33회라고 되어 있다. 『同文彙考補編』 「使行錄」(본 해제, 범례1의 (9))에서는 조선 측에서 청조의 禮部로 보낸 사절, 즉 오늘날의 외교부 급의 문서를 가지고 가는 齎咨行도 포함하여 열기하고 있다. 이것은 光緖 7년(1881)까지로 기록이 끝난다. 全海宗은 兼使를 그 목적에 따라 복수에 계산하고, 다시 이 齎咨行을 더하여 1637년부터 1874년까지 합계 664회의 사행이 있었다고 통계를 내고 있다.

위에 전근대의 국제 외교사절이 파견된 횟수만큼 그 경로에 색을 칠한다면, 서울-북경 사이의 육로가 횟수에서 압도적으로 다른 경로를 능가하고, 현저하게 굵은 선이 그려질 것이다.

또한 서울에서 북경으로 향하는 여행자의 의식은 명대와 청대에 각각 큰 차이를 보인다. 일찍이 「조천록」 등으로 불리던 이름이 가치를 드러내고 있기 때문에 청대에는 이 용어를 피해 「연행록」이라고 부르게 된 것도 그러한 의식의 표출이다.

연행사가 세계사에서 특이한 존재이고 보면, 연행록이 지금까지 남아 있는 세계의 여행기 중에서 특이한 위치를 점하는 것도 당연하다. 그것은 바꾸어 말하면, 약 5백 년간 아니 그 이상의 오랜 세월에 걸쳐서 서울-북경이라고 하는 같은 경로를 여행한 사람들이 비슷한 여행기를 몇백 편인지도 모를 정도로 쓰고 있기 때문이다. 외국으로 가는 사절이 이렇게나 빈번하게 같은 경로를 왕복하고, 이토록 유사한 여행기를 다수 남긴 경우가 지금까지의 세계사에서 있었을까? 5백 년 이상에 걸쳐서, 지극히 많은 유사한 외국여행기가 쓰이고, 이것이 하나의 장르를 형성하고 있는 것은 세계사에서도 매우 특이한 경우이다.

수많은 연행록 중에서도 이미 잘 알려진 허봉許篈의 『하곡선생조천기荷谷先生朝天記』, 홍대용洪大容의 『담헌연기湛軒燕記』 혹은 박지원朴趾源의 『열하일기熱河日記』 등을 읽은 사람이라면, 거기에 나타난 작자의 신선한 감성을 느낄 수 있을 것이고, 동시에 그들이 가졌던 현상에 대한 분노, 미래에 대한 희망도 쉽게 이해할 수 있을 것이다.[4] 북경

---

4) 許篈, 『荷谷先生朝天記』는 본 해제, 범례 1의 (1)(2)(4)의 각 자료집에 수록되어 있고, 이것을

이나 열하를 처음 방문했던 사람의 기쁨도 공유할 수 있을 것이고, 또한 거기에 기록된 명조 혹은 청조통치의 생생한 실태를 알고서는 놀라게 될 것이다.

또한 새로운 것에 눈을 돌리면서 그것들을 비판적으로 섭취하려고 하는 그들의 태도도 흥미롭고, 또 홍대용의 여행기에서 보듯이 전근대 동아시아에서 국경을 초월한 친밀한 교류가 있었다는 것도 알 수 있다. 우리는 이 정도만으로도 이 기록들이 충분히 의미있는 것이라고 생각하는 것이다.

그러나 한편으로 같은 종류의 사료를 정리하여 모아놓은 많은 양의 연행록을 읽은 사람은 거기에서 드러나는 고정화된 내용이나 천편일률적인 관념에 심한 싫증을 느끼기도 한다. 거의 같은 경로를 1년 중 거의 같은 시기에 통과히어, 북경에 있는 같은 숙소에서 생활하며, 같은 의식에 참가하고, 거의 비슷한 북경 관광을 하기 때문에 그렇게 느끼는 것도 당연하다. 지나가는 각지에서 읊는 시가詩歌도 주제가 거의 정해져 있다. 강녀묘姜女廟나 산해관山海關은 연행록에 수록되어 있는 대부분 시가들의 주제로 등장한다. 유사한 내용의 북경 관광 안내기도 옥상옥屋上屋처럼 서로 닮은 내용이 연이어 쓰이고 있

이용한 논고로서 본서, 제1부 제1장 「만력 2년 조선사절의 '중화'국 비판」 참조. 洪大容, 『湛軒燕記』도 범례 1의 (1)(4)의 각 자료집에 수록되어 있고, 연구로서는 예를 들어 金泰俊, 『虛學から實學へ—十八世紀朝鮮知識人洪大容の北京旅行』(東京:東京大學出版會, 1988)이 있다. 또 朴趾源, 『熱河日記』도 범례 1의 (4)에 수록되었고, 그밖에도 한국과 조선민주주의인민공화국에서 여러 종류가 간행되었다. 일본어 번역으로는 今村與志雄 譯, 『熱河日記 1·2』(東京:平凡社, 東洋文庫 325·328, 1978)가 있다. 이밖에 중국에서도 朴趾源, 『熱河日記』(上海:上海書店出版社, 1997)가 간행되었다. 朴趾源 및 『熱河日記』에 대해서는 이것만으로도 연구문헌목록이 필요할 만큼 많은 연구가 있기 때문에 여기에서는 일일이 소개하지 않는다.

다. 여행자는 어떻게든 조금이라도 창의적인 연행록을 만들어 보고자 하지만 대부분은 쓸데없이 사소한 것을 파고들든가, 옥상옥을 만드는 것에 지나지 않는다. 외국인이 이토록 유사한 내용의 외국 여행기를 중복해서 쓰고 있는 것도 세계사적으로 지극히 특이한 것이 아닐까? 이러한 경향은 중국연호로 말하면 가경嘉慶·도광道光연간 이후에 쓰인 연행록에서 특히 심한 것 같다.

앞에서 "1년 중 거의 같은 시기에"라고 서술한 것은 현존하는 가장 많은 연행록이 10월 하순 무렵에 서울을 출발하여 12월 하순에 북경에 도착하고, 이듬 해 정월 초하루에 궁성宮城에서 거행되는 정조正朝의식에 참가한 사람들이 쓴 것이기 때문이다. 이것은 뒤에 서술한 「해제」의 [여정]항목을 보면 일목요연하다.

북경체재는 40일로 정해져 있어 귀국길도 거의 같은 시기가 된다. 북경 관광안내도 겸하고 있다고 여겨지는 연행록에서는 전에 갔던 선배가 쓴 것을 당연하다는 듯이 전용轉用 내지는 일부 수정후 재록再錄한다. 이와 같은 선배가 쓴 연행록을 재이용하는 경향이 좀 더 심해지면, 스스로 매일 일어났던 일들을 기록하는 일기조차 타인의 것을 날짜 등만 고쳐서 자신이 쓴 것처럼 마음대로 전용한 것까지 나타난다.

한 가지 예를 살펴보자.

정덕화鄭德和 찬『연사일록燕槎日錄』은「해제」26에서 자세하게 소개하고 있는 것처럼, 철종哲宗 5년(咸豊 4년, 1854)의 여행기이다. 여기에는 이보다 25년 전에 쓰인 순조純祖 29년(道光 9년, 1829)의 여행기인 찬자미상의『수사일록隨槎日錄』(「해제」19)이 '도용盜用'되고 있다. 예를 들어 정덕화鄭德和의 『연사일록燕槎日錄』에는 왕로往路에 압록강을 건너는 날의 일을 다음과 같이 적고 있다.

二十五日(庚寅), 雪, 辰時渡江.
昨日副房行具, 輸入本府東軒. 本倅與幕裨搜檢後, 踏印着標, 入置運餉庫. 渡江日出給, 以爲禁物防奸之地云.

『수사일록』에는 강을 건너기 전날의 일을 다음과 같이 적고 있다.

二十五日, 晴, 留灣.
三使臣行具, 竝輸入本府東軒. 府尹與書狀搜檢後, 踏印着標, 入置運餉庫. 渡江日出給, 以爲禁物防奸之地云.

강을 건너는 날짜는 하루 어긋나지만, 같은 11월 25일의 일기이다. 날씨가 한쪽은 '눈'이고 한쪽은 '맑음'이라고 하여 약간의 차이는 있지만, 지극히 유사한 서술임은 누가 보더라도 분명할 것이다. 하지만 강을 건너는 날에는 비슷한 작업을 하기 때문에 비슷하게 서술하는 것도 당연하다고 할 수 있다. 그러나 과연 그렇게 단순한 것일까?

다음과 같은 서술도 있다. 정덕화『연사일록』에는 압록강을 건넌 같은 25일에 야숙野宿하는 모습을 다음과 같이 서술하고 있다.

至溫水坪.… 坪之一名湯池子云. 此爲宿所. 自灣府預送軍校, 掘地窩深, 爇槶柮, 上覆橫板, 外遮蘆簟, 仍設幕取煖, 而三使臣入處, 卽三幕也. 餘則布幕, 每一幕僅容二人, 譯員分排入處. 其外驛卒露處, 爭附棚火. 又自初更, 號令軍卒, 終夜吹角, 以防虎患. 彼人賣酒者, 自柵門逆至行中, 爭相買飮, 試嘗其味, 甚不合胃.

한편 『수사일록』에는 다음날인 26일조에 다음과 같이 적고 있다.

溫水坪, 此爲宿所. 自灣府預送軍校, 掘地窩深, 爇樺朳, 上覆橫板, 外遮蘆簟, 仍設幕次取煖. 而三使臣略爲加意, 餘則布幕, 每一幕僅容二人, 其外驛卒露處, 爭附棚火. 又自初更, 號令軍卒, 終夜吹角, 以防獸患. 彼人賣酒者, 自柵門逆至行中, 爭相買飮. 試嘗其味, 甚不合胃.

'수환獸患'을 '호환虎患'으로 고쳐쓰고는 있지만, 중국인이 책문柵門에서부터 술을 팔러온 것을 똑같이 기록하고 있고, 또 "試嘗其味, 甚不合胃" 전후의 서술은 이미 '도작盜作'이라고 하기에 충분한 것으로, 이것으로는 자신이 경험한 것인지 타인의 것인지가 매우 의심스럽다.
또 정덕화는 중국의 국경마을인 책문柵門에서의 일을 다음과 같이 기록하고 있다.

二十八日(癸巳), 晴, 留柵.
北有關帝廟, 使伴倘諸人往觀. 路傍有小車十餘兩. 制度堅緻, 蓋弓半規, 緊裹黑色洋布, 裡面則用錦緞圍帳, 其中華侈者左右貼琉璃. 每一兩駕二騾, 騾亦健肥. 每趁使行入柵時, 等待以售貰直, 而千里外至者且多云.

한편 『수사일록』에서는 이렇게 적고 있다.

二十八日, 晴, 留柵.
北有關帝廟, 與諸同行往觀.… 路傍有小車十餘兩. 制度堅緻, 蓋弓半規, 緊裹黑色洋布, 裡面用錦緞圍帳, 其中華侈者左右貼琉璃. 每一兩駕二騾, 騾亦健肥. 每趁我國使行入柵時, 等待以售貰直, 而千里外至者亦多.

『수사일록』은 동행한 사람과 함께 직접 관제묘關帝廟에 가서 스스로 견문한 것을 기록하고 있는 데 비해 정덕화는 "반당제인伴倘諸人에게 가게 하여" 그가 견문한 것을 대신해서 쓰고 있다. 이것은 25년 전의 어떤 인물을 '보내어' 구경하게 한 것이다.

이와 같이 정덕화『연사일록』의 많은 부분이 '25년 전' 다른 사람의 체험과 견문이다. 북경입성入城의 정황 등도 거의 같은 문장이지만, 마지막에서 12월 24일 북경에 입성하여 숙소인 옥하관玉河館에 도착하고, 조금 휴식을 취한 후 조선국왕의 문서 즉 황제에게 올리는 표문表文과 예부에 보내는 자문咨文을 예부에 제출하러 가는 장면을 이렇게 적고 있다.

少憩, 通官來告, 三使着黑團領, 又以表咨文先導, 乘馬詣禮部. 漢侍郎文淸率郎官, 出受表咨文. 三使臣行三跪九叩頭之禮, 分捧表咨黃紅樻子, 轉傳侍郎郎官等, 各叙禮而罷. 還館所.

25년 전의 기록에는 이것을 12월 26일의 일로서 다음과 같이 적고 있다.

少歇, 通官來告, 三使著黑團領, 又以表咨文先導, 乘馬詣禮部. 漢侍郎楊繹曾率郎官, 出受表咨文. 三使臣行三跪九叩頭之禮, 分捧表咨黃紅樻子, 轉傳侍郎郎官等, 各叙禮而罷. 還館所.

순조 29년(도광 9년)에는 한시랑漢侍郎 양역증楊繹曾 등에게 표문과 자문을 제출한 것에 비해 철종 5년(함풍 4년)에 예부에 간 정덕화는 같은 한시랑이지만 문청文淸 등에 제출하고 있다.

하지만 어찌된 일인지 완전히 같은 문장이다. 즉 다른 서술은 완전히 앞사람의 것을 이용하면서 날짜와 고유명사만 바꿔치기 하고 있는 것이다. 그런데 충분히 주의를 기울이지 않았던 탓인지, 문청文淸은 본래 만시랑滿侍郎이었음에도 불구하고 한시랑漢侍郎이라는 표현은 그대로 남아 있다.5)

2. 해제 서목

연행록을 역사사료로서 이용할 때, 얼마나 주의가 필요한지, 얼마나 사료비판이 필요한지는 이상의 사례를 통해서 이해할 수 있을 것이다. 그러나 아무리 사료비판이 필요하다고 말해도, 찬자미상의 『수사일록』이라고 하는 책이 현존하지 않았다면, 우리는 감쪽같이 정덕화鄭德和에게 속았을 것이다. 그의 연행록을 읽으면서 무엇인가 이상하다고 느끼더라도 그냥 읽어나갈 수밖에 없었을 것이다. 현재 우리는 정덕화『연사일록』을 그대로 역사사료로서 이용할 수 없다. 이것을 그가 연행했던 철종 5년(함풍 4년, 1854)의 역사사료로서 그대로 이용할 수 없다는 것은 단언할 수 있는 바이다.

---

5) 錢實甫, 『淸代職官年表』 第1冊(北京:中華書局, 1980)에 근거하여 이 해의 禮部侍郎을 확인하면, 도광 9년의 禮部漢侍郎은 楊懌曾이다. 懌을 繹으로 잘못 적고 있는데, 이는 흔히 있는 부주의에 의한 실수이다. 한편 「漢侍郎文淸」은 실은 함풍 4년에는 漢侍郎이 아닌 「滿侍郎」이었다.

그렇지만 한국문학사에서 이것을 평가한다면, 지극히 중요하고 흥미로운 사례일 것이다. 필자가 과문한 탓으로 한국문학사 연구에서 이러한 사실에 대한 지적이 있는지 알지 못하지만, 연행록이라고 하는 일군의 자료에 대한 기초적 연구가 필요한 이유가 바로 여기에 있다.

이와 같이 주의해야 할 점이 있긴 하지만, 연행록이 한국문학사 연구뿐만 아니라 한국사를 포함한 동아시아사 전체에 대한 연구에서도 중요한 역사사료임은 두 말할 필요도 없다. 일부의 연행록은 지금까지 조선실학을 연구하는 데 중요한 자료로서 이용되어 왔다. 또 연행사들은 북경에서 그 곳을 방문한 동아시아 각국의 사절과 만나서 각국 사절의 정황 및 그들을 파견한 각국의 정황을 듣고 기록으로 남기고 있다. 유럽 여러 나라가 북경에 공사관을 설치한 후로는 그들에 대한 것도 기록하고 있다.

이처럼 연행록이 중국사를 연구하는 데 더욱 중요하다는 것도 역시 이 이상의 말을 필요로 하지 않는다. 거기에 가득히 담겨 있는 정보는 중국국내에서 쓰인 한우충동汗牛充棟이라고도 할 만한 사료에서도 전혀 나오지 않는 것이 많다. 특히 일반서민이나 하급지식인들이 어떠한 생활을 하고 있었는지, 무엇을 생각하고 어느 정도의 정치정보를 가지고 있었는지와 같은 문제를 분명하게 밝히는 데 연행록은 둘도 없는 정보를 우리에게 제공해 준다.[6] 또 예를 들면 본 「해제 1」에서 소개하는 유사원柳思瑗의 『문흥군공우록文興君控于錄』 등은 토요토미 히데요시豊臣秀吉가 일으킨 정유왜란丁酉倭亂에 관한 귀중한 사

---

[6] 본서, 제1부 제3장 「민정중의 『연행일기』에 나타난 왕수재 문답에 대하여」.

료일 뿐 아니라, 오히려 중국의 당시 정치정황을 전하는 것으로서 한층더 중요한 사료적 가치를 지닌다고 말해도 좋다. 또 예를 들어 「해제 31」 이유원李裕元의 『계사일록薊槎日錄』은 강화도사건江華島事件雲揚號事件] 발생 직후의 조선외교를 기록한 사료로서 매우 중요하다. 이러한 것들은 본해제를 읽으면 바로 이해할 수 있을 것이다.

그런데 연행록에 대한 기초적 연구라고 할 만한 것이 현재로서는 전혀 없다. 오히려 잘못된 서지정보가 가득하고, 연구자는 그러한 환경에서 연구를 진행할 수밖에 없는 형편이다. 근년 임기중林基中 편의 『연행록전집燕行錄全集』[본 해제, 범례 1의 ⑷], 임기중林基中·후마 스스무夫馬進 편의 『연행록전집일본소장편燕行錄全集日本所藏編』[본 해제, 범례1의 ⑸]이 간행되어 연행사 연구 및 연행록 연구가 완전히 새로운 단계에 접어들었다는 것은 앞에서 이미 서술한 그대로이다.

이것들은 실로 방대한 자료집이다. 『연행록전집』은 100책으로 이루어져 있고, 『연행록전집일본소장편』도 『연행록전집』과 같은 장정으로 출판되었으면, 전 15책으로 만들어졌을 것이다.

이것들이 학계에 기여하는 바는 매우 크다. 그런데 유감스럽게도 양자 모두 거기에 수록하고 있는 여러 자료에 대한 해제를 첨부하고 있지 않다. 뒤의 본 해제에서 보겠지만 『연행록전집일본소장편』에 수록한 여러 자료는 모두 초본鈔本이고 대부분 찬자의 이름조차 명기되어 있지 않다. 연행록을 역사사료로서 이용하는 경우, 그것들이 몇 년도 연행사의 사료인지, 그리고 찬자가 누구이고 어떠한 인물인지 등 최소한도의 서지정보가 필요하다.

『연행록전집일본소장편』에 대해서는 공동편자인 필자[夫馬]가 내용에 입각해서 찬자를 확정하고, 아무리 해도 찬자를 확정할 수 없는 것에 대해서는 찬자미상이라고 하였다.

이 자료집에는 역사연구자의 편의를 고려하여 북경으로 갔던 연행사의 기록인 연행록만이 아니라, 심양瀋陽으로 갔던 심행사瀋行使의 기록인 심행록瀋行錄도 포함되어 있고, 이들 여러 자료의 찬자를 확정했을 뿐 아니라, 그것이 몇 년도의 연행 혹은 심행 때의 기록인지도 확정하고 있다. 확정할 수 없었던 것에 대해서는 미상이라고 하였고, 어느 정도까지 확정할 수 있는 것에 대해서는 ( )를 붙여 추정연도를 적었다.

그러나 수록한 여러 자료에 찬자명도 쓰여 있지 않은데 무엇을 근거로 찬자이름을 확정했는지, 연행 혹은 심행연도도 쓰여 있지 않은데 무엇을 근거로 확정 혹은 추정을 했는지에 대해서 이 자료집은 전혀 근거를 밝히지 않고 있다. 본고의 첫번째 목적은 그 근거를 밝히는 것이고, 두번째 목적은 여러 자료의 내용도 다시 소개하여 이용자에게 편의를 제공하는 것이다.

또한 본서를 편찬할 당시에는 찬자미상 혹은 추정연도라고 하지 않을 수 없었던 것들 중 일부는 이 글에서 확정을 시도할 것이다.

임기중 편의 『연행록전집』에도 해제가 붙어 있지 않다. 이 편찬물은 방대한 자료집임이 분명하고, 이미 서술한 대로 학계에 기여하는 바 크다는 점은 의심의 여지가 없지만, 어떠한 편찬 방침을 취했는지조차 분명하지 않다. 게다가 연행록이나 심행록 하나하나의 찬자, 그리고 연행과 심행연도에 잘못이 너무나 많아 이용자를 매우 곤혹스럽게 만든다.[7] 대부분의 이용자들은 한국사·중국사에 관련

된 공구서도 충분히 갖추지 못한 채 스스로 찬자, 연행·심행의 연도

7) 『燕行錄全集』에는 명백한 잘못 혹은 의문이라고 할 만한 점이 너무나 많다. 우선 첫째로 편찬 방침이 분명하지 않다. 예를 들어 權近, 『點馬行錄』(제1책 수록)은 권근이 朝貢物인 말을 조선국내의 義州, 거기에서 겨우 압록강 대안인 婆娑府까지 운반했을 때의 기록으로, 中村榮孝처럼 이것을 「事大紀行」錄의 하나로 파악하는 것은 옳지만 연행록은 아니다. 李廷龜, 『東槎錄』(제11책 수록) : 鄭太和 『西行記』(제19책 수록) 등은 중국에서 오는 詔使를 맞이하기 위한 단순한 조선 국내여행의 기록으로, 중국에는 한 걸음도 발을 디디지 않았다. 또 洪景海, 『隨槎日錄』(제59책 수록)은 일본의 에도시대에 조선에서 통신사로 파견된 사람이 쓴 일본여행기이다. 이것은 통신사록이지 결코 연행록은 아니다. 통신사록도 연행록의 변형이라고 생각하여 수록했는가 하면 그렇지도 않다. 왜냐하면 홍경해 『수사일록』 외의 통신사록은 여기에 수록되어 있지 않기 때문이다. 반대로 한국국내에 현존함에도 불구하고, 『연행록전집』에 수록되어 있지 않은 것이 너무나 많다. 그는 여기에 수록하지 않은 37종의 연행록의 이름을 그 「범례」에 게재하였지만 여기에도 그것들은 빠져있다.
柳思瑗, 『文興君控于錄』 : 趙顯命, 『歸鹿集』 : 洪錫謨 『游燕藁』는 모두 한국에도 현존한다는 것을 『燕行錄全集日本所藏編』을 편찬하는 단계에서 필자가 林基中 씨에게 알렸지만, 간행 예정인 『연행록전집』에 빠져 있었기 때문에 『연행록전집일본소장편』에 수록하기로 한 것에 불과하다. 연행사의 기록 이외의, 예를 들어 崔溥, 『漂海錄』까지 수록하고 있는 편찬방침으로 보면, 당연히 수록해야 할 현존하는 單冊의 중국여행기가 다수 빠져 있을 뿐더러, 각 개인문집에 수록되어 있는 연행록에 이르러서는 일일이 지적할 수 없을 정도로 누락되어 있다. 『全集』이라고 이름 붙인 의미가 불분명하다. 본서에는 같은 사료라도 몇 가지 「異本」을 중복해서 수록하고 있지만, 어느 자료에 대해서는 거의 같은 것을 중복 수록하고, 어느 자료에 대해서는 중복 수록하지 않았는지 그 기준을 전혀 밝히지 않고 있다.
두번째로 찬자명과 연행연대의 확정이 너무나 엉터리이다. 우연히 발견하게 된 것에 한해서 세네 가지를 예로 들면, 찬자 및 연행연대 모두 미상인 『燕薊紀程(燕紀程)』(제98책 수록)은 그 찬자가 朴思浩임이 내용을 읽으면 바로 밝혀진다. 실제로 같은 것이 제85책에 朴思浩, 『燕薊紀程(心田稿)』라고 하여 수록되어 있어 이해할 수 없다고 밖에는 말할 수 없다. 게다가 마찬가지로 찬자와 연행연도 모두 미상이라고 한 『燕薊紀畧』(제98책)은 연행사와 연행록을 연구하는 사람이라면 누구나 먼저 대하게 되는 『同文彙考補編』 「事行錄」 등을 조금이라도 접하였다면, 그 찬자가 李容學이라는 것, 연행연도는 고종 13년(광서 2년, 1876)이라는 것쯤은 누구의 눈에도 명확하다. 더우이 金在魯라는 人名으로 해야 할 것을 사료에 나오는 金相國이라는 官名을 그대로 잘못 취하고 있는 것도 있다(『燕行贐行帖』 제69책) 그런데 이것은 金在魯를 송별하기 위해서 보낸 시집이기 때문에 「金相國」을 찬자라고 할 수 없다. 李㙫, 『燕槎贈詩』(제5책 수록)은 선조 25년(만력 25년, 1592) 연행 때의 것이라고 하였는데, 이것은 연행하는 宋成明을 위한 『燕槎贈詩』이고 영조 5년(옹정 7년, 1729) 연행 때의 것이다. 이상 열거한 것은 거의 어떠한 고증도 필요없는 것이다. 따라서 하나하나 점검하면 단순한 부주의에 따른 실수라고 할 수 없는 이러한 잘못이 얼마나 더 나오겠는가? 본 해제에서는 해제와 직접 관련된 잘못만을 지적하는 데에서 그친다.

를 확정할 수밖에 없다.

더욱이 그는 『연행록연구』[본 해제, 범례1의 (8)]을 공표하고, 거기에 『연행록전집』과 『연행록전집일본소장편』에 담겨 있는 연구성과, 즉 서명·찬자명과 연행 혹은 심행연도의 추정을 기초로 일람표를 게재하고 통계마저 덧붙이고 있다. 그러나 "확인된 한국과 일본 소장본의 모든 연행록의 연행연대순 배열" 혹은 거기에 첨부 된 '통계표' 등은 하나하나의 사료를 직접 살펴보지 않았거나 혹은 간단하게 조사할 수 있는 작업도 게을리함으로써 자신의 잘못이나 앞선 사람의 잘못을 그대로 답습하고 있기 때문에 전혀 신뢰할 수가 없다.[8] 임기중

---

[8] 『연행록전집일본소장편』의 공동 편찬자인 필자가 『연행록연구』에 대해서 품고 있는 의문은 우선 『일본소장편』 각 책 권두에 게재한 「日本所藏燕行錄目次」와 본서 42쪽 이하에 실고 있는 것이 다르다는 것이다. 전자 「일본소장연행록목차」는 필자(夫馬)가 작성한 것이고, 이 책의 '범례'에 적은 것처럼 연행 혹은 심행 연대를 특정할 수는 없지만 추정할 수 있는 것에 대해서는 [ ]를 붙였다. 필자가 임기중씨에게 보낸 원고에서 [ ]로 표시한 것이 「범례」와 통일되지 않고 ( )로 바뀌어 있었다. 그러나 이것이 추정연대를 표시하고 있다는 것은 본서를 이용하는 사람이면 누구나가 알 수 있을 것이다.

그런데 후자인 「일본소장본 연행록의 연행연대순 배열」에서는 모두 필자가 확정한 연행 연대를 따르면서도 추정연대로 표시한 [ ] 혹은 ( )를 마음대로 없애거나 바꾸어 모두 확정연대로 하고 있다. 자료집을 이용하는 사람에게 잘못된 학술정보를 주는 것만큼 연구를 혼란스럽게 만드는 것은 없다. 실은 2001년 12월 7일 서울의 동국대학교에서 개최된 국제학술회의에서도 필자(夫馬)는 특별히 발언을 요구해 회의장에 배포된 『燕行錄과 東亞細亞 연구(燕行錄と東アジア研究)』(서울:동국대학교 한국문학연구소, 2001), 18쪽에 기재된 「목록2 : 일본소장본 연행연대순」의 잘못을 지적하고, [ ]를 붙여 추정연대로 해야 한다는 것에 대해 공동편찬자 및 본서 이용자의 주의를 촉구했다.

그 후 한국에서 일본의 필자에게 보낸 『연행록전집일본소장편』의 목차를 보았는데, [ ] 혹은 ( )가 멋대로 삭제되어 확정연대로 되어있을 뿐더러, 본 자료집에 수록한 원본을 소장하고 있는 소장도서관의 이름도 마음대로 필자의 원고에서 삭제하였다. 필자가 강하게 항의했기 때문에 전3책 모두 목차 및 「범례」부분 4장만을 새로 추가하여 다시 제본하였다. 무슨 이유로 추정 연대가 아닌 확정연대로 만들었는지 그 근거를 문의했지만 아무런 답변을 받지 못하였다. 그런데 『연행록연구』는 2002년 6월의 序文을 붙였음에도 불구하고, 필자(夫馬)가 작성한 목차에 기본적으로 모두 의거하면서도, 또다시 [ ] 혹은 ( )를

씨는 편찬자로서 '왜 그 자료를 수록했는지, 수록한 여러 자료의 찬자를 어떻게 확정했는지, 또 연행 혹은 심행연도를 어떻게 확정했는지에 대하여 이용자를 위하여 그 근거를 보여주는 것이 연구자로서의 당연한 의무일 것이다. 본 해제와 같은 것을 공표하여 이용자에게 편리를 제공하기를 간절히 바란다.

여기에서는 다음과 같은 자료에 대하여 해제를 덧붙였다.

번호	書名	撰者	燕行·瀋行 年度	所藏機關
1	『文興君控于錄』	柳思瑗	선조 29년(만력 24년, 1596)	駒澤大學圖書館
2	『松溪紀稿(瀋陽日錄)』	未詳	인조 14년~22년(숭덕 원년~순치 2년, 1636~1645)	天理圖書館
3	『瀋陽質館同行錄(瀋中日記)』	未詳	인조 15년~17년(숭덕 2년~숭덕 4년, 1637~1639)	東洋文庫
4	『瀋行錄』	未詳	숙종 8년~순조 5년(강희 21년~가경 10년, 1682~1805)	京都大學附屬圖書館
5	『燕行日記』	李澤	숙종 40년(강희 53년, 1714)	天理圖書館
6	『晦軒燕行詩附月谷燕行詩』	趙觀彬·吳瑗	영조 21년(건륭 10년, 1745)	東洋文庫
7	『燕行日記』	尹汲	영조 22년(건륭 11년, 1746)	駒澤大學圖書館
8	『丁亥燕槎錄』	李心源	영조 43년(건륭 32년, 1767)	東洋文庫
9	『燕行記著』	未詳	[정조 6년(건륭 47년, 1782)]	天理圖書館
10	『燕行日記』(缺卷一)	金箕性	정조 14년(건륭 55년, 1790)	天理圖書館

떼어내었다. 또한 예를 들어 『瀋行錄』에 대해서는 심행연도를 백수십 년에 걸치는 숙종 8년(강희 21년, 1682)~순조5년(가경 10년, 1805)이라고 해야 할 것을 마음대로 숙종 8년(강희 21년, 1682)이라고 특정 연도만을 기재하였다. 이용자가 오해할 것이라는 점은 전혀 고려하지 않았다. 또 『연행록연구』에는 12 『燕行詩(薊程詩稿)』의 연행 연도를 멋대로 「순조 원년(가경 6년)」이라는 잘못된 확정연대로 바꾸었지만, 이번에 비로소 「순조 3년(가경 8년)」으로 확정할 수 있었다는 것은 본 해제 12를 참조하면 알 수 있다.

11	『燕行日記』	吳載紹	순조 원년(가경 6년, 1801)	天理圖書館
12	『燕行詩(薊程詩稿)』	未詳	순조 3년(가경 8년, 1803)	靜嘉堂文庫
13	『中州偶錄(入燕記)』	未詳	순조 7년(가경 12년, 1807)	關西大學圖書館
14	『燕行錄』	李敬崙	순조 9년(가경 14년, 1809)	天理圖書館
15	『薊程錄』	未詳	[순조 3년~19년(가경 8년~가경 24년, 1803~1819 사이)]	東京都立中央圖書館
16	『薊程散考』	金學民	순조 22년(도광 2년, 1822)	天理中央圖書館
17	『隨槎日錄』	未詳	순조 25년(도광 5년, 1825)	東北大學附屬圖書館
18	『游燕藁』	洪錫謨	순조 26년(도광 6년, 1826)	京都大學文學部圖書館
19	『隨槎日錄』	未詳	순조 29년(도광 9년, 1829)	天理圖書館
20	『燕槎酬帖』	曹鳳振 等	순조 33년(도광 13년, 1833)	天理圖書館
21	『玉河日記』	金賢根	헌종 3년(도광 17년, 1837)	京都大學文學部圖書館
22	『燕薊紀畧』(缺卷二)	趙鳳夏	헌종 8년(도광 22년, 1842)	京都大學附屬圖書館
23	『燕行錄』	朴永元	헌종 12년(도광 26년, 1846)	天理圖書館
24	『燕行日記』	黃某	헌종 15년(도광 29년, 1849)	東洋文庫
25	『燕行日記』	李啓朝	헌종 15년(도광 29년, 1849)	天理圖書館
26	『燕槎日錄』	鄭德和	철종 5년(함풍 4년, 1854)	天理圖書館
27	『燕槎日錄』	金直淵	철종 9년(함풍 8년, 1858)	東京都立中央圖書館
28	『遊燕錄(燕行日記)』	未詳	고종 6년(동치 8년, 1869)	東洋文庫
29	『北游日記』	姜瑋	고종 10년(동치 12년, 1873)	靜嘉堂文庫
30	『燕行錄』	沈履澤	고종 11년(동치 13년, 1874)	天理圖書館
31	『薊槎日錄』	李裕元	고종 12년(광서 원년, 1875)	天理圖書館
32	『燕記』	南一祐	고종 16년(광서 5년, 1879)	東洋文庫
33	『觀華誌』(缺卷三, 四)	李承五	고종 24년(광서 13년, 1887)	京都大學附屬圖書館

범례는 다음과 같다.

3. 해제

범례凡例

1. 본 해제에서 서지 정보를 파악하기 위해 주로 참고한 것은 이하의 도서이다. 본문에서는 약명略名을 사용하는 경우도 있다.
   (1) 『연행록전집燕行錄全集』(서울:성균관대학교 대동문화연구원, 1960~1962).
   (2) 『국역연행록선집』「고전국역총서 95~106」(서울:민족문화추진회, 1976~1979).
   (3) 『朝天錄』中韓關係史料輯要二(臺北:珪庭出版社, 1978).
   (4) 林基中 編, 『燕行錄全集』(서울:동국대학교출판부, 2001).
   (5) 林基中·夫馬進 編, 『燕行錄全集日本所藏編』(서울:동국대학교 한국문화연구소, 2001).
   (6) 中村榮孝, 「事大紀行目錄」, 『靑丘學叢』 第一號, 1930).
   (7) 崔康賢, 『韓國紀行文學硏究』(서울:一志社, 1982).
   (8) 임기중, 『연행록연구』(서울:일지사, 2002).
   (9) 『同文彙考補編』 卷七, 使行錄(『同文彙考』[韓國史料叢書 第二十四, 서울:국사편찬위원회, 1978]).
   (10) 『朝鮮人名辭書』(서울(京城):朝鮮總督府 中樞院, 1939).
   (11) 『淸選考』 藏書閣 貴重本叢書 第二輯(서울:문화재관리국 장서각, 1972).
   (12) 『今西博士蒐集朝鮮關係文獻目錄』(東京:書籍文物流通會, 1961).
   (13) 『增補東洋文庫朝鮮本分類目錄』(東京:國立國會圖書館, 1979).
   (14) 『韓國古書綜合目錄』(서울:대한민국 국회도서관, 1968).
   (15) 李相殷 編, 『古書目錄』(서울:保景文化社, 1987).
   (16) 『奎章閣韓國本圖書解題 續集 史部一』(서울:서울대학교 규장각, 1994).
   (17) 李顥鍊 編, 『韓國本別集目錄』(서울:法仁文化社, 1996).
   (18) 李靈年·楊忠 主編, 『淸人別集目錄』(合肥:安徽敎育出版社, 2000).
2. 서명은 내제內題卷頭 첫번째 장에 적힌 것를 우선으로 하고, 외제外題封面에 적힌 것를 참고로 했다. 이 점에서 『연행록전집일본소장편』 수록자료의 서명과 다른 것이 있다. 이 자료집에는 『연행록전집』과의 통일성을 고려하여 외제外題를 우선으로 하고 내제內題를 부제副題로서 채택하는 공동편찬자 임기중 씨의 방침을 임시로 따랐지만, 본 해제에서는 한적목록 작성의 원칙에 따른다.
3. 연행연도 혹은 심행연도는 원칙적으로 찬자가 서울을 출발한 연도로 한다.

4. 배열은 연행 혹은 심행연도의 순서로 한다. 여러 해에 걸치는 것에 대해서는 연행 혹은 심행과 관련된 기사가 앞서는 것을 우선으로 한다.
5. 연행 혹은 심행연도를 확정할 수 없는 것은, [ ]를 붙여 추정연도를 표시한다. 『연행록전집일본소장편』에서는 ( )를 붙인 것이다.
6. 본 해제는 원칙적으로 『연행록전집일본소장편』에 수록한 자료만을 대상으로 한다. 『관화지觀華誌』만은 예외인데, 이것은 본 자료집을 편찬한 후에 현존하고 있음을 확인한 것이다.
7. 『연행록전집일본소장편』에 수록한 것이라도 다음 두 책에 대해서는 해제를 붙이지 않는다.
  ○ 趙顯命 撰, 『歸鹿集(燕行日記)』: 이것은 조현명의 문집 『귀록집歸鹿集』의 일부이다. 『연행록전집일본소장편』을 편집하기 시작했을 때, 이것이 한국에도 현존하고 있음을 임기중 씨에게 알렸지만, 출판예정이었던 『연행록전집』에서 빠져 있었기 때문에 그의 희망에 따라 여기에 수록한 것이다. 『귀록집』은 『한국문집총간韓國文集叢刊』 제212·213(서울:민족문화추진회, 1998)에도 수록되어 있다. 비록 일본에 현존하는 것이라도 개인문집에 수록된 연행록에 대해서는 해제를 붙이지 않는 방침은 이하 범례8과 같다.
  ○ 洪淳學 찬, 『연힝녹(燕行錄)』: 이것도 한국에 현존하고, 『연행록전집』 제87책에서 89책에 걸쳐 수록되었다. 마찬가지로 임기중 씨의 희망에 따라 여기에도 수록한 것이다. 또한 洪淳學 및 이 책에 대해서는 본해제, 범례1의 (7) 285쪽 이하에 이미 소개되어 있다.
8. 일본에 현존하는 것이라도 개인문집의 일부에 포함되어 있는 연행록은 본 해제에서는 다루지 않는다. 또한 낱본의 연행록이라도 조사결과 본 해제의 범례1 (1)·(2)·(3)·(4) 네 자료에 이미 수록되어 있는 것으로 확인된 것은 해제를 붙이지 않는다. 또한 (2)에는 간단하지만 거기에 수록한 여러 자료에 대한 해제가 첨부되어 있어 이용자에게는 편리히다.

  또한 『오사카부립도서관장한본목록大阪府立圖書館藏韓本目錄』(大阪:大阪府立圖書館 1968), 13쪽에 『연행기燕行記』(寫本, 四卷一冊, 李百亨等記, 乾隆五十五年…의 紀行)라고 한 것이 있는데, 이것을 조사해 본바 서호수徐浩修, 『연행기燕行記』 4권으로 판명되었다. 이미 본 해제의 범례1 (1)·(2)·(4)에 모두 수록되어 있기 때문에 원칙에 따라 해제를 붙이지 않는다.

  또한 『동경대학총합도서관장아천문고조선본목록東京大學總合圖書館藏阿川文庫朝鮮本目錄』(『日本所在韓國古文獻目錄』 제二冊, 서울, 驪江出版社, 1990), 10쪽에 찬자미상, 『연행일기燕行日記』(卷二至卷六, 寫本, 五冊)이라고 한 것이 있고, 마찬가지로 원본에 대해서 조사해 보니, 이것은 김창업金昌業, 『노가재연행일기老稼齋燕行日記』임이 판명되었다. 이것도 본 해제의 범례1 (2)·(4)에 수록되어 있기 때문에 해제를 붙이지 않는다.
9. 해제항목은 [텍스트], [찬자약력], [여정], [내용]의 4항목으로 구성한다. 이것은 거의 졸편서拙編書, 『증정사유구록해제 및 연구增訂使琉球錄解題及び硏究』(宜野灣市:榕樹書林, 1999)의 해제항목에 준한 것이다. 다만 [여정]은 서울-북경[심양]을 출발하고 도착한 날짜와 오갈 때 압록강을 건넌 날짜만 적는다. 일행의 인원수에 대해 아는 것은 여기서 표시한다. 또 사유구록해제使琉球錄解題에서 항목으로 설정했던 [목차], [시대배경]은 필요에 따라서 [내용]에 수록한다.
10. 연호에 대해서는 다음과 같은 원칙에 따른다. 예를 들어 연행사 등 조선과 직접 관계되는 연도에 대해서는 철종 5년(함풍 4년, 1854) 등으로 표기하고, 중국국내의 사건에 대해서는 함풍 4년(1854) 등으로 표기한다. 음력에서 양력으로의 환산은 특별한 사건을 추적하는 경우를 제외하고는 원칙적으로 기계적인 환산에 따른다.

1. 『문흥군공우록文興君控于錄』 1권
柳思瑗撰, 駒澤大學圖書館藏(濯足文庫)

□ 텍스트

초본鈔本 1책. 내제內題에 「문흥군공우록文興君控于錄」이라고 제목을 붙이고, 외제外題封面에 「공우록控于錄」이라고 되어 있다. 봉면의 속표지에는 '寄贈金澤庄三郞殿'·'大本山永平寺藏書章'·'永平寺寄託(濯足文庫, 駒澤大學圖書館 昭四九·十一·十二)' 등의 인장印章이 있다. 본서 제1쪽에 '金澤藏書'라는 인장이 있다. 원래 카나자와 쇼자부로金澤庄三郞 구장舊藏. 찬자명을 명기하지 않았지만 유사원柳思瑗 찬이라고 해도 틀리지 않는다.

『문흥군공우록文興君控于錄』은 코마자와대학駒澤大學 도서관 소장본 외에 규장각에서 그 소재를 확인할 수 있다. 또 이 책에 대해서는 이미 『규장각한국본도서해제奎章閣韓國本圖書解題 속집續集 사부1史部一』, 79쪽에 적확한 해제가 있다. 다만 찬자를 유사원柳思援이라고 한 것은 유사원柳思瑗의 오기誤記이다. 코마자와대학 도서관본과 규장각본을 비교하면, 내용은 거의 같지만 코마자와대학 도서관본에는 오자誤字가 눈에 띈다. 예를 들어 규장각본에는 권두에 '書狀官臣柳 謹啓'라고 하여 두 글자가 공백으로 되어 있는 데 비해, 코마자와대학 도서관본에는 '書狀官臣柳思遠謹啓'라고 잘못 채워져 있다. 또 명나라 사람의 인명이 규장각본에는 '佟起鳳'이라고 바르게 쓰여 있지만, 코마자와대학 도서관본에는 '終起鳳'이라고 잘못되어 있다. 규장각본이 더 좋은 텍스트인 것은 분명하지만, 코마자와대학 도서관본이 단지 이것을 기초로 초사鈔寫한 것은 아닌 것 같다.

□ 찬자약력

유사원柳思瑗, 중종 36년(가정 20년, 1541)~선조41년(만력 36년, 1608), 자字는 경오景晤, 문화인文化人. 이항복李恒福이 쓴 「묘지墓誌」가 『국조인물고國朝人物考』에 수록되어 있다. 그의 인생에서 가장 큰 사건은 바로 『문흥군공우록文興君控于錄』을 남기게 된 사건, 즉 일찍이 일본의 토요토미 히데요시豊臣秀吉의 군대가 재차 조선을 침략한다고 하는 소식을 파악한 조선조정이 중국에 원군을 요청하는 사절을 파견할 때 그가 동행한 것이었다. 귀국 후 이 때의 공적으로 문흥군文興君으로 봉해졌다.

□ 여정

도강渡江한 날부터 쓰기 시작하여 의주義州로 귀환할 때까지를 적고 있다.

　선조 29년(만력 24년) 12월 6일 도강
　12월 13일 요동遼東遼陽 도착
　선조 30년(만력25년) 정월 14일 북경 도착
　2월 15일 북경 출발
　3월 13일 의주 도착

□ 내용

본서는 토요토미 히데요시의 두번째 출병을 빨리 파악한 조선조정이 명조에 원군을 요청했을 때의 기록이다. 주문사奏聞使는 정기원鄭期遠이고, 서장관書狀官은 본서의 찬자인 유사원柳思瑗이었다. 서장관은 연행 즉 부경赴京했다가 귀국한 후 「문견사건聞見事件」이라고 하는 제목으로 보고서를 작성하여 승정원承政院에 제출하는 것이 의무였다. 아마도 본서 제1쪽 제2행에 있는 '병신사행문견사건丙申使行聞見事件' 혹은 '문견사건聞見事件'이 원래 제목이고, 1행 째에 있는 '문흥군공우록'은 후세사람이 붙인 서명일 것이다. 공우控于란 본 사료에 보이는 '공우천조控于天朝'·'공우인복지천控于仁覆之天'이라는 표현처럼 천조天朝로 우러르는 명조明朝에 원군援軍이 필요함을 호소한다는 의미이다.

　　본서는 이른바 「정유왜란」과 관련된 1급사료임에도 불구하고, 지금까지 일본·한국·중국의 학계에서 모두 충분히 이용되지 못한 것 같다. 특히 유사원 자신이 북경에서 목격한 병부상서兵部尙書 석성石星 등의 움직임, 석성의 평화론에 반대하여 주전론主戰論을 주창한 급사중給事中 즉 이른바 언관言官의 동향 등에 대해서는 한우충동汗牛充棟이라고도 할 만큼 많은 관련자료가 있음에도 불구하고, 사실성을 전하고 있다는 점에서는 이것을 능가하는 사료는 아마도 없을 것이다. 또 여기에 인용된 명조 관료의 상주문은 명 측의 사료에서도 거의 눈에 띄지 않는 것이다. 이것은 유사원 자신이 "中朝九卿科道官上本中, 事涉於發兵征倭者, 日下書錄爲白乎矣, 皆因通報傳謄"이라고 적은 것처럼 원래는 『통보通報』 즉 관보官報[邸鈔]에 게재되었던 것이다. 하지만 현재 그 『통보通報』가 전해지지 않고, 이 책에 보이는 상주문의 대부분이 『명실록明實錄』이나 『만력소초萬曆疏鈔』 혹은 『만력저초萬曆邸鈔』 등에 보이지 않는 것이다.

여기에 보이는 몇 가지 상주문의 제목과 상주한 사람은 아래와 같다. 우선 「병부복본兵部覆本」이 있다. 조선국왕이 만력제萬曆帝에게 원병을 요청하며 올린 상주에 대해 만력제는 '병부지도兵部知道' 즉 "병부兵部에서 검토하라"고 명했다. 이것은 명령을 받은 병부가 황제에게 올린 복주覆奏이다. 이 때 병부상서 석성石星은 양방형楊方亨과 심유경沈惟敬 등을 일본에 파견하여 히데요시를 일본국왕에 책봉하려는 공작을 하고 있었고, 이것이 성공할 것 같다는 정보를 가지고 있었다. 즉 그는 주전론이 아닌 평화론을 주장하던 중심인물이고, 조선에게는 중국에 의지하지 말고 어디까지나 자력으로 방위해야 함을 요구했다. 여기에는 자력으로 방위하려고 하지 않는 조선에 대한 강렬한 비판과 비난이 보인다. 다음에 그것을 인용한다.

一則曰從前未有費兵餉而代外戍者. 凜凜天語, 中外聞知, 屢經臣等申飭, 又不啻至再至三. 今彼此講封, 已越五載, 罷兵省費, 又復三年. 曾不聞該國君臣痛加振勵, 積餉練兵, 以爲預備之計. 乃一經虛喝, 便自張皇馳報… 今如該國所請, 不知練兵, 長專以中國之兵爲兵, 不自積餉, 長專以中國之餉爲餉, 己享其逸而令人居其勞, 己享其安而令人蹈其危. 卽小邦不能得之于大國, 況屬藩可得之于天朝乎.

여기에는 조선 측의 태도에 대한 명백한 초조함과 분노가 분명하게 표현되어 있다. 이것은 자신의 평화공작을 방해하는 것에 대한 분노이기도 하다. 그밖에 「서성초상본徐成楚上本」・「유도형일본劉道亨一本」・「병부인유도형참론복제일본兵部因劉道亨參論覆題一本」・「주공교일본周孔敎一本」・「대소구경육과십삼도상서양준민일본大小九卿六科十三道尚書楊俊民一本」・

「황기현일본黃紀賢一本」・「병부일본동봉사 석성발명표문兵部一本東封事 石星發明表文」・「장정학일본張正學一本」・「문화전중서조사정일본文華殿中書趙士楨一本」 등 아마도 관보[邸鈔]에서 베꼈다고 생각되는 귀중한 상주문이 있다. 또한 조신 측이 제출한 「정병부문呈兵部文」과 병부로부터의 회답인 「병부발병회자兵部發兵回咨」 등도 중요하다.

유사원 자신이 목격한 기록은 더욱 귀중하다. 이하는 2월 3일의 기록이다.

> 臣等進往六科衙門, 衙門皆在闕內, 六科給事各坐本衙. 吏科門外書揭劉道亨參論石尙書文, 兵科門外書揭徐成楚參論石尙書文, 若傍示者然. 人多聚讀, 亦有謄書者.

당시 육과급사중六科給事中은 주전론으로 굳어져 평화론을 주장하는 병부상서 석성과 대립하고 있었다.[9] 이과吏科와 병과兵科에서는 석성비판문을 자랑스러운 듯이 문 앞에 내걸고 있었던 것이다. 육과급사중 등 주전론을 주장하는 사람들이 있다는 사실에 힘을 얻어 유사원 등은 육과급사중에게는 「정육과문呈六科文」을 제출하여 석성의 주장에 반론하는 한편, 석성 본인에 대해서도 공작을 하고 있다. 다음의 인용은 2월 5일에 조선의 통역관을 석성의 사저에 보냈을 때의 기록이다. 석성은 다음과 같이 대답했다고 한다.

> 尙書曰, 爾等不知天朝文體, 我當初題覆之意, 亦非全棄爾國而不救. 文體自不得不如是也. 今則已行文, 與督撫作速議定具奏矣. 前主封是我, 今主戰是孫老爺. 我

---

9) 小野和子, 「明·日和平交涉をめぐる政爭」(『山根幸夫敎授退休記念明代史論叢』, 東京:汲古書院, 1990).

之主封者, 是保全爾國, 羈縻日本. 三年中使爾國便於修守練兵積餉, 以待不虞.

석성은 정황이 변화하고 있는 것을 민감하게 느끼고, 앞서 「병부 복본」에서 본 것 같은 조선에 대한 분노는 상주문이라고 하는 문체상 어쩔 수 없는 것이었다고 변명한다. 게다가 자신이 평화론을 주장한 것은 결코 조선을 버린 것이 아니라 오히려 이 3년의 기간에 조선에게 스스로 군비를 증강시키기 위한 것이었다고 해명하고 있다.

다음에 인용하는 것은 2월 9일 정황을 걱정하는 유사원이 궁성 내의 오문午門으로 정찰하러 간 김에 도찰원에 문서를 제출하려고 했을 때의 기록이다.

初九日庚午, 晴. 留玉河館. 臣等早往午門外, 俟都察院入朝房. 臣等立于戶外, 使下人入送呈文, 則披見還給, 曰呈于諸會處. 尋已科道諸官一時來到. 臣等進前跪伏泣訴, 科道等官曰起來. 臣等不起愈叩頭, 使李海龍畢陳情理. 科道等官曰, 今日會議正爲此事云. 臣等起立, 科道等官過向兵部朝房而去. 有頃, 石尙書自其朝房變服出, 向闕外去. 問其故, 則人皆曰, 科道對面切責. 且曰, 今日所議事也, 尙書何敢得與云, 故去也. 九卿以下齊會于五鳳樓下, 左右序立將入門. 臣等進前, 手持呈文, 叩頭號泣, 令李海龍畢陳憫迫之狀. 九卿以下互相論議, 使下吏受呈文. 答曰, 今日會議政爲此事. 爾等伺侯于兵部.

여기에 보이는 이해용李海龍은 석성의 사저에도 갔던 조선통역관이다. 유사원 등은 육과급사중과 도찰원의 관료 즉 과도관科道官에게 간절하게 호소한 후 뜻밖의 사태를 목격했다. 그것은 이제부터 대회의大會議를 열어 대논의大論議를 시작하려고 하기 직전, 주역이어야 할 병부상서 석성이 과도관들에게 면전에서 욕을 당하고, "너희들이 오늘 회의에 출석할 수 있을 줄 아느냐"라는 엄한 꾸짖음을 듣고는 변장하고 병부조방兵部朝房에서 도망가는 모습이었다.

이와 같이 자료는 중국정치사 자료로서도 매우 귀중하다.

2. 『송계기고松溪紀稿[瀋陽日錄]』 1권
撰者未詳 天理圖書館藏(今西文庫)

□ 텍스트

초본鈔本 1책. 권두卷頭 첫째 행에 원래 먹으로 '松溪遺稿卷之'라고 쓴 데에 유자遺字의 앞에 기자紀字를 덧써서 '松溪紀稿卷之'라고 적고, 둘째 행에 「심양일록瀋陽日錄」이라고 적었다. 한적 서목작성의 원칙에 따라 『송계기고松溪紀稿』를 주 제목으로 해야 할 것이다.

『금서박사수집조선관계문헌목록今西博士蒐集朝鮮關係文献目錄』(52쪽)에도 『송계기고』를 책 제목으로 하여 찬자명을 적지 않고, "手記云 '[松溪集 ノ內]瀋陽日記 稿本'"이라고 적고 있다. 다만 이 수기手記는 현재 눈에 띄지 않는다. '今西龍'이라는 도장이 있을 뿐이다. 이 수기가 이마니시今西의 것이라면, '『송계집松溪集』의'라고 한 것은 무언가 착각일 것이다. 왜냐하면 만약 이것이 인평대군麟坪大君 이요李㴭 찬 『송계집松溪集』의 일부를 가리키는 것이라고 한다면, 『송계집』에 수록된 것은 『연도기행燕途紀行』 3권이고, 이 『송계기고松溪紀稿瀋陽日錄』와는 완전히 별개의 것이기 때문이다. 『증보동양문고조선본분류목록增補東洋文庫朝鮮本分類目錄』(33쪽)에는 이 사진본에 대해 책 제목을 『송계심양일록松溪瀋陽日錄』

으로 하고, 찬자를 '麟坪大君李㴭'라고 정하고 있다. 「수기手記」를 참조한 것이겠지만 이는 잘못이다. 본문 안에 몇 번이나 인평대군이라는 명칭이 나오기 때문에 원칙적으로 본인의 일기일 수가 없고, 소현세자昭顯世子와는 다른 곳에서 생활하였을 그가 소현세자의 행동을 자세하게 적고 있는 것으로 보아 찬자가 인평대군 이요일 수는 없는 것이다.

본서에는 난欄 밖에 종종 주注가 달려 있다. 예를 들면 첫째 장 바깥쪽의 '江都陷沒'이 있는 곳에는 "陷沒二字, 家乘云失守" 등이라고 하여 『가승家乘』을 근거로 하여 교정이 이루어지고 있다. 또 종종 종이를 덧붙이는 경우도 있는데, 예를 들어 서두의 '丙子十二月十四日, 賊兵到畿甸'의 '丙子' 아래에는 '詳公瀋陽事蹟云'이라고 쓰여 있다. 이것들은 찬자를 확정하기 위한 재료가 될지도 모르지만, 현재로서는 미상未詳이라고 할 수밖에 없다.

□ 찬자약력

찬자미상

□ 여정

인조 15년(숭덕 2년) 2월 8일 서울 출발
4월 10일 심양 도착

□ 내용

소현세자를 호종扈從한 인물이 소현세자가 심양에 억류되어 있던 시기의 행동을 중심으로 기록한 일기, 내지는 후술하는 『심양일기瀋陽日記』 등을 기초로 한 편찬물이다. 이 점이 수많은 『심양일기』 중에서도 세자를 중심으로 기록하고 있는 찬자미상의 『심양일기瀋陽日記』
(東京:滿蒙叢書刊行會, 滿蒙叢書 第9卷, 1921, 또 『연행록전집』 제24, 25책)와 가깝다. 이
책에 대해서는 만몽총서본에 나이토 토라지로內藤虎次郎, 「심양일기해
제瀋陽日記解題」가 있다. 본서는 이 『심양일기』에 근거했다고 생각할 수
밖에 없는 부분이 많고, 같은 문장이 많다. 그러나 이 『심양일기』에
비하면 생략이 심하여 자료적 가치는 떨어진다. 『심관록瀋館錄』(『遼海叢
書』 제8집 수록)과도 가깝다.

내용은 인조 14년(숭덕 원년, 1636) 12월 14일의 '병자호란丙子胡亂', 즉 청
조군淸朝軍에 의한 서울 함락에서 시작하여 인조 23년(순치 2년, 1645) 2월
에 청이 북경을 얻어 소현세자를 귀국시키고, 다시 동년 3월, 인평대
군이 진하정사進賀正使로서 서울을 출발하여 그 후 심양에 머물게 되
는 시기까지를 적고 있다.

3. 『심양질관동행록瀋陽質館同行錄[瀋中日記]』 1권
撰者未詳 東洋文庫藏

□ 텍스트

초본鈔本 1책. 봉면의 우측에 '瀋陽質館', 좌측에 '同行錄'이라고 외제
外題를 적고 있다. 인장은 '樂浪書齋' · '東洋文庫' 2개뿐이다. 합계 12장,
여기에 '上言草'라고 제목을 붙인 가로로 긴 한 장의 계문啓文이 첨가
되어 있다.

『증보동양문고조선본문류목록增補東洋文庫朝鮮本分類目錄』(33쪽)에는 본
서를 『심중일기瀋中日記』(『瀋陽質館同行錄』)이라는 이름으로 뽑고 있다. 본

서의 첫째 장에는 서명에 해당하는 것이 없고, 넷째 장 바깥쪽에 '瀋中日記'라고 쓰여 있는 것에 의거하였다고 생각된다. 그러나 본서의 내용으로 보아 『심양질관동행록瀋陽質館同行錄』이라고 제목을 뽑는 편이 더 좋다고 생각한다.

□ 찬자약력

찬자는 분명하지 않다.

□ 여정

인조 15년(숭덕 2년) 2월 8일 서울 출발
(3월 30일 도강渡江 『심관록瀋館錄』)
4월 10일 심양 도착
인조 17년(숭덕 4년) 5월 22일 심양에 머물다.

□ 내용

병자호란의 결과 인조의 둘째아들, 즉 뒤에 효종으로 즉위하는 봉림대군鳳林大君과 인평대군(호는 松溪)은 심양에 인질로 잡혀간다. 본서는 그 때의 기록이다.

우선 「동행록좌목同行錄座目」에는 봉림대군 이하 합계 15인의 동행자 이름이 관직官職·생년生年·적관籍貫·자호字號·과거급제년科擧及第年 등과 함께 기록되어 있다.

다음으로 윤봉구尹鳳九가 영조 9년(崇禎甲申後再癸丑 옹정 11년, 1733) 초추일初秋日의 날짜로 쓴 위 동행자명부에 대한 감상이 보인다. 이것은 생략되었다는 것을 보여주듯이 "此乃尹屏溪屛溪는 윤봉구의 호)之書, 而初書欠多. 未謄"이라고 주를 달고 있다. 「동행록좌목」과 같은 서체이기 때문에 윤봉구의 자필이 아닐 뿐더러, 「동행록좌목」도 상당히 후세에 베껴 쓴 것이다.

윤봉구가 글을 쓴 부분과 같은 장에 「심중일기瀋中日記」라고 제목을 붙이고, 정축丁丑(인조 15년) 2월 8일에 세자일행이 서울을 떠난 것을 적고 있다. 이하 인조 17년 5월 22일까지 길게 쓰여 있지만, 매일 빠짐없이 쓴 일기는 아니고 생략이 많다. 앞에서 보았던 2.『송계기고松溪紀稿瀋陽日錄』와 거의 같은 문장도 볼 수 있고, 『심관록瀋館錄』[『遼海叢書』 수록본]과 거의 같은 경우도 있다. 그러나 양자에 보이지 않는 문장도 있다.

마지막에 경기京畿 포천유학抱川幼學 모某가 자신의 6세조, 아마도 동행한 이시해李時楷일 것으로 보이는데, 그를 위하여 포증褒贈을 요청한 계문啓文이 '상언초上言草'라는 제목으로 부록되어 있다.

4. 『심행록瀋行錄』 1권
編者未詳 京都大學附屬圖書館藏(河合文庫)

□ 텍스트

초본鈔本 1책. 권두 첫째 행에는 '瀋使啓錄'이라고 되어 있고, 62번째 장에는 '瀋行別單'이라고 되어 있는데, 양자는 동격이다. 따라서 봉면에 적혀 있는 「심행록瀋行錄」을 서명으로 해야 할 것이다. 봉면의 「심행록」의 오른쪽에 '癸亥, 甲戌, 戊戌, 癸卯, 乙丑, 丁亥'라고 옆으로 병기하고, '丁亥' 아래에 '行潘 甲'이라고 적고 있다. 혹은 본래는 2책, 3책으로 되어 있던 것의 제1책인지도 모르겠다.

□ 편자약력

편자는 분명하지 않다.

□ 여정

보통의 연행록 혹은 심행록과는 달리 편찬물이라는 점은 다음의 '내용'에서 적은 대로이다.

□ 내용

「심사계록」과 「심행별단」으로 구성되어 있다. 「심사계록」은 모두 심행사가 발송한 장계狀啓이다. 따라서 모두가 이른바 이두체吏讀體 문장이다. 심행사이든 연행사이든, 사자使者는 도중에 각지로부터 현재 상황과 그 후의 예정을 서울의 궁정에 보고할 의무가 있었다. 이 심행록에 수록된 것은 모두 문안사問安使가 보낸 것이다. 문안사란 청조 황제가 선조의 능을 참배하는 등의 목적으로 심양에 행차했을 때 안부를 묻는 사절이다. 「심사계록」은 「계해문안사조癸亥問安使趙」・「갑술문안사유甲戌問安使俞」・「무술문안사이戊戌問安使李」・「계묘문안사이癸卯問安使李」・「을축문안사이乙丑問安使李」로 구성되어 있다. 각각의 연도와 정사正使의 이름 및 장계를 쓰고 발송한 장소는 다음과 같다. ( )는 추정을 나타낸다.

계해癸亥(영조 19년, 건륭 8년) 정사正使 조현명趙顯命
 7월 8일 평양
 7월 18일 평양
 7월 22일 (평양)
8월 6일 곽산郭山 운흥참雲興站
 8월 8일 의주
 8월 11일 의주
 8월 16일 의주
 8월 17일 (의주 대안) 도강 후
 8월 19일 (책문柵門)
 9월 30일 심양
 10월 11일 의주
갑술甲戌(영조 30년, 건륭 19년) 정사正使 유탁기兪拓基
 7월 25일 황주黃州
 7월 29일 평양
 8월 5일 안주安州
 8월 9일 의주
 8월 13일 (의주 대안) 도강 후
 8월 15일 책문
 8월 28일 심양
 9월 17일 심양
 9월 27일 의주
무술戊戌(정조 2년, 건륭 43년) 정사正使 이은李溵
 7월 5일 황주
 7월 8일 평양

7월 15일 안주

7월 24일 의주

7월 27일 (의주 대안) 도강 후

7월 29일 책문

8월 14일 심양

8월 29일 심양

9월 11일 의주

계묘癸卯(정조 7년, 건륭 48년) 정사正使 이복원李福源

6월 13일 서울을 출발하여 9월 4일 심양에서 건륭제와 회견하고 10월 15일 복명復命하기까지의 간단한 일기이다. 조선국왕에 제출한 것이라고 생각된다.

을축乙丑(순조 5년, 가경 10년) 정사正使 이병모李秉模

윤6월 22일 황주

윤6월 25일 평양

7월 1일 안주

7월 9일 의주

7월 17일 (의주 대안) 도강 후

7월 19일 책문

(8월 11일 심양) ※다음의 장계狀啓에서 언급

9월 1일 심양

또한 7월 21일부터 9월 27일 복명까지의 간단한 일기, 성경예부회자盛京禮部回咨・행재예부원주行在禮部原奏를 덧붙이고 있다.

이상에서 영조 19년(건륭 8년, 1743) 심행 때의 여행기로서 조현명趙顯命의 『연행일기燕行日記』(『귀록집歸鹿集』 수록본) 2권이 있고, 『연행록전집일본소장편』에 수록되어 있다.

「심행별단」은 이하의 연도에 이하의 인물이 제출한 보고이다. 모두 심양에서 입수한 정보와 견문을 기록하고 있다.

임술壬戌(肅宗八年, 康熙二十一年) 정사正使 민정중閔鼎重
무인戊寅(肅宗二十四年, 康熙三十七年) 서장관書狀官 윤홍리尹弘離
무술戊戌(正祖二年, 乾隆四十三年) 서장관 남학문南鶴聞
계묘癸卯(正祖七年, 乾隆四十八年) 서장관 윤확尹矆
계묘癸卯(正祖七年, 乾隆四十八年) 수역首譯 장렴張濂
을축乙丑(純祖五年, 嘉慶十年) 서장관 홍수호洪受浩
을축乙丑(純祖五年, 嘉慶十年) 수역 윤득운尹得運

또 임기중『연행록연구』43쪽에서, 본서의「연행연대」를 숙종 8년, 강희 21년, 임술壬戌이라고 한 것은 잘못되었거나 부정확한 정보이다.

5. 『연행일기燕行日記』1권
李澤撰　天理圖書館藏(今西文庫)

□ 텍스트

초본. 『양세소초兩世疏草』권1, 「진평부군소초晋平府君疏草」에 수록되어 있는데, '燕行日記附 從行軍官生員李柱泰所錄'이라고 한 것이 이것이다. 『양세소초』는 권1「진평부군소초晋平府君疏草」, 권2「함능부군소초咸陵府君疏草」로 구성된 1책본冊本이다. 한국의 각종 도서목록에는 보이지 않는다.

본서는 찬자명을 명기하지 않고 있다. 표지의 이면에는 아마도

이마니시 류今西龍 자신의 것으로 추정되는 "信城君, 子ナシ. 福城君姪ヲ 立テテ後嗣トス. 福城君ノ子ヲ晉平君嗣トス. 晉平君子ナシ. 光遠ヲ以テ後ト セントス"라는 메모가 있다. 이마니시今西는 잠정적으로 진평부군晉平 府君 이익李瀷이라고 추정한 것 같다. 그러나 권2 「함릉부군소초咸陵府君 疏草」의 「걸추은본생소乞推恩本生疏」에 '先臣晉平君澤'이라고 한 것이 있어 진평부군晉平府君은 이택李澤이다. 또한 이 『연행일기』의 서두에

余素以多病之人, 曾於丁亥年往來燕京.

라고 있어 정해丁亥, 숙종 33년(강희 46년, 1707) 연행사의 일원이었다. 숙종 33년 사은겸삼절연공사謝恩兼三節年貢使의 정사는 진평군晉平君 이택李澤이었다.[『同文彙考補編』卷十, 使行錄] 또 본 『연행일기』는 갑오甲午, 숙종 40년(강희 53년, 1714)의 연행록이며, 이 때의 정사는 진평군 이택, 부사는 권성權愭, 서장관은 유숭兪崇이었다. 따라서 여기에 말하는 진평군은 이택이며, 그를 찬자라고 해도 틀리지 않는다.

내용은 정사 이택이 써둔 일기의 스타일을 취한다. 그렇다면 이미 서술한 것처럼 「종행군관생원이주태소록從行軍官生員李柱泰所錄」이라고 한 것은 무엇을 의미하는 것인가. 일기에서는 이주태李柱泰 본인이 자주 등장한다. 예를 들어 12월 14일조에는 "이주태李柱泰・조완趙玩과 함께 가서 그 집에 숙박했다"라고 적고 있고, 12월 19일에는 "이주태 李柱泰에게 명하여 [망해정望海亭에] 가서 보게 했다"고 적고 있기 때문에 이주태의 일기라고는 할 수 없다. 이택이 그에게 청조의 기밀서류를 베끼게 하고(2월 19일), 비석碑石을 모사模寫하게 하고(3월 2일), 물을

길러보내기도 하고 있는(12월 29일) 것으로 보아 이주태는 종실宗室의 일원인 이택의 개인적인 종자從者였다고 생각된다.

원래 이 일기는 이택 개인의 비망록이라는 성격이 강하다. 그렇다면 이주태가 이택을 대신해서 이 일기를 썼을 가능성이 있다. 11월 24일조에서 정보수집 활동을 맡고 있던 조선통역관이 가져온 영고탑寧古塔[닝구타] 장군에 관한 정보, 즉 상주문과 이것에 대한 강희제의 유지諭旨에 대해서,

故謄之日記, 且兼錄瀋陽將軍康熙三十五年題請, 以備參考.

이라고 말하고 있다. 이주태는 아마도 이택의 일기나 기록정리도 담당하거나, 이택을 대신해서 이 일기를 썼기 때문에 '이주태소록李柱泰所錄'이라고 적은 것 같다.

□ 찬자약력

진평부군晉平府君이라고 칭하는 종실의 일원이었다.

□ 여정

  숙종 40년(강희 53년) 11월 2일 서울 출발
    11월 26일 도강
    12월 27일 북경 도착
  숙종 41년(강희 54년) 2월 25일 북경 출발
    3월 23일 도강
    4월 4일 서울 도착

□ 내용

일행이 조선으로부터 청을 향하여 국경에 설치된 책柵 안에 들어섰을 때에 입책入柵한 인원수 825명, 말 721필이라고 기록하고 있다. 입책인수 825명이라고 하는 것은 적어도 기록에 남아 있는 것에 한해서 말하면, 조선연행사 일행으로서는 가장 많은 수에 속할 것이다.

본 연행록은 또한 역관들의 왕성한 상업활동을 전하고 있다. 또 책문에서 가까운 청조 측의 국경도시인 봉성鳳城에서 예단禮單[뇌물 리스트]이 적다고 말하는 성장城將·갑군甲軍들과의 다툼이 일어났고, 결국 귀국할 때에 수출을 금지하는 궁각弓角이 짐수레에서 발견되었다. 이것을 발견한 갑군은 손뼉을 치며 환성을 질렀다고 한다.

6. 『회헌연행시悔軒燕行詩』 1권
趙觀彬撰 附『月谷燕行詩』一卷 吳瑗撰 東洋文庫藏

□ 텍스트

초본 1책. 마에마 쿄사쿠前間恭作의 구장舊藏으로 마에마 쿄사쿠 편 『고선책보古鮮冊譜』(東京:東洋文庫, 1944, 후에 부산:民族文化, 1995 영인) 제1책 125쪽에 간단한 해제가 있다. 건륭시기의 사본이다. 오원吳瑗의 『월곡연행시月谷燕行詩』를 같은 필적으로 부록하고 있다. 『회헌연행시悔軒燕行詩』는 조관빈趙觀彬의 『회헌집悔軒集』(『韓國文集叢刊』 211, 서울:민족문화추진회, 1998 수록) 권7에 같은 것이 보인다. 오원에게는 『월곡집』 목활자본이 있지만 [『韓國本別集目錄』 463쪽], 아직 보지 못하여 이동異同을 확인하지 못하였다.

『증보동양문고조선본분류목록增補東洋文庫朝鮮本分類目錄』에서 오난 찬이라고 한 것은 오기이다.

□ 찬자약력

조관빈趙觀彬, 숙종 17년(강희 30년, 1691)~영조 33년(건륭22년, 1757), 자는 국보國甫, 호는 회헌悔軒으로 양주楊州사람. 숙종 40년(강희 53년, 1714)에 문과에 올라 예조판서를 거쳐 판중추判中樞에 이르렀다. 이우당二憂堂 즉 조태채趙泰采의 아들이다.

오원吳瑗, 숙종 26년(강희 39년, 1700)~영조 16년(건륭 5년, 1740), 자는 백옥伯玉, 호는 월곡月谷으로 해주海州사람. 오두인吳斗寅의 손자. 영조 4년(1728) 정시庭試 제일第一이 되어 문명文名이 높았다. 관官은 이조참판吏曹參判 대제학大提學에 이르렀다.

□ 여정

『회헌연행시悔軒燕行詩』·『월곡연행시月谷燕行詩』는 모두 시집이고 여정은 모른다. 다만 『동문휘고同文彙考』에 의하면, 조관빈이 정사였던 동지사는 영조 21년(건륭 10년, 1745) 11월 1일에 사계辭階하고, 다음 해 3월 28일에 복명하고 있다. 또 오원이 서장관이었던 영조 8년(옹정 10년, 1722) 동지사는 10월 29일에 사계하고, 다음 해 4월 2일에 복명하고 있다.

□ 내용

특별히 적어야 할 시가詩歌는 마땅히 보이지 않는다.

7. 『연행일기燕行日記』 2권
尹汲撰 駒澤大學圖書館藏(濯足文庫)

□ 텍스트

초본 2책. 인장으로는 '海平'·'近菴'·'尹汲'·'景孺'·'一丘一壑'·'進士初會壯元庭試重試乙科親臨文臣庭試入格'·'金澤藏書'가 있다. 이 중 경유景孺는 윤급尹汲의 자, 근암近菴은 그의 호, 해평海平은 그의 본관이다. 본서는 윤급의 자장본自藏本이라고 생각된다. 제1책 봉면에 '燕行日記 乾', 제2책 봉면에 '燕行日記 坤'라고 적고 있다. 카나자와 쇼자부로金澤庄三郞의 구장舊藏. 군데군데 먹이 이미 지워지고 또 여러 글자 혹은 한 글자가 잘려져 개수하고 나서 바꿔 붙였다.

□ 찬자약력

숙종 23년(강희 36년, 1697)~영조 46년(건륭 35년, 1770). 남공철南公轍의 『귀은당집歸恩堂集』 권9에 「이조판서겸홍문관제학익문정윤공묘지명吏曹判書兼弘文館提學諡文貞尹公墓誌銘」이 있다. 이것에 의하면 윤급은 자가 경유, 호가 근암, 해평사람이다. 영조 원년(옹정 3년, 1725)에 진사進士가 되었을 때, 양장兩場 모두에서 장원이 되었다. 동년同年·정시庭試·문과文科에 합격하여 시강원설서侍講院說書가 되었다. 영조 13년(건륭 2년, 1737), 중시重試에 오르고 있다. 이것들은 앞에 적은 인장에도 보인다. 윤씨尹氏는 서인西人 노론파老論派에 속하고, 그 자신이 영조의 탕평책에 비판적이고 소론파少論派를 공격했다. 관직은 이조판서吏曹判書가 되었다. '필법정려筆法精麗'하여 사람들은 그의 척독尺牘을 얻어 다투어 모방했다고 한다. 그 서체는 윤상서체尹尙書體라고 불렸다.

□ 여정

  영조 22년(건륭 11년) 11월 6일 서울 출발
    11월 28일 도강
    12월 28일 북경 도착
  영조 23년(건륭 12년) 2월 15일 북경 출발
    3월 27일 도강
    4월 16일 서울 도착

  중국측의 국경 도회지 책문에 일행의 종자는 335인, 말은 225필이 었다고 한다.(11월 30일)

□ 내용

  영조 22년(건륭 11년, 1746), 윤급이 동지사 부사로서 연행했을 때의 기록이다. 당시에는 호조참판이었지만 이조판서를 결함結銜加銜하였다. 일기 외에도 「도강장계渡江狀啓」 외 계 6편의 장계狀啓・봉계封啓, 정보 보고서인 「별단別單」, 또 청조에 제출한 표자문表咨文 리스트인 「표자장수表咨狀數」, 공물貢物리스트인 「방물수方物數」로 구성되어 있다. 덧붙이면 장계는 부사가 쓰도록 되어 있었던 것 같다.[10]

  반만감정反滿感情은 여전히 강하다. 중국인에게 여류량呂留良의 『여만촌문집呂晚村文集』을 가지고 있는지를 2번 묻고 있다.(12월 21・25일) 여

---

10) 撰者未詳, 『隨槎日錄』(본 해제 17); "道光五年十一月二十七日, 自副房修入柵狀啓附撥. 上使體重不親署也."

류량呂留良은 옹정 6년(1728)경부터 옹정 10년(1732)에 걸쳐서 일어난 증정 사건曾靜事件 때 크게 문제가 된 반만反滿-민족주의자이다. 이 때는 벌써 사망하였지만 그의 반만-민족주의를 허용하기 어렵다고 여긴 옹정제가 관棺을 꺼내 시체를 효수한 인물이다.11)

8. 『정해연사록丁亥燕槎錄』 1권
李心源撰 東洋文庫藏

□ 텍스트

초본 1책. 권두에 서명을 적지 않고 봉면에 '丁亥燕槎錄'이라고 적고 있다. 주로 초서체草書體로 적고 있다. 별본別本이 현존하는지는 확인할 수 없다. 마에마 쿄사쿠前間恭作의 구장舊藏.

□ 찬자약력

경종 2년(강희 61년, 1722)~?. 본명이 원래 이인원李仁源이었는데 이심원李心源으로 개명하였다. 『국조방목國朝榜目』에 의하면 이인원, 자는 택지宅之, 연안延安사람으로 경종 2년생이다. 영조 26년(건륭 15년, 1750) 문과급제. 아버지는 이득보李得輔. 연행출발에 즈음한 영조와의 문답에서 할아버지가 도승지都承旨, 아버지가 참봉參奉이었다고 말하고 있다. 『조선왕조실록』에 의하면 이심원은 대사간大司諫 등을 역임하고 있다.

□ 여정

영조 43년(건륭 32년) 10월 22일 서울 출발

---

11) 宮崎市定, 『雍正帝』(『宮崎市定全集』 第14卷, 1991에 수록) 참조.

11월 25일 도강

12월 27일 북경 도착

영조 44년(건륭 33년) 2월 12일 북경 출발

3월 26일 도강

4월 11일 서울 도착

□ 내용

영조 43년(건륭 32년, 1767), 동지사 부사로서 연행한 이심원李心源의 상세하고 생동감있는 일기이다. 중국의 물가에도 주목하고 있는데, 2월 1일조에는, 30여 종의 서적가격을 기록하고 있어 귀중한다. 가격은 수량數兩에서 수전數錢인 것이 대부분이지만, 이 중에서 10냥兩 이상의 것으로는 다음과 같은 서명을 거론하고 있다.

『皇明全史』十二兩, 『一統志』四十五兩, 『十三經注疏』二十兩.

북경에서 심양으로 돌아가는 도중에 몇 번이나 청인淸人에게 경작할 수 있는 전토田土의 면적, 소유면적, 그리고 납세와 관련하여 만인滿人과 청인淸人의 구별에 대해 묻고 있다. 조금 앞서 연행했던 윤급尹汲에 비하면 반만감정反滿感情은 적어도 표면적으로는 드러나지 않고 오히려 2년 전인 영조 41년(건륭 30년, 1765)에 연행했던 홍대용洪大容 등의 실학實學에 가깝다고 느껴진다. 다만 홍대용 등과는 달리 북경 지식인과의 친밀한 교제는 볼 수 없다. 귀국도중에 영평부永平府 무녕현撫寧縣에서 진사였던 고 서학년徐鶴年의 아들인 생원 서소분徐昭芬과 친밀한 필담을 나누고 있는 정도이다.

9. 『연행기저燕行記著』 1권
   撰者未詳 天理圖書館藏(今西文庫)

□ 텍스트

초본 1책. 인장으로서는 '今西龍'·'今西春秋'·'今西春秋圖書'·'春秋文庫'·'天理圖書館藏'·'今西文庫'과 쇼와昭和 46년 8월에 접수한 '寄贈天理大學' 인장이 있을 뿐이다.

오언五言이나 칠언시七言詩 중에는 몇 군데 글자가 공백으로 남아 있는 것이 있다. 원본을 초사鈔寫할 때 판독할 수 없었던 것이 아닌가 생각한다. 마지막 10장 정도는 연행 때의 작품이 아니고, 누군가의 개인문집의 일부가 아닌가 생각된다.

□ 찬자약력

찬자미상. 연행연도도 찬자도 명기하고 있지 않다. 그러나 본서는 정조 6년(건륭 47년, 1782)의 동지행冬至行 때의 것이고, 찬자는 정사·부사·서장관 중 누구도 아닌 단지 수행원이었을 것으로 추정한다. 이유는 아래와 같다.

우선 「황도잡영皇都雜詠」이라는 제목을 붙인 시에서,

喇嘛僧滿雍和宮, 錦帽貂裘抗貴公, 乾隆蓋是英雄主, 賺得蒙蕃盡穀中.

이라고 읊고 있다. 건륭이라는 연호는 본서에서 모두 3회 등장하는 데 비해, 그밖에 연호는 한번도 등장하지 않는다. 따라서 이번의 연행이 건륭시대의 것이었음을 엿볼 수 있다.

그럼 언제의 것인가 하면, 권두에 '壬寅十月'이라고 기록한 것으로부터 이것이 임인년壬寅年 10월에 서울을 출발한 동지행임을 알 수 있다. 건륭연간 이후에서 임인에 해당하는 해는 정조 6년(건륭 47년, 1782)과 헌종 8년(도광 22년, 1842)의 둘뿐이지만, 앞에 적은 이유로 이것은 정조 6년 연행 때의 것일 개연성이 강하다.

정조 6년 사행使行의 삼사三使는 정사 정존겸鄭存謙, 부사 홍양호洪良浩, 서장관 홍문영洪文泳이었다. 이 중에서 홍양호는 『이계집耳溪集』이라는 문집이 있고 그 권6에 『연운기행燕雲紀行』도 수록하고 있지만, 양자를 대조해 보면 완전히 별개의 것이다. 즉 찬자는 홍양호일 수 없다. 그러나 귀국할 때에 통상과는 달리 책문에 10일간이나 머물고 있는 것과 『연행기저燕行記著』의 「류책십일留柵十日」 및 홍양호洪良浩의 『연운기행燕雲紀行』의 '後車不至, 淹滯一旬遣悶'은 모두 공통되고 있다. 또한 모두 후속수레가 책문에 모이지 않았기 때문이라고 서술하고 있다. 따라서 두 사람이 같은 여행단에 참가하고 있었을 가능성이 높다. 즉 이 연행록이 정조 6년 때의 것일 개연성은 한층 더 강해지는 것이고, 『연행록전집일본소장편』에서 이 책을 정조 6년(건륭 47년, 1782)라고 [ ]를 붙여 추정연대로 한 것은 이 때문이었다.

그러나 북경체재 중에 읊은 「매산지감煤山志感」이라는 시의 한 구절에서,

琉球人氣弱, 稍欲尙文風, 捲髮如東俗, 冠裳制頗同.

이라고 하여, 이 해에 유구琉球사절도 조공을 위해 북경에 왔고, 찬자

가 목격하였음을 알 수 있다. 여기에서 유구사절이 언제 왔는지를 확인해 보면, 건륭 48년(1783)에 유구사절은 원조元朝 즉 원단元旦의식에 참가하고 있지 않고, 오히려 도광 23년(1843)의 원조元朝에는 참가하고 있는 것이다.12) 따라서 본서가 헌종 8년(도광 22년, 1842)의 것일 가능성도 크다. 그러나 시에 담겨 있는 분위기로부터 과연 아편전쟁 후 연행했을 때의 것인지, 역시 의문을 가지기 때문에 우선은 [ ]를 붙여 여기에 수록한다. 이용자는 주의하기 바란다.

그럼 찬자는 누구일까? 정사 혹은 서장관일까? 이것에 대해서는 「유관잡절留關雜絶」이라는 제목을 붙인 다음의 한 구절이 참고가 된다.

書生一夜忽高官, 金帶橫腰鶴頂丹, 端重太和門外路, 北人皆以貴人看.

「유관잡절留關雜絶」의 '관關'이란 옥하관玉河館이고, 북경체재 중에 일어난 여러 가지 일을 읊은 절구絶句를 여기에 모아놓고 있다. 원조가 행해지는 태화전太和殿에는 서생書生이라고 자칭하는 일반 수행원의 참하입정參賀入庭은 제한되었기 때문에 그들은 조선의 인원 중에서 입정入庭할 자격을 가진 사람의 의관衣冠을 일시적으로 빌려, 즉 '하룻밤만 고관'으로 바꾸어 '금대金帶'를 허리에 차고 섞여 들어갔다. '書生一夜忽高官'이라고 한 것은 이것을 읊은 것이라고 생각된다. '北人皆以貴人看'도 마찬가지로 중국인이 '高官'의 의관을 빌려입고 있는 찬자를 보고 '貴人'으로 봐주었다라고 서술한 것이다. 따라서 찬자는 수행원의 일원이지 세 사신 중 한 사람일 수 없다.

---

12) 野口鐵郎, 『琉球と中國』(東京:開明書院, 1976) 354·357쪽.

혹 찬자의 성이 '이李'였을까? 「유관잡절留關雜絶」에 다음과 같은 한 구절이 있다.

雜貨東西價極些, 百般要賣向人誇, 不知我是空空的, 款洽爭呼李老爺.

다만 중국상인은 조선인으로 보이면 누구라도 '이로야李老爺'라고 불렀을 가능성이 있기 때문에 그이상은 분명하지 않다.

□ 여정

전혀 기록되어 있지 않다.

□ 내용

전편 모두 시로 되어 있다. 이미 언급하였던 「유관잡절」의 몇 수는 연행사 일행의 생태를 보여주는 것으로서 흥미롭다.

10. 『연행일기燕行日記』 2권(缺卷一)
　　金箕性撰 天理圖書館藏(今西文庫)

□ 텍스트

초본 1책. 원래 권1·권2 두 책으로 되어 있었지만, 현재는 권1이 빠져 있다.[보주 1] 인장은 '今西龍'·'今西春秋'·'今西春秋圖書'·'春秋文庫'·

보주 1) 본고를 발표한 이후에 京都大學에 유학중인 盧京姬 씨를 통해서 金榮鎭 교수(현재 계명대학교 부교수)로부터 金箕性『연행일기』 권상의 복사본을 받아보았다. 원본은 서울 대학교 중앙도서관 소장이라고 한다. 권1과 권2 양본의 글씨체는 동일한 것으로 생각되

'天理圖書館'이 있을 뿐이다. 필사한 서체는 같은 이마니시문고今西文庫에 있는 홍창한洪昌漢의 『연행일기燕行日記』와 매우 비슷하다. 어쩌면 근년에 이마니시 류今西龍가 누군가로부터 빌려 초사鈔寫시킨 것 같다. 다만 현재로서는 다른 본이 현존하는지 확인할 수 없다.

본서는 '신해辛亥 정월 17일'에 원명원圓明園으로 가라는 예부주객사禮部主客司의 문서를 접수한 때로부터 3월 7일에 서울 궁정에서 복명한 때까지 기록하고 있다. 찬자명도 기록되어 있지 않지만, 내용으로 보아 정조 14년(건륭 55년, 1790)의 동지겸사은사冬至兼謝恩使의 기록이며, 찬자는 정사인 김기성金箕性임이 분명하다. 권1이 결락되었고, 내용은 정조 15년의 것이기 때문에 『연행록전집일본소장편』의 목차에서는 이 연대를 표기했지만, 체례體例凡例를 존중하면 정조 14년 연행사의 기록이라고 하는 편이 더 적절했을지 모른다. 본 해제는 이러한 생각에 따랐다.

□ 찬자약력

김기성에 관해서는 미상. 그는 이 연행 때에 광은부위光恩副尉였다. 종실宗室관계자이다.

□ 여정

결권1缺卷一 부분은 『동문휘고同文彙考』에 의거하여 보충한다.

(정조 14년[건륭 55년]) (10월 21일 서울 출발)

며, 이로써 完本이 된다고 본다. 이 때문에 본서에 대한 해제를 약간 개정할 필요가 있다. 김영진 교수에게 진심으로 감사를 표한다.

정조 15년(건륭 56년) 정월 26일 북경 출발
　　2월 27일 도강
　　3월 8일 서울 도착

□ 내용

　내용은 일기를 중심으로 하지만, 북경체류 마지막 날인 정월 25일조 뒤에 "明當回還起程, 而略有所見聞, 恐或日久而忘失. 茲錄之下方"이라고 하고, '燕京形便城闕制置'·'聞見雜錄'·'習俗法制'·'淸主源流'·'道里山川識'을 수록하고 있다. '燕京形便城闕制置'는 분명히 여러 선행자료를 참고로 해서 쓰고 있지만, 자신의 체험도 종종 섞여 있다. 「문견잡록聞見雜錄」도 마찬가지이다. 관찰 및 서술이 상세하고 구체적인 것은 이른바 실학의 기풍이 그에게도 있었기 때문일지도 모르겠다. 반청 감정은 거의 드러나지 않는다. 원명원圓明園에서의 연회에 참열參列했을 때도 '今番則皇帝恩遇尤鄭重'이라고 적고 있다. 만인滿人과의 대화는 물론 통역을 통하고 있지만 특별한 편견은 보이지 않는다. 철보鐵保·화곤和坤·아계阿桂·왕걸복王傑福, 거기에 부마인 풍신豊紳 등이 등장한다.

　「문견잡록」에서도 『일하구문日下舊聞』을 인용하며 풍속의 어지러움을 기록하면서,

　　然則其自來遺風, 而非以陸沈薰染之故耶.

라고 하여, 풍속이 나빠진 것을 만주족의 중국통치와는 관계없는 것

으로 보고 있다.

조청 조공무역朝貢貿易과 관련된 자료도 풍부하다. 또한 박제가朴齊家가 이 여행단의 일원으로 참가하고 있고, 자주 등장하는 점에서도 중요하다. 건륭황제가 조선사신이 쓴 원소시元宵詩를 보고 싶다고 말해 왔을 때,

余本詩思鈍拙, 非但難於應卒, 朴君以能詩擅名, 故使之製出.

이라고 하고 있듯이, 박제가에게 대작代作을 부탁하고 있다.(정월 18일)

11. 『연행일기燕行日記』 1권
吳載紹撰 天理圖書館藏(今西文庫)

□ 텍스트

초본 1책. 봉면에는 '燕行日錄'이라고 쓰고 있지만, 본문 첫째 장 첫째 행에 '燕行日記'라고 쓰고 있기 때문에 「연행일기燕行日記」라고 해야 한다.

찬자에 대해서는 본문 앞의 첫째장에 '純祖王元年辛酉 吳載純燕行日記 龍'이라고 써넣은 부분이 있어 텐리도서관天理圖書館의 카드, 『금서박사수집조선관계문헌목록今西博士蒐集朝鮮關係文獻目錄』, 123쪽 및 이것의 영인본을 소장하고 있는 토요東洋문고의 『증보동양문고조선본분류목록增補東洋文庫朝鮮本分類目錄』, 34쪽 모두 오재순吳載純 찬이라고 되어 있지만 잘못이다.

본문 첫째 장 첫째 행과 둘째 행에 원래 인장이 있었다고 생각되는 부분이 떨어져 나갔다. 셋째 행에 한 인장의 왼쪽 반이 남아 있는데 '재소載紹'라고 판독할 수 있다. 다른 한 인장의 왼쪽 반은 판독할 수 없다. 오재소吳載紹의 자장본自藏本으로 생각된다.

□ 찬자약력

오재소吳載紹는 영조 15년(건륭 4년, 1739)~순조 11년(가경 16년, 1811), 자는 극경克卿, 호는 석천石泉, 해주海州사람, 오재순吳載純은 그의 형이다. 그의 아들 오희상吳熙常이 쓴 「선고판돈녕부군행장先考判敦寧府君行狀」(『老洲集』卷十九)에 의하면 영조 44년(건륭33년, 1768) 진사, 동 47년 문과에 급제하였다. 순조 원년(가경 6년, 1801)에 호조참판이었을 때, 예조판서의 직함을 가지고 부사로서 연행하고 있다. 관은 판돈녕부사判敦寧府事에 이르고 있다. 문집은 현존하지 않는 것 같다.

본서 순조 원년 8월 23일조에 의하면, 오재소의 고조부인 오숙吳翻은 인조 2년 즉 명조 천계天啓 4년(1624)에 부사로서 바다를 건너 연행하였다. 이 때의 연행록으로는 홍익한洪翼漢의 『화포선생조천항해록花浦先生朝天航海錄』이 있고 오숙의 이름도 등장한다. 또한 증조부인 오두인吳斗寅도 현종 2년(순치 18년, 1661)에 서장관으로서, 또 숙종 5년(강희 18년, 1679)에 부사로서 부연赴燕하였고, 아버지 오원吳瑗도 영조 8년(옹정 10년, 1732)에 서장관으로서 부연하였다. 앞서 해제에서 소개한 동양문고장東洋文庫藏 조관빈趙觀彬의 『회헌연행시悔軒燕行詩』에 부록된 『월곡연행시月谷燕行詩』(본 해제 6)의 찬자가 바로 이 오원이다. 형 오재순吳載純도 정조 7년(건륭 48년, 1783)에 심행瀋行하고 있다.

□ 여정

　　순조 원년(가경 6년) 8월 2일 서울 출발
　　　8월 24일 도강
　　　9월 24일 북경 도착
　　　10월 29일 북경 출발
　　　11월 27일 도강
　　　12월 8일 서울 도착

□ 내용

　　순조 원년(가경 6년, 1801), 가경제의 황후가 책봉되었다는 조서詔書를 반포하기 위해 청조에서 칙사가 파견되었다. 이 연행의 목적은 황후 책봉에 대한 진하進賀와 칙사파견에 대한 사은謝恩이었다. 오재소는 당시에 호조참판이었지만 예조판서의 직함을 가지고 부사로서 부연 赴燕했다.

　　오재소가 부연한 이 해는 간지干支로는 신유辛酉이고, 천주교 대탄압이 일어난 해이다. 이른바 「신유사옥辛酉邪獄」이다. 주지하는 바와 같이 이 때의 천주교 탄압은 연행사와 밀접한 관계를 가지고 있었다. 또한 이승훈李承薰·정약종丁若鍾 등 크리스트교도가 처형된 것은 오재소 등이 서울을 출발하기 수개월 전인 이 해 정월이었다. 그리고 이른바 황사영백서사건黃嗣永帛書事件이라고 하는 조선통치자를 놀라게 한 모반계획이 발각되어 대수사가 이루어진 것은 대체로 오재소 등이 북경에 도착하여 체재하고 있던 무렵의 일이었다.[13] 그런데 여행도중에도, 북경체제 중에도 천주교에 관한 내용은 전혀 나오지 않는다. 황사영백서黃嗣永帛書의 진본이 아닌 거짓 백서帛書를 가지고 북경으로 향한 순조 원년의 삼절연공사三節年貢使(冬至使) 일행에 대해서는, 오재소가 귀국도중 조선과 정의 국경에 해당하는 요녕성遼寧省 책문柵門 밖에 이른 11월 26일조에 "我國冬至使一行人馬織路塡咽, 停轎就幕, 與上使曺允大·副使徐美修·書狀李基憲相見, 略聞京中新報而別"라고 기록하고 있을 뿐이다. '경중京中의 신보新報'의 중심이 황사영백서사건이었음은 거의 의심의 여지가 없다.

오재소의 『연행일기』에서 가장 두드러지는 것은 반만감정反滿感情과 조선자존朝鮮自尊을 드러내는 언사이다. 연행燕行 즉 조공朝貢이란 본래 종주국인 청에 대해서 복종한다는 사실을 보여주는 의례儀禮에 다름 아니다. 하지만 그에 의하면 그의 선조 및 자기 자신의 연행은 "顧以大東衣冠, 從事於皮幣之間, 原隰皇華, 雖不敢告勞, 而亦奚以遊覽爲哉"(8월 23일)였다. 피폐皮幣란 고대의 증답품이었던 모피와 증백繒帛 즉 조공물품으로, 『맹자孟子』 양혜왕梁惠王 하에는 "대국大國을 섬김에 피폐皮幣로 해도 면할 수 없다"고 하였다. 대동大東의 의관衣冠이란 이적夷狄민족이 통치하는 청에서는 이미 볼 수 없고, 대동大東 즉 조선에만 남아있는 중화中華의 예제禮制를 갖춘 의복과 관冠이다. 명조시대에 조선에게 전해진 중화의 예복을 조선에서는 대단한 자랑으로 여겼다는 것은 이미 주지하는 바이다. 원습황화原隰皇華란 『시경詩經』 소아小雅, 황황자화皇皇者華의 '皇皇者華, 于彼原隰'에 기초하고 있다. 군주의 명을

---

13) 辛酉邪獄 및 黃嗣永帛書事件에 대해서는 山口正之, 『黃嗣永帛書の研究』(東京:全國書房, 1946) 및 동, 『朝鮮キリスト敎の文化史的硏究』(東京:お茶の水書房, 1985) 참조.

받아 출사하면, 원原 즉 높은 곳이든, 습隰 즉 낮은 곳이든, 어느 곳에도 황황煌煌한 중화의 빛을 빛나게 하지 않으면 안된다. "皇皇者華, 于彼原隰"이란 본래 주대周代에 주왕周王이 제후에게 사자를 파견할 때, 또는 후대에는 중화인 중국에서 외국으로 출사할 때에 사용되는 말이지만, 이 경우에는 조선으로부터 청에 출사하여 청에 중화의 빛을 빛나게 한다는 것이다. 이 "皇皇者華, 于彼原隰"을 근거로 한 이 표현은 청의 속국이었던 조선시대의 연행사를 표현하는 말로서 다른 데에도 자주 사용되고 있다. 그러나 오재소의 이 문장에 단적으로 표현되고 있는 것처럼, 조선은 '조공'을 핑계로 삼아 조선이 가진 '중화'의 빛을 야만스러운 청에 널리 퍼뜨려 빛나게 한다는 것으로 정신적으로 매우 굴절되어 있다고 하지 않을 수 없다. 이러한 대업을 이루고자 한 출사이기 때문에 "고생하고 있나고는 말하지 않지만, 그러나 유람을 목적이라고 할까?"라고 한 것이다. 실제 이 연행록에 유람을 기록한 부분은 적고, 평상의 연행사라면 반드시 보러 가는 북경 서북 교외의 명소인 서산西山이나 원명원圓明園에도 가지 않고 있다. 반만反滿감정이 심해지면서 반한反漢감정도 자주 드러난다. 현실에 있는 중국, 한漢민족을 포함하는 실제의 중국에 대한 멸시이다. 한인漢人지식인들조차도 그들이 방문할 때까지는 만나고자 하지 않고, 오로지 옥하관玉河館으로 방문해 온 사람과 만날 뿐이다. 부사는 정사와는 달리 무거운 체면이 그다지 문제가 아니었던 것 같다. 북경 각지의 모습에 대해서도 거기를 구경한 그의 족질族姪들로부터 전해 들을 뿐이었다.

중국인이 그들이 입는 조선의 의복, 그들이 자랑하는 '중화의 의

관'에 대해 어떻게 평가하고 있는지를 기록한 부분도 당연히 신랄하고 또한 굴절되어 있다. "漢人見東國衣冠, 莫不稱羨, 自傷其變夏. 獨遼人相隨譏笑, 夷狄視之. 甚矣哉, 俗之淪陷於異類也"라고 한 부분은 요녕성 요양遼陽에 들어가기 직전의 말이다.(9월 1일) 청이 입관한 지 벌써 1세기 반이나 지난 당시로서 조선사절이 입은 명조의 의복은 연극배우가 무대에서 입는 기묘한 것에 지나지 않고, 청조인의 입장에서 보면 멸시랄까 조롱의 대상일 수밖에 없는 경우가 있었다. 요동지방에서는 이러한 경향이 두드러졌던 것 같고, 조선의관을 '이적시夷狄視'하고 있었다. 오재소는 반대로 그러한 요인遼人에 대해서 "胡騎一至, 不戰而降. 其樂爲犬羊之民, 而不知有先王文物, 久矣"라 하여, 맨 먼저에 만주인滿洲人에게 투항한 사람이라고 비난한다.

9월 27일의 아침, 조선의 삼사三使는 은모사恩慕寺·은우사恩佑寺에서 북경궁성으로 귀환한 가경제嘉慶帝를 서안문西安門 안 길가에서 줄지어 꿇어앉아 맞이하지 않으면 안되었다. 가경제는 그들로부터 5·6보 떨어진 곳을 말을 타고 통과했다. 가경제를 '특별히 영채英彩 없음'이라고 평하고 있다. 이 때 가경제는 통과해 지나가면서 되돌아보며 조선사신을 일별一瞥하였다.

　　緩驅而行, 旣過猶回首流眄, 想必怪我輩衣冠也.

오재소에 의하면 되돌아 본 것은 자신들이 입고 있는 의관을 기괴하게 여겼음에 틀림없었다.

가장 흥미로운 것은 그가 문천상文天祥의 묘묘廟인 문산묘文山廟를 수

제8장 일본현존 조선연행록 해제 341

복하려고 계획하여 청인淸人에게 제안한 일이다. 문천상이란 말할 필요도 없이 원元에 잡혀가 굴하지 않고 사형당한 한민족의 영웅이다. 10월 1일 국자감을 참관한 후 시시柴市에 있는 문산묘을 참배했다. 당우堂宇는 황폐하였지만 "가경嘉慶 경신(5년, 1800)에 형부낭중刑部郎中인 강서의 유각劉珏, 여릉廬陵의 구양신歐陽愼 등 및 남중인사南中人士 3·40인이 연봉갹은捐俸釀銀하여 함께 중수하였다"라고 쓰인 석판이 보였다.

가경 5년이라면 그가 방문하기 불과 1년 전의 일이다. 그는 황폐한 모양을 보고는 이것으로는 중수되었다고 할 수 없다고 말하고 있다. 4일 후인 10월 5일, 문산묘를 진정으로 완전하게 수복하고자 한 그는 서장관 정만석鄭晩錫과 상담하고 나서 조선인 말잡이인 정관鄭觀에게 은 20냥과 편지를 주어 석판에 이름을 올린 유각劉珏의 저택으로 가게 했다. 말잡이[馬頭]는 몇 번이나 서울—북경 산을 왕복하였고, 중국어 회화가 가능했기 때문이다. 공교롭게도 유각劉珏은 출장 중이었기 때문에 다시 구양신歐陽愼의 저택으로 가게 하여 그 의도를 전하고 그들의 창의倡義를 극구 칭찬하였다. 그런데 구양신은 "聞之驚恐, 初不敢拆書. 瞠然却之曰, 元無是事, 非我所知. 往傳于鄕賢祠敎官, 可也"라고 대답할 뿐이었다. "이를 들은 구양신은 경악하고 두려워하며 편지를 펼치지도 않고서 눈을 휘둥그레 뜨며 물리치고는, '그런 일은 전혀 없었던 일이다! 자신과는 관계없는 일이다! 향현사鄕賢祠를 감리監理하는 교관敎官이 있는 곳에 가서 전하면 좋을 것이다!'"라고 말하고, 정관에게는 "빨리 일어나 떠나라"라고 명했다고 한다.

우리는 지금 청조통치하의 한인漢人이 '소중화小中華'의식을 가진 조선사신이 보낸 부하의 방문을 받고서 한민족의 민족적 영웅인 문천상文天祥의 사묘祠廟를 수복하지 않겠는가라는 갑작스러운 제안을 받았을 때 얼마나 경악하였을지 쉽게 상상할 수가 있다. 그러나 이때에 오재소가 내린 평어評語는 "구양신歐陽愼 같은 놈은 단지 밥 먹고 보신保身을 꾀하는 노예하재奴隸下才이니 구멍에 숨은 쥐와 무엇이 다른가[若愼者, 偸祿保軀奴隸下才, 其與穴中鼠, 奚以異也]"라는 것이었다.

당시 북경에 있던 최고의 문화인인 기윤紀昀에 대한 평가도 당연히 엄격하다. 당시 연행한 조선지식인의 대부분은 기윤과 면식을 갖는 것을 최고의 영예로 여기고 있었다. 그런데 오재소는 10월 2일, 궁정 서안문西安門 안에서 가경제를 출영出迎하러 갔을 때 기윤을 발견하고 그 모습을 다음과 같이 적고 있다.

> 昀年老矣. 道遇一滿宰尊貴者, 趨而捧其手, 甚慇懃焉. 滿宰唯唯而已.

또한 10월 14일, 옥하관에서의 생활에 지루함을 느낀 그는 "聞紀昀所著灤陽消夏錄爲近世說部之冠"이라고 해서 서점에 가서 빌려오게 했지만 "皆搜神記之類也. 不經之甚"라고 말하고 있다.

12. 『연행시燕行詩(薊程詩稿)』 1권
撰者未詳 靜嘉堂文庫藏

□ 텍스트

초본 1책. 모두 73장으로 이루어져 있다. 봉면에는 '薊程詩稿'라는 제목이 있지만, 권두 첫째행에는 '燕行詩'라는 제목이 있다. 뒤에 서술

제8장 일본현존 조선연행록 해제 343

하겠지만, 이 책은 순조 3년(가경 8년, 1803)의 연행록인 찬자미상의 『계산기정薊山紀程』(『연행록선집』 상권, 『국역연행록선집』 권8, 『연행록전집』 제66책 수록) 중에서 시 부분만을 편찬한 것이다.

□ 찬자약력

　미상.

□ 여정

　서울을 출발하여 귀환할 때까지 여정은 전혀 기록하고 있지 않다.

□ 내용

　모두 시이며, 몇 년도의 부연赴燕인지 기록되어 있지 않다. 그러나 [텍스트]에서 서술한 찬자미상의 『계산기정薊山紀程』과 대비하면, 본서는 『계산기정』의 일부임이 판명되기 때문에 이것은 순조 3년 연행 때의 것임은 분명하다. 『연행록전집일본소장편』에서는 연행연도를 [순조 원년~3년(가경 6년~8년, 1801~1803) 사이]로 추정했지만, 이것은 두 책의 관계를 알지 못한 단계에서 썼기 때문이다. 이 추정에 잘못이 없었던 것을 지금은 다행으로 생각한다. 참고로 우선 이와 같이 추정했던 근거를 적는다.

　우선 시 중 하나에 '次韻嘉慶御製詩'라는 제목이 있기 때문에 가경嘉慶 이후의 부연赴燕이다. 또한 '방효람불견訪曉嵐不見'라는 제목의 시에서는 '성남병와로상서城南病臥老尙書'라고 말하고 있다. 즉 조선에서 북경을 방문한 사람으로서 동경하고 있던 기윤紀昀과 면회하고 싶어 선무문宣武門 밖에 사는 그를 방문했지만, 병 때문에 만날 수 없었다고 말한 것이다. 기윤은 가경 10년 2월 14일 82세로 사망하였다.[14] 즉 이번의 연행사가 기윤 생전의 것임은 의심할 여지가 없다. 「원조념운元朝拈韻」이라는 제목이 있는 시에 의하면, 그가 정월 원단에 태화전에서 행해진 원조元朝의 의식에 출석하고 있음을 알 수 있다. 즉 찬자는 동지사冬至使의 일행의 한 사람으로서 부연赴燕했음에 틀림없다. 동지사로 갔던 조선연행사는 2월의 상순부터 중순 사이에 북경을 떠났다.

이 시의 찬자가 임종에 임박한 이 해에 기윤을 방문하려고 했을 가능성도 있지만, 그렇다면 산해관山海關에 도착할 무렵까지는 반드시 그가 사망했다는 소식을 듣고, 무언가 감개 어린 시를 짓고 있는 것이 자연스러울 것이다. 그렇다면 그가 부연을 위해서 서울을 출발한 것은 기윤이 사망하기 한 해 전인 가경 9년이었다고도 생각되지만, 나아가 그 전년인 가경 8년까지로 압축해 두는 편이 보다 자연스러울 것이다.

이것으로 찬자의 부연은 가경 원년부터 가경 8년 사이에 있었던 일로 범위를 좁힐 수 있지만, 또 '書樓遇佟翰林貽恭'이라는 제목을 붙인 시에 의하면, 가경 6년 이후의 부연임을 확정할 수 있다. 그것은 서루書樓에서 한림관翰林官과 만난 일을 기록하고 있는데, 그 한 구절에 '少年人做翰林官'이라고 한 것으로 보아 동이공佟貽恭이란 인물이 젊어서 진사가 되어 한림관翰林官이 되었음을 알 수 있다. 여기에서 『명청진사제명비록색인明淸進士題名碑錄索引』에서 건륭 말년부터 가경 10년

---

14) 王蘭蔭, 「紀曉嵐先生年譜」(『師大月刊』 第6期, 1933).

까지의 동성㈜姓을 가진 진사를 찾아보면, 가경6년의 진사로 동경문㈜景文이 있을 뿐이다. 동경문에 대해서는 「동경당선생묘표㈜敬堂先生墓表」(『續碑傳集』卷七十一)이 있고, 건륭 41년(1776)생으로 확실히 가경 6년(1801) 진사에 합격하고 나서 한림원翰林院 편수編修가 되고 있다. 동경문의 자는 경당敬堂 또는 애생艾生이라고 하고, 이공貽恭이라는 자호는 나오지 않지만, 동이공㈜貽恭은 동경문에 다름 아니라고 생각한다. 가경 6년에 26세이고, 너무 젊은 것은 아니지만 '소년少年'의 부류에 들어갈 것이다. 이상이 연행연대를 추정한 근거이다.

또 『연행록선집』·『연행록전집』모두 『계산기정薊山紀程』의 찬자를 서장보徐長輔로 한 것은 잘못이다. 이렇게 해놓은 본서에 '和秋陽守夜絶句' 등이 있고, 추양秋陽은 서장보의 호이기 때문이다. 『국역연행록선집』 수록본에는 찬자미상으로 되어 있고, 해세가 있어 유익하다.

시 중에서 특히 개성적이라고 느껴지는 것은 없다. 예를 들어 「황도皇都」라는 제목을 붙인 시에서는 다음과 같이 읊고 있다.

居民雜滿漢, 服人徒威力, 胡命亦能久, 一理難推識, 脅令東方人, 歲述侯甸職.

13. 『중주우록中州偶錄[入燕記]』 1권
撰者未詳 關西大學圖書館藏(內藤文庫)

□ 텍스트

초본 1책. 봉면[외제]에 '中州偶錄', 권두 첫째 장 첫째 행에 '磬山雜著', 첫째 장 둘째 행에 '入燕記', 같은 행 아래에 '未定初本'이라고 쓰여 있다. 일단 『중주우록中州偶錄』을 책 제목으로 하고 '입연기入燕記'를 부제로 한다.

나이토 코난內藤湖南이 소장하던 것이기 때문에 그가 사망한 1934년(昭和 9년)까지는 입수된 것이라고 생각된다. 이 책의 존재 및 복사본은 토야마대학富山大學 인문학부 교수 후지모토 유키오 씨가 가르쳐 주었다. 여기에 적어 감사를 표한다.

본서에는 내용적으로는 본서와 무관한 2매의 기록이 삽입되어 있지만, 유감스럽게도 찬자를 확정하는 데 도움이 되지 않는다.

□ 찬자약력

찬자미상. 뒤에 보이는 대로 본서는 순조 7년(가경 12년, 1807) 동지사행冬至使行의 기록이다. 정사는 남공철南公轍, 부사는 임한호林漢浩, 서장관은 김노응金魯應이었다.

서울을 출발하는 날에 다음과 같이 적고 있다.

> 余平生欲一見中原, 而齎志未果. 至是禮部尙書金陵南公(南公轍)充冬至正使, 謂余當偕往, 萬里附驥, 庶不負男兒四方之志也.

즉 찬자는 정사 남공철의 권유에 따라 수행원으로서 연행한 것이다. 다만 남공철南公轍의 『귀은당집歸恩堂集』을 조사해 보았지만 찬자를 확정할 수 있는 기사는 없는 것 같고, 본서에 등장하는 몇 명의 조선인 이름에서도 찬자를 유추할 수 있는 실마리는 찾을 수 없다.

11월 24일조에,

今日卽生朝也. 憶余自五六年來, 館食東南, 每歲逢此, 愴想交中, 今又天涯, 旅館蕭瑟

라고 하고 있다. 찬자는 아마도 관위官位에 있지 않은 불우한 인물이었을 것이다.

□ 여정

　　순조 7년(가경 12년) 10월 29일 서울 출발
　　　　11월 25일 도강
　　　　12월 24일 북경 도착
　　순조 8년(가경 13년) 2월 2일 북경 도착
　　　　3월 3일 도강
　　　　(3월 20일 서울 도착 『동문휘고同文彙考』)

□ 내용

　　본서의 찬자도 중국에서 많은 지식인과 사귀었다. 진용광陳用光·등정정鄧廷楨·진희조陳希祖·오숭량吳崇梁·저유인褚裕仁·이임송李林松李林崧·정위원程偉元·만철萬徹·채형蔡炯·오사권吳思權·고양청高揚淸·장청운張青雲青雲은 호인가?) 등이 등장한다. 박제가朴齊家의 『정유고략貞蕤藁略』이 서점에 진열되어 있던 것도 목격하고 있다.(정월 18일)

　　찬자는 약간의 중국어 회화가 가능했던 것 같다. 중국에 입경하여 바로 '乾酒'·'淸心丸有啊?'·'煙有啊?'라는 말을 알아듣고 있다.(11월 26·28일) 더욱 흥미로운 것은 북경체제 중 백윤청白允靑이라고 하는 마두馬頭 즉 말잡이와 함께 양모楊某가 경영하는 자기포磁器鋪에 가서 마두와

양모의 흥정을 백화문白話文으로 기록하고 있는 것이다.(정월 24일) 몇 번이나 북경—의주 사이를 왕복하고 있는 마두는 수행하는 통역관과 더불어 조중간朝中間 커뮤니케이션에 없어서는 안되는 존재였다. 찬사본인이 자기포磁器鋪의 주인과 대화했을 리는 없지만, 나중에 마두로부터 대화내용을 확인했는지, 백화문으로 그 장면을 재현하고 있는 것이다.

14. 『연행록燕行錄』 1권
李敬高撰　天理圖書館藏(今西文庫)

□ 텍스트

초본 1책. 외제에서는 '燕行日記'라고 하지만, 내제에서는 권두에 '燕行錄'이라고 되어 있다. 모두 시로 되어 있다. 이어 '연행일기燕行日記'라고 쓰고 부연赴燕한 일기를 기록하고 있다. 1책 모두 같은 필적이고 12행으로 되어 있음에도 불구하고, 권두의 첫째 장만 13행이다. 즉 첫째 행에 "燕行錄 月城李敬高玄之, 周衣翁著輯"이라고 쓴 것은 이 책이 완성된 다음에 추가된 부분이라고 생각된다.

□ 찬자

권두 첫째 행에 "燕行錄 月城李敬高玄之, 周衣翁著輯"이라고 쓰여 있는 것을 보면 찬자는 이경설李敬卨이다. 그러나 이경설은 여기에 기록되어있듯이 월성月城사람으로 자는 현지玄之, 주의옹周衣翁은 호라고 생각되지만 그 인물은 명확하지 않다. 또한 주의옹의 주의周衣란 한국어로는 주방의 周防衣라고도 한다. 가정에서 입는 외투로 상민계급이 입는 것이다.

순조 9년(가경 14년, 1809) 동지사는 정사 박종래朴宗來, 부사 김노경金魯敬, 서장관 이영순李永純이었기 때문에 이경설은 삼사三使 중 어느 것도 아니다. 또 「연행일기」에 기록되어 있는 그의 행동을 보면, 역관 등 어떠한 임무를 띠고서 부연한 것이라고는 생각할 수 없다. 수행원으로 참가했다고 생각하는 것이 타당하다. 시 중에는 삼사의 누구라도 창화唱和하고 있는 것이 없고, 「연행일기」에도 삼사의 누군가에게 대한 구체적인 기술은 없다. 어쩌면 상당히 신분이 낮은 사람이었다고 생각된다. 시의 하나인 「노상만영路上漫詠」에서,

非文非武職無名, 進壯稱號愧實情.

이라고 자조하고 있는 부분을 보면, 그는 진사장원進士壯元이었던 것 같다. 그러나 다른 시 「이가離家」에서,

五十窮儒萬里行, 家人親戚以爲榮, 靑衫白鬢能馳馬, 何似放翁夢北征.

이라고 하여 이것 또한 자조하며 읊고 있듯이 그는 50세 전후의 궁유窮儒였다. 아마 진사급제는 했지만, 문과급제는 하지 못한 것 같다.

이경설이 무엇을 목적으로 부연했는가는 '家人親戚以爲榮'이라고 쓰여 있음에도 불구하고, 잘 모르겠다.

□ 여정

순조 9년(가경 14년) 10월 28일 서울 출발

11월 24일 도강
12월 24일 북경 도착
순조 10년(가경 15년) 2월 3일 북경 출발
3월 4일 도강
3월 19일 서울 도착

□ 내용

이 때의 부사가 김노경金魯敬이었던 점은 이미 서술한 대로이고, 그의 아들 김정희金正喜도 이 일행에 참가하고 있었다.[15] 김노경은 44세 김정희는 24세였지만, 그들에 관한 것은 유감스럽게도 전혀 나오지 않는다. 청인淸人과의 교류에 대해서도 일기의 정월 1일조에서 "한인漢人인 장청운張靑雲이라는 사람과 도보로 정양문正陽門 밖으로 나가」 희장戲場에 갔던 일을 적고 있을 뿐이다. 장청운의 이름은 이 2년 전의 기록인 『중주우록中州偶錄』에 몇 번인가 나오고 있다. 산동성 무강현武强縣 사람이고, 자주 옥하관에 출입하며 조선사절과 교제하고 있었다. 『중산우록』의 찬자는 장청운으로부터 안경을 받았다고 기록하고 있다.

'皇明'의 한 글자 위를 공백으로 남기고 있는 것을 보면 반만反滿의식이 강한 인물이었던 것은 분명한데, 특히 시 부분에 이것이 나타나고 있다. 조선 측의 국경도시인 의주義州에서 막 도강하려고 할 때 지은 「기가서寄家書」 즉 가족에게 보내는 편지에서 "自此無由復寄信, 渡江騎馬下燕京"이라고 하여 "연경에서 내린다"라는 표현을 사용하고 있다.

---

15) 藤塚鄰, 『淸朝文化東傳の硏究-嘉慶·道光學壇と李朝の金阮堂-』(東京:國書刊行會, 1975).

또 「우음偶吟」에서 "黃衣遍道路, 韃靼半皇都, 天意終難測, 如何任一胡"이라고 한탄하면서 "단달韃靼이란 몽고의 별호別號이고, 모두 황색 옷을 입는다"라고 스스로 주를 달고 있다.

「연행일기」에는 일반적인 기술이 많지만, 중국 특히 북경의 풍습에 대해서는 자주 적고 있고 흥미 깊은 것도 있다.

15. 『계정록薊程錄』 1권
撰者未詳 東京都立中央圖書館藏(市村文庫)

☐ 텍스트

초본 1책. 이치무라 산지로市村瓚次郞 구장舊藏. 인장은 이치무라市村로부터 기증을 받은 '東京都立圖書館藏書'·'東京都立日比谷 圖書館'·'市村文庫'가 있을 뿐이다.

☐ 찬자미상

찬자는 전혀 모른다.

☐ 여정

전혀 기록이 없다.

☐ 내용

통상적인 연행록과 달리 일기나 시는 전혀 없다. 내용은 이하와 같은 항목이다.

道里, 山川, 城闕, 宮室, 衣服, 飮食, 器用, 舟車, 風俗, 科制, 畜物, 言語, 胡藩, 貢稅, 行總, 報單, 官銜, 歲幣, 賞賜, 食例, 公役

몇 가지 연행록은 일기와 항목별 기술의 두 부분을 합쳐 구성하고 있으나, 본서는 이 항목별 기술의 부분을 독립시킨 것이다. 따라서 일기부분이 존재할 가능성도 있지만, 그것은 알 수 없다.

그럼 본서는 몇 연도의 연행 때에 쓰여 진 것일까? 결론부터 말하면 순조 3년(가경 8년, 1803)부터 순조 19년(가경 24년, 1819) 사이의 동지행冬至行 때의 기록으로 추정된다.

동지사행으로 추정하는 것은 「도리道里」에서 난니보爛泥堡에 대해 적은 부분에,

當春氷解之時, 泥濘如海. 余亦經此患焉.

이라고 스스로의 체험을 적고 있다. 이런 종류의 기사는 동지사가 귀국할 때에 보인다는 점, 또 「세폐歲幣」의 항목에 "萬寿聖節進賀御前禮物, 冬至令節進賀御前禮物, 正朝令節進賀御前禮物"이 적혀 있는 것에서 이 사행이 이른바 3절연공사三節年貢使, 일명 동지사冬至使임은 분명하다.

정확하게 몇 연도의 동지사인지는 명확하지 않다. 다만 순조 3년 이후의 것임은 분명하다. 왜냐하면 「호번胡藩」의 항목에서,

農耐國, 安南之附庸也. 其君長阮福暎攻滅安南, 上表請錫封, 願以南越名國. 部臣議駁, 以越字冠于上, 封爲越南王. 是癸亥(嘉慶八年)皇曆賷咨官手本中所錄也.

라고 하였기 때문이다. "癸亥皇曆賷咨官"이 만약 계해癸亥(가경 8년) 9월 19

일에 서울을 출발한 사절을 가리킨다면, 찬자가 참여한 동지사는 다음 해의 것일 수도 있다. 그러면 늦어도 가경제가 사망한 순조 20년 (가경 25년) 7월 이전의 것, 즉 전년인 순조 19년 이전의 것이라고 생각하는 것이 타당할 것이다. 이렇게 말하는 것은 도광제가 전혀 나오지 않기 때문은 아니다. 「성궐城闕」에서,

> 乾淸之東有奉先殿, 而其兩間有毓慶宮, 卽嘉慶帝潛邸也.
> 靈壽宮在奉先之後. 乾隆傳位後, 時時所御.

라 적고 있고, 이러한 기사가 가경연간에 쓰였음을 추측할 수 있기 때문이다.

중국인의 이름으로는 「풍속風俗」에 진희증陳希曾이 등장한다. 그러나 문제가 되는 『계정록薊程錄』의 연대확정에 결정적 실마리는 되지 않는다.

내용은 다른 연행록에서는 거의 볼 수 없는 기사가 산견된다. 예를 들어 청대에는 부府의 경계나 현縣의 경계에 거기가 경계임을 나타내는 '교계패交界牌' 즉 도로표지가 서 있었다는 사실을 저자는 '도리道里'의 기록을 통해서 처음 알았다.

> 自寧遠始有交界牌, 架木爲牌門, 以木板加簷, 而或二門或三門焉. 書其扁曰某縣某站.

또한 「언어言語」에서는 만주어를 한글로 다음과 같이 표기하고 있다.

> 嘗於鴻臚演儀及元正朝見聞, 臚唱之聲亦能淸遠, 響振殿庭, 而蓋唱進曰이버라,
> 跪曰냐쿠라, 叩頭曰허귀러, 退曰버드러, 淸譯輩粗解矣.

이전의 연행록을 참고한 부분도 많지만, 찬자 자신의 견문에 의거한 진귀한 기사도 많다.

16. 『계정산고薊程散考』1권
金學民撰 天理圖書館藏(今西文庫)

□ 텍스트

초본 1책. 인장으로는 '今西龍'·'今西春秋圖書'·'今西春秋圖書'·'天理圖書館藏'·'今西文庫' 도장 외에 '稚叙'·'金學民章' 도장이 있다. 치서稚叙는 뒤에 보이는 대로 김학민의 자이며, 따라서 자장본自藏本이라고 생각된다. 인장의 판독은 후지모토 유키오藤本幸夫 씨의 협력을 얻었다. 권두 첫째 장 첫째 행에『계정산고薊程散考』라는 제목이 있고, 이런 종류의 연행록에서는 드물게 '江陵金學民著'라고 찬자명을 명기하고 있다.

□ 찬자약력

권두에 '江陵金學民著'라고 있어 강릉사람임을 알 수 있다. 본서에서 김학민이 어떠한 인물이었는가는 파악하기 어렵다. 다만 같은 연행 때의 기록인 서유소徐有素 찬의 『연행잡록燕行雜錄』 내편內篇 제1편, 삼사三使 이하 도강인원에,

　　金學民(字稚瑞, 副使從姪).

이라고 보인다.[16] 이 때의 부사는 김계온金啓溫으로 자는 옥여玉如, 호

---

16)『한국고서종합목록』1160쪽에, 金魯敬編,『燕行雜錄』寫本(自筆) 十六冊, 國立中央圖書館藏

는 오헌寤軒. 영조 49년(건륭 38년, 1773)에 태어나 정조 무오과戊午科(정조 22년, 가경 3년, 1798)에 급제하였다. 김학민은 부사군관副使軍官이라고 하는 직함으로 연행했다. 마찬가지로 김계온의 종질 김학증金學曾도 같은 부사군관이라고 하는 직함을 가지고 연행했다.

김학민의 일은 역시 『연행잡록燕行雜錄』 내편 일기日記, 순조 22년 11월 20일조에,

> 副房軍官金學曾字稚三, 金學民字稚叔, 皆爲副使堂姪, 李泰緒字汝林, 爲副使戚從姪. 人品皆佳而且詩.

라고 나온다.

□ 여정

순조 22년(도광 2년) 10월 20일 서울 출발
　11월 25일 도강
　12월 24일 북경 도착
순조 23년(도광 3년) 2월 4일 북경 출발
　3월 3일 도강
　3월 17일 서울 도착

이라고 되어 있지만, 내용을 보면 金魯敬 編 혹은 金魯敬 撰일 수 없다. 임기중, 『연행록연구』, 45쪽에서 역시 金魯敬, 『燕行錄』 十六冊이라고 한 것도, 만일 이 국립중앙도서관 소장본이라면 잘못이다. 그런데 『연행록전집』 제79책~제83책에 徐有素, 『燕行錄』 十六冊을 수록하고 있다. 이것을 국립중앙도서관 소장본인 『燕行雜錄』과 대비하면, 양자는 동일한 鈔本임이 판명된다. 같은 서적을 두 명의 다른 찬자의 것이라고 한 것이고, 게다가 『전집』에서는 김노경 『연행록』을 미수집본 37종의 하나로서 들고 있어 도무지 이해할 수 없다고 밖에 할 수 없다. 한편 최강현, 『한국기행문학연구』, 352쪽에서 徐有素撰, 十六冊이라고 하였다. 아무래도 이것이 옳으므로 여기에서는 書狀官인 徐有素撰으로 한다.

□ 내용

　이 연행사는 동지사이며, 정사는 김노경金魯敬이었다. 이 여행단에는 그의 아들 김명희金命喜와 지인인 김선신金善臣이 참가하고 있고, 김학민金學民과 시를 증답贈答한 것도 볼 수 있다.

　일기를 주로 하고 있고 종종 시詩가 섞여 있다. 다만 일기는 범용한 관찰이 많아 상세함에서는 『연행잡록』 일기에 미치지 못하고 시도 특히 인상에 남는 것은 없지만, 『연행잡록』을 보충하는 사료로서는 사용할 수 있다. 또한 여행 때에 숙박한 민간인의 성명 혹은 성姓만은 착실하고 꼼꼼하게 적고 있다. 양자를 비교하면 조선국내의 여정에서 며칠간 차이가 난다. 어쩌면 부사일행이 선행하고, 삼사三使서장관일행이 뒤따라갔기 때문일 것이다.

　권말에 「치군요결治郡要訣」 9장을 싣고 있다. 이것은 조선에서 지방관으로서 가져야 할 마음가짐을 기록한 관잠서官箴書이다. 이러한 것을 부록으로 싣고 있는 것도 보기 드문 점이다.

17. 『수사일록隨槎日錄』 1권
　　撰者未詳 東北大學附屬圖書館藏

□ 텍스트

　초본 1책. 동치 3년 갑자甲子(고종 원년, 1864) 3월의 날짜를 가진 찬자의 아들이 쓴 발문跋文에 의하면, 찬자는 을미乙未(헌종 원년, 도광 15년, 1835)에 45세로 사망했다. 유고遺稿로서 시문 수백 편과 이 수사록隨槎錄을 얻었고 동치 3년에 정서했다고 한다. 즉 본서는 찬자의 아들이 원본을 바탕으로 베껴 쓴 것이지만, 원본의 존재는 확인할 수 없다. 본문의 마지막에,

燕行雜絕百首及與諸中朝士往復詩札, 以編重故別載於詩文集中焉.

이라고 한 것은 찬자의 아들이 쓴 것임에 틀림없고, 분명히 본서에는 연행 때에 지은 시문의 종류는 수록하고 있지 않다.

이만포李晚圃[晚圃는 회]가 병술丙戌(순조 26년, 도광 6년, 1826) 9월에 쓴 「수사록서隨槎錄序」가 첨부되어 있다. 이 때의 연행사는 순조 26년 3월에 귀국하였기 때문에 찬자는 귀국의 열기가 아직 식지 않은 상태에서 일기를 정리했다고 생각된다.

□ 찬자약력

찬자는 미상이다. 다만 [텍스트] 항목에서 서술한 찬자의 아들이 쓴 발문에 의하면, 헌종 원년(도광 15년, 1835)에 45세로 사망했다고 하기 때문에 찬자는 정조 15년(건륭 56년, 1791)생이다.

발문에 의하면 찬자의 집은 은진恩津에 있고 궁핍했다. 평양의 거유巨儒 김정중金正中[一翁, 自在庵]과 서울의 과거시험장에서 만났던 것을 인연으로 평양에 있는 김정중의 가숙家塾에서 가르친 것 같다. 여기에서 관찰사로 부임해 온 이상서李尙書의 지우知遇를 얻었다. 이상서는 임종에 즈음하여 동생 이만포李晚圃에게 의탁했다고 한다. 찬자는 이만포의 비서와 같은 일을 하고 있던 것 같다. 이만포가 연행할 때에 역시 수행하였다. 이만포의 「수사록서隨槎錄序」에도 찬자가 동행한

일을 서술하고 있다. 또 이 「수사록서」에 의해 찬자의 호가 기천杞泉이었음을 알 수 있다.

그러면 이만포는 누구일까? 순조 25년(도광 5년, 1825) 동지사의 정사는 이면승李勉昇, 부사는 이석호李錫祜, 서장관은 박종학朴宗學이었기 때문에 이면승 아니면 이석호임이 틀림없다. 본서에서 자주 '사야使爺'라고 나오는 것이 찬자가 수행한 주인임은 틀림없고, 또한 자주 "使爺與副三房云云"이라고 표현하고 있기 때문에 '사야'란 정사인 이면승이 틀림없다. 이만포는 이면승이다. 다만 이면승에게는 문집이 없고, 따라서 찬자를 특정하기 어렵다.

찬자는 과거에 합격하지 못하였고, 본문 중 중국인과의 필담에서도 "以布衣從事, 原無官職"이라고 한 것처럼 수행했을 당시에 관위에 있지 않았다. 그의 아들이 쓴 발문으로 보아도 죽을 때까지 과거에 합격하지 않고 관위에 오른 적은 없었다.

□ 여정

일기는 갈 때에 도강한 날로부터 시작하여 돌아올 때에 도강한 날로 끝나고 있다. 『동문휘고同文彙考』를 참고로 하여 서울을 출발한 날짜와 도착한 날짜를 보충하면 다음과 같다.

순조 25년(도광 5년) (10월 26일 서울 출발)
　　11월 26일 도강
　　12월 24일 북경 도착
순조 26년(도광 6년) 2월 2일 북경 출발
　　3월 3일 도강

(3월 22일 서울 도착)

일행의 인원은 '수백여 인'이라고 밖에 적혀 있지 않다.(3월 3일)

□ 내용

본서는 찬자명을 기록하지 않았을 뿐만 아니라 연행한 연도도 명기하고 있지 않다. "乙酉十一月二十六日己酉, 晴. 自義州渡江, 云云"이라고 쓰기 시작할 뿐이다. 그러나 이 을유乙酉가 순조 25년(도광 5년, 1825)인 것은 내용으로 보아 의심의 여지가 없다. 본서는 이 해의 동지사 정사 이면승李勉昇의 종자從子가 쓴 연행록이다.

찬자와 함께 수행한 인물로서 현대玄對와 우촌雨村[雨邨]이라고 하는 두 이름이 자주 등장한다. 유감스럽지만 현재로서는 그들의 본명을 분명하게 알 수 없다. 찬자는 중국어 회화를 할 수 없어 중국인과의 교류는 오로지 필담에 의지했지만, 현대와 우촌은 출발 전부터 중국여행에 대비해 중국어 회화연습을 하고 있었던 것 같다. 처음 연행이었음에도 불구하고,

入柵數日, 雨邨·玄對頗學漢語. 招來主人, 故作答問, 茶飯數句語, 酬酢如流. 主人怪問, 公子此行凡幾塘云云(番曰塘).

이라고 입책入柵 직후의 정황에 대해 기록하였고(11월 29일), 또 4일 후에는,

玄對·雨村舌根柔輭, 聞輒傳誦, 誦輒不訛. 舌譯家皆服其聰敏.

이라고 하여 통역관도 놀랄 정도의 능력을 가지고 있었다.(3월 3일)

이 일기에는 이국異國 북경에서 중국인과 교제하고 각지를 관광하는 기쁨이 넘치고 있다. 찬자의 숨결이 들리는 듯하다. 불우한 만큼 해방감이 컸던 것일까. 그와 일행이 교류했던 중국인으로서 조강曹江·오사권吳思權·주달周達·설잉薛仍·이덕우李德隅·방모方某擧시 등이 등장한다. 여기에서는 옥하관 즉 북경을 출발하기 이틀 전인 1월 30일, 찬자가 화포畵舖에서 만났던 거인 이덕우李德隅에게 보낸 시의 일부를 전재한다.

我生東海表, 藐然若礧空, 心眼不自廣, 文字詎能工, 猶有遠遊志, 足迹徧西東, 譬如處井蛙, 跳躑樂在中, 一渡鴨綠江, 弊貂臨北風, 壯觀亦有因, 從我晚圃公, 愧乏書記才, 翩翩若赴戎, 秦城萬里遠, 遼野一望空, 上觀天子都, 包海以爲雄

18. 『유연고游燕藁』 3권
洪錫謨撰 京都大學文學部圖書館藏

□ 텍스트

초본 3책. 표제는 제1책 권두에서는 '游藁上'이라고 하였지만, 제2책 권두에서 '游燕藁中', 제3책에서 '游燕藁下'라고 하였다. 봉면에는 제자題字가 없다.

『한국고서종합목록』 1204쪽에 의하면 한국 국립중앙도서관에도 홍석모洪錫謨 찬의 『유연고游燕藁』 3책이 수장되어 있음을 알 수 있지만 아직 열람하지 못하였다. 따라서 쿄토대학 문학부도서관본과의 우열優劣·이동異同은 판단할 수 없다. 쿄토대학 문학부도서관본은 명치明治 42년(1909) 12월 20일의 접수인이 있고 벌레먹은 정도가 심하다.

□ 찬자약력

홍석모는 정조 5년(건륭 46년, 1781)~? 본서 권2「봉증조옥수중서강奉贈曹玉水中書江」의 자주自注에서, 홍석모 스스로 신축년(1781)생이라고 하였다.(정월 24일)

홍석모의 조부는 유명한 홍양호洪良浩이며, 그도 정조 6년과 정조 18년(건륭 59년, 1794)에 동지사로서 입연入燕하였고, 연행록도 그 문집『이계집耳溪集』권6에「연운기행燕雲紀行」, 권7에「연운속영燕雲續詠」이라고 하여 수록되어 있다. 기윤紀昀은『이계집耳溪集』에 서를 써줄 정도로 교제가 깊고, 홍양호는 귀국 후에도 계속해서 기윤과 서간을 주고받았다. 그는 기윤과 주고받은 서간을 편찬하여『두남신교집斗南神交集』이라고 이름을 붙였다고 한다.(정월 13일) 홍양호의 아들 홍희준洪羲俊은 아버지를 따라 연행하였다. 그리고 홍희준이 순조 26년(도광 6년, 1826)에 동지사 정사가 되어 연행할 때에는 그의 아들 홍석모洪錫謨가 수행하였던 것이다. 이 일은 서울을 출발하는 날에 기록하고 있다.

홍석모는『국조방목國朝榜目』에서 그 이름을 찾을 수 없는 것으로 보아 문과에 급제하지 않은 것 같다. 본서는 그가 46~47세일 때에 연행한 기록이지만, 그는 어떠한 관직도 가지고 있었던 것 같지 않다.

그의 문집으로서『도애집陶厓集』불분권不分卷 8책이 있고 그 원고본原稿本은 장서각藏書閣에 수장되어 있다. 그밖에『황간군읍지黃澗郡邑誌』등의 저술이 있다는 사실이 각종 서목에 보인다.

□ 여정

　순조 26년(도광 6년) 10월 27일 서울 출발
　　11월 27일 도강
　　12월 26일 북경 도착
　순조 27년(도광 7년) 2월 4일 북경 출발
　　3월 4일 도강
　　(3월 21일 서울 도착 『동문휘고』)

□ 내용

　홍석모가 동지사 정사인 아버지를 따라 순조 26년(도광 6년, 1826)에 연행했을 때의 기록이다. 덧붙이면 부사는 신재식申在植, 서장관은 정예용鄭禮容이었다.

　체재는 매일 써 둔 시詩를 중심으로 시제詩題와 시 그 자체에 상세한 자주自注를 붙이고 있다. 역사사료로서는 이 자주가 중요하다.

　가는 도중의 관찰, 북경에서의 관광 모두 특색있다고 할 만한 것은 보이지 않는다. 단지 많은 청조문인과 사귀고 있는 것이 홍석모 및 이 연행록의 특징이다. 조부 홍양호와 기윤의 교제가 있었다는 것은 이미 서술한 바이지만, 그 인연으로 인해 기윤의 손자인 기수유紀樹蕤의 집을 방문하고 있다.(정월 13일) 기수유는 기윤의 5번째 손자로 생원, 선무문외宣武門外 호방교虎坊橋 동쪽의 고택에 살고 있었다고 한다. 이 땅은 현재 진양반장晉陽飯莊이 있는 땅인 것 같다. 이밖에 그가 사귄 청인淸人으로서 조강曹江·대가회戴嘉會·장상하張祥河·서송徐松·육계로陸繼輅·웅앙벽熊昻碧·장추음蔣秋吟(본명은 모른다)·진연은陳延恩·진부은陳孚

恩·장월蔣鉞·유민劉玟·가한賈漢·장심張深 등의 이름이 나온다.

19. 『수사일록隨槎日錄』 불분권不分卷
撰者未詳 天理圖書館藏(今西文庫)

□ 텍스트

초본 존1책存一冊. 인장으로는 '今西龍'·'天理圖書館藏'이 있을 뿐이다.

내용은 서울을 출발한 순조 29년(도광 9년, 1829) 10월 27일부터 북경 체재 중인 동년 12월 30일까지이고, 가장 중요한 북경체재의 중심부분과 귀국의 부분이 빠져 있다. 이것은 본서가 본래 2책 혹은 3책으로 이루어져 있었다는 사실을 말해 주는 것이다.

또한 임기중 편의 『연행록전집』 제59책은 홍경해洪景海 찬의 『수사일록隨槎日錄』을 수록하고 있다. 혹시 본서의 찬자를 추정할 수 있는 실마리가 되지 않을까 생각하여 살펴보았는데 이 책의 '연행연대'를 편자는 영조 23년(건륭 12년, 1747)이라고 하였다. 하지만 이것은 연행사가 아니라 일본에 간 통신사의 기록이다. 물론 본서와는 내용이 전혀 다르다.

□ 찬자약력

찬자는 현재로서는 전혀 모른다. 가는 도중 도강 때 지은 시에서

誰知碌碌老書生, 遽作戎裝出塞行.

이라고 읊고 있는 것으로 보아(11월 25일) 나이가 상당히 많고 관위가

없는 인물이 찬자였을 것으로 생각된다.

시 중에는 유하游荷라고 하는 인물에게 주거나 혹은 창화한 것이 많다. 유하행대游荷行臺라고 적은 부분을 보면, 유하는 서장관이었던 조병귀趙秉龜의 호라고 생각된다. 찬자는 아마도 이 서장관의 수행원으로서 연행했을 것이다.

덧붙여 같이 동행한 조수삼趙秀三이라고 하는 인물에 대해서 "趙芝園秀三随書狀行, 今年爲六十八, 而七赴燕京, 文詞氣力老健可喜"라고 적고 있고, 또 "陽齋姜子鍾在應亦随書狀行, 文士也"라고 적고 있다.(11월 18일) 조지원趙芝園의 이름은 본 해제 12 『연행시燕行詩(薊程詩稿)』에도 등장하고 있고, 그의 7회의 연행 중 1회가 순조 3년(가경 8년, 1803) 때의 것이었음은 의심할 여지가 없다. 그들이 함께 서장관의 수행원이었던 것으로 보아 찬자도 서장관의 수행원이었음을 짐작할 수 있다. 다만 찬자에게는 「일견중원유숙원一見中原猶宿願」이라는 그 시에 말하듯이(10월 28일), 이번 연행이 첫번째였던 것 같다.

□ 여정

이미 서술했듯이 본서는 북경도착까지만 남아 있다.

순조 29년(도광 6년) 10월 27일 서울 출발
    11월 26일 도강
    12월 26일 북경 도착

□ 내용

동지사 일행의 기록으로, 매일의 일기가 중심이고 때때로 시가가 섞여 있다. 다른 것에서는 볼 수 없는 기술을 종종 볼 수 있다. 또 강시영姜時永의 『유헌속록輶軒續錄』(『연행록전집』 제73책 수록)은 순조 29년의 동지사보다 3일 후인 11월 1일에 이어서 서울을 출발한 진하 겸 사은사進賀兼謝恩使의 서장관 강시영姜時永이 쓴 것이다. 두 연행사는 북경에서 함께 옥하남관玉河南館에서 머물렀다.

20. 『연사수첩燕槎酬帖』 불분권
曹鳳振等撰 天理圖書館藏(今西文庫)

□ 텍스트

초본 2책. 만오晩悟·신암愼菴·헌수憲秀 세 명이 연행했을 때에 서로 응수應酬하며 주고받은 시를 이마도 귀국 후에 정리한 것이다. 예를 들어 권두에는 '鴨江餞席共賦'라는 제목이 있고, 다음에 위의 세 명이 지은 같은 '천千'자로 끝나는 칠언절구가 나열되어 있다. 문자 위에 직접 고쳐 쓴 개수改修한 부분이 많다. 누가 이 정리를 담당하였는지 확정적인 근거는 없지만, 만오晩悟 즉 박래겸朴來謙일 가능성이 가장 높다고 생각한다. 인장으로는 '今西龍'·'天理圖書館藏'이라는 도장이 있을 뿐이다.

□ 찬자약력

이 『연사수첩燕槎酬帖』에는 이것이 몇 연도 연행 때의 것인지, 그리고 만오·신암·헌수의 본명이 무엇인지 전혀 적혀 있지 있다. 내용으로 보아 이 연행이 통상과 같은 동지사임은 명확하다. 정월 원단에 태화전에서 거행되는 원조에 대해 기록하고 있는 것도 이 때문이다.

결론을 먼저 말하면 『연사수첩』이 만들어진 연행은 순조 33년(도광 13년, 1833), 사은 겸 동지사로 갔을 때의 것이며, 정사는 조봉진曺鳳振, 부사는 박래겸朴來謙, 서장관은 이재학李在鶴이었다.

결정적인 근거는 다음과 같은 여러가지 점을 들 수 있다. 우선 중국인인 엽지선葉志詵의 자택을 방문하고서 지은 시가 있다.

「葉東卿(志詵)宅後子午泉, 烹茶味香, 要余一詩」

엽지선은 건륭 말년부터 도광연간에 조선지식인과 넓게 교제했던 인물이다.

두번째로 「회도만상, 정사은삼개[사回到灣上, 呈謝恩三价使]」라는 제목의 시가 있다. 이 시는 돌아오는 길에 막 의주에 이르렀을 때, 이제부터 사은사로서 북경을 향해 가려고 하는 연행삼사燕行三使에게 준 것인데, 상사上使 홍경수洪景修, 부사 이경복李景服, 행대行臺(서장관) 김구여金九汝라는 인명이 기록되어 있다. 이 중 김구여의 본명은 김정집金鼎集이고, 구여九汝는 그의 자임을 『조선인명사서朝鮮人名辭書』를 통해 알 수 있다. 김정집이 서장관으로서 연행한 연도를 『동문휘고』에서 조사해 보면, 순조 34년(도광 14년)의 진하 겸 사은사임이 틀림없다. 정사는 홍경모洪敬謨, 부사는 이광정李光正이며, 이광정의 자는 경복景服이므로 이것도 확증이 된다. 이 연행은 그 전 해의 것임에 틀림없다.

또 「연예홍려시, 견면전국사演禮鴻臚寺, 見緬甸國使」라는 제목의 시가 있는데, 이 때의 연행사는 홍려시에서 면전국緬甸國으로부터 온 사절과 조우하고 있다. 『청실록』 도광 13년 12월 을축조에는, 조선사신인 조봉진 등 세 명과 면전국 사신 네 명이 오문午門 밖에서 도광제를 알현했다는 기사가 있어 확실히 면전으로부터 사신이 입조하였음을 알 수 있다.『연사수첩』이 이 해의 것이라는 점은 의심의 여지가 없다.

그러면 만오·신암·헌수는 도대체 누구인가? 이 때의 연행사 정사는 조봉진, 부사는 박래겸, 서장관은 이재학이었다. 이 중 조봉진의 자는 의경儀卿, 호는 신암이었으므로 우선 신암이 조봉진임은 틀림이 없다. 또 만오라고 하는 인물은「입심양入瀋陽」이라는 제목의 시에서 "再到瀋陽界" "萬泉瀋使時寓萬泉寺如有待"라고 노래하고, 다시 "오재우천애五載又天涯"라고 읊으며 끝내고 있다. 만오는 이 해로부터 4년 전에 심행사瀋行使로서 심양에 왔던 인물이었다.『동문휘고』에 의하면, 순조 33년(도광 13년)의 4년 전인 순조 29년에는 문안심행사問安瀋行使가 있을 뿐이다. 이 심행사는 정사가 이상황李相璜, 서장관이 박래겸朴來謙이었다. 그렇다면 만오는 도광 9년 심행사의 서장관이며, 또 도광 13년 연행사의 부사였던 박래겸일 개연성이 매우 높다.

박래겸에게는 도광 9년의 심행기록인『심사일기瀋槎日記』가 있다.
[본해제, 범례1의 ⑴⑷ 수록]

□ 여정

본서는 수첩酬帖이기 때문에 여정은 적지 않았다.『동문휘고同文彙考』에 기록이 있다.

순조 33년(도광 13년) 10월 17일 서울 출발
순조 34년(도광 14년) 3월 18일 서울 도착

□ 내용

내용은 이미 [텍스트] 등에서 서술하였다. 도강 즉 가는 길에 압록강을 건너 야숙했을 때부터 수시酬詩가 시작되어, 놀아오는 길에 의주에 이르렀을 때에 끝난다.

21. 『옥하일기玉河日記』 불분권
    不分卷 金賢根撰 京都大學文學部圖書館藏

□ 텍스트

초본 3책. 인장은 '京都帝國大學圖書之印'이라는 명치明治 43년(1910)의 접수인이 있을 뿐이다. 다른 본이 현존하는지는 확인할 수 없다. 여기저기에 써넣거나 삭제한 흔적이 있어 찬자 자신의 고본稿本임이 분명하다. 벌레먹은 정도가 심하여 판독할 수 없는 부분이 있다.

□ 찬자약력

김현근金賢根은 명온공주明溫公主의 부마이며 동녕위東寧尉였다. 아버지는 신천군주信川郡主였던 김학순金學淳. 이 때 연행의 주된 목적은 순조純祖가 사망하고 헌종憲宗이 즉위하여 3년상이 끝나 왕비의 책립을 주청하는 것이었다. 이러한 특별한 연행 때에는 종실관계자가 정사가 된다. 김현근이 정사가 된 것은 그가 국왕의 부마였기 때문이다. 또한 부사는 호조참판으로 이 때 예조판서의 직함이 더해진 조병현趙秉鉉이었다. 또 김현근 스스로 김상헌金尙憲의 자손이라고 말하고 있어(5월 21일), 명족名族 안동김씨의 일원임을 알 수 있다.

□ 여정

>   헌종 3년(도광 17년) 4월 20일 서울 출발
>   5월 13일 도강
>   6월 13일 북경 도착
>   7월 6일 북경 출발
>   7월 27일 책문 도착
>   (8월 15일 서울 도착)

일행의 인원수는 분명하지 않지만, 7월 2일에 하사금품을 받으러 오문午門 밖으로 갔을 때의 기록에서, 주객사主客司의 이문移文에는 하사품이 상여된 삼사三使 이하 대통관大通官·압물관押物官·늑상종인得賞從人·무상종인無賞從人 등 합계 208명이었다고 한다.

□ 내용

헌종 3년(도광 17년, 1837) 연행 때의 기록이다. 서울 출발로부터 돌아오는 길에 중국 측 국경도시인 책문에 도착했을 때까지를 기록하고 있다. 통상적인 연행록과 달리 여름의 연행기록이기 때문에 요녕성 심양의 남쪽, 혼하渾河 하류의 난니보爛泥堡 부근에서「이녕여해泥濘如海」와 같은 상황을 만나 어려움을 겪는 모습을 기록하고 있다. 공물貢物과 건량乾糧을 운반하는 수레가 지연되어 북경에 늦게 도착했던 것도 요양遼陽·심양 이서에서 연일의 큰비를 만났기 때문이고, 짐수레가 도착한 날은 6월 27일이었다. 김현근의 관찰이 있다.

蓋大車之行, 本自重遲, 而馬頭輩陰締幹車的, 添載私貨, 故發最後, 而行亦滯, 其奸弊已久, 阻雨者托辭也.

마두馬頭란 조선으로부터 수행한 말잡이, 간차적幹車的은 간차적干車的이라고도 쓰는데, 중국 측의 차부車夫이다. 북경에서의 더위도 참기 어려워 이렇게 적고 있다.(6월 29일)

及到京, 癉熱尤劇, 單衫露坐, 汗不禁流.

공물을 실은 마차가 지연된 부분에서 적었던 것처럼, 그의 관찰과 서술은 모두 상세하다. 부방비장副房裨將인 박사호朴思浩가 일행으로 참가하고 있었던 것에 대해 기록한 부분이 있어 중요하다.(7월 5일) 박사호에게는 이미 유명한 연행록『심전고心田稿』[『燕薊紀程』・『留館雜錄』・『應求漫錄』]이 있다.[본 해제, 범례1의(1)(2)(4) 수록] 무엇보다 『심전고』는 도광 8년의 여행기이다. 박사호는 비장裨將이고 신분은 낮았지만, 그와 교우를 가진 중국인 홍영손洪齡孫이 박사호를 대한 태도를,

甚慇懃屬情如是. 中原人之愛好人倫, 殊可欽也.

라고 적고 있고, 부사가 주염계周濂溪의 후손이라고 하는 23세의 주순周循과 면회했을 때에도,

大抵中國人士之待我者, 其所禮貌之愛好之形於辭色, 而我人乃反驕傲粗疎, 自露其醜, 不獨文辭而已.

라고 적고 있다. 여기에서 보이는 것처럼 김현근의 관찰과 비판은 중화의 예禮는 동국東國 조선朝鮮에만 남아 있다고 하는 공허한 관념

론에 근거한 것은 아니다. 반만反滿감정이 원래부터 전혀 없는 것은 아니지만 눈에 띄지는 않는다.

김현근 자신은 중국지식인과 교제하고 있지 않지만 당시 조선지식인과 중국지식인과의 교제가 얼마나 빈번하고 밀접한 것이었는지를 적고 있는 것이다.

22. 『연계기략燕薊紀畧』 4권(缺卷二)
趙鳳夏撰 京都大學附屬圖書館藏(河合文庫)

□ 텍스트

한 질에 3책이 들어가 있고 쿄토대학京都大學에 들어온 시점(大正 8년, 1919년의 접수인이 있다)에 이미 1책이 빠져 있었다고 생각된다. 임기중 편 『연행록전집』(제98책)에 『연계기략燕薊紀畧』을 수록하고, 연대·찬자 모두 미상으로 하고 있어 혹시 조봉하趙鳳夏의 이 연행록의 결권缺卷 부분이 아닐까 생각해 조사해 본바, 이것은 고종 13년(광서 2년, 1876) 사은 겸 세폐행歲幣行 때의 기록이며, 찬자는 부사인 이용학李容學임이 분명하다. 조봉하趙鳳夏의 것과는 관계없다. 현재로서는 다른 본이 현존하는지를 확인할 수 없다.

□ 찬자

조봉하는 인명사전류에는 나오지 않는다. 장서목록에 의거하는 한, 다른 저작의 현존을 확인할 수 없다. 그러나 본문 중에 "헌종 3년(도광 17년, 1837)에 주청부사奏請副使로서 부연했다"라고 적고 있어(10월 28

일), 그의 아버지가 조병현趙秉鉉임은 의심할 여지가 없다. 조병현은 풍양豊壤사람으로 이조판서 조득영趙得永의 아들이다. 헌종13년(도광 27년, 1847)에 거제巨濟에 적류謫流되었고 이듬 해 자살하도록 명령을 받았다.[『國朝人物志』] 조부를 '문충공文忠公'이라 부르고, 조병현의 아버지 조득영의 시호가 문충공文忠公이기 때문에 조득영의 손자라는 것은 더욱 의심할 여지가 없다. 『조선왕조실록』 헌종 6년 10월 신사辛巳에의하면, 조봉하는 규장각 대교奎章閣待敎였다.

□ 여정

　헌종 8년(도광 22년) 10월 19일 서울 출발
　　11월 22일 도강
　　12월 20일 북경 도착
　헌종 9년(도광 23년) 2월 6일 북경 출발
　　3월 11일 도강
　　3월 29일 서울 도착

「입책보단入冊報單」 권4에 사람 267인, 말 161필, 짐 1,250포라고 하고, 「사행도경자使行到京咨」에도 합계 267인이라고 하였다.

□ 내용

　보통의 동지사이며 여정 등에 특별한 부분은 볼 수 없다. 다만 이 일행이 부연赴燕한 도광 22년(1842)은 아편전쟁이 발발하고 2년이 지난, 남경조약이 체결된 해이다. 아편전쟁이 간신히 종식되었다는 것은 이 해 11월 28일 가는 길에 북경에서 귀국하던 황력재자관皇曆齎咨

官으로부터 "嘆咄唎近幸講和"라는 말을 듣고, "意外得此信"이라고 적고 있다. 또 권4「문견별단聞見別單」에는 다음과 같이 기록하고 있다.

> 大抵近來滿漢文武大官益不相能, 而漢人之投入於英咭者無數, 戰鬪之時, 陰護漢人. 故皇帝轉生疑慮東南大官, 專任滿人, 則乘時貪賂, 見賊逃避, 猶或逭罪. 漢人雖殫誠效力, 爲滿人所節制, 不能盡意防禦, 輒未免於禍敗. 且漢人之老成有聲望者, 居多黜免… 漢大臣王鼎治河而歸. 引見時, 條陳咉難守禦之得失, 因請用漢人, 語多不諱, 退搆遺疏, 極言時事, 卽夜呑金而歿. 其子沉遂畏約, 不敢呈其疏, 至今年皇帝仍不補缺, 是白齊.

반드시 청조 측의 패배로 파악된 것은 아니라는 사실과 함께 만한滿漢의 대비가 특별하게 강조되고 있는 점이 흥미로우며, 서술은 상세하고 생기가 넘친다. 명明의 칙사를 천사天使라고 칭하고 한 글자 위를 결자缺字로 하였다. 김창업의 『노가재연행일기』와 박지원의 『열하일기』, 『시강원일기侍講院日記』・『심관일기瀋館日記』・『유헌일기輶軒日記』・『일하구문日下舊聞』 등을 아무렇지 않게 인용한다. 제4권에 관련문서를 기록하였을 뿐 아니라 권3에 기록한 잡록雜錄은 중국[북경]의 풍속을 아는 데 대단히 유용하다.

조봉하趙鳳夏는 조금이나마 중국어 회화를 할 수 있어 한음漢音을 듣고 구별할 수 있던 것 같다. "余問做甚麽業, 則答以父子兄弟皆做商業"(12월 6일) 등이라고 한 부분과 종종 한음을 한글로 표기한 부분을 통해 알 수 있다. 예를 들어 "石山站시싼잔與十三山시싼산同音" 등이 그것이다.(12월 7일) 권3의 잡록雜錄에 한글표기가 특히 많이 보이는데, 예를 들어「언어言語」의 항목에서 "東人之不曉漢語者, 輒以不懂(漢音부둥, 蓋謂不

通)答之, 則彼必相看笑曰, 爾們的話頭, 吾們的不懂, 吾們的話頭, 爾們的不懂云矣"라고 하였다. 그가 한음漢音을 한글로 표기한 것에는 방언[口音]이기 때문인지, 혹은 시대에 따라 변화한 것인지 모르겠지만, 현재의 '보통화'와 일치하지 않는 것이 있다.

23. 『연행록燕行錄』 불분권
朴永元撰 天理圖書館藏(今西文庫)

□ 텍스트

초본 3책. 내제內題에서는 『연행록』, 외제外題에서는 『연행일록』이라고 한다. 현재로서는 텐리도서관본天理圖書館本 이외의 것이 현존하는지를 확인할 수 없다.

구주력具注曆 및 『주례周禮』간본刊本의 폐지[이면지]에 해서楷書·행서行書·초서草書 3체를 섞어서 베껴 쓰고 있다. 전권 3백 장을 훨씬 넘고 있어 연행록 중에는 비교적 분량이 많은 것이다.

□ 찬자

찬자명은 명기되어 있지 않지만, 이 부연이 헌종 12년(도광 26년, 1846) 진하 겸 사은사로서 간 것이고, 그 정사가 찬자이므로 박영원朴永元의 것임은 분명하다. 덧붙이면 부사는 조형복趙亨復, 서장관은 심희순沈熙淳이었다.

박영원은 정조 15년(건륭 56년, 1791)~철종 5년(함풍 4년, 1854) 때 사람으로 자는 성기聖氣, 호는 오서梧墅, 본은 고령高靈이다. 순조 13년 사마司馬[小科]

에 합격하고, 순조 16년(가경 21년, 1816)에 전시병과殿試丙科에 합격했다.

예조판서였을 때 판중추判中樞의 직함을 띠고서 부연赴燕하고 있다. 당시 56세였다. 우의정·좌의정도 역임하고 64세에 사망하였다. 시호는 문익文翼. 문집으로 『오야유고梧野遺稿』 16책 초본이 있고, 이화여자대학교에서 소장하고 있다.

☐ 여정

헌종 12년(도광 26년) 3월 12일 서울 출발
    4월 3일 도강
    5월 2일 북경 도착
    5월 28일 북경 출발
    6월 8일 도강
    6월 26일 서울 도착

입책入柵할 때 사람 206인, 말 115필이라고 적고 있다.(4월 4일)

☐ 내용

적어도 해제자에게는 재미있다고 생각되는 부분이 적은 일기이고, 특별한 긴장감은 느껴지지 않는다. 삼궤구고두三跪九叩頭에 대해서도 사실만을 적을 뿐 어떠한 감상도 적고 있지 않다.(5월 2·9일) 중국인과의 필담이 적고, 있더라도 간략한 것이 이 일기를 재미없게 만드는 요인이다. 눈으로 본 사실이나 각처의 내력을 자세하게 적었을 뿐이다. 예를 들어 국자감國子監에 있는 석고문石鼓文에 대해서 각가各

家의 고증을 포함하여 상세하게 기록하고 있다.

각처의 내력을 기록할 때에는 『대명일통지大明一統志』・『대청일통지大淸一統志』・『통문관지通文館志』・『동국여지승람東國輿地勝覽』・『춘명몽여록春明夢餘錄』 등 외에, 『연운유사燕雲遊史』를 가장 많이 인용한다. 이 책은 원래 토쿠토미 소호장서德富蘇峰藏書를 수장하고 있는 세이키도문고成簣堂文庫(日本·東京)에 8책본으로 현존하고 있는 것 같지만 아직 보지 못하였다. 박영원朴永元의 『연행록』 5월 16일조에 "이것을 관암冠巖이 지었다" 적고 있고, 관암은 홍경모洪敬謨이므로 그가 순조 30년(도광 10년, 1830)에 부사로서 부연했을 때이거나, 순조 34년에 정사로서 부연했을 때의 것일 가능성이 높다. 이 밖에 『북원록北轅錄』도 자주 인용되고 3곳의 한국도서관에도 있는 것 같지만, 아직 보지 못하였다.17) 이러한 서적으로부터의 인용이 많은 것도 서술에 지루함을 느끼게 하는 한 요인이 되고 있다.

24. 『연행일기燕行日記』 1권
黃某撰 東洋文庫藏

□ 텍스트

초본 1책. 제1쪽에 사각형의 인장이 있지만 그다지 선명하지 않기 때문에 필자로서는 판독할 수 없다. 『증보동양문고조선본분류목

---

17) 『한국고서종합목록』, 1043쪽 : 최강현, 『한국기행문학연구』, 352쪽에 『北轅錄』「寫, 一冊, 姜長煥(一八〇六~?)一八五五年十月十九日~一八五六年三月五日」이라고 하였고, 이것은 『연행록전집』 제77책에 수록되어 있다. 그러나 연행연도로 보아 朴永元이 이용한 것은 아니다. 또한 임기중, 『연행록연구』, 45쪽에서 韓國所藏未蒐集本燕行錄의 하나로서 『北轅錄』을 적고 있다.

록』에는 황혜옹黃惠翁 찬이라고 되어 있다. 이것은 『연행일기燕行日記』 권두에 실려 있던 최일규崔日奎 찬의 서문序文에 "是時, 同僚黃司果惠翁亦 以太醫特蒙天恩, 馹馬華蓋, 原隰駪駪"라고 적은 부분에 근거하였다고 생 각되지만, 통상 이런 종류의 서문에서 본명을 쓰는 경우는 없고, 혜 옹惠翁은 자든지 호라고 생각된다. 아울러 나카무라 히데타카中村榮孝 의 「사대기행목록事大紀行目錄」에는,

燕行日記 黃惠菴 寫 一冊 憲宗十五・道光二十九・一八四九 藤塚城大敎授

라고 한 것이 있어, 아마도 이 『연행일기』와 동일한 것이라고 생각된 다. 원래 경성제국대학京城帝國大學 교수인 후지쓰카 치카시藤塚鄰의 구 장서舊藏書, 혹은 그 초사본鈔寫本일 것이다. 다만 찬자를 황혜암黃惠菴 이라고 한 점은 이띠한 근거가 있는 섯이겠지만 현재로서는 분명하 지 않다. 찬자인 황모黃某가 의관醫官이었음은 분명하기 때문에 『의과 방목醫科榜目』(天理圖書館藏)을 조사했지만, 황혜옹黃惠翁・황혜암黃惠菴에 해 당하는 사람은 찾을 수 없었다. 또 『조선왕조실록』을 검색했지만 황 혜옹・황혜암 모두 찾을 수 없었다. 현재로서는 황모黃某 찬이라고 할 수밖에 없다.

□ 찬자약력

위에서 적은 대로 찬자는 특정할 수 없다.

□ 여정

권말에 「己酉七月十七日燕行往還路程記」라는 제목으로 상세한 노정

이 기록되어 있다.

　　헌종 15년(도광 29년) 7월 17일 서울 출발
　　8월 7일 도강
　　9월 9일 북경 도착
　　10월 17일 북경 출발
　　11월 16일 도강
　　12월 1일 서울 도착

□ 내용

　　헌종 15년(도광 29년, 1849)의 연행록이다. 정사는 박회수朴晦壽, 부사는 이근우李根友, 서장관은 심돈영沈敦永이었다. 연행목적은 헌종의 사망을 보고하고 승습承襲을 청하는 것이었다. 찬자인 황모黃某는 '태의太醫'로서 수행했다. 이 『연행일기』는 8월 7일 도강한 날부터 쓰기 시작하여 일기 자체는 10월 2일에 공물을 납입하기 위해 궁성에 나아가 태화전에 대해 기록한 부분에서 끝나고 있다. 그 다음으로 태학太學·노구교蘆溝橋·풍속·소산所産·연태팔경燕台八景이라는 항목을 설정하여 기록하고 있다. 풍속의 항목은 특히 생동감이 있다. 이어서 정사 박판부사회수朴判府事晦壽 이하 합계 22인의 일행명부를 기록하고 있다. 다만 자신에 대해서는 적지 않았고, 의관으로서는 '의원김첨정상희醫員金僉正相羲'만 적고 있다. 또한 옥하관 내에서 저자는 김상희金相羲와 룸메이트였다. 마지막에 앞서 서술한 「기유칠월십칠일연행왕환노정기己酉七月十七日燕行往還路程記」를 덧붙이고 있다.

이 연행록은 수행원인 의관醫官이 썼다는 점에서 보기 드문 것이다. 중국영내인 책문에서 산동山東사람인 왕회천王匯川이라는 인물이 찬자가 의술을 안다는 것을 듣고 "아이가 아직 없으니 아이가 생기는 처방을 가르쳐 달라無子. 請敎求繼之方"라고 요구하니, "君試加味八味元, 內內則(彼人稱妻曰內內)試附益地黃元. 必有庶幾之望"이라고 답하고 "遂錄授而歸, 彼合掌而謝矣"(8월 8일)라고 적고 있다.

또 북경 유리창琉璃廠의 서점을 방문했을 때도 "余入於街北第三家, 求本草, 景岳, 保元, 以銀三兩交貿"이라는 보기 드문 서술을 남기고 있다.(9월 14일) 이 찬자에게 연행은 그 권두에서 "以太醫特蒙天恩, 是隨行大臣之禮, 而余之所平生願一大觀者也"라고 하고 있듯이, 일생의 소망이며 그 실현이었다.

산해관山海關에 이르렀을 때에는 "兒時讀史記, 至秦皇築萬里長城, 西全臨洮, 東至遼東之偏, 以爲絶遠難見之地. 今匹馬來見, 男兒事固不可知也"라고 감개를 적고 있다.(8월 29일) 생동감 넘치는 서술이 많아 다른 연행록에서는 볼 수 없는 기사가 많다. 북경여행을 즐기고 있었기 때문일 것이다.

덧붙이면 임기중편『연행록전집』제90책에는 헌종 15년(도광 29년)의 연행록으로 찬자미상의『연행일록』이 수록되어 있다. 하지만 이것은 청조淸朝의 상주문이나 상유를 편집한 것이며 이른바 연행록은 아니다. 따라서 본서의 고증에는 도움이 되지 않는다. 혹 이 자료의 내원이 저보邸報가 아닐까 생각한다.

또 이『연행일록』은 헌종 15년 동지사행冬至使行으로서 갔던 사람이 획득한 정보라고 생각된다.

25. 『연행일기燕行日記』 1권.
李啓朝撰 天理圖書館藏(今西文庫)

□ 텍스트

초본 1책. 『금서박사수집조선관계문헌목록今西博士蒐集朝鮮關係文獻目錄』에 의하면 "燕行日記(道光二十九年十月) 李啓朝 昭和六年七月上旬李聖儀ヨリ購求"라는 이마니시 류今西龍의 수기手記가 있다고 하지만, 지금은 없어졌다. 인감은 '今西龍'・'今西春秋' 관련의 것이 있을 뿐이다.

□ 찬자

이계조李啓朝는 정조 17년(건륭 58년, 1793)~철종 7년(함풍 6년, 1856), 자는 덕수德叟, 호는 동천桐泉이고 경주慶州사람이다. 순조 31년(도광11년, 1831) 문과급제. 대사성大司成・이조판서 등을 역임[『朝鮮人名辭書』 620쪽]. 그의 문집은 현존하지 않는 것 같다. 『한국고서종합목록』에는 이 『연행일기』를 이마니시 류今西龍 소장이라고 기록하고 있을 뿐이다.

그가 이항복李恒福의 자손이라는 것은 그의 선조 31년(만력 26년, 1598)의 연행록인 『조천일승朝天日乘』을 인용하는 것으로 판명된다. 또 뒤에 소개하는 『계사일록薊槎日錄』의 찬자인 이유원李裕元의 아버지이다.

□ 여정

헌종 15년(도광 29년) 10월 20일 서울 출발
   11월 22일 도강
   12월 22일 북경 도착

헌종 16년(도광 30년) 2월 12일 북경 출발
　3월 13일 도강
　(3월 27일 서울 도착『동문휘고』)

예부에 보고한 것에 의하면, 북경에 입성할 때의 인원은 합계 305인의 여행단이었다.

□ 내용

이계조는 이 해 동지사 정사로서 부연했다. 산해관을 넘기까지는 아무런 특색도 없는 여행일기이다. 오히려 선조인 이항복의『조천일승』의 산해관에 도착한 부분을 인용하면서, 지금까지『조천일승』의 이 부분을 읽을 때마다 자신도 언뜻 보고 싶다고 생각하고 있었지만, 이제 이 땅을 밟고 있으니 행복하다고 해야 하지 않겠는가라고 여유를 보이고 있다.

그런데 북경에 입성하기 직전에 생각지도 못한 사건에 직면한다. 도광제道光帝의 황태후 사망소식을 접한 것이다. 북경에 입성하는 12월 22일, 그는 "正朝朝賀, 諸處觀光, 無由得見, 鎖在館中. 甚是欝悒"이라고 하여, 모처럼 북경까지 왔으면서 관광도 하지 못하고 귀국하지 않으면 안되는 우울함을 정직하게 적고 있다. 새해가 되어 도광30년 정월 초하루에도, 귀국이 임박하였음에도 불구하고 옥하관 안에 갇혀 신춘의 북경 정경을 볼 수 없는 것을 부사·서장관과 함께 한탄하고 있다. 정월 5일에는 격담膈痰(천식)의 병에 더하여 치통까지 크게 일어나 "終日不省人事"라고 하였다. 확실히 엎친 데 덮친 격이었다.

그런데 정월 14일이 되자 더 놀랄 만한 소식이 들어온다. 도광제 본인이 이날 정오에 사망했다는 소식이었다. 이어서 26일에는 함풍제咸豊帝가 자금성 태화전에서 즉위하게 되어 뜻밖에도 축하의 자리에 입회한다. 더욱이 다른 연행사는 좀처럼 본 적이 없는 천안문 위에서 금봉金鳳을 내리는 의식도 목격하게 된다.

出天安門外, 觀頒詔節次, 而門樓上讀詔書後, 千官於金水橋前行三拜九叩禮, 自樓上金鳳啣下彩繩, 詔書隨下.

그리고 이정구李廷龜가 명조明朝 태창제泰昌帝의 즉위의식에 참가했던 일을 자신의 체험과 거듭하여 맞추어 보며 "衣冠物彩, 非舊日樣子. 然盛擧則非尋常朝賀之比也"라고, 생각지도 못한 우연에 기뻐하고 있다. 생각지 못한 사태로 급전한 덕분에 원명원에도 갈 수 있게 되고, 간단하게나마 노구교·오룡정五龍亭(中南海)·옹화궁雍和宮·국자감 등으로 관광도 마치고서 귀국하였다.

문장 중에서 한 곳뿐이지만 김창업金昌業의 『노가재연행일기老稼齋燕行日記』가 인용되고 있다.

26. 『연사일록燕槎日錄』 불분권
鄭德和撰 天理圖書館藏(今西文庫)

☐ 텍스트

초본 3책. 인장은 '今西龍'·'今西春秋'·'春秋文庫'·'天理圖書館藏', 그리고 쇼와昭和 40년(1965) 10월 8일 텐리대학天理大學 도서관의 접수인뿐이다.

『금서박사수집조선관계문헌목록』 등에 찬자미상으로 되어 있다.

난欄 밖에 몇 개인가 주필朱筆로 써넣은 부분이 있다. 예를 들어 심양의 '효묘소처관사孝廟所處館舍'에 권점圈點이 붙어 있고, 난 밖에 "孝宗所在館, 孝宗丙子在館所, 下二記事アリ"라는 가타카나를 섞어 써넣은 부분이 있다.

□ 찬자약력

찬자명은 명기하지 않았지만, 성상즉조聖上卽祚 5년 겨울의 동지사로 정사는 판부사判府事인 김위金鍏, 부사는 호조참판인 정덕화鄭德和, 서장관은 사복정司僕正인 박홍양朴弘陽이라고 한다. 철종 5년(함풍 4년, 1854)의 연행사인 것은 명확하다.

다만 이미 서술한 바와 같이, 본서에는 찬자미상의 『수사일록隨槎日錄』(순조 29년, 도광 9년, 1829 연행, 본해제 19)을 표절한 부분이 많아 찬자의 확정에 주의가 필요하다. 확정할 수 있는 근거는 『수사일록』에는 없으면서 본서에만 있는 기사이다. 예를 들어 11월 10일의 기사에서 "선천宣川에 머물다"라고 한 다음 아래와 같이 서술하고 있다.

> 飯後上倚劍亭. 與上使・書狀同觀鴻門宴項莊舞. 蓋此舞邑府之遺俗, 而妓工之長技. 云云.

『수사일록』에서는 11월 15일에 막 선천宣川에 도착해서 "是日, 倚劍亭詩曰, 云云"이라고 할 뿐, 정사・서장관과 관무觀舞했던 일은 전혀 기록하고 있지 않다. 이밖에도 정사 혹은 서장관과 무엇인가 했다고 기록한 부분에서『수사일록』에는 보이지 않는 부분이 몇 군데 있는 것으로 보아 본서의 찬자는 부사인 정덕화임이 틀림없다. 당연히 정덕화를 대신하는 사람이 썼을 가능성도 있다. 본 해제 5와 마찬가지로『연행일기燕行日記』는 이택李澤 찬이라고 할 수밖에 없지만 그의 종자從者가 대신해서 일기를 썼을 가능성이 있고, 이『연사일록』에서도 그러한 가능성을 부정할 수 없기 때문이다. 어느 쪽이든 목록상으로는 정덕화 찬이라고 할 수밖에 없다.

『조선인명사서』의 부록인『국조방목』에 의하면, 정덕화는 자가 순일醇一, 정조 13년(건륭 54년, 1789)생으로 초계草溪사람이다. 순조 17년(가경 22년) 정시庭試에 급제. 연행 때에는 호조참판에 있었고 66세였다. 본서 중의 자작시에 "백발원비구부귀白髮元非求富貴"라고 적은 것은 이 때문이다. 이처럼 고급관료이고 게다가 고령인 사람이 왜 표절 비슷한 일을 했는지 분명하지 않다. 문집 등 다른 저작의 현존을 확인할 수 없다.

□ 여정

철종 5년(함풍 4년) 10월 14일 서울에서 호조참판으로서 세폐·방물을 점검.
    10월 21일 서울 출발
    11월 25일 도강
    12월 24일 북경 도착
철종 6년(함풍 5년) 2월 2일 북경 출발
    2월 29일 도강
    3월 18일 서울 도착

□ 내용

앞에「양계도설兩界圖說」3장이 있고 '尹鍈之此圖, 曾在備局'라는 자주自注가 있다. 동삼성東三省滿州과 조선의 역사지리를 개관한 것이다.

일기는 우선 당일의 행동을 2행 정도로 간단하게 적고, 다시 그 날의 행동이나 견문한 것, 그 지역의 역사·문물 등에 대해서 주注와 같은 형태로 상세하게 기록하고 있다. 또 마지막에 그 날에 지은 시를 싣고 있다. 주와 같은 부분에 『수사일록』에서 표절한 것이 있다는 것은 이미 서술한 대로이다. 또한 자신이 행한 것이 아닌, 예를 들어 정월 25일에 조카가 갔던 백운관白雲觀 및 거기에서 일어난 사건에 대해 상세하게 적고 있지만, 자신은 이날 정사·서장관과 함께 서산西山에 유림하러 나갔었다.

북경관광 안내라고도 할 만한 부분은 그가 북경에 입성한 12월 24일조의 주 부분에 상세하게 기록하고 있다. 물론 이 부분도 대부분 다른 책에서 볼 수 있는 것이다. 철종 5년의 마지막 날인 12월 30일의 뒤에 '연로습유沿路拾遺'이라고 해서 그때까지 누락된 것을 집어넣었다.

세번째 책 앞에, 즉 일기에 돌아오는 길에 도강한 다음에, 「行中凡例」·「總錄十八省地方道里賦稅地丁漕運銀穀數」·「文職官階品級頂服俸祿」 등을 기재하고 있다. 이 후 또 3월 1일에 의주에서의 행동을 기록하고, 서울에서 복명復命할 때까지 일기체 기록이 계속된다.

마지막에「노정기路程記」라고 하여 서울에서 옥하관까지의 도리道里를 기록하였다.

이와 같이 본서의 구성은 복잡하다는 점에서 보기 드문 것이고,

서술은 상세하지만 새롭다고 생각되는 기사나 특이한 관찰은 극히 드물다. 오히려 왜 이러한 표절 비슷한 일을 했는지 흥미롭다. 다만 정월 4일부터 거의 하루걸러 『경보京報』의 일부를 발췌하고, 일행이 북경을 떠나기 전날인 2월 1일까지 계속하고 있는 것은 보기 드문 것이다. 이것에 의거하여 당시의 대사건인 태평천국太平天國의 동향에 대해서 정덕화도 큰 관심을 가지고 있었다는 점을 알 수 있다.

27. 『연사일록燕槎日錄』 3권
金直淵撰 東京都立中央圖書館藏(中山文庫)

□ 텍스트

초본 3책. 봉면에는 3책을 각각 '燕槎日錄天·地·人'이라고 적혀 있지만, 권두에서는 각각 '燕槎日錄上·中·下'라고 적혀 있다. 전시戰時에 특별히 사들인 문고의 하나이고, 나카야마 히사시로中山久四郎 구장舊藏이다. 다른 본의 현존을 확인할 수 없다.

□ 찬자약력

김직연金直淵은 순조 11년(가경 16년, 1811)~?. 북경에서 자신의 연령을 묻자 49세라고 답하고 있다.(정월 22·27일) 『국조방목』에서 1811년생이라고 한 것과 일치한다. 자는 경직景直, 청풍淸風사람으로 아버지는 김종악金鍾岳, 헌종 12년(도광 26년, 1846) 정시庭試급제라고 기록하고 있다. 또 본서에 청인淸人 엽명풍葉名澧潤臣으로부터 받은 편지를 전재하고 '品山先生閣下'라고 적고 있는 것으로 보아 그의 호는 품산品山이었을 것

으로 생각된다.(2월 3일)

□ 여정

　철종 9년(함풍 8년) 10월 26일 서울 출발
　　11월 26일 도강
　　12월 25일 북경 도착
　철종 10년(함풍 9년) 2월 4일 북경 출발
　　3월 3일 도강
　　3월 20일 서울 도착
　「별단別單」에서는 일행의 인원을 사람 310인, 말 105필이라고 한다.

□ 내용

　철종 9년(함풍 8년, 1858), 김직연이 사은겸동지사謝恩兼冬至使의 서장관으로서 연행했을 때의 기록이다.

　김직연에게 이 연행록을 공표하기에 충분한 기행문으로 만들 의도가 있었는지 의심스럽다. 김창업의 『노가재연행일기』 및 박지원의 『열하일기』를 각각 여러 차례 언급하고 있는데, 아마도 이들 앞서 만들어진 뛰어난 연행록을 의식한 것이겠지만, 결과적으로 솜씨는 현격한 차이가 있다. 김창업처럼 때로는 한어漢語의 속어俗語로 회화를 기록하기도 하고, 또 한인漢人이 조선인이 탄 수레를 가리켜 하는 말을,

　　曰'是加吾里也. 勿犯也.' 相戒而謹避之. 華音高曰加吾. 麗曰里. 故称高麗曰加吾里也.

등이라고 적고 있다.(12월 7일) 다만 한어를 거의 알아들을 수가 없었던

것 같다. 김창업·박지원을 목표로 하면서도 김직연은 생각이 조금
은 완고했던 것 같다. 흥미로운 중국인과의 필담은 김창업이나 박지
원의 경우만큼 많지는 않다. 기껏해야 귀국 도중인 2월 7일, 옥전현玉田
縣에 이르렀을 때에 생원生員[優貢生]으로 유학훈도儒學訓導가 될 자격을 가
진 34세의 오패분吳佩苂稱紃과 주고받은 필담정도가 아닐까 싶다.

오패분은 김직연이 가진 청심환淸心丸을 받고 싶어서 사귀려고 하
였던 것 같다. 두 사람 사이에는 태평천국太平天國[長髮賊]·염비捻匪·청피
적青皮賊 등에 대한 필담이 이루어졌는데, 다음과 같은 부분이 보인다.

> 問, "青皮賊如所謂赤眉黃巾之類, 而此賊亦擾河南耶." 曰, "是江南福建土人跟隨
> 粮船拉縴者. 近日粮船阻塞, 該土人用度不足, 故從而變賊." 問, "所謂長髮賊, 似
> 聞賊魁已死, 余黨自可指期勦滅耶." 曰, "如果如此, 天佑其命. 究不知天竟若何,
> 命竟若何奈. 老大人歸路經關外奉省一帶, 亦遍地是賊. 云云."… 問, "如有此患,
> 自官府亦難追捕耶." 曰, "我淸官府多是尸位素餐, 不肯認眞辦理. 語雖傷時, 勢且
> 如此. 我淸皇帝皆是好皇帝. 眞能匹美於有商賢聖之君六七作. 但臣下無面目見皇
> 帝耳."

태평천국은 아직 완전하게는 소멸되지 않았고, 청조의 위기를 곳
곳에 기록하고 있다.

서양에 대해서는 단호한 배외의 자세를 보인다.(정월 26일, 2월 5일) 그
러나 배만排滿감정도 여전히 심하다. '명明'이나 '황명皇明'이라는 글자
위의 한 글자는 결자缺字로 남겨놓았다. 그는 서울을 출발하면서 다
음과 같이 말하였다.

> 惟余生于偏邦, 常有大觀天下之願. 今行庶可少償. 然猶不覺黯然自傷. 夫所謂天

下者, 普天之下也. 中國者九州之中也. 中國之於天下, 已不足以盡之. 而一州之於中國, 又不足以當之也. 燕乃天下之北鄙也… 是謂之觀中國, 則未也. 況可謂大觀天下乎哉.

이것이 19세기 중엽 조선지식인이 가지고 있던 연행이나 '세계'에 대한 한 견식을 나타내는 것이라고 해도 좋다. 그런데 현실에서 본 중국 그리고 북경은 더군다나 '이적夷狄'이 지배하는 곳이었다.

今淸因舊而都之, 薙天下之髮, 左天下之衽. 衣冠文物, 非復舊時, 則吾何足以觀乎哉. 默然良久.

원명원이 소실된 것은 함풍 10년(1860)이고, 김직연은 그 2년 전의 모습을 목격하고 서술하고 있다. 부록으로 싣고 있는 '견문별단見聞別單'·'견문잡식見聞雜識' 모두 중국 함풍연간의 모습이 기록되어 있다.

28. 『유연록游燕錄(燕行日記)』 1권
撰者未詳 東洋文庫藏

□ 텍스트

초본 1책. 봉면에 '游燕錄'이라고 적고 있다. 권두 첫째행에 '燕行日記'라고 적고 있기 때문에 원칙에 따라 '연행일기燕行日記'라고 책 제목을 정해야 할지 모르지만, 후술하듯이 이 책을 편찬한 [성]낙순[成]樂淳은 「유연록서游燕錄序」를 쓰고 있다. 그 때문에 『유연록游燕錄』을 정식 제목으로 한다. 마에마 쿄사쿠前間恭作 구장. 전간前間의 장서인藏書印이 있다.

『연행록전집』제78책에는 성인호成仁浩(1815~1887) 찬의 『유연록遊燕錄』을 수록하고 있다. 토요문고본과 이것을 대조하면, 전자가 일기를 앞에 기록하고「연행일기」, 시를 뒤에 나누어 기록한「行中雜詠」 것에 비해 후자는 시를 일기 안에 집어넣고 있다. 서술은 후자가 비교적 상세하다.

『연행록전집』 수록본이 무엇을 근거로 성인호 찬이라고 했는지 상세하지 않다. 소장자 혹은 소장기관을 일체 적지 않았고, 무엇을 근거로 했는지를 알 수 있는 단서를 가지고 있지 않다. 『연행록전집 일본소장편』은 필자와 함께 임기중씨가 편찬자이지만, 토요문고장 『유연록[燕行日記]』을 필자의 목록작성에 따라 고종 6년(동치 8년, 1869) 연행 때의 것이라고 적으면서도, 왜 그런지 찬자를 '미상'이라고 하였다. 이것도 후마夫馬가 작성한 '찬자미상'이라고 한 목차를 그대로 이용했기 때문이다. 자신이 편찬한 『연행록전집』 수록본과 대비해 보는 지극히 간단하고 또 공동편찬자로서 당연히 취해야 할 수속도 취하지 않았던 것 같다.

『연행록전집』 수록본에는 권두에 「유연록서遊燕錄序」가 있고, '光武九年乙巳(1905)九月下澣, 不肖孫樂淳謹書'라고 기록되어 있다. 과연 이 책이 성인호 찬이라고 한다면, 그의 손자인 성낙순이 이 서를 쓴 것이 된다. 이 서에 의하면 이 해 가을에 죽간공竹澗公이 기사년(동치 8년)에 이승보李承輔호 石山와 조영하趙寧夏[호 惠人]을 따라 연행한 『유연록遊燕錄』이라는 제목의 기록을 책 상자에서 우연히 찾아내 스스로 정리한 것이라고 한다. 본문 안에 분명하게 [성]낙순[成]樂淳의 문장이 섞여 있다.

토요문고본이 어떠한 경위로 이러한 구성으로 되었는지는 분명하지 않다.

□ 찬자약력

앞의 [텍스트] 항목에 적은 것처럼 『연행록전집』 수록본의 목차에 성인호(1815~1887) 찬이라고 하였지만, 근거가 보이지 않기 때문에 현재로서는 찬자를 명확히 하기 어렵다. 그러나 앞의 「유연록서」에서는 찬자 55세 때의 여행기라고 기록하고 있기 때문에 찬자는 순조 15년(가경 20년, 1815)생이라고 생각된다.

□ 여정

고종 6년(동치 8년) 10월 22일 서울 출발
11월 29일 도강
12월 26일 북경 도착
고종 7년(동치 9년) 2월 15일 북경 출발
3월 15일 도강
4월 2일 서울 도착

□ 내용

이 연행록이 이른바 동지사행 때의 것임은 분명하지만, 권두의 두 번째 행에 '己巳十月二十二日, 發行'이라고 쓰여 있을 뿐, '己巳'가 정확하게 몇 연도인가는 쓰여 있지 않다. 그러나 부록인 '행중잡영行中雜詠'의 서산西山이라는 제목을 붙인 시의 한 구에 "洋人焚其殿閣, 餘存者無幾"라고 자주自註를 붙이고 있는 것으로 보아 이 연행이 함풍 10년(1860)에 유럽 침략군이 원명원을 불태운 후의 일임은 분명하다. 그러므로 『동문휘고보편』・「사행록」과 대조해 보면, '기사근巳'란 동치 8년(1869)임을 확인할 수 있다. 사계辭階가 10월 22일이고 복령復令이 이듬 해 동치 9년 4월 2일로 이 「연행일기」의 기재와 일치한다. 이 점은 『연행록전집』수록본 「유연록서」에서 확인할 수 있다. 『연행록전집』수록본에는 부사인 조영하趙寧夏와 종종 행동을 함께하고 있는 것으로 기록되어 있다. 아마도 찬자는 조영하의 수행인으로서 입연했을 것이다.

이 연행록에는 특별히 흥미로운 기사는 보이지 않는다. 반청反淸 감정도 드러나지 않고, 또 북경에서는 이미 원명원이 불에 타고 양무운동洋務運動이 한창에 있었지만 특별한 반양인反洋人 감정도 보이지 않는다. 적어도 문자상으로는 표현되지 않았다. 토요문고 소장본에는 일기에 청인淸人과의 교유를 적지 않았지만, 『연행록전집』 수록본에는 예를 들어 정월 20일의 기사에 부사인 조영하와 함께 왕전王琠〔鶴孫〕의 집을 방문하여 시를 증답하는 등의 기사가 있다. 교제상대인 청인淸人으로는 이문전李文田〔翰林〕・탁병염卓丙炎〔秉炎・友蓮〕・마번강馬蕃康筱谷・小谷〕・단수재段秀才・법운대사法雲大師 등의 이름이 보인다.

29. 『북유일기北游日記』1권
姜瑋撰 靜嘉堂文庫藏

□ 텍스트

초본 1책. 세이카도문고靜嘉堂文庫 외에 그 소장처는 알려지지 않았다. 이 책이 한국학문헌연구소韓國學文獻硏究所 편의 『강위전집姜瑋全集』(韓國近代思想叢書 수록, 서울·亞細亞文化社, 1978)에도 수록되고 있는 것을 『연행록전집일본소장편』 간행 후에 알았다. 이광린李光麟의 「'강위전집'해제'姜瑋全集'解題」에 의하면 이 세이카도문고본은 강위의 자필본自筆本일 것이라고 한다. 또한 『강위전집』은 그 해제에서 세이카도문고본이라는 것을 명기하고서도 권두에 찍혀 있는 '靜嘉堂藏書'라는 인장은 삭제되어 있어 흥미롭다. '秋琴'이라는 인장이 있는데, 추금秋琴은 강위의 호이므로 이것은 자장본自藏本이라고 생각된다. 군데군데 문자가 정정되어 있다.

『연행록전집일본소장편』의 목차에서 강위 찬의 『북유일기北遊日記』라고 한 것은 나의 교정 잘못이다. 삼가 정정한다.

□ 찬자약력

강위는 순조 20년(가경 25년, 1820)~고종 21년(광서 10년, 1884). 강위의 전기에 대해서는 그의 문집 『고환당수초古歡堂收草』(강위전집 수록본 371쪽)에 수록된 이중하李重夏 찬의 「본전本傳」 및 앞의 이광린의 「'강위전집'해제」에 상세하다. 19세기 후반기 한국의 대표적인 개화사상가의 한 사람이다.

이것들에 의하면 그의 자는 중무仲武・요장堯章・위옥韋玉, 호는 추금秋琴・청추각聽秋閣・고환古歡 등이고, 진양晉陽晉州사람이다. 1519년의 기묘사화己卯士禍 이래, 그의 선조는 문과에 응시하지 못하고 그의 아버지 대까지 무과를 거쳐 무관이 된 사람이 많았다. 그 자신도 사회적으로 혜택을 받지 못했다. 민노행閔魯行 및 김정희金正喜에게 배워 젊어서부터 실학연구에 몰두했다. 프랑스 군함이 강화도를 침범한 이른바 병인양요丙寅洋擾가 일어나자 크게 관심을 갖고 신헌申櫶에게 방위대책을 건의했다. 정건조鄭健朝를 따라서 연행하여 국제 정세에 대해서 견문을 넓힌 뒤 1876년 조일朝日 간에 강화도조약이 체결되었을 때는 전권대신이었던 신헌을 보좌했다. 다시 1880년에 김홍집金弘集이 수신사修信使로서 일본을 방문했을 때도, 그는 서기書記로서 수행했다. 이 때 조선에서는 임오군란壬午軍亂이 일어났기 때문에 나가사키를 경유하여 상해上海로 건너갔다고 한다.

이미 서술한 대로, 그는 개화사상가의 대표적 인물이다.『고환당수초古歡堂收草』·『동문자모분해東文字母分解』등 그의 저작은 앞의『강위전집』에 수록되어 있다.

□ 여정

 고종 10년(동치 12년) 10월 24일 서울 출발
 11월 28일 도강
 12월 26일 북경 도착
 고종 11년(동치 13년) 2월 12일 북경 출발
 3월 12일 도강
 3월 30일 서울 도착

□ 내 용

고종 10년(동치 12년, 1873), 동지사 정사 정건조鄭健朝(자는 致中, 호는 蓉山)를 따라 연행했을 때의 기록이다.

강위는 약력에서 이미 서술한 대로 실학파의 계보에 속하는 인물이며, 당시의 개화사상가의 한 사람으로서 유명하다. 그러나 이 연행록에는 긴장감 같은 것이 그다지 두드러지지는 않는다. 청조清朝를 '중국中國'이나 '중주中州'라고 부르고, 북경을 '상도上都'·'신경神京'이라고 부르며, 동치제同治帝의 얼굴을 '용안龍顏'이라고 표현하고 있다. 황제에 대한 삼궤구고두三跪九叩頭에 대해서도 특별한 감정을 적지 않고, 중화-청에 친화감을 가지고 있으며, 북경에서의 자유로운 관광을 즐기고 있다. 이 시대가 이른바 양무운동의 시대에 해당하고, 또 그 후 그의 활약으로 보면, 오히려 불가사이하다는 생각이 들기까지 한다.

당시의 북경에는 열강각국의 공사관이 설치되었고 강위도 유럽 사람을 보았다. 정월 1일에 내성內城에 올랐을 때, 유럽인 남자 두 명과 여자 두 명도 오르고 있다. 이 때 본 유럽인의 모습을 "眞如畵中曾所見者, 而顏髮被服不似人類, 自然愕眙"라고 묘사하며 그들을 '광만狂蠻'·'광적狂賊'이라고 부르고 있다.

함풍 10년(1860)에 유럽열강에 의해 불에 탄 원명원 유적을 방문한 것은 정월 23일의 일이고, "咸豊辛酉(十一年)洋夷焚燒, 瓦礫荊榛, 蕭然滿目"이라고 적고 있다. 그리고 그 다음 날 다음과 같은 시를 지었다. 자주自注는 ( )를 붙인다.

> 滿目榛荒閱劫灰, 臨風不覺罵奴才,… 狂蠻何與風流事, 山翠湖光領不來. (天上仙區燼於辛酉洋擾. 余立瓦礫中, 大罵狂賊沒韻事. 聞者大笑.)

이 일기에서 특징적인 부분은 오히려 몽골왕족·몽골인과의 교제가 자주 보이는 것이다. 몽골인 보경박普景璞은 고종 6년(동치 8년, 1869)의 동지사 정사 이승보李承輔 및 부사 조영하趙寧夏와 이미 아는 사이이고, 정월 3일에는 옥하관을 찾아왔다. 정월 14일에 다시 옥하관에 내방하였고, 같은 날 이번에는 강위 등이 몽고관蒙古館을 방문하여 회사回謝하고 있다. 몽골인과의 교유를 기록한 부분이 매우 많고, 그들은 함께 중화 문화 속에서 한문을 사용하여 교제하고 있다.

물론 청인과의 교유도 자주 보인다. 그 중에서도 자주 등장하는 것은 형부원외랑刑部員外郞[主事라고도 한대]인 장세준張世準이다. 장세준의 자는 숙평叔平, 호는 매사梅史 혹은 오계五溪이고, 당시 49세였다. 덧붙이면 강위는 이 때 55세였다. 장세준은 유리창琉璃廠 항내巷內에 살고 있었다. 정건조와 함께 강위는 여기를 자주 방문하였다. 그 때의 필담기록이 『북유담초北游談草』(『강위전집』 수록)이다.

이 필담은 정건조와 장세준의 문답이지만, 강위가 담초談草를 기초로 정리한 것이라고 생각된다. 뒤에 이유원李裕元의 『계사일록薊槎日錄』에서도 언급되는 어사 오홍은吳鴻恩과도 만나고 있다.(정월 26일~정월 28일) 또한 『고환당수초古歡堂收草』 권12, 북유초北游草 및 권13, 북유속초北游續草는 이 연행 때에 지은 시이고 당연히 『연행록燕行錄』이다. 본래대로라면 이것도 『연행록전집』에 수록되어야 마땅하다. 거기에는 장세준張世準이나 오홍은 등과의 창화한 시가 많아 『북유일기』를 읽을 때에는 마땅히 참고해야 할 것이다.

30. 『연행록燕行錄』 2권
沈履澤撰 天理圖書館藏(今西文庫)

□ 텍스트

초본 2책. 봉면에 각각 '건乾·곤坤'이라고 적혀 있다. 두번째 책 권두에도 연행록이라고 제서題書하였다. 인장은 '今西春秋圖書'·'春秋文庫'·'天理圖書館藏'·'今西文庫', 그리고 쇼와昭和 40년 6월 8일자의 '寄贈天理大學' 인장이 있을 뿐이다.

본서에는 몇 군데 문자가 채워져 있지 않은 부분이 있다. 이것은 원본을 베낄 때 원본 자체의 문자를 판명하지 못한 부분이라고 생각된다. 따라서 본서가 근거한 원본이 있었겠지만, 현존을 확인할 수 없다.

찬자명은 명기되어 있지 않지만, 갑술년에 부사로서 연행했다고 하고, 정사는 이회정李會正, 서장관은 이건창李建昌이었다고 하는 것으로 보아 이것은 고종 11년(동치 13년, 1874) 연행 때의 것으로, 찬자가 심이택沈履澤이라는 점에 의심의 여지가 없다.

□ 찬자약력

순조 32년(도광 12년, 1832)~?. 『국조방목』에 의하면 심이택은 자가 치은稚殷이고, 청송靑松사람이다. 철종 8년 정시庭試에 급제하였다. 본서 12월 12일조, 중국인과의 필담에서 "43세이고 관은 예조판서"라고 자신을 소개하고 있어 순조 32년생임이 틀림없다. 다만 예조판서라고 한 것은 연행에 즈음하여 결함結銜加銜한 것을 말한 것으로 본래는 호조참판이었다.

본서 11월 17일조, 의주에서 "余於壬戌秋八月, 尹玆西土"라고 서술하고 있다. 철종 13년에 의주부 부윤府尹에 임명된 적이 있었던 것 같다.

□ 여정

고종 11년(동치 13년) 10월 28일 서울 출발

11월 29일 도강

12월 25일 북경 도착

고종 12년(광서 원년) 2월 15일 북경 출발

3월 18일 도강

4월 2일 서울 도착

□ 내용

동지사의 기록이라는 점은 다른 많은 연행록과 차이가 없지만, 본서는 청말의 몇 가지 세태를 기록하고 있는 점에서 차이가 난다.

첫째로 청조의 재정악화를 연행사에 대한 접대 그 자체에 근거하여 기록하고 있다. 통상 동지사의 북경체류는 40일간으로 정해져 있다. 그런데 이번의 동지사는 이례적으로 50일간 머물게 되었는데, 그 원인은 조공사절 일행에게 하사할 상은賞銀을 기간 내에 준비할 수 없었기 때문이었다. 심이택은 이렇게 기록하고 있다.

> 蓋使行之留關(玉河館)是四十日, 卽傳例也. 而今則以賞銀未辦之故, 使之加留十日, 始乃貸銀於廛人, 以頒送之. 中國之財竭何至此極. 令人可憫(二月十五日).

청조는 하사해야 할 상은을 우선 상인으로부터 빌려 사용하였다는 것이다. 연행하는 연도沿途도 시끄러웠다. 당시 요녕성 일대를 휩쓸고 있던 것은 향마적响馬賊이다. 향마적에 대해서는 이 전 해에 연행했던 강위의 『북유일기』, 그 다음 해에 연행했던 이유원李裕元의 『계사일록薊槎日錄』에도 나오지만, 본서가 훨씬 자세하다.

북경으로 가는 길에 12월 13일, 심양의 서쪽, 여양역閭陽驛 부근의 석산참石山站에 숙박을 잡은 심이택은 그 곳의 주인인 이은륜李恩綸과 필담을 주고받았다. 민인民人이라고는 하지만, 생원이 된 적이 있는 35세의 인물이고, 일찍이 순천부順天府 사옥사司獄司의 정8품의 관직에 종사했던 적이 있다고 한다. 필담의 일부를 적어본다.

> 恩綸曰, 貴邦年景若何. 地面要必安淨. 敝地屢受賊擾, 亦有所聞乎. 余答曰, 弊邦年形稍康. 民生安樂, 山川險固, 國內寧靜, 而貴境賊撓, 未知何賊乎. 無或是响馬賊之出沒村閭, 掠人銀錢者乎. 恩綸答曰, 賊任意擾民, 官不知戢, 兵不敢捕. 時世若此, 良可慨也. 余曰, 上國之威, 何故至此也. 弊邦則元無賊擾, 設有踰墻鑽穴之潑皮, 各其官卽地捕捉, 斷不容貸. 故行路無滯留之歎. 恩綸答曰, 化行俗美, 良宜. 若近來奉天賊匪, 猖狂之極, 而民無安枕矣.

"나라의 사정은 어떠합니까?"라는 질문을 받고, 심이택이 "조선에서는 치안이 유지되어 도적의 출몰이 없다"라고 대답하고 있는 것은 상대가 조선의 실정을 모른다는 것을 알고서 하는 거짓말이다. 당시 조선국내에서 반란이 빈발하여 정세가 극히 불안했던 것은 주지하는 바이다.

귀국도중인 3월 10일, 이미 심양을 지나 첨수하甜水河에 이른 일행은, 향마적이 점리店里의 소전小錢 1만여 적吊[소전 1적은 조선의 常平錢 1냥 6전에 해당한다는 것은 본서12월 11일에 보인다]을 약취하고 일행이 이제부터 향하려고 하는 연산관連山關으로 향했다는 소식을 듣고 있다. 정세가 소란한 가운데를 여행을 하고 있었던 것이다.

동치 13년 12월 5일, 동치제는 사망했다.[『淸史稿』 穆宗本紀] 심이택이 소식을 전해들은 것은 12월 15일, 앞서 서술한 석산참石山站보다 북경에서 더 가까운 연산역에서였다. 그는 이 정보를 한글로 서울에 알리고 있다.

동치제의 사망에 따라 태화전에서의 원조元朝의식에는 출석할 수 없었지만, 대신 광서제의 즉위의식에 참가하고 있다. 이미 해제 25에서 서술한 이계조와 마찬가지로 등극조登極詔를 천안문 위에서 금봉金鳳의 입에 물려 내리는 의식도 목격하고 있다. 이 날의 견문을 심이택은 "今日所經眞是天上, 非若人間, 始覺皇帝之尊耳"이라고 적고, 감탄을 숨기지 않는다.(정월 20일)

여전히 반만反滿-민족주의 및 만주족의 풍속에 대해 조소하는 말이 보이지만, '양추洋酋' 즉 서양인에 대해서 더욱 분개하는 정서를 드러내고 있다. 한편으로 그는 『중서문견록中西聞見錄』을 숙사인 옥하관에서 읽고 있었지만(정월 4·7일), 서양인이 북경에 거처를 차리는 것을 청조가 그대로 허락하고 있는 상황을 "噫, 以天下之大皇帝之尊, 斷一酋魁之頭, 驅其脅從於闕外, 放之荒服之外, 此特數百騎之事, 而反容此至重之地, 豈非慨歎乎"라고 적고 있다.(정월 5일)

이상과 같이 본서는 정세가 이미 시끄러워지기 시작한 중국을 여행했을 때의 기록이지만, 대체로 말하면 심이택은 북경의 웅장하고 화려함에 놀라움을 숨기지 않는다. 진복수陳福綬·장풍정張楓廷·가황賈璜·오홍은吳鴻恩·서부徐郙·장가양張家驤·이유분李有棻·장세준張世準 등과도 교유하고 있고 서술은 상세하다.

31. 『계사일록薊槎日錄』 1권
李裕元撰 天理圖書館藏(今西文庫)

□ 텍스트

초본 1책. 서명에 대해서는 텐리도서관天理圖書館 카드, 『금서박사수집조선관계문헌목록』및 이것에 따른 『증보동양문고조선본분류목록』, 『한국고서종합목록』에서 모두 이유원李裕元의 『연사일록燕槎日錄』이라고 하였다. 본서는 기본적으로 모두 초서체로 쓰여 있어 제1행 첫째 장의 서제書題도 초서체로 쓰여 있기 때문에, '계薊'의 초서체를 '연燕'으로 잘못 읽은 것이라고 생각된다. 본서 원본에 입각해서 조사해 보아도 아무래도 '연燕'으로 읽을 수는 없고 '계薊'라고 읽어야 한다고 생각한다.

이 초본이 이유원 그 자신이 베껴 쓴 것인지, 다른 사람이 베껴 쓴 것인지 현재로서는 판단할 수 없다. 초본에는 몇 군데 덧붙여 쓴 부분, 고쳐 쓴 부분이 있어 이유원 본인이 아니면 할 수 없다고 생각되는 한편, 난欄 밖에는 이유원의 시에 대한 비평이 종종 보여 이것은 이유원 본인의 것이라고 생각할 수 없다. 예를 들어 「북진묘北鎭廟」라는 제목의 시에는 '寫得如画, 兼以雄渾'이라는 비批가 붙어 있고, 「주시랑수창제시周侍郎壽昌題詩於便面贈之以致慇懃, 어편면증지이치은근. 고의운화지故依韻和之」라는 제목의 시에는 '中國人亦應傳誦'이라는 '비'가 붙어 있다. '비'와 본문은 동일인물이 초사한 것이라고 생각된다. 조선국왕과 관계되는 말의 앞에는 공간을 약간 비우고, 어제御製라는 말은 개행대두改行擡頭하여 난 밖에서부터 쓰기 시작하고 있다.

□ 찬자

이유원은 순조 14년(가경 19년, 1814)~고종 25년(광서 14년, 1888). 자는 경춘景春, 호는 귤산橘山·묵농墨農, 시호는 충문忠文, 경주慶州사람이다. 앞에서 소개한 『연행일기』의 찬자인 이계조의 아들이며, 더 거슬러 올라가면 중국의 명대에 해당하는 시기에 살았던 이항복李恒福 즉 이백사李白沙(1556~1618)의 9세손이다. 이항복에게도 연행록으로서 『조천기문朝天記聞』・『조천일승朝天日乘』이 있고 모두 문집 『백사집白沙集』에 수록되어 있다. 헌종 7년(도광 21년, 1841)에 장원으로 문과에 급제하고, 관직은 영의정에 이르렀다.

그는 정치가로서 역사상 유명한 인물이고, 명성황후明成皇后와 손을 잡고 대원군大院君을 실각시켰다. 후술하듯이 고종 12년(광서 원년, 1875)의 연행을 계기로 중국 청조의 이홍장李鴻章과 관계를 맺기에 이르렀다. 이것은 조선 근대외교사에서 극히 중요한 사실일 뿐더러, 그 뒤 그가 정계에서 일시적으로 실각하고 배류配流당하는 일과도 연결되었다. 또 고종 19년에는 전권대신으로서 일본과의 사이에 제물포조약濟物浦條約과 수호조규속약修好條規續約을 조인하였다.

학자로서도 유명하고, 그 저서 『임하필기林下筆記』(서울: 성균관대학교 대동문화연구원, 1961, 영인본)을 보면 그 박식함을 알 수 있다. 문인으로서 이름이 높았고, 중국에까지 알려진 것은 이 『계사일록』 자체가 가장 잘 웅변하고 있다. 문집으로서는 『가오고략嘉梧藁略』이 있지만 『한국역대문집총서』 수록본(서울, 경인문화사, 1997)은 어디에 소장된 것인지 명기하지 않았고, 『가오선생문집嘉梧先生文集』이라고 제목을 붙였을 뿐 유감스럽게도 시로만 이루어져 있다. 그밖에 『귤산문고橘山文稿』 16책이 규장각에 수장되어 있다.

□ 여정

고종 12년(광서 원년) 7월 30일 서울 출발

8월 27일 도강
10월 1일 북경 도착
11월 2일 북경 출발
11월 26일 도강
12월 16일 서울 도착

□ 내용

고종 11년(동치 13년, 1874) 2월, 명성황후는 고종의 장남을 낳았다. 후의 순종純宗이며, 조선의 마지막 국왕이 되고 또 대한제국 황제가 된 인물이다. 다음 해 고 종12년, 그를 세자世子(皇太子)로 책봉할 것을 주청하기 위해 당시 영중추부사領中樞府事였던 이유원이 정사가 되어 부연했다. 통상의 동지사라면 정사는 종실관계자가 아닌 한, 판서급의 사람이 담당하였지만, 이유원은 영의정 즉 총리대신이자 영중추부사를 겸하고 있었다. 이러한 정계의 최고지도자가 스스로 출사出使한 것은 세자책봉을 청하는 중요안건을 위한 출사였을 뿐 아니라, 특히 이 시기는 대구미제국對歐美諸國 및 대일對日외교를 어떻게 진행시킬지가 초미의 과제였고, 중국정세를 자세하게 탐문할 필요가 있었기 때문이었다.

서울 출발에 즈음하여 고종과 이유원 등 삼사三使는 문답을 나누었고 그 모습이 상세하게 기록되어 있다. 고종은 "可聞之事, 詳探以來也"라고 명하며 북경에서 중국인을 고용해서라도 빨리 전달하라고 주의를 주고, 서장관에게는 '첨국覘國' 즉 국정탐색이 그 책무라고 특별히 주의를 주고 있다. 이른바 강화도사건, 즉 일본군함에 의한 강화도 앞바다에서의 측량과 이에 따른 조선 측의 포격 및 일본 측의 응전은, 음력 8월 21일(양력 9월 20일) 이유원이 서울을 출발하여 국경도시인 의주에 체재하던 중에 발생하였다.

이에 관한 자세한 소식은 그가 중국 심양에서 북경을 향해 출발하려고 하던 9월 7일 아침에 받은 것이 아닌가 생각된다. 이날의 일기에 의주에서 전송된 경찰京札, 즉 서울 궁정으로부터 8월 22·23·24·25일자로 발송된 편지를 집중적으로 받고 있기 때문이다.

하지만 일기는 이 사건에 대해서 완전하게 입을 닫고 있다. 12월 16일의 귀조歸朝보고에 따른 국왕과의 대화도 매우 상세하다. 같은 기사는 『일성록日省錄』에도 보인다. 어쩌면 궁정서기관이 쓴 기록을 그대로 베껴서 자신의 일기에 덧붙인 것이라고 생각된다.

이유원은 이로부터 31년 전인 헌종 11년(도광 25년, 1845), 서장관으로서 부연했던 적이 있고, 부사로서 출발한 김시연金始淵도 41년 전인 헌종 원년(도광 15년, 1835)에 아버지를 따라서 부연했다고 한다.

헌종 원년에 부연했던 삼사 중에 김씨金氏성을 가진 사람은 8월 6일에 사은행 정사로서 출발한 김로金鏴뿐이기 때문에 그의 아버지는 김로일 것이다.

그런데 이 『계사일록』은 주로 매일의 간단한 행동기록과 당일에 지은 시가 교대로 기록되어 있다. 이 중 시 부분은 『가오고략嘉梧藁略』(『한국역대문집총서』 수록본)과 겹치는 것이 많지만, 문집에 없는 것도 많고 또 양자 간에 문자가 다른 것도 있다.

이 연행록에서 귀중한 것은 이유원이 중국 청조인淸朝人과 시문을 매개로 교류하고 있는 점이다. 등장하는 중국인으로는 이하의 몇 사람을 들 수 있다.

　유지개游智開. 자는 자대子代, 호는 천우天愚·장원藏園. 호남성 신화현新化縣 사람이고, 당시에는 직예성 영평부永平府 지부知府였다. 『청사고』 권451 및 『청사열전』 권63에 전이 있고, 또 이내태李來泰의 『연감집蓮龕集』 권15에 묘지명이 있다. 원래 증국번曾國藩의 인맥에 속했고, 함풍 원년 거인이 되었다. 유지개 쪽에서 이유원에게 접근하였다는 사실의 외교사적 의미에 대해서는 후술하겠다. 그 시집 『장원시초藏園詩鈔』 1권은 우선 광서 9년(1883)에 조선활자 배인본排印本으로 출판되어, 그 후 여러 번 각본으로 출판되었던 것 같다.[『淸人別集總目』, 2288쪽]

　오홍은吳鴻恩. 당시 어사御史였고, 호는 춘해春海, 사천성 동량현銅梁縣 사람이며. 동치 원년 진사가 되었다. 오홍은 쪽에서 옥하관에 체제 중인 이유원을 방문하여 이튼기 자택에 내방해 줄 것을 요청하고 있다. 그 동생인 오홍무吳鴻懋가 형의 연줄로 면회하러 오기도 했다. 오홍무의 호는 춘림春林으로 당시 22세였다. 고종 10년(동치 12년)의 연행사 일행의 한 사람이었던 강위의 『북유일기』에는 오홍은이라는 이름이 자주 보일 뿐 아니라 조선지식인과 자주 교유했다.

　주수창周壽昌. 당시 호부시랑戶部侍郞이었고, 호남성 장사현長沙縣 사람이며. 도광 25년 진사가 되었다. 『청사고』 권486, 문원전文苑傳과 『청사열전』 권73에 전이 있고, 『속비전집續碑傳集』 권80에 행장行狀이 있다. 저서로 『후한주보정後漢注補正』·『삼국지주증유三國志注證遺』 외에 문집으로서 『사익당시초思益堂詩鈔』가 있다. 그도 조선지식인과 자주 교제한 인물이다. 이유원이 옥하관에 체제할 때에 주수창 쪽에서 명첩名帖을 보내와 면회를 요청했다. 그 후 두 사람 사이에는 시의 증답이 계속되었다.

　주당周棠. 가경 11년(1806)~광서 2년(1876), 자는 소백少伯, 호는 난서蘭西, 절강성 산음현山陰縣 사람이다. 『청화가시사淸畵家詩史』·『국조서화가필록國朝書畵家筆錄』에 전이 있는 예술가이다. 북경도서관에 『주소백서시고周少伯書詩稿』가 있고, 『소백공유고少伯公遺稿』 불분권, 광서 27년 연인본鉛印本이 있다.[『淸人別集總目』, 1442쪽]

　이유원과 주당의 관계는 이유원이 도광 25년(1845)에 서장관으로서 입연入燕한 이래 계속되었다. 도광 25년 당시에 이유원은 32세, 주당은 40세이고, 이번 입연 때에는 이유원이 62세, 주당은 70세였다. 주당은 이유원이 이번에 입연하는 것을 몰랐기 때문에 이유원 쪽에서 시 3수를 첨부하여 알렸지만 주당이 이미 늙어 만날 수 없었다. 이유원은 이에 대해 "한탄스럽다"고 하였다.

　그밖에 숭실崇實·명안銘安·이상석李湘石·이숭신李嵩申·서부徐郙 등의 이름이 보인다.

　이와 같이 이유원은 국제적인 유명인이었다. 유지개·오홍은·주수창 모두 그들 쪽에서 이유원에게 접근하여 시의 증답을 요청하고 있는 점은 주목해야 할 것이다. 남일우南一祐의 『연기燕記』[본 해제32]에서도 남일우가 송가장宋家庄을 방문했을 때, 그 곳의 주인에게서 "이유원[李橘山相國]과 면식이 있는가"라는 질문을 받고 있다.(12월 24일)

　그런데 이들 중국지식인과의 교제 가운데 외교사적으로 가장 중요한 것은 영평부 지부인 유지개와의 만남이다. 이유원이 이번 부연했을 때에 유지개와 관계를 갖고, 이것을 인연으로 이홍장과 서간을 주고받기 시작하여, 조선외교에 큰 전기가 찾아왔다는 것은 이미 주지하는 바이다.[18] 그런데 좁은 식견에 의하면 종래의 연구에서는 이유원의 『계사일록』이 인용된 적이 없고, 따라서 이유원과 유지개의 교제가 어떻게 시작되었는지는 불분명한 채로 남아 있었다.

이유원과 유지개의 관계가 처음으로 일기에 나타나는 것은 북경으로 가는 길에 일행이 영평부에 도착한 9월 18일의 일이다. 일행이 이 곳의 명원루明遠樓에 올랐을 때의 일을 다음과 같이 기록하고 있다.

> 知府四品, 姓游名智開, 号天愚, 湖南人. 家居洞庭南五十三灘上, 爲人豪放慷慨. 聞余登樓, 送茶果, 鋪陳屛床. 與副使書狀玩賞, 有逢見之意. 余以官府無公幹不得入, 書狀往見致謝, 回至店舍. 知府躬來, 見之, 筆談而去.

즉 지부인 유지개 쪽에서 먼저 이유원에게 접근하려고 하였고 또 그 쪽에서 일부러 여관으로 면회하러 찾아왔다고 한다. 이 때 귀국할 때 재회할 것을 약속했다고 하고, 다음 날 19일에는 이유원이 시를 보낸 것에 대해 유지개 쪽에서 「우소제유지개돈수愚小弟游智開頓首」라고 하는 답서를 보냈다. 유지개가 누구에게서 이유원에 대해 들었는지는 기록되어 있지 않다.

다음으로 북경에 입성하기 3일 전인 9월 27일, 이유원 일행은 준화주遵化州의 옥전현玉田縣에 체재하고 있었다. 21일에 이미 옥전현에 도착했으면서도 계속 머물 수밖에 없었던 것은 이 때에 마침 광서제

---

18) 田保橋潔, 『近代日鮮關係の硏究』(京城:朝鮮總督府中樞院, 1940), 545쪽, 第三十一, 淸韓關係の新段階 李鴻章と李裕元 : 宋炳基, 「李裕元·李鴻章의 交遊와 李鴻章의 西洋 各國과의 修交勸告」(『近代韓中關係史硏究-십구世紀末의 聯美論과 朝淸交涉-』, 서울:단대출판부, 1985) : 權錫奉, 「洋務官僚의 對朝鮮列國立約勸導策」(『淸末對朝鮮政策史硏究』, 서울:一潮閣, 1986) : 原田環, 「朝·中『兩截體制』成立前史」(『朝鮮の開國と近代化』, 廣島:溪水社, 1997).

와 황태후가 동릉東陵을 참배하고 있어 황제일행의 행동이 우선되었기 때문이다. 이 상황을 알았기 때문인지 유지개가 이유원에게 귤수橘樹를 보냈다. 귤을 보낸 것은 이유원의 호가 귤산橘山이라는 것과 관련되는 것이기도 하지만, 유지개의 집이 있는 동정호洞庭湖가 귤로 유명하기 때문이기도 하다. 또한 이에 수반한 시의 증답이 있었다.

이어서 북경에 체제하고 있던 10월 13일, 이유원의 편지에 대한 유지개의 답장이 도착하여 이유원이 이에 대해 답서를 쓰고 있다.

그 다음에 11월 7일, 북경에서 돌아오던 중이었던 이유원은 영평부성永平府城에 숙박을 잡았다. 유지개는 시와 함께 그의 저서 4책을 보냈다. 이유원의 '차운次韻 차송유지부운次送游知府韻'의 시 3수와 유지개의 '장원유지개배정청교정藏園游智開拜呈請敎正'으로 마무리되는 원운原韻 3수가 실려 있다.

아래는 이 때 이유원이 쓴 일기이다.

太守欲出來, 徒御已滿云. 故約以踏月相會. 是夜與副使書狀會于觀音院. 供帳甚豐, 劇談劇飮, 酒名一品紅, 聞是家釀. 乘隙托願交李中堂鴻章, 太守最親於中堂故也. 太守問其故, 余滿道日本相關事, 如或有國事之可議, 非此中堂, 莫可爲之 屢屢言之 太守首肯曰, 非久, 有保定之行矣. 作書送之, 我當袖傳云. 翌日使金寅浩袖送此札之意約束. 太守贈私稿一冊, 別贈一詩.

본서 권말에는 귀국 후에 고종과의 담화와 부연에 대한 상전賞典 및 사상전차辭賞典箚 외 이하의 문헌을 부록하고 있다.

(一)丙子(光緖二年)初二日進香使回便出來札

제8장 일본현존 조선연행록 해제 409

李大人橘山叔啓　　永平付游寄

이것은 광서 원년 11월 7일 영평부에서 유지개가 이유원과 만나 이홍장과의 연락을 부탁받고서, 그 보고를 위해서 이유원에게 보낸 편지이다. 아래와 같은 문장이 보인다.

> 貴從事金寅浩來署, 具述雅意欲納交於我中堂伯爺. 旋於翌晨, 送到一傔. 弟臘月有保定之役, 當卽面呈, 我中堂隨具復書, 囑弟轉寄. 我中堂勳業夙著, 偉畧遠猷不分畛域, 常拳拳然以東國爲念… 茲謹將我中堂復書托李君秉文寄上. 伏乞鑒收.

즉 이유원은 부하인 김인호金寅浩를 영평부청에 보내 다음의 (二)에 보이듯이 두 차례에 걸쳐 그가 의도하는 바를 유지개에게 전하게 했다. 그리고 이유원이 이홍장 앞으로 보낸 서간은 유지개가 12월에 보정保定에 갔을 때에 바로 이홍장에게 면정面呈, 즉 서로 얼굴을 보면서 손에서 손으로 직접 건네졌다.[19] 이홍장은 당시 직예총독直隸總督으로서 하북성[直隸省] 보정에 머물고 있었다. 이홍장이 이유원에게 보

---

19) 田保橋潔 앞의 책, 551쪽에 의하면 "이유원의 서간은 전혀 國事를 다루고 있지 않다. 그렇지만 知府 游智開의 소개장에는 당연히 그것을 언급했을 것이다"라고 서술하고 있다. 田保橋의 慧眼에는 감복하지 않을 수 없다. 다만, 여기에 보이듯이 游智開는 이 때 李鴻章과 대면하면서 서간을 직접 손으로 전했던 것이다. 단순한 소개장은 아니었다. 게다가 다음의 편지에 보이는 대로, 이유원과 游智開가 처음으로 회견한 다음날 이유원의 부하인 金寅浩는 두 번에 걸쳐서 永平府廳을 방문해 이유원이 의도하는 바를 전달하고 있었던 것이다. 그렇다면 李鴻章과 游智開의 회견에서는 조선과 관계되는 여러 가지 정보와 함께 이유원이 부탁하고자 한 李鴻章 앞으로 보낸 편지의 의도하는 바가 상세하게 전해졌다고 생각해야 할 것이다. 편지의 文面과 실제로 李鴻章에게 전해진 것은 완전히 다른 것이었다. 이것을 기초로 12월 23일자 總理衙門에 대한 李鴻章의 지시가 작성되고 있고, 이것을 기초로 그는 12월 28일의 森有禮와의 대담에 임했다고 생각해야 할 것이다.

낸 답장 「복조선사신이유원覆朝鮮使臣李裕元(光緒元年十二月十四日)」은 실제로는 진향사進香使가 귀국할 즈음에 맡겨졌고, 이듬 해 광서 2년 3월 2일 이유원의 손에 들어간 것이다. 「일조수호조규日朝修好條規」 즉 강화조약江華條約은 이로부터 정확히 1개월 전인 2월 2일에 이미 체결되었고, 이유원과 이홍장의 교섭은 언뜻 보면 무의미했던 것으로 보인다. 게다가 이유원이 이홍장에게 보낸 편지, 이것에 대한 이홍장의 답장 모두 전혀 국사를 직접 다루고 있지 않다. 당연히 이유원이 이홍장 앞으로 보낸 서간과 이것에 대한 이홍장의 답장은 그 문면에 보이는 것과 같은 그들 사이의 개인적 교제를 훨씬 벗어난 것이고, 광서 원년 12월·23일에 「논일본파사입조선論日本派使入朝鮮」이라고 하는 총리아문總理衙門 앞으로 작성된 공독公牘에 첨부되어 일찍이 이홍장으로부터 북경의 총리아문에 통지되었다. 이홍장은 이 공독에서, 총리아문을 통해서 조선에 대해 '由鈞署迅速設法, 密致朝鮮政府一書', 일본에는 '勸其忍耐小忿, 以禮接待'해야 한다고 권유하고 싶다고 서술하였다.[『李文忠公全書·譯署函稿』 卷四] 그리고 실제로 이것은 총리아문으로부터 예부를 통해서 조선에 전해졌다.[『同文彙考』 原編續, 倭情, 여섯 번째 장이하]

(二) 金石霞叔啓　　愚弟游智開拜手

유지개가 앞의 이유원에 대한 편지와 함께 김석하金石霞라는 인물에게 보낸 서간이다. 김석하는 김인호임이 분명하다. 아래와 같은 문장이 있다.

石霞仁兄大人閣下. 乙亥至月初七日, 貴國丞相李公奉使東歸, 道出永平, 相會於蕭寺, 始識兄面, 旋承兩次來署, 具述貴丞相雅意… 貴丞相致我李中堂書, 已於臘月在保定府面達, 竝取有復書.

(三) 李大人(官印)裕元台啓(朝鮮使臣)合肥李鴻章再拜. 乙亥十二月十四日文華殿大學士肅毅伯

즉 종래부터 알려져 있는 이홍장이 이유원에게 보낸 답장이고, 『이문충공전서·역서함고李文忠公全書·譯署函稿』권4에 「복조선사신이유원覆朝鮮使臣李裕元」(光緒元年十二月十四日, 附)라는 제목이 붙어 있다. 답장 원본에는 이홍장의 관인이 찍혀 있었다.

(四) 同月二十三日, 冬至使回便出來札
李大人台啓　瀋陽署部書械　丙子二月二十五日, 崇實拜. 學士將軍

심양장군瀋陽將軍 숭실崇實과 이유원은 광서 원년 10월 19일에 만났다. 이것은 광서 2년에 책봉을 위해서 서울로 출사한 청조사절이 귀국하여 숭실에게 전한 이유원의 편지에 대해서 숭실이 보낸 답장이다. 이미 숭실은 이른바 「일조수호조규」가 체결된 것을 알고 있었다.

(五) 都京禮部咨文, 馬上飛遞
天津保定府李中堂與倭使森有禮問答記

광서 원년 12월 28일에 이홍장과 모리 아리노리森有禮와의 사이에 주고받은 문답이고, 이미 『이문충공전서·역서함고』권4에 수록되었을 뿐 아니라, 『동문휘고』원편속原編續, 왜정倭情에도 "光緒元年十二月二

十八日, 日本使臣森有禮署使鄭永寧來直隷総督署内, 晤談節略"이라고 수록되어 있다. 북경 예부가 광서 2년 2월 3일자로 조선국왕에게 비자飛咨한 문서에 첨부된 다수의 관련문서 중 하나임을 알 수 있다. 조선궁정에는 2월 21일에 도착한 것 같다.

당시 청조에서 보내는 자문咨文을 즉시 입수할 수 있던 이유원은 이것을 특히 중요한 자료라고 생각했기 때문인지, 혹은 특별히 이홍장과 관계되는 것이었기 때문인지 이것을 그의 연행록의 일부에 포함시켰다.

마지막으로 이번 연행을 읊은 '(六)「北征篇」'이라고 제목을 붙인 장편의 오언시五言詩로 마무리를 짓고 있다.

32. 『연기燕記』 5권
南一祐撰 東洋文庫藏

□ 텍스트

초본 5책. 토요문고 소장본으로 쇼와昭和 9년(1934)의 접수인이 있다. 제1책 봉면封面에 '燕記 金 出疆錄 渡江錄 盛京隨筆 自己卯十一月初七日至己卯十二月十九日', 제2책 봉면에 '燕記 木 關內隨筆 玉河隨筆 自己卯十二月二十日至庚辰正月二十日', 제3책 봉면에 '燕記 水 玉河隨筆 自庚辰正月二十一日至庚辰二月十四日', 제4책 봉면에 '燕記 火 回轅走草 專對錄 自庚辰二月十五日至庚辰四月初二日', 제5책 봉면에 '燕記 土 聞見雜議'라고 제서題書가 있다. 인장은 '東洋文庫'·'宜寧潛窩'이라는 두 가지 인장이 있을 뿐이다.

본서에는 찬자명을 명기하고 있지 않지만, 이 연행이 고종 16년(광서 5년, 1879)의 동지사행의 것이고, 게다가 찬자가 부사라는 내용이 있기 때문에 찬자는 남일우南一祐임은 틀림없다. 일기에서 청인과 필담할 때의 자기소개를 보아도 찬자가 남일우임은 의심할 여지가 없다.

본서는 그의 인장 '宜寧潛窩'로 보아, 남일우 본인의 고본稿本이고 또 자장본自藏本이었다고 보아도 거의 틀림이 없을 것 같다. 남일우는 의령宜寧사람이고, 잠와潛窩는 그의 호였다고 생각되기 때문이다. 이 점에 대해서는 다음의 [찬자약력]을 참조하기 바란다. 본서를 남일우 자신의 고본이라고 생각하는 또 하나의 이유는 본서가 기본적으로 정확한 해서로 쓰여 있지만, 열 군데 정도에 붉은 글씨로 써넣은 부분이 보이기 때문이다.

□ 찬자약력

남일우에 대해서는 『조선인명사서』 등에 기록이 없다. 현재로서는 본서 『연기』에 있는 청인 몇 사람과 필담했을 때의 자기소개가 가장 유력한 사료이다. 그는 스스로를 "의령사람, 기미(철종10년, 함풍9년) 출신"이라고 말하고(정월 12일), 또 "원래 남일우南一愚라고 하는 이름이었지만, 조령朝令에 의해 우愚를 고쳐 우祐라고 했다"고 하였고, 자는 우당愚堂이라고 말한다.(12월 24일, 정월 18일) 『국조방목』을 보면, 확실히 "남일우, 자는 백경伯卿, 의령사람, 정유(헌종3년, 도광17년, 1837)생, 철종기미증광을과哲宗己未增廣乙科"라고 되어 있다. 정유생丁酉生이라고 하는 것은 광서 6년 단계에서 스스로 현재 44세라고 말하는 것과 꼭 들어맞는

다.(정월 18일) 또 스스로 남용익南龍翼의 자손이라고 한다.(12월 24일)

남용익南龍翼은 을미(효종 6년, 明曆 원년, 1655) 통신사의 종사관從事官이 되었고, 또 현종 7년(강희 5년, 1666) 연행사의 부사가 되었다. 12월 24일, 그도 연행사가 자주 방문했던 옥전현玉田縣의 송가장宋家庄을 방문하고 있다. 송가장은 청조군淸朝軍이 입관했을 때, 농성하며 약간 늦게 투항했기 때문에 무거운 벌금이 부과된 일로 유명하다. 그 자손인 송서순宋舒恂[자는 小坡]과 필담을 주고받으며 "壺谷先祖奏使時, 過此一絶詩"를 써 보이고 "자신과 군君과는 몇 세대에 걸친 세교世交이다"라고 필담으로 말하고 있다.

남일우는 또 중국인과의 필담에서 "以戶部侍郞, 猥叨使啣, 今權禮部尙書"라고 말하고(정월 27일), 또 "以戶部侍郞, 現權禮部尙書"라고도 말한다.(정월 30일) 이것들은 그가 호조참판이라는 관위에 있고, 연행에 즈음하여 예조판서를 가함加銜하였다는 것을 나타낸다.

[텍스트] 항목에서 인장으로는 '宜寧潛窩'가 있고, 잠와潛窩는 그의 호였을 것으로 생각된다고 했다. 이와 같이 생각하는 것은 본서 안에 왕유진王維珍[蓮西]라는 청인[전 通政司副使]와 교유를 맺고, 귀국할 즈음에 그에게서 '潛窩'라는 2자와 '春者亭' 3자, '忍堂' 2자의 휘호를 선물로 받았기 때문이다.

☐ 여정

    고종 16년(광서 5년) 11월 7일 서울 출발
      12월 1일 도강
      12월 26일 북경 도착

고종 17년(광서 6년) 2월 15일 북경 출발
3월 13일 도강
4월 2일 서울 도착

□ 내용

「출강록出疆錄」은 사행의 명령이 내려진 때로부터 의주체재까지, 「성경수필盛京隨筆」은 심양출발로부터 산해관 도착까지, 「관내수필關內隨筆」은 산해관 출발로부터 북경 옥하관 도착까지, 「옥하수필玉河隨筆」은 북경 체재기간, 「회원주초回轅走草」는 귀국을 위해 옥하관을 떠난 때부터 4월 2일의 복명까지를 적고 있다. 「전대록專對錄」은 이 때의 연행사가 황제에 바친 사은표나 예부에 제출한 자문咨文, 또 예부로부터의 회사回咨나 예부고시禮部告示 등 관련문서를 수록하고 있다. 「문견잡식聞見雜識」은 황성·궁전 등 항목별로 중국의 여러 가지 제도나 풍속, 나아가 관제나 중국 각지의 부현명府縣名·지정은양수地丁銀兩數 등을 기록하고 있다.

본서가 5책으로 되어 있는 것에서 알 수 있듯이, 서술은 매우 상세하다. 다만 「문견잡식聞見雜識」에는 독창적인 관찰이 그다지 많이 보이지는 않는다. 관제를 기록한 부분 등은 틀림없이 무엇인가를 베껴 쓴 것이다.

본서에는 김창업의 『노가재일기』, 박지원의 『연암일기』와 『통문관지』·『대청일통지』·『동국여지승람[輿覽]』·『일하구문日下舊聞』 등 본서가 근거하였다고 생각되는 책이 열거되어 있다.

33. 『관화지觀華誌』 12권(缺卷三·四)
李承五撰 京都大學附屬圖書館藏(河合文庫)

□ 텍스트

원래 12권 6책이었는데, 제2책[缺卷三·四]이 빠져 있어 현재는 10권 5책으로 되어 있다. 초본鈔本.

한국의 소장서목에는 다른 본의 현존을 확인할 수 없지만, 『연행록선집』 하권 및 『연행록전집』 제86책에 이승오李承五의 『연사일기燕槎日記』를 수록하고 있다. 모두 소장기관을 명기하고 있지 않지만, 아마도 김상기金庠基 소장본과 같은 계통의 것일 것이다. 『연행록전집』 219쪽에 「김상기고증金庠基考證」이라는 1매가 삽입되어 있는 것이 이것을 증명한다.

『연행록선집』·『연행록전집』 수록본은 4권으로 되어 있고, 그 권1부터 권2는 『관화지觀華誌』 권1·권2와 같은 내용이다. 따라서 이것에 의거하여 『관화지』의 결권부분, 즉 권3·권4 제2책를 보충하여 완전하게 만들 수 있다. 또 임기중의 『연행록연구』 45쪽에 한국소장 미수집본 연행록의 하나로 『연사수록燕槎隨錄』 이삼은李三隱(?~?) 1책(卷三~四) 연행 연대미상이라고 한 것이 있다. 삼은三隱은 뒤에 보이듯이 이승오李承五의 호라고 생각된다. 또 뒤에 보이듯이 『관화지』 권5부터 권8까지가 「수록隨錄」이라는 제목이 붙은 것을 보면, 어쩌면 이 「수록」부분이 『연사수록燕槎隨錄』이 아닐까 생각한다. 어느 것이든 임기중의 저서에는 각 본의 소장도서관이 전혀 명기되어 있지 않고, 또 서적 그 자체의 내용을 스스로 읽고서 목록을 만든 것으로 생각되지 않기 때문에 이 이상 고증할 수 없다. 덧붙여 한국서지학회 편의 『해외전적문화재조사목록海外典籍文化財調査目錄－河合文庫所藏韓國本－』(서울:한국서지학회, 1993), 70쪽에 '觀華日誌 李三隱著'라고 한 것도 부적절하다. 이승오라는 본명으로 적어야 할 것이다. 자서自序는 고종 24년 즉 그가 연행한 해의 것이지만, 다수의 서序 중에 '崇禎紀元後五癸巳' 즉 고종 30년(광서 19년, 1893)의 것이 있다.

쿄토제국대학京都帝國大學의 소장인과 다이쇼大正 8년(1919)의 접수인 외에 인장은 없다.

□ 찬자약력

이승오李承五, 헌종 3년(도광 17년, 1837)~?, 자는 규서奎瑞, 본서에 자주 나오는 삼은三隱은 그의 호일 것이다. 한산韓山사람이고, 철종 9년(함풍 8년, 1858) 문과에 급제하였다. 이곡李穀[稼亭]·이색李穡[牧隱]의 자손이다. 선조인 이태중李台重[호는 三山, 시호는 文敬]은 영조 22년(건륭 11년, 1746)에 서장관으로서 연행하고, 아버지 이경재李景在[시호 文簡]도 철종 원년(도광 30년, 1850)에 함풍제 등극을 축하하는 진하사進賀使 정사로서 연행하고 있다. 연행 때에는 판중추부사判中樞府事의 직함을 띠고 연행했다. 당시에 아버지가 띤 직함과 같고, 연행 때의 연령도 같은 51세였다고 자서自序에서 말하고 있다. 그의 문집 등은 현존하지 않는 것 같다.

□ 여정

고종 24년(광서 13년) 4월 22일 서울 출발
   윤4월 27일 도강

5월 26일 북경 도착
8월 8일 북경 출발
9월 5일 도강
9월 29일 서울 도착

□ 내용

광서 13년 정월 15일, 광서제는 태화전에서 친정조하親政朝賀의 예를 받고 반조頒詔했다. 이 때 연행의 주목적은 광서제 친정에 대한 진하進賀이며, 일기의 5월 27일조에 북경의 예부에 이르러 삼궤구고두三跪九叩頭의 예를 행함과 동시에 이 때 올린 「친정진하표親政進賀表」 외에 「친정진하예부자親政進賀禮部咨」 등도 싣고 있다. 때마침 영국이 조선의 거문도巨文島 점령을 푼 직후에 해당하여 이것을 청조의 압력에 의한 것이라고 감사하는 「거문도영완선통칭사巨文島永完先通稱事」라는 제목의 예부에 보내는 자문도 싣고 있다.

내용은 권1부터 권4가 「일기日記」, 권5부터 권8이 「수록隨錄」, 권9부터 권12가 「시초詩鈔」(「觀華誌詩鈔」)로 되어 있다.

「일기」는 일반적으로 관찰이 평범하고 재미가 결여되어 있다. 의주에 설치된 전보국電報局(電線局)에 놀라고 있다.(윤4월 12·20·24일) 전선국의 주임과 필담하고 있는데, 중국의 봉성鳳城으로부터 전보가 들어 와 "邇來之頃, 不過一瞬, 機巧之制, 終不可究"라고 적고 있다.

「수록」은 도리道里·산천山川·궁궐宮闕·사묘祠廟·새보璽宝·관제官制·무직武職·정복봉록頂服俸祿·각성各省·부세賦稅·과제科制·선격選格·병제兵制·전제田制·의복지제衣服之制·옥우지제屋宇之制·항坑·음식지제飮

食之制·성곽지제城郭之制·연대煙臺·정후亭堠·역발駅撥·풍속風俗으로 이루어져 있다. 중국안내기·북경안내기이지만 대부분 무엇인가를 본보기로 하고 있는 것 같다. 다만 풍속에는 이승오 자신의 관찰을 볼 수 있다.

「시초」는 연행도중의 작시作詩 혹은 청인과의 창화시唱和詩로 되어 있다. 권4에 청조문인과의 교유가 기록되어 있다.

이상으로 해제를 마친다. 모두 초본鈔本인 같은 종류의 서적에 해제를 붙인 것은 필자로서는 처음으로 체험하는 것이다. 일본 현존의 조선연행록으로 여기서 해제를 붙인 33종 가운데 적어도 7. 윤급尹汲 『연행일기燕行日記』, 11. 오재소吳載紹 『연행일기燕行日記』, 16. 김학민金學民 『계정산고薊程散考』, 29. 강위姜瑋 『북유일기北游日記』, 32. 남일우南一祐 『연기燕記』 5종은 찬자의 자장본自藏本임이 분명해졌다. 그밖에 몇 가지는 분명히 찬자 자신의 고본稿本이다. 이것은 연행록이라고 하는 사료 그 자체가 갖는 한 가지 성격을 이야기하는 것인지도 모르겠다.

자료조사에 부족한 점이 있지나 않을까 몹시 두렵다. 할 수 있는 만큼은 노력했다고 생각하지만, 본 해제에는 아직도 잘못이나 불충분한 부분이 있을 것이다. 연행사 및 연행록에 관심을 갖고 있는 여러 사람의 비판을 간절히 바란다.

제9장 사유구록과 사조선록

1. 머리말

　사유구록使琉球錄이라는 일군의 사료는 지금까지 책봉사록冊封使錄으로 불려왔다. 그런데 이는 유구琉球의 대외관계 사료로서, 또는 메이지明治정부에 의하여 유구가 일본에 완전히 편입되기 이전의 풍속風俗·민정民情 등을 기록한 사료로서, 『역대보안歷代寶案』과 함께 중시되어 왔다. 개개의 사유구록에 대해서는 언제 누가 이것을 썼는지를 중심으로 연구되어 왔고, 이 책*의 해제 편에서도 이들 사료가 생겨난 시대배경 등에 대해 상세히 논하고 있다.

　그러나 지금까지 유구사琉球史나 중류관계사中琉關係史 연구자들에게 이 사료들은 아마도 처음부터 눈앞에 있는 것, '소여所與'의 것으로 여겨져 왔던 것은 아닐까. 즉 이것들이 일군의 사료로서 남겨진 의미나, 그것들이 전체로서 갖는 특질 등에 대해서는 전혀 문제시조차 된 적이 없었던 것은 아닐까. 유구사를 동아시아사 전체 가운데서 파악해야 한다는 주장이 일찍부터 나오기는 했지만, 이들 연구의 바

---
* [역주 1] 夫馬進 編, 『增訂 使琉球錄解題及び研究』(宜野灣榕樹書林, 1999).

탕을 이루어야 할 가장 중요한 사료군史料群을 전근대 동아시아사료 전체 속에다 자리매김하는 일은 아마 없었던 것으로 생각된다. 여기서 드러나는 것은 사료에 대한 비교사적 작업의 결락缺落이며, 유구사를 동아시아세계 전체 속에서 보다 구조적으로 파악하려고 하는 자세가 약하다는 점이다. 사유구록이 여태까지 주로 「책봉사록冊封使錄」으로 불려온 점, 또 이 「책봉사록」이란 여행자의 복명서라거나 이를 바탕으로 하여 쓴 것이라고 하는 점 등이 지금까지 정설처럼 여겨져 온 것도, 유사한 한문문헌 전체 속에서 그것들이 어떤 위치를 차지하는지 전혀 고려된 적이 없었다는 점이 아마도 커다란 원인일 것이다.

여기서 사유구록을 보다 객체화하기 위하여 비교의 대상으로 삼은 것이 사조선록使朝鮮錄이다. 명청明淸시대에 중국에서 사절이 가장 많이 파견된 외국은 조선朝鮮이다. 그 회수回數는 다른 나라를 압도적으로 능가하고 있다. 황제의 사자가 여러 차례 유구에 파견되었던 것처럼, 아니 회수에 있어서는 유구와 비할 수 없을 정도로 수많은 사신이 중국에서 조선으로 파견되었다. 그들 가운데서 일부는 이 또한 당연하게 여행기를 남겼다. 이 글은 그들이 기록으로 남긴 사료를 「사조선록使朝鮮錄」으로 총칭하고, 여기에 간단한 해설을 덧붙임으로써 「사유구록使琉球錄」과 대비하여 보고자 한다.

지금까지 사유구록에 대해서는 수많은 연구가 있는데 비하여, 사조선록에 대한 연구는 중국사 연구와 한국사 연구의 두 분야에서 동월董越의 『조선부朝鮮賦』에 대한 것을 제외하면 전혀 없다고 해도 좋을 정도이다. 사조선록에 대하여 정리한 연구가 있다거나 이에 대한 해제가 이루어진 것을 필자는 과문이라 알지 못한다. 사조선록이라고 불러야 할 사료 전체에 대한 연구가 없다고 한다면, 이를 한문문헌 전체 가운데 자리매김하는 작업도 이루어지지 않았음은 말 할 것도 없다. 따라서 이 글은 사유구록을 다른 것과 비교함으로써 객체화함과 동시에 사조선록도 객체화하고, 그 특질을 지적하는 것을 목적으로 한다.

2. 「책봉사록」과 「사유구록」

이미 서술한 것처럼 사유구록은 지금까지 보통 「책봉사록冊封使錄」이라고 불러왔다. 그리고 이는 사절의 복명서라거나, 이 복명서에 손을 본 것이라는 것이 일종의 정설이었다. 예를 들면 『나하시사那覇市史』(자료편 제1권 3, 冊封使錄關聯資料(原文編·訓讀編))(那覇市, 1977)의 해설, 시마지리 카쓰타로島尻勝太郎의 「책봉사록冊封使錄에 대하여」에서는 다음과 같이 기술하고 있다.

> 책봉사는 그 사명을 완수하고 귀국하면 복명을 하여야 한다. 그 보고서를 판행板行한 것이 책봉사록이다. 그렇지만 그 원보고原報告와 판행한 사록이 완전히 동일한 내용인가 아닌가에 대해서는 다소 의문도 있다.

즉 시마지리島尻는 「책봉사록」을 복명서라고 전제하고 나서, 이 복명서 원래의 보고와 출판되어 우리가 읽는 「책봉사록」의 내용이 완전히 동일한 것인지 아닌지가 의문이라고 하였다. 이와 같은 관점은 『책봉사冊封使-中國皇帝의 使者』(沖繩縣立博物館友會, 1989)의 해설에서도 거의 그대로 답습되고 있어서, 「책봉사록」을 황제에게 제출한 복명보고서라 하고 있다. 이러한 종류의 견해는 『오키나와대백과사전沖繩大百科事典』(오키나와타임스社, 1983)과 같은 사전에도 보이는 것으로, 유구사 연구자 사이에서는 오랫동안 정설화되어 온 것 같다.

이에 대하여 근자에 손미孫薇가 이론異論을 제출하였다. 그녀는 책봉사록=사유구록은 종래 생각해 왔던 것처럼 황제에게 보고하는 복명문서가 아니라, 명대의 그것은 완전히 책봉사 개인의 책임감에서 집필된 것이고, 청대의 것도 유구에 관한 책봉사들의 기록에 지나지 않는다고 하였다.[1] 책봉사록=사유구록이 복명서인가 그렇지 아니한가 하는 문제에 한정하여 말한다면 필자는 그녀의 견해에 전면적으로 동의한다.

손미孫薇의 논고는 이처럼 종래의 관점을 수정하도록 요구하고 있지만, 그러나 이 논고에 있어서도 종래 책봉사록이라고 불려온 사료를 동아시아세계에 관련되는 한문문헌의 하나로 넓게 보고 자리매김하는 방향성은 볼 수 없다. 이는 책봉사라는 것이 꼭 유구에만 파견된 것이 아니라, 국내의 제왕諸王・제왕비諸王妃 등을 책봉하기 위해 파견되었으며, 유구 이외의 여러 외국의 국왕이나 세자를 봉하기 위해서도 파견되었기 때문이다. 따라서 그들이 써서 남긴 여행기는 모두 책봉사록이다.

---

1) 孫薇, 「『使琉球錄』の文書的な性格」(中國福建省・琉球列島交涉史硏究調査委員會編, 『中國福建省・琉球列島交涉史の硏究』, 東京:第一書房, 1995).

사실 예를 들어 명대 도목都穆의 『사서일기使西日記』 2권(北京圖書館古籍 珍本叢刊 20, 書目文獻出版社 收載)은 책봉사록이다. 도목은 정덕正德 8년(1513), 예부낭중이었을 때 책봉부사가 되어 영하寧夏에 있던 경왕부慶王府 수양왕壽陽王의 왕비를 책봉하기 위하여 여행하였다. 그 때의 여행기가 『사서일기使西日記』이다. 말하자면 이것도 틀림없는 책봉사록이다.

이상은 중국국내에서 책봉사가 파견된 경우이지만, 당연히 외국의 제왕諸王을 책봉하기 위하여 파견된 자의 여행기도 있다. 이를테면 황우직黃虞稷의 『천경당서목千頃堂書目』에는 전부錢溥의 『사교록使交錄』 1권과 반희증潘希曾의 『남봉록南封錄』 1권이 수록되어 있는데 모두 명대에 안남국왕安南國王을 책봉하러 나갔을 때의 여행기이다.[2] 먼저 전부의 『사교록』은 천순天順 6년(1642), 한림원 시독학사 전부가 여호黎灝를 안남국왕으로 봉하기 위하여 정사가 되어 1품급品級을 받고, 부사인 예과급사중禮科給事中 왕예王豫와 함께 안남으로 여행했을 때의 기록이다.[3] 이는 성화成化 원년(1475)의 서문이 있었다 하며, 『절강채진유서총록浙江採進遺書總錄』이 편찬된 건륭乾隆 39년(1774) 무렵까지는 간본刊本으로서 전해 왔다고 생각되는데, 이것이 현존하는지에 대해서는 아직 확인되지 않는다.

반희증의 『남봉록』도 역시 책봉사록이라고 해야 할 것이다. 반희증은 정덕 7년(1512)부터 다음해에 걸쳐 형과우급사중刑科右給事中으로

---

2) 黃虞稷, 『千頃堂書目』 卷八, 地理類下(上海上海古籍出版社, 1990), 215~216쪽. 더우이 一本에서는 錢溥, 『使交錄』 十八卷으로 한다고 하였다. 『浙江採進遺書總錄』(乾隆39年刊本) 戊集에도 『使交錄』 18권, 刊本으로 삼는다고 하였다.
3) 錢溥의 安南行에 대해서는, 『明實錄』 天順 6년 2월 庚寅, 天順 7년 6월 己巳 참조. 趙令揚 等編, 『明實錄中之東南亞史料』(香港·學津出版社, 1976), 402·404쪽; 『欽定越史通鑑綱目』 卷19. 光順3(天順6)年 12月.

책봉사가 되었고, 한림원 편수編修로 정사인 담약수湛若水와 함께 안남국왕을 책봉할 목적으로 사행하였다.4) 『남봉록』은 그때의 여행기다. 그러나 이 책 또한 초본鈔本만 있었는지 간본이 있었는지는 분명하지 않으며, 현존여부도 확인할 수 없다. 다만 반희증에게는 『죽간집竹澗集』이라는 문집이 있고 거기에 그 자신이 썼던 「남봉록서南封錄序」가 실려 있어서 대략 그 내용을 알 수 있다.5) 이에 따르면 그 내용은 안남에서 지은 시가詩歌 22수, 북경에 돌아와서 올린 주소奏疏[回京奏疏] 1통을 실었고, 안남국왕의 시 2수, 서신 2통, 배신陪臣 즉 안남국 신하의 시 5수를 권말에 묶은 것이라고 한다. 22수의 시가와 상주문이 포함되었다는 사실을 가지고 추측하자면, 후술하는 사조선록使朝鮮錄 가운데서, 예를 들어 장녕張寧의 『봉사록奉使錄』과 닮지 않았을까 한다. 또 여기서 말하는 회경주소라 하는 것은 같은 반희증의 『죽간주의竹澗奏議』에 수록된 「구봉소求封疏」와 동일할 것으로 여겨진다.6) 「구봉소」라고 제목을 달았지만 이 상주문의 끝에 "원래 받았던 조서詔書를 넣는 통과 사절의 징표인 깃발[節]을 관례에 따라 반환합니다"라고 적고 있는 것을 보면, 이것은 귀국하고 나서 올린 회경주소가 틀림없고, 이는 바로 복명서이다.

이상 전부의 『사교록』과 반희증의 『남봉록』은 총칭하여 사안남록使安南錄이라고 해야 하겠지만, 책봉사록이라는 장르에도 들어간다. 그런데 『천경당서목千頃堂書目』에 또 하나 수록되어 있는 황간黃諫의 『사

---

4) 『欽定越史通鑑綱目』 卷26. 洪順 5(正德8)年 正月.
5) 潘希曾, 『竹澗集』(『欽定四庫全書』 수록) 卷6, 南封錄序.
6) 潘希曾, 『竹澗奏議』(『欽定四庫全書』 수록) 卷1, 求封疏.

교록使交錄』은 책봉사록이 아니다. 천순天順 원년(1457) 명나라에서는 토목土木의 변變으로 퇴위했던 정통제正統帝[英宗]가 복위하고 동시에 그 아들 주견심朱見深을 황태자로 세웠다. 이 때 황간은 상보경尙寶卿이었는데 한림원 시강을 겸임하고 있어서 영종의 복위를 알리기 위하여 조서를 가지고 안남국에 갔다.[7] 『사교록』은 이 때의 기록이므로 사안남록이기는 하지만 책봉사록일 수는 없다.

또 이선근李仙根의 『안남사사기요安南使事紀要』 4권(『四庫全書存目叢書』 史部 제56책 收載)도 황제의 사자의 기록이지만 책봉사록은 아니다. 강희康熙 7년(1668) 강희제는 정사로서 내비서원內秘書院 시독侍讀 이선근, 부사로서 병부兵部 직방사주사職方司主事 양조걸楊兆傑 등을 안남국에 파견했다. 그 무렵 베트남에서는 청조가 안남국왕으로 책봉한 여유희黎維禧와 똑같이 정조가 안남도봉사安南都統使에 임명하였던 막원청莫元淸이 함께 정통왕조를 주장하면서 항쟁했는데, 막원청은 국내의 근거지인 고평부高平府를 빼앗기고 멀리 달아나 중국 광서성 남녕부南寧府에 숨어 있었다. 강희제는 막원청의 구원요청을 받아들여 이선근 등을 파견하여 고평부를 할양하여 반환하도록 여유희와 교섭을 하게 했다. 『안남사사기요安南使事紀要』는 이 때의 기록이다. 이선근이 국경인 진남관鎭南關을 넘은 것이 강희 8년(1669) 정월 8일이고, 다시 진남관을 넘어 귀국한 것이 3월 19일인데, 수도인 하노이에 체재한 것은 정월 17일부터 3월 11일 사이였다. 이 기록은 책봉-조공 관계에 있던 두 나라 사이에도 국토·인민의 할양과 같은 큰 문제에서는 그 교섭이 얼마나 험난하기 짝이 없는가, 쌍방이 어떤 술책을 부리고 있는지를

---

7) 『國朝獻徵錄』 卷20, 黃諫傳 ; 『欽定越史通鑑綱目』 卷18. 延寧4(天順元)年 9月.

알려준다. 하노이 체재가 보통의 책봉사와는 달리 두 달 가까이 끈 것도 이 때문이었다. 그것은 현장감 넘치는 외교교섭 기록이며, 조칙詔勅을 개독開讀하는 일의 의미, 외교에서『대청회전大淸會典』이 갖는 의미 등도 알려주는 것이어서, 베트남사 연구뿐만 아니라 전근대의 동아시아 국제관계사·외교사 연구에서도 필독문헌이라고 해야 할 것이다. 즉 이『안남사사기요』도 사안남록이기는 하지만, 책봉사록일 수는 없다.

이렇게 볼 때 사유구록을 앞으로도 계속「책봉사록」으로 부른다고 한다면, 아무래도 두 가지를 양해하여 두어야 할 것이다. 하나는 그것이 말할 것도 없이 '유구'책봉사록琉球冊封使錄에 지나지 않는다는 것이다. 그리고 둘째는 명대 중기 이후에 중국에서 유구로 파견된 것은 아주 적은 예외 말고는 나머지가 모두 책봉사이거나 유제諭祭를 겸한 책봉사뿐이라는 것이다. 이는 명청明淸 중국과 제외국諸外國의 교섭왕래 가운데서 극히 특이한 일이다. 즉「사유구록」이 모두「책봉사록」이었던 것은 그 자체가 명청 중국과 유구와의 관계의 특수성을 나타내는 것이고, 동아시아 한문사료 전체를 놓고 볼 때는 그야말로 우연이었을 뿐이다.

3. 사조선록 해제

위에서 기술한 내용은 사조선록使朝鮮錄과의 대비를 통하여 더욱 명확해진다. 명·청 양대를 통하여 중국이 가장 많은 사절을 보낸 곳은 조선이다. 우선 여기서 노구치 테쓰로野口鐵郞의 『중국中國과 유구琉球』에 의거하여 남명정권南明政權을 포함한 명明 일대를 통하여 어떤 형태로든 유구에 사절이 온 것을 헤아려 보면 34회인데, 이 가운데 국왕책봉사로서 온 것이 16회이다.[8] 한편 명 일대를 통하여 중국 쪽에서 조선에 보낸 사절의 수는 여기서 우선 이현종李鉉淙이 작성한 통계에 따르면 합계 186회를 헤아린다.[9] 그런데 이 통계는 조선사편수회朝鮮史編修會의 『조선사朝鮮史』(朝鮮總督府, 1932~1938)에 의거하여 헤아린 것으로 『조선왕조실록朝鮮王朝實錄』· 『명실록明實錄』· 『승정원일기承政院日記』 등에 직접 의거한 것은 아니며, 조선국이 성립한 홍무洪武 26년(조선 태조 2년, 1393)부터 헤아린 통계이다. 즉 명대 초기에 고려국高麗國에 보낸 사절은 치지를 않았다. 가령 고려시대에 명에서 보낸 사절 등을 추가한다면 200회를 훨씬 넘을 것이다.

청대淸代의 경우에도 마찬가지로 노구치野口의 『중국과 유구』에 의하면, 청 일대를 통하여 합계 10회의 사절을 보냈는데, 이 가운데 국왕책봉을 목적으로 한 것이 8회이다. 한편 청 일대를 통하여 중국에서 조선에 보낸 사절의 수는 우선 전해종全海宗의 통계를 따른다면 청 숭덕崇德 원년(明 崇禎 9년, 조선 仁祖 14년, 1636) 즉 태종太宗 홍타이지가 국호를 청淸으로 정한 때부터 시작하여 광서光緖 6년(조선 고종17년, 1880)까

---

8) 野口鐵郞, 『中國と琉球』(東京:開明書院, 1977), 186~206쪽. 또 책봉사의 유구왕래에 대해서는 金城正篤, 「領封論·頒封論 ―冊封をめぐる議論―」(『第三回琉球·中國交涉史に關するシンポジウム論文集』, 那覇:沖縄縣敎育委員會, 1996), 52~55쪽에 자세하다.

9) 李鉉淙, 「明使接待考」(『鄕土서울』 제12호, 1961), 74~89쪽. 한편 이 논문의 부분 역으로 李鉉淙, 「明使接待考(一)」(渡辺學 譯, 『韓』 제4권 제7호, 1975)가 있는데, 使節一覽表도 전재하였다.

지 169회이다.10) 더욱이 이 통계는 『동문휘고同文彙考』의 「조칙록詔勅錄」을 바탕으로 한 것이어서 조칙을 가져온 사절 즉 이른바 칙사勅使만을 셈한 것이므로, 앞서 이현종의 통계에 칙사가 아닌 자도 포함되어 있는 것과는 성질을 달리한다. 즉 『조선왕조실록』・『승정원일기』 등의 기초사료에서 칙사가 아닌 사절까지 찾아서 포함시키고, 나아가서 청일전쟁(光緖 20년, 고종 30년, 1894) 무렵까지 범위를 넓힌다면 그 수자는 이보다 크게 불어날 것이다. 어쨌거나 청대에 중국에서 조선으로 보낸 사절의 수는 똑같이 청대에 유구에 보낸 사절의 수에 비하여 현격한 차이가 있었다.

그렇다면 청조에서 조선에 파견된 이처럼 많은 사절 가운데 몇 사람이 여행기나 또는 조선과 관련한 기록을 남겼는가 하면, 그것은 놀랄 만큼 조금밖에 남기지 않았다. 각종 한적목록漢籍目錄을 조사해 본 범위 내에서 명대의 것으로 현존하는 것은 예겸倪謙・장녕張寧・동월董越・공용경龔用卿・황홍헌黃洪憲・주지번朱之蕃・강왈광姜曰廣의 것밖에 없다. 청대에 황제가 파견했던 사절의 것으로 현존하는 것도 지금 단계에서는 백준柏葰・괴령魁齡・숭례崇禮 세 사람의 것밖에 확인되지 않는다. 설사 검색에서 빠진 것이 있다고 쳐도, 사조선록은 사유구록에 비하여 사절의 회수와의 비율을 가지고 말한다면 압도적으로 적다고 할 수 있다. 종래처럼 유구 「책봉사록冊封使錄」이 귀국보고

---

10) 全海宗, 『韓中關係史硏究』(서울: 一潮閣, 1970), 75쪽. 한편 張存武, 『淸韓宗藩貿易:1637~1894』 (臺北中央硏究院近代史硏究所專刊 39, 1978), 40쪽. 淸朝使朝鮮 각 시기 빈도는 전해종의 통계를 그대로 따르고 있는데, 勅使數 167로 되어 있는 것은 169의 미스프린트 또 동, 『淸代中韓關係論文集』(臺北商務印書館, 1987), 306쪽에서 順治 2년(1645)부터 光緖 6년(1880)까지 합계 151회의 淸朝使節이 파송되었다고 하는데, 필시 이 통계는 전해종의 통계에서 1636~1644년의 18회를 단순하게 빼내서 셈했을 뿐이다.

를 바탕으로 한 것이라고 한다면, 사절회수로 볼 때 사조선록은 아주 많이 남아 있어야 할 터이다. 이처럼 사조선록이 압도적으로 적은 것은 어떻게 설명되어야 할까.

출사회수出使回數와의 비율에서만 사조선록이 사유구록과 크게 다른 것이 아니다. 거기에 적혀 있는 내용에서도, 그리고 출판 사정에서도 각각 크게 다르다. 그래서 아래에서는 먼저 각각의 사조선록에 해제를 붙이고, 그런 다음에 전체의 사유구록과 어떻게 다른가를 고찰하고자 한다. 서명書名 뒤에 붙이는 ( )는 필자가 이용한 판본을 가리킨다.

□ 예겸倪謙, 『조선기사朝鮮紀事』 1권
　(記錄彙編 收載本, 玉簡齋叢書 수재본, 國朝典故 수재본)

『봉사조선창화집奉使朝鮮倡和集』 1권
　(玉簡齋叢書 수재본)

이는 경태景泰 원년(조선 세종 32년, 1450), 전년에 경태제景泰帝景帝가 즉위한 것을 알릴 목적으로 조칙을 가지고 사행했을 때의 기록이다. 정사는 한림원 시강인 예겸倪謙, 부사는 형과급사중刑科給事中 사마순司馬恂이었다.[11] 여태까지 명나라 황제즉위의 조칙을 조선에 반포하는 사절은 부보랑符寶郎 · 도찰도첨도어사都察都僉都御史 · 좌통정左通政 · 예부낭중禮部郎中 등 여러 가지의 관직에서 뽑아 정사로 삼았다. 이번처

---

11) 『明實錄』 正德 14년 11월 甲辰. 이하 王其榘編, 『明實錄 · 隣國朝鮮篇』(中國社會科學院中國邊疆史硏究中心, 1983)의 쪽 수를 표시한다. 예를 들어 正德 14年 11月 甲辰(『明實錄 · 隣國朝鮮篇』, 142쪽)처럼 표시한다.

럼 한림원이라고 하는 문원부文苑府의, 그것도 시강이라는 상당히 고위관을 파견한 것은 예겸이 처음이다. 예겸은 정통正統 4년(1439)에 제1갑 제3명第一甲第三名 즉 탐화探花라는 높은 성적으로 진사가 된 인물이며, 당시부터 이미 문명文名이 높았다. 나중에 예부상서까지 올라간다.12) 조선에 파견되었던 중국사신과 접대담당자인 조선관료 사이에 주고받았던 시문집인 『황화집皇華集』이 조선에서 출판된 것은 예겸부터 시작되는데, 이후 명말까지 역대에 걸쳐 계속되었다.13) 예겸의 『조선기사朝鮮紀事』가 나오기 이전에 중국사신이 조선기행문을 썼을 가능성은 물론 있다. 그러나 이 책이 명대에 생겨난 조선여행기 가운데서 가장 오래된 것으로서 현존하게 된 것은 다름이 아니라 예겸이 유명한 문인이었기 때문이다.

『조선기사』는 간결한 일기체로 써져 있다. 예를 들면 『기록휘편紀錄彙編』에는 겨우 12장 분량으로 수록되어 있다. 똑같이 『기록휘편』에 수록된 진간陳侃의 『사유구록使琉球錄』은 49장으로 되어 있어서 이의 약 1/4이다. 이는 경태 원년 정월 10일의 요양遼陽 출발부터 쓰기 시작하여 2월 3일, 귀국 도중에 압록강을 건넌 시점에서 끝난다. 정월 16일에 압록강을 건너 입국하고 있으므로 조선체재 일수는 모두 47일간이다. 더욱이 그 사이에 서울에 체재한 것은 20일간이다.

『봉사조선창화집奉使朝鮮倡和集』은 예겸과 그를 환대했던 조선고관 신숙주申叔舟 · 정인지鄭麟趾 · 성삼문成三問 사이에 오간 창화시문집倡和詩文集이다. 『조선기사』 · 『봉사조선창화집』 모두 현재는 총서에 수록된

---

12) 『國朝獻徵錄』 권36. 倪謙傳.
13) 『皇華集』(中韓關係史料輯要 3, 臺北:珪庭出版社, 1978), 3~102쪽.

형태이거나 또는 청대 초본의 형태로 남아 있는데, 예겸이 귀국했던 당시에 단독으로 출판되지는 않았던 것 같다. 적어도 어떤 한적목록에서도 단독간본이 있음을 확인할 수 없다.

□ 장녕張寧, 『봉사록奉使錄』 2권
(鹽邑志林 收載本, 四庫全書 수재 方洲集 수재본, 靜嘉堂所藏 方洲先生集 수재본)

이는 천순天順 4년(1460), 예과급사중禮科給事中 장녕張寧이 정사, 금의위錦衣衛 대봉도지휘帶俸都指揮 무충武忠이 부사로 황제의 칙을 띠고 조선국왕을 문책하러 왔을 때의 여행기다. 『장방주봉사록張方洲奉使錄』이라고도 한다.

당시 조선 북방의 두만강 상류 또는 중류에 사는 모련위毛憐衛의 여진족女眞族[滿洲族]과 조선 사이에 다툼이 생겼다. 조선은 모련위 도독첨사都督僉事인 낭패아한浪孛兒罕[郞卜兒哈]과 그 자녀 16인을 꾀어내 살해하였다. 낭패아한 일족은 조선영내의 회령會寧에 침입하여 보복을 꾀하는 한편, 같은 여진족의 건주위 도지휘建州衛都指揮, 모련위毛憐衛 지휘 등이 명조에 사자를 보내 이 정황을 통보했다.[14] 명조는 살해당한 낭패아한이 모련위 도독첨사라는 조정의 관직을 수직하고 있는데도 불구하고, 조선이 아무런 상의도 없이 그를 붙잡아 살해한 점, 그 결과 여진족과 조선족 사이에 살육이 계속되리라는 점을 문제삼아, 곧바로 문책하는 칙을 들려서 사절을 파견했던 것이다. 금의위 도지휘라는 무관이 부사였던 것은 아마도 이와 같은 무력문제

---

14) 河內良弘, 『明代女眞史の硏究』(京都:同朋舍出版, 1992), 395~406쪽.

가 있었기 때문일 것이다. 장녕의 기록에 따르면 일행은 천순 4년 2월 3일에 북경의 조정을 출발하여 2월 18일에 심양의 요동도사를 떠나 3월 2일에 한성(漢城[서울])에서 칙서를 읽어 문책하고, 10일에 서둘러 한성을 떠나 귀국길에 오르고 있다. 평양 도착은 3월 15일, 3월 22일에는 중국의 봉황산鳳凰山에 당도했으니까, 압록강을 건넌 것은 3월 20일 전후였을 것이다. 여정으로 추측하건대 왕로往路에 압록강을 건넌 것은 2월 24일 무렵이라고 생각되므로 조선체재는 1개월이 채 못 되고, 서울체재는 겨우 10일 정도이었다.

『봉사록奉使錄』 상권에는 제본題本 3통과 조선에 주는 문서 한 통, 그리고 중국국내의 북경 근방 풍윤현豐潤縣에서부터 요양에 이르는 사이의 시詩 수십 수와 「유봉황산기遊鳳凰山記」를 수록했다. 봉황산은 요양과 압록강 사이에 있는 산이다. 제본 3통은 모두 중국국내에서 작성된 것으로 그 중 1통은 「조선국회환복명제본朝鮮國回還復命題本」으로 칭하고 있는 그대로 그야말로 복명서이다. 이에 비하여 하권에 수록된 시문은 모두가 『황화집皇華集』 즉 장녕과 그를 접대했던 조선관료의 증답시문집贈答詩文集을 재록한 것이다. 맨처음에 황화집皇華集(朝鮮刻本)이라고 써 있는 것처럼, 조선에서 편집하여 간행한 『경진(天順4년)황화집』을 바탕으로 하여, 거기서 조선관료들의 시문을 제하고 장녕의 시문만을 빼내다 적은 것이다. 상권·하권을 합하면 제본과 시문으로 되어 있다고 할 수 있다. 앞에서 반희증潘希曾의 『남봉록南封錄』을 장녕의 『봉사록』에 비견된다고 한 것은 이 때문이다. 다만 이 책에는 서문이나 발문이 전혀 없다. 현재 우리가 장녕의 『봉사록』에 접할 수 있는 것은 명대의 『염읍지림』 등의 총서나 『사고전서』에 수록된 장녕의 문집인 『방주집』에 이를 상·하 2권으로 실어놓았기 때문이다. 일본 세이카도문고靜嘉堂文庫 소장의 초본인 『방주선생집』에서도 『봉사록』을 상·하 2권으로 실었지만, 역시 서문이나 발문 모두 없다. 즉 이는 본래 단행본으로 출판된 것이 아니었다고 추측된다.

□ 동월董越, 『조선부朝鮮賦』 1권
 (朝鮮總督府據朝鮮嘉靖十年刊本 영인본, 國朝典故 收載本, 사고전서 수재본, 豫章叢書 수재본, 日本正德元年刊本, 日本享保二年刊本)

『조선잡지朝鮮雜志』 1권
 (玄覽堂叢書 수재본, 四庫全書存目叢書 수재본)

『사동일록使東日錄』 1권
 (正德九年刊本)

우춘방우서자右春坊右庶子 겸 한림원 시강 동월董越은 홍치弘治 원년(조선 성종 19년, 1488), 홍치제가 즉위한 조詔를 전하려고 조선에 사신으로 왔다. 『조선왕조실록』 성종 19년 2월 계해조에 따르면, 접대의 총책임자인 원접사遠接使 허종許琮은 2월 25일에 동월을 만나 압록강을 건넜다고 하므로, 동월은 이날 조선에 입국한 것으로 생각된다. 또 『(무신)황화집』 제신범옹문집후題申汎翁文集後는 동월이 귀국도중인 4월 4일에 조선의 국경도시 의주義州의 의순관義順館에서 쓴 것이다. 그렇다면 40일 전후 조선에 체재한 것이 된다. 그 사이 서울에 체재했던 것은 3월 13일부터 3월 18일까지 겨우 6일간이었다.

『조선부朝鮮賦』에서 부賦라는 것은 운문韻文의 한 형식이다. 다만 이 책은 운문의 구절마다 스스로 주를 붙이고 있는데, 이 주註야말로 조선의 가지각색의 사물을 설명하는 중심부분을 이루고 있다. 거기에는 조선의 자연·풍속·인정·의식주·제도 등이 실로 요령있게 기술되고 있다. 또 간단하기는 하나 일행의 행동까지 기록하고 있다. 다만 날짜별로 적은 일기가 아니므로, 이를 통하여 그들의 일정을 알 수는 없다.

동월은 그 서문에서, 조선에서 매일 견문한 것을 그날 밤에 간단히 적어두었다가 요동으로 돌아와서 부사인 공과우급사중 왕창王敞이 기록한 것을 참고하여 이 부를 지었다고 한다. 또 제도나 풍속 등에 대해서는 그들을 접대했던 조선 이조판서 허종이 가져다 준『풍속첩風俗帖』을 참고했다고 글 가운데서 서술하고 있다.

『조선부』는 사조선록 전체 가운데서 예외적으로 수많은 해제와 연구가 있다.[15] 더욱 거슬러 올라가면 그것은『흠정사고전서欽定四庫全書』에도 수록되었고,『사고전서총목제요』에 적확한 해제가 되어 있다. 거기에서는 동월 스스로의 견문과『풍속첩』만으로 이처럼 주도면밀한 조선소개가 가능할 것인지의 여부는 의문이라 하면서, 출발 전에 미리『도경圖經』을 참고로 하고, 귀국 후에 전적典籍에 의거하여 더욱 명확히 했을 것이라고 추측하고 있다.『도경』이란 지방지를 가리키는 것이어서 해제를 붙인 이는 특정한 서명을 명시하지 않았다. 그러나 여기서『도경』이라고 하는 것은 아마도 송宋 서긍徐兢의『선화

---

15)『朝鮮賦』(朝鮮史編修會編, 朝鮮史料叢刊 第15, 1937) 朝鮮賦 解說 ; 植野武雄,「董越朝鮮賦考」(『稻葉博士還曆記念滿鮮史論叢』, 京城:稻葉博士還曆記念會, 1938) ; 同,「董越と朝鮮賦」(『斯文』25-5, 1943) ; 曹永祿,「董越의『朝鮮賦』에 대하여」(『全海宗博士華甲紀念史學論叢』, 서울:一潮閣, 1979).

봉사고려도경宣和奉使高麗圖經』을 지칭했을 것이라 하였고, 근대의 연구자도『사고전서총목제요』를 인용하면서『고려도경高麗圖經』까지 참고하여『조선부』를 완성했다고 추측하고 있다. 확언하건대 이 추측을 잘못이라고 확실하게 부정할 수는 없다. 그러나 지금까지 기술해 온 예겸의『조선기사』와 장녕의『봉사록』, 그리고 이 동월의『조선부』, 나아가 앞으로 서술할 공용경龔用卿의『사조선록使朝鮮錄』(嘉靖 16년, 1537, 出使), 황홍헌黃洪憲의『조선국기朝鮮國紀』(萬曆 10년, 1582 출사), 주지번朱之蕃의『봉사조선고奉使朝鮮稿』(萬曆 34년, 1606 출사), 강왈광姜曰廣의『유헌기사輶軒紀事』(天啓 6년, 1626 출사)의 어느 것에도 이 책이름이 나오지 않는 것으로 보아, 현재로서는 이 추측을 의문시할 수밖에 없다. 적어도 명대 중기의 홍치연간에『선화봉사고려도경』이 중국지식인들 사이에서 널리 알려져 있었다고는 생각할 수 없다.

한편『조선첩朝鮮帖』을 선물한 허종은 이 때 병조판서로서 조선원접사로 임명되어, 정사 동월과 부사 왕창을 접대하는 책임자의 지위에 있었다.『(무신)황화집』은 성현成俔의 시가 한두 편 있는 것 말고는 모두가 동월·왕창·허종 3인의 시로 구성되어 있으며, 사절 두 사람이 조선국내에 체류하였던 1개월 이상의 시간은 허종이 밀착동행하여 가장 친밀하였다. 그렇다면『조선부』에 보이는 상세한 조선소개는 동월 자신의 견문과 왕창의 메모 이외에 허종『조선첩』이나 혹은 이에 비견할 만한 것, 그리고 허종에게 직접 물어서 알아낸 것에 의거하였다고 생각하는 것이 타당하지,『선화봉사고려도경』을 거론할 필요는 전혀 없지 않을까? 그리고 무엇보다도『조선부』가운데 보이는 구체적인 내용을『선화봉사고려도경』의 그것과 대비해 보더라도 분명히 일치하는 것을 찾아내기는 곤란하다.

　이와 같이 자잘한 의문을 거론하는 것은, 명대에 조선을 소개한 사료로서는 가장 상세한 『조선부』가 어떻게 탄생했는가라는 문제와 관련이 있기 때문이며, 진간陳侃의 『사유구록使琉球錄』 등 명대에 유구를 소개한 사료군과의 대비에도 관련되는 문제이기 때문이다. 『조선부』가 태어난 경위는 『조선왕조실록』과 『조선부』의 서문에 따르면 대개 다음과 같다.

　우선 『조선왕조실록』에는 성종 19년, 홍치 원년 3월 기사(3월 5일)조에 허종이 동월 등의 동정에 대하여 국왕에게 보고한 기사가 실려 있다. 거기서 허종은 "『대명일통지大明一統志』를 보니 우리나라의 풍속을 실었는데 '부자가 냇가에서 함께 목욕한다[父子同川而浴]'던가, '남녀가 서로 상대를 좋아해서 혼인한다[男女相悅爲婚]'라고 기술되어 있는데, 이는 모두 고사古史의 말이지, 현재 우리나라에 이 같은 풍속은 없다"고 하면서 "『대명일통지』에 이런 종류의 잘못된 기사를 어찌하면 좋을까'라고 했더니, 부사 왕창이 '동월은 지금 마침 선제先帝의 실록편찬을 담당하고 있으므로 이를 고쳐쓰는 것은 어렵지 않다'고 답했고, 동월 자신도 '조선의 지금 풍속을 기록해야지 고사古史의 말을 답습해서는 안된다. 조선의 아름다운 풍속을 당신들이 모두 나에게 써서 준다면 내가 『실록』을 편찬할 때 실어주겠다'라고 했다"는 것이다. 이는 의주에서 평양에 이르는 사이에 박천博川에서 있었던 일인데, 이에 대응하는 기사가 서울에서 행사를 끝내고 일행이 귀국의 도정에 오르려는 3월 임오(18일)에 등장한다. 동월일행과 동행하여 서울을 나서는 허종은 국왕께 다음과 같은 요지로 진언을 했다. 동월 자신이 실록을 편찬하고 있다고 해서 조선의 풍속을 그대로 써줄 것이라고는 믿지 않는다. 그러나 이것을 계기로 조선의 미풍양속이 중국에 전파된다면 다행이다. 상제喪制·직전職田과 '재혼한 부인의 자손은 과거에서 배제한다'는 등의 사항을 관계관청이 모두 써서 내게 보내주기를 바라는데, 그리하면 나는 동월 등과 한담할 때 이것을 전할 생각이다. 국왕은 그리하도록 명했다. 이미 서울을 떠난 허종은 다음 날에도 국왕 앞으로 다음과 같은 문서를 써서 보냈다. 동월이 서울에서 성균관을 방문했을 때 '학령學令'을 가져다 달라고 하기에 그렇게 했더니, 부사와 같이 이것을 읽고 크게 찬탄했다. 또 부사인 왕창은 "조선의 풍속을 모두 적어서 동董 선생께 주어야 할 것이다. 이미 그렇게 말하였는데도 무슨 까닭으로 아직 써다주지 않는가. 동 선생이 귀국하여 실록을 편찬할 때에는 반드시 황세에 상주하고 사서史書에 써주실 것이다. 선생은 정직한 분이니까 허튼소리를 하지 않는다. 이를 당신이 서울로 돌아가거든 국왕께 전해주었으면 한다"고 했다. 그 이튿날 국왕이 허종에게 "우리 조정의 양법미속良法美俗을 여기에 적어서 보낸다. 그대가 말한 대로 이것을 사신使臣 동월 등에게 전달하라"고 하는 명령을 내렸다.

이에 따르면 이 때의 상세한 조선정보가 허종 개인뿐만이 아니라 국가차원에서 준비되었던 것임에 틀림없다. 이는 분명히 창졸간에 준비된 것이었다. 그러나 조선의 제도·풍속에 대한 상세한 기사가 조선국왕 쪽에서 준비되고, 이것이 허종을 통하여 전해진 것은 확실하다. 조선에서 준비한 조선정보가 『풍속첩』 그대로였는지 어떤지는 알 길이 없다. 그러나 동월이 상세한 조선정보를 손에

쥐고 있었던 것은 틀림없는 바이다. 『사고전서총목제요』의 찬자는 『조선왕조실록』을 읽지 않은 채 『조선부』의 제요提要를 썼기 때문에 동월이 보았을 가능성이 적은 『도경』을 끄집어낼 수밖에 없었던 것이다.

이를 진간陳侃의 『사유구록使琉球錄』과 비교해 보면, 양자의 시각과 저술태도의 차이가 명료해진다. 진간이 얼마나 격하게 『통전』이나 『대명일통지』의 잘못을 지탄하고 있는가를 여기서 다시 기술하지는 않는다. 동월의 『조선부』에서도 『문헌통고』나 『대명일통지』에 기술되어 있는 것과 실제로 지금 조선에 있는 것과의 차이가 지적되어 있다. 그렇지만 그것은 다분히 허종을 비롯한 조선 쪽 사람들이 중국인에게 조선의 재인식을 요구하며 그에게 제출한 정보를 바탕으로 하였던 것으로 보인다. 『대명일통지』의 조선기사에 오기誤記가 있다는 것, 더 나아가 말하자면 조선이 옛날의 조선과는 달라져 있다는 것, 한화漢化·중국화中國化, 더욱 단적으로 말하면 문명화를 이룩했다는 것은 원접사인 허종 쪽에서 지적하고 꺼낸 말이었다. 이번에는 문명文名이 높은 동월이 사절을 맡았다는 점은 그가 북경을 떠나기 전부터 조선에 뉴스로 전해졌다. 어쩌면 이 뉴스가 전해졌을 때부터 허종에게는 이 기회를 포착하여 새로운 조선정보를 중국에 흘려보내자고 하는 생각이 들었을지도 모른다. 동월 등이 중국국경을 넘어와 1주일 정도 지났을 무렵에 서서히 이 문제를 화제삼은 것은 그들에게 먼저 1주일 정도 실제의 모습을 보도록 해놓고, 그런 뒤에 『대명일통지』의 오류를 끄집어냄으로써 그들에게 틀림없는 사실이라는 것을 확인하도록 만들겠다는 의도를 미리 갖고 있었던 것은 아닐까?

　허종이 겨냥한 노림수는 정확하게 적중했다. 『조선부』에서는 "이른바 '부자가 냇가에서 같이 목욕한다[川浴同男]'라든가, '역전驛傳에서 노역은 모두 과부가 맡는다[郵役皆孀]' 등과 같은 일을 처음 들었을 때는 놀랐지만, 이런 것들은 모두 고쳐져 있는 것을 이제 알았다"라고 동월 스스로 기술하기에 이르렀다. 그리하여 『조선부』는 중국에서 널리 읽힌 듯하다. 그 홍치 3년(1490) 간본은 서목書目에 따르는 한에서는 적어도 상해사서출판사上海辭書出版社 도서관에 현존하며, 정덕正德 16년(1521) 간본도 천일각天一閣에 현존한다.[16] 또 명 만력간 간본의 총서 『국조전고國朝典故』에도 수록되어 있다. 이 책이 보급됨에 따라서 당시 중국 지식인의 조선인식에 커다란 영향을 끼쳤다고 생각된다. [보주 1] 이 점에서는 유구인식에 큰 영향을 미친 진간陳侃 『사유구록』과 비견할 수 있다. 더욱이 이 책은 『신증동국여지승람』본을 포함한다면 조선에서 3차례에 걸쳐 인쇄되었고, 일본에서도 조선판을 바탕으로 적어도 2차례에 걸쳐 출판되었다.[17]

　그러나 이와 같이 판을 거듭했던 『조선부』가 원래 동월 본인의 의지에 의하여 출판된 것이 아니라는 점은 각종 사유구록과 대비할 때 주의해야 할 것이다. 이는 홍치 3년(1490)의 구양붕歐陽鵬「조선부인朝鮮賦引」, 같은 해의 왕정王政의「조선부후서朝鮮賦後序」에서 엿볼 수 있다.

---

16) 『中國古籍善本書目(史部)』(上海: 上海古籍出版社, 1993), 1079쪽.
보주 1) 朴思浩, 『心田稿』春樹淸譚(『국역 연행록선집』본, 80쪽 上)에는 박사호가 청나라 사람과의 필담에서 董越(『朝鮮賦』)에 적힌 한 구절을 들어 화제로 삼고 있다.
17) 靜嘉堂文庫藏, 日本正德元(1711)年 刊本. 京都大學附屬圖書館藏, 享保二(1717)年 京都臨泉堂 刊本.

이들에 따르면 동월이 홍치 원년(1488) 5월에 귀경한 뒤 곧바로 그들 자신에 의하여 『조선부』가 출판되었던 것은 아니다. 홍치 2년 가을에 동월이 향시총재鄕試總裁를 하러 남경南京에 출장했을 때, 때마침 채점을 돕기 위하여 와 있던 태화현 훈도泰和縣訓導이자 거인이었던 왕정이 이 원고를 보고 출판을 허락해 줄 것을 원하였고, 그리하여 홍치 3년에 왕정에 의하여 출판되기에 이르렀다. 따라서 동월 자신의 서문은 없다. 즉 동월이 마침 유명한 문인이었기 때문에 출판된 것이어서, 이 점에서는 예겸·장녕의 경우와 같다. 이에 비하여 진간은 유구琉球에서 복주福州로 돌아오자 곧바로 스스로 서문을 써서 사유구록을 출판함과 동시에, 사관史館에도 비치해 줄 것을 원했다. 곽여림郭汝霖도 『중편사유구록重編使琉球錄』을 스스로 출판하고, 나중에 유구에 사자로 가는 이들이 이것을 참조해 주기를 진심으로 원하였다. 이들의 저작태도와 동월의 그것은 매우 달랐다.

『조선잡지朝鮮雜志』는 『조선부』의 자주自註부분을 중심으로 뽑아 이를 정리한 것에 지나지 않는다. 『사고전서총목제요』 지리류존목地理類存目에서는, 호사가가 초출별행鈔出別行하여 제멋대로 이름을 붙인 것이지 동월 자신에게 따로 이 책이 있는 것은 아니라고 기술하고 있다. 필자도 이 해석에 찬성한다. 『사동일록使東日錄』은 정덕 9년(1514) 간본이 국립중앙도서관臺北과 상해박물관에 현존한다. 본서는 모두 47장으로 되어 있고, 일록日錄이라고는 하지만 일기는 아니며, 「유총수산기遊葱秀山記」 등 다섯 문장을 제외하면 거의 전편이 시인데, 그 가운데 15장은 중국국내에서 읊은 것이다. 따라서 당시 사람들의 조선인식 심화에는 별로 큰 역할을 하지 못했을 것으로 사료된다.

□ 공용경龔用卿, 『사조선록使朝鮮錄』 2권
　(民國二十六年 江蘇省立國學圖書館陶風樓 用嘉靖十六年序刊本 영인본, 靜嘉堂文庫藏 朝鮮活字本)

　　공용경龔用卿은 가정 16년(조선 중종 32년, 1537), 한림원 수찬으로 정사가 되어 조선에 사자로 왔다. 이는 그 때의 여행기이다. 목적은 가정제嘉靖帝에게 황태자가 탄생했음을 고지告知하는 일이었는데, 이 때 대상으로 뽑힌 외국은 조선과 안남安南의 두 나라뿐이었고, 결국 안남에는 사절이 파견되지 않았던 듯하다. 중국 쪽의『명실록明實錄』, 안남 쪽의『흠정월사통감강목欽定越史通鑑綱目』에 모두 보이지 않기 때문이다.18)[보주 2] 정사는 공용경, 부사는 호과급사중戶科給事中 오희맹吳希孟이었다. 다만 조선에서의 구체적인 여정이 이 여행기에는 적혀 있지 않다.

　　공용경의 이 여행기가『사조선록』이라는 제목으로 가정 16년에 출판된 것은, 진간의『사유구록』이 그보다 3년 전인 가정 13년(1534)에 출판되었던 일이 어떤 영향을 끼치지는 않았을까 하는 것이 필자의 생각이다. 그리 말하는 것은 공용경이 3년 후에 아주 닮은 이름의 책을 출판했다는 것 말고도, 그가 복건성 회안현懷安縣 사람이기 때문이

---

18) 『明實錄』嘉靖15年10月壬子(『明實錄・隣國朝鮮篇』, 259쪽)에 朝鮮・安南 두 나라에 사절을 파견한다는 계획이 보인다. 또 龔用卿,『使朝鮮錄』卷上, 92쪽에도 안남에 파견하는 것은 안남 국내의 내란 때문에 중지되었고, 조선에만 파견되었다고 하였다.
보주 2) 이 때에 安南國(베트남)에는 사절을 보낼 수 없었다. 이 기간에 명조 중국과 안남국과의 움직임에 대해서는 拙稿,「明淸中國による對朝鮮外交の鏡としての對ベトナム外交―冊封問題と'問罪の師'を中心に―」(紀平英作 編,『グローバル化時代の人文學 對話と寬容の知を求めて(下)』, 京都京都大學學術出版會, 2007.3)에 상세하게 기술했다.

다.19) 회안현은 만력 초년까지 후관현侯官縣의 북서쪽에 있던 현으로 만력 8년에 후관현에 합병된 현이다. 후관현은 민현閩縣과 함께 복주성福州城을 구성한다. 간단히 말하면 공용경은 복주사람이었다. 공용경의 시문집『운강선고雲岡選稿』20권(『四庫全書存目叢書』集部 第87冊 收載)에는 고산鼓山이나 오석산烏石山 등 복주성 내외의 명승지에 가서 지은 시나 문장 외에 복주에 부임한 관료들에게 주었던 수많은 시와 문장을 볼 수 있다. 그는 복주의 동향에 민감했던 것 같다. 복주와 밀접한 관계에 있는 진간의『사유구록』이 그가 조선에 가기 3년 전에 나왔다는 점, 나아가 진간의『사유구록』이 황제의 명에 의하여 사관史館에 보존되기에 이르렀다는 점, 그리고 이는『명실록』에도 기록될 정도였으므로 당시의 관료들, 적어도 한림원이나 사관과 같은 문원사적文苑史籍의 기구에 있는 관료들에게는 잘 알려져 있었을 것으로 생각된다. 조선에 사자로 왔던 이 때, 공용경은 한림원 수찬, 경연국사관經筵國史官이어서 그야말로 진간의『사유구록』이 수장된 관청에 있었던 것이다.

더 나아가 이 추측을 확실하게 해주는 점으로써, 그의 문집『운강선고』권12에 「송대행동옥고군봉사환조서送大行東玉高君奉使還朝序」가 수록되어 있는 것을 들 수 있다. 문장을 살펴보건대 이 문장은 가정 13년에 책봉부사로서 진간과 동행했던 고징高澄이 귀국하여 북경으로 돌아가려 할 때, 즉 바야흐로 환조還朝하려고 할 때 지은 송별문이다. 어디에서 지었는지는 명확하지 않지만, 그는 때마침 귀향해 있던 때라서, 이 복주땅에서 지었다고 생각하는 것이 가장 자연스러울

---

19) 龔用卿의 전기는『國朝獻徵錄』권74 :『閩書』권76(福建:福建人民出版社本, 1995). 2271쪽.

것이다. 그렇다면 진간이 『사유구록』 서序를 쓰고, 고징이 후서後序를 썼을 무렵이다. 고징이나 진간이 『사유구록』에 대해 무엇인가 공용경에게 이야기했으리라고 생각하는 것은 아주 자연스럽다. 덧붙이자면 공용경과 진간은 가정 5년(1526) 동년진사同年進士의 관계이기도 했다. 전자가 장원 즉 수석합격이었고, 후자는 제3갑18명이란 성적이었지만, 서로 아는 사이이었다. 『사조선록』에는 진간의 『사유구록』에 대한 언급이 전혀 없지만, 정황증거는 지나치게 잘 갖추어져 있다.20)[보주 3]

본서는 2권으로 이루어졌고, 첫머리에 공용경龔用卿의 「사조선록서使朝鮮錄序」(嘉靖 16년 4月 望日)와 오희맹吳希孟의 「사조선록후어使朝鮮錄後語」가 실려 있다. 이를 통하여 이 책의 저술목적과 저술과정을 거의 이해할 수 있다. 이에 따르면 그들이 북경에서 명을 받고 조선으로 출발하기 전에 조선의 고사故事를 여러 선배에게 물어보았으나 관계서적이 없다는 대답이었다. 오희맹은 정덕 16년(1521)에 부사로서 등극조칙을 가지고 조선에 갔던 사도史道에게 물어보았지만, 양국 사이에 의례의 순서를 협의할 때 작성한 「의주儀注」를 겨우 얻었을 뿐이고, 저술은 산실하였다고 했다. 더욱이 요동에 이르러서 전례를 찾아보았지만, 관계관청에서는 그러한 것이 없다는 대답이었다. 그리하여 나중에 조선에 사자로 가는 이를 위한 참고자료로서 기록하여 남긴

---

20) 陳侃, 『使琉球錄』에 朝鮮活字本이 있다는 것은 이 책[夫馬進 編, 『增訂 使琉球錄解題及硏究』(宜野灣榕樹書林, 1999)] 解題篇에서 藤本幸夫가 기술하고 있는 대로인데, 龔用卿, 『使朝鮮錄』에도 똑같이 조선활자본이 있는 점이 주목된다. 日本靜嘉堂文庫에 소장된 것은 한국의 書目에서도 보이지 않는 천하의 孤本과 같은 것이다. 10行 x 20字로 排印되었고, 내용은 明嘉靖刊本과 완전히 일치한다. '養安院藏書' 인장이 찍혀 있다.
보주 3) 韓國精神文化硏究院에도 그 일부가 있음을 그 후에 알았다.

다고 하였다. 즉 가정 16년(1537)에 조선에 사자로 갈 때 그들에게는 참고할 만한 어떤 문헌도 남아 있지 않았다. 실제로 이 사조선록에는 선인先人들이 남긴 기록은 일체 나타나지 않는다. 선인의 문장으로 등장하는 것이 겨우 「유취병산기遊翠屛山記」에서 언급되는 동월의 「유총수산기遊葱秀山記」와 예겸의 시 한두 수뿐이다.

이처럼 가정 16년에 사절로서 조선으로 여행을 하게 된 그들 두 사람에게 하등의 참고가 될 만한 선인의 문헌이 없었다고 하는 점은 그 수년 전에 진간과 고징이 유구에 여행하게 되었을 때 아무런 참고할 만한 문헌이 없었고, 이 때문에 무엇보다도 후인들의 편의를 제일의 목적으로 『사유구록』을 저술했던 일을 상기시킨다. 오희맹의 「사조선록 후어」에서는 선례를 기록한 문서나 선배가 써놓은 기록이 없어서 "이것이 태사太史 운강雲岡선생(龔用卿)이 저작했던 까닭이다"라고 명확히 써놓고 있다. 공용경의 「사조선록서」에서는 이 책의 편찬은 우선 공용경 본인에 의해서 이루어졌고, 이것을 오희맹이 교정校訂하였다고 했다. 또 이 책이 완성되자 오희맹은 "이 책이 완성되었으니 후인이 참고할 만한 것이 생겨난 것이다. 전해져야만 한다"라고 기술했다고 한다. 이 점도 또한 진간이 자신의 책이 후인들에게 도움이 되도록 하기 위해서 사관에 보존되기를 원했던 일을 방불하게 한다. 다만 오희맹은 이 책을 후세에 전하고 싶다고 한 데 비하여, 공용경은 "반드시 전해야만 할 필요가 있을까"라고 코멘트를 붙이고 있는데, 이는 오히려 겸사謙辭라고 생각해야 할 것이다. 그 까닭은 이에 이어서 "후인에게 참고되는 바를 남겨주어 천자를 대신하는 사자의 책무에 실패하는 일이 없어지게 될 것이리라. 그렇다면 다소

간의 도움은 된다"라고 기술하고 있기 때문이다. 이 대목에서 진간이 실용성을 노리고 『사유구록』을 저술한 동기와 지극히 가까운 동기가 있었음을 우리는 알 수 있다.

다만 결과로서는 공용경의 『사조선록』과 진간의 『사유구록』은 내용이 매우 달라졌다. 우선 크게 보자면 『사조선록』의 전반은 ① 조선국내에서의 행사의 행사별 기록과 의주-서울 간의 숙소·명적名蹟·거리, ② 연회에서 국왕과 나눈 문답과 공용경·오희맹이 이 때 썼던 문서 등으로 되어 있고, 후반은 북경과 서울 사이에서 공용경이 지은 시詩와 문文으로 되어 있다. 더욱이 전반 ①은 출사지례出使之禮·방교지의邦交之儀·사직지무使職之務의 3항목으로 나뉘어져 있다. 「출사지례」는 영조지의迎詔之儀·연도영조지의沿途迎詔之儀·개독지의開讀之儀·알묘지의謁廟之儀로 이루어졌고, 사절이 행하는 중요한 의식의 프로세스를 적었다. 이는 곽여림郭汝霖의 『중편사유구록重編使琉球錄』 권하의 「예의禮儀」나 하자양夏子陽의 『사유구록使琉球錄』 권상의 「예의禮儀」에 상응한다고 생각해도 좋다. 다만 일련의 사유구록에 비하여 공용경의 그것은 서술이 더없이 상세하여, 이것을 작성하는데 있어서 조선쪽의 접대담당자와 주고받았던 의주儀注, 즉 행사식순을 바탕으로 그대로 적은 것이 아닐까 생각될 정도이다. 확실히 이 다음에 조선사절이 되는 자는 북경을 출발하게 될 때 이를 읽고 식순을 알아둔다면 "군명君命을 부끄럽게 하는 일 없이" 무사히 행사를 끝낼 수 있겠다고 안심할 수 있었을 것이다. 「방교지의」는 국왕다례지절國王茶禮之節 등 모두 8항목으로 되어 있고, 각각의 접대순서를 차례로 기술한 것이어서 「출사지례」와 극히 유사하다. 제3의 「사직지무」는 도리지

거道里之踞 등 전부 5항목으로 되어 있다. 거기에서는 의주로 입국한 이후의 숙사의 이름과 숙사 사이의 거리, 각지에서 마중을 하는 조선관료의 관직명, 거기에 조선군사가 어느 역에서 순번을 교대하여 호위를 하고 있는지를 적었다. 맨 마지막의 조선국왕과의 문답도 다음번에 조선에 사자로 오는 자에게 있어서는 귀중한 참고자료가 되었을 것임에 틀림없다.

공용경·오희맹이 보낸 문서 가운데 하나는 그들이 국경인 압록강 북쪽 기슭 즉 중국 쪽의 최종지점에 도달했을 때 요동도사遼東都司 앞으로 써서 보낸 것이었다. 그 문서는 조선국내에서 여인들의 접대를 받고 싶지 않으니 이를 순안巡按에게 문서를 보내 조선에다 그 뜻을 분명히 통지하여 주기 바란다고 요구한 것이다. 여인의 접대란 것은 조선에서는 습속에 따라 부녀가 추는 춤[舞踊], 즉 '여악女樂'으로써 중국사신을 접대했기 때문이다. 제2의 문서는 성화成化·홍치弘治·정덕正德·가정嘉靖 연간에 지금까지 한림원·육과급사중의 관원이 조선에 사자로 왔을 때의 문서를 우송하라는 것이었다. 제3의 문서는 조선입국에 즈음하여 가인家人·서리書吏·유사儒士 등 합계 10인을 종자從者로 데리고 가니까, 그것도 미리 조선 측에 전하여 주기를 바란다는 내용이다.

□ 오희맹吳希孟, 『사조선집使朝鮮集』 10권

위에서 공용경의 『사조선록』을 소개하였는데, 이와 함께 반드시 소개할 필요가 있는 것이 이 때 부사로서 동행했던 오희맹吳希孟이 『사조선집使朝鮮集』 10권을 저술한 것이다. 이미 기술한 것처럼 오희맹은 이 때 호과급사중이었다. 설응기薛應旂의 「사조선집서使朝鮮集序」에 따르면, 이 책은 내외로 나누어 10책으로 되었고, 제조制詔・장소章疏・증언치사贈言致詞・산천山川・건치建置・영후迎候・예의禮儀・풍토風土・습상習尙을 기술한 것이라고 한다.[21] 10권이라고 하는 분량과 설응기가 기술하고 있는 서술의 항목으로 보자면 공용경의 것보다 훨씬 상세한 것이었음에 틀림없다. 그는 "체례體例는 삼엄森嚴한데다 의의意義는 주실周悉하다"라고도 평하고 있다. 만약 이 책이 현존한다면 분명히 서긍의 『선화봉사고려도경』에 비견되든가 이를 상회하는 내용이 되었을 것임에 틀림없으며, 사유구록과의 대비에 있어서도 더욱 유용하였을 터인데 유감스럽게도 아직 찾아내지를 못하고 있다. 더구나 이것이 출판되있는지 어떤시노 알 수 없다.

『조선왕조실록』에는 공용경과 오희맹이 귀국한 다음해 성절사聖節使로서 북경에 갔던 허관許寬의 보고로 다음과 같은 이야기를 실었다. 허관은 오희맹으로부터 조선에서의 시말을 자세히 기록한 법첩法帖을 받았다. 거기에는 의주에서 서울에 이르는 숙사와 역의 이름, 재상과 3품당상의 성명, 『급제방목及第榜目』 즉 조선과거의 합격자 명부, 선위사・원접사・종사관의 성명, 통역관의 성명부터 화초의 이름에 이르기까지 기재되지 않은 것이 없었다고 한다.[22] 다만 이것이 『사조선집』과 어떤 관계에 있는지는 여전히 잘 알 수 없다.

---

21) 薛應旂,『方山文集』 권10. 使朝鮮集序. 同文은 『皇明經世文編』 권288, 使朝鮮集序. 吳希孟의 약력에 대해서는 『掖垣人鑑』 권13 참조

22) 『朝鮮王朝實錄』 中宗 33년(嘉靖 17) 11월 乙未[吳晗輯,『朝鮮李朝實錄中的中國史料』(北京:中華書局, 1980), 1260쪽. 이하 『中國史料』라고 약기한다]

□ 허국許國, 『조선일기朝鮮日記』 3권

이 책은 『천경당서목千頃堂書目』에 허국許國 찬 3권[판본에 따라서는 2권]으로 저록著錄되어 있는데, 현존하는지를 확인할 수 없다.

허국은 융경隆慶 원년(1567)에 융경제 즉위의 조칙을 전하려고 조선에 사자로 왔다. 정사는 한림원 검토檢討 허국許國이고 부사는 병과 좌급사중 위시량魏時亮이었다. 허국은 조선에 왔던 사절 가운데서 장녕과 함께 청렴한 인물로서 나중까지 두고두고 전해 오고 있다.[23] 허국에게는 전집全集으로서 『허문목공전집許文穆公全集』 20권(天啓 5년 간본)이 있는데, 국립중앙도서관臺北 등에 현존하고 있다. 거기에는 조선왕만사朝鮮王挽詞 4수이하 俱出使朝鮮詩로서, 약 30수의 시가 실려 있는데 『조선일기』는 포함되지 않았다. 『국조헌징록國朝獻徵錄』 권17에 왕가병王家屛이 찬한 그의 묘지명이 있는데, 여기에도 『조선일기』의 존재는 언급이 없다. 적어도 당시에는 출판이 되지 않았던 것 같다.

□ 황홍헌黃洪憲, 『조선국기朝鮮國紀』 1권
(『學海類編』 收載本, 『碧山學士集』 수재본)

황홍헌黃洪憲은 만력 10년(1582)에 황태자의 탄생을 알리는 반조頒詔를 위하여 한림원 편수로 정사가 되어 조선으로 여행했다. 부사는 공과 우급사중 왕경민王敬民이었다.[24]

---

23) 『朝鮮王朝實錄』 光海君日記, 天啓元年5月壬寅[『中國史料』, 3123쪽]
24) 『明實錄』 萬曆10年9月乙亥[『明實錄・隣國朝鮮篇』, 306쪽]

『조선국기朝鮮國紀』는 주대周代에 기자箕子를 국왕에 봉한 데서부터 만력 3년에 종계변무宗系辨誣를 위한 청원을 하기까지의 조선간사朝鮮簡史이다. 사조선록이라기보다는 조선행을 계기로 저술된 역사서이다. 청대 도광 11년(1831) 서序의 총서 『학해류편學海類編』에 수록되어 있다.

황홍헌에게는 문집 『벽산학사집碧山學士集』이 있는데, 그 권19의 제목이 사조선고使朝鮮稿로 되어 있다.[보주 4] 조선에 사자로 왔을 때 지은 시가 대부분을 차지하지만, 그밖에 서기자실기후書箕子實紀後·공제고황제어제시장후恭題高皇帝御製詩章後·여원접사첩與遠接使帖·조선국기朝鮮國紀가 수록되어 있다. 이 조선국기와 『학해류편』본의 그것을 대비하여 보면 둘 사이에 문자의 이동異同이 약간 있고, 『학해류편』본에는 청조의 휘자諱字가 있는 것 말고는 완전히 똑같음을 알 수 있다. 물론 『벽산학사집』은 명판明版이므로, 『학해류편』본은 『벽산학사집』에 수록된 것, 혹은 이에 비견할 만한 것을 저본으로 한 것이 아니었을까 라고 추찰할 수 있다. 아무래도 『조선국기』 역시 명대에 단행본으로 출판되었던 것 같지는 않다. 거기에 서문도 발문도 없는 것이 이 추측을 강하게 한다.

황홍헌은 처음부터 다분히 조선의 역사에 관심이 있었던 듯하다. 허균許筠의 『학산초담鶴山樵談』에 다음과 같은 에피소드가 실려 있다.

그의 아버지 허엽許曄이 허성許筬·허봉許篈·허균許筠의 3형제에게 언제나 조선의 역사를 알아야 한다고 깨우쳐 주고 있었으므로 모두가 『동국통감東國通鑑』을 읽었다. 그러나 젊었을 무렵에는 "읽어야만

보주 4) 『朝鮮王朝實錄』 光海君 7년 윤8월 8일에 의하면 소위 宗系辨誣 문제에 관계되는 것을 기록한 명나라 사람 저작의 하나로서 黃洪憲, 『碧山集』을 들었다.

할 책이 많았으므로 이런 것을 읽을 수는 없다"고 생각했었다. 그런데 황홍헌이 서울의 숙소인 태평관太平館에 왔을 때, 숙소의 접대담당관인 정유길鄭惟吉에게 고려高麗와 신우辛禑에 대하여 질문했지만 정유길은 대답하지 못하였다. 형 허봉이 대신 들어가 이에 대답할 수가 있었다는 것이다. 그래서 비로소 아버지의 식견이 얼마나 높았던가를 알았다.25)

허봉은 황홍헌이 조선을 방문했을 때 접대담당관의 한 사람이었다. 황홍헌은 허봉의 문장에 감복하였고, 이별에 즈음해서는 시를 청하자 즉석에서 이에 응하였으므로 "중국에 태어났더라면 한림원의 톱이 되어 있었을 것"이라고 찬탄했다는 이야기도 남아 있다. 그의 동생 허균이 전하는 에피소드이므로, 이는 필시 사실이었을 것이다. 황홍헌이 조선역사에 관심을 가지고 있었다고 생각해도 좋을 것이다.『조선국기』가 우연히 나온 것이라고는 생각하기 힘들다.

여기에『조선국기朝鮮國紀』1권(南京圖書館藏 明刊本)에 대하여 부기한다. 『중국고적선본서목中國古籍善本書目(史部)』(上海:上海古籍出版社, 1993) 1080쪽 지리류地理類에 "조선국지朝鮮國誌 1권(明 黃洪憲撰), 기자기실箕子紀實 1권(朝鮮 李珥撰), 명만력각 유헌록본 청 관정분발明萬曆刻 輶軒錄本 淸 管庭芬跋"이라 하고, 남경도서관장南京圖書館藏이라 하였다. 앞서 초판본*에서는 이에 의거하여『조선국지朝鮮國誌』까지도 황홍헌의 저작이라고 열기列記하였다. 그러나 이 책이 과연 황홍헌의 저작인가 하는 것은 의심스러웠고, 오히려『사고전서』에 수록되어 있는 찬자미상의『조선지朝鮮志』와 같

---

25)『許筠全書』(서울:아세아문화사, 1980), 480쪽.
* [역주 2] [역주 1]에 든 책.

은 것이 아닐까 추측되어 다시 조사할 필요가 있다고 해두었다.

그 후 남경도서관에 갈 기회를 얻어서 조사해 보았더니『조선국지』는 황홍헌의 저작이 아니고, 추측했던 대로 찬자미상의『조선지』와 동일한 것임을 확인하였다. 이 책은 정유길鄭惟吉 찬「황화집서皇華集序」(만력 11년 정월 25일, 4葉)와 이이李珥 찬「기자실기箕子實紀」(5엽)와 함께 한 책을 이루고 42엽이다. 표지에 "이 책은 명明의 취리檇李(절강성 嘉興府) 사람 황홍헌이 조선에 사자로 갔다 와서 편집한『유헌록輶軒錄』의 제일종第一種이다. 뒤에다『황화집』3권을 붙였는데 이미 일실佚失되었다"[26]라고 했으며, 도광 18년(1838)에 주죽천周竹泉이란 인물로부터 양수讓受하였다는 관정분管庭芬의 일러두기가 있다. 분명히『조선국지』에는 제1엽 첫 행에다 유헌록이라 새겼고, 제2행에는 조선국지라고 새겼으며, 제3행 이하에서 "檀君肇國 箕子受封 皆都平壤"으로 시작하여 "右平安道"로 끝맺고 있다. 이 가운데 "檀君肇國 … 右平安道"의 전문은『조선지』와 완전히 같은 문장이다.『사고제요』에서도 이를 찬자는 모르지만 조선인의 저작이라고 한 것처럼, 황홍헌의 찬일 수가 없다.「기자실기」는 조선간본의 이이『율곡전서』권14에 수록된 것과 대조하여 보면 때로 문자의 이동이 보이는 것 말고는 완전히 같은 문장이다. 다만 명각본明刻本에는 제5엽 뒤쪽부터 사라지고 없다.

앞에서 본대로 황홍헌의『벽산학사집』권19 사조선고使朝鮮稿에는 그가 찬한「서기자실기후」가 수록되어 있어서, 명각본「기자실기」와

---

26) "此書明檇李黃太史洪忠使朝鮮歸, 所輯輶軒錄之第一種也. 後附皇華集三卷 已佚去矣." 한편『壬午(萬曆10年)皇華集』에는 鄭惟吉의 서문 외에 이 때 遠接使이었던 李珥의 시, 黃洪憲의 恭題高皇帝御製詩章後・與遠接使帖 등을 실었다.

의 관련이 엿보인다. 황홍헌이 조선에 사자로 왔을 때 이이가 그를 접대하였고, 『(임오, 만력 10년)황화집皇華集』에도 시詩를 주고받은 사실이 있다. 정유길 찬 「황화집서皇華集序」도 『(임오, 만력 10년)황화집』에 수록되었는데, 만력 10년에 황홍헌을 접대했을 때의 것이다. 또 황홍헌에게 『유헌록』이라는 편찬물이 있었음은 조선 허균의 『성소복부고惺所覆瓿藁』 권13 「사동방록발使東方錄跋」에서 "예겸倪謙에게 『요해편遼海篇』이 있고, 공용경에게 『조선록』이 있으며, 황홍헌에게 『유헌록』이 있다"라고 기술하고 있는 것을 보더라도 거의 확실하지만,[27] 지금 단계에서는 『벽산학사집』 등을 통하여 확인할 수 없다. 『벽산학사집』에 수록된 「사조선고」가 곧 『유헌록』의 일부일까? 또 관정분이 무엇을 근거로 하여 원래는 『황화집』 3권이 붙어 있었다고 했는지 알 수 없다.

『조선국지』 즉 『조선지』는 중국의 지방지와 닮았으되, 꼭 지방지 그 자체라고도 단정할 수 없다. 이는 예를 들어 국도國都京都를 소개한 부분에서는 각 관청에 대하여 자주 정치제도에 관한 설명이 간략하게 되어 있기 때문이다. 또 이 책은 조선전토의 일을 기록하고 있지만 이를테면 『팔역지八域誌』처럼 상세하게는 기록하지 않았으며 인물소개도 없다. 그것은 마치 조선을 간단히 소개하기 위한 책인 것처럼 되어 있다. 책 가운데 홍치 원년(성종 19년, 1488)의 중국의 사자 동월이 나오는 점, 나아가 정덕 16년(중종 16년, 1521)의 사자 한림원 수찬 당고唐皐 및 병과급사중 사도史道의 이름이 나오는 점으로 보아 이 책이 정덕 16년 이후의 편찬물임에 틀림없다. 더욱이 이 책은 만력 10

---

27) 이 장 주 25)의 『許筠全書』 141쪽. 「使東方錄跋」 또 明의 朱國禎, 『皇明大事記』 권11. 조선에는 "及讀黃少詹洪憲輶軒錄 乃得" 운운하며 『輶軒錄』을 인용하고 있어서, 朱國禎이 조선연구를 위하여 확실히 이 책을 이용하고 있다.

년(1582) 이전의 것임도 의심할 여지가 없다. 이는 장여조蔣汝藻의 『전서당장선본서지傳書堂藏善本書志』에 『조선지朝鮮志』 2권(明鈔本)이 저록되어 있는데 "서발序跋 및 찬인撰人의 성명姓名은 없다. 천일각天一閣 장서이다. 앞에 제기題記가 있는데 '만력 10년 5월, 소주蘇州의 유봉劉鳳子威에게 빌렸다'고 한다. 이는 시랑侍郞이며 천일각 주인이었던 범흠范欽의 수필手筆이다"라고 기술하고 있기 때문이다.[28] 이 책이 만력 10년 이전에 존재했던 것이 틀림없다.

그렇다면 이 책은 누가 어떤 사정으로 편찬했던 것일까? 이미 기술한 대로 사고제요에서는 찬인미상인데 조선인이 지었다고 하였지만 『경도대학인문과학연구소한적목록京都大學人文科學硏究所漢籍目錄』 등에는 명궐명찬明闕名撰이라 했다. 이 가운데 명인明人의 작품이라 한 것은 조공국 사람도 종주국명으로 부른다는 체례가 아니라면 그 내용으로 보건대 명백한 오류이지만, 조선인의 작이라고 한 사고제요에서도 찬자는 불명이라 했고, 그 편찬경위도 기술하지 않았다.

이 문제에 대하여 말하자면 지금으로서는 조선인인 소세양蘇世讓이 가정 18년(중종 34년, 1539)에 한림원 시독 화찰華察이 조선에 사자로 왔을 때, 그에게 선물로 건네주기 위하여 국가의 명령을 받아 편찬한 것이 아니었을까 생각된다. 이와 같이 생각하는 것은 『절강채진유서총록浙江採進遺書總錄』 즉 사고전서 편찬시에 절강성에서 모은 서적을 해설한 목록에 그와 같이 기술하고 있기 때문이다.[29] 『조선지朝鮮

---

28) 民國 蔣汝藻, 『傳書堂藏善本書志』. 朝鮮志 2권, 明鈔本; "無序跋及撰人姓名. 天一閣藏書 前有題記 云 萬曆十年五月 借自蘇州劉御史鳳子威號羅陽 有文名. 乃范侍郞手筆也."

29) 『浙江採集遺書總錄』 戊集, 朝鮮志 二卷. 寫本; "右明朝鮮蘇贊成撰. 嘉靖間侍讀華察奉使時 其國令贊成爲此冊以獻. 備載國中山川古蹟風俗. 未有姚咨跋." 나아가 이를 알게 된 것은 19세

志』2권이 위에서 서술한 것처럼 정덕 16년(중종 16년, 1521) 이후 만력 10년(선조 15년, 1582) 사이에 편찬되었다는 점, 내용이 지방지와 닮았으면서도 꼭 그렇지는 않고 조선이라는 나라를 간단히 소개한 것이라는 점도 이런 생각을 보강해 준다. 다만 지금으로서는 소세양의 문집인 『양곡선생문집陽谷先生文集』 등에서는 이를 확인할 수 없어서, 정확도 높은 추측으로 멈춰둘 수밖에 없다. 또 이 책과 황홍헌의 관계도 여전히 분명하지 않다.

어쨌거나 『조선지』 2권이 편찬된 점, 그리고 그것이 『조선국지』라는 이름으로 명대 중국에서 출판되었다는 점은 중국-조선 사이의 책봉사행을 둘러싼 문화교류의 귀중한 자료임에는 틀림없다. 조선이 중국사절의 내조來朝를 기회로 삼아 조선정보를 의도적으로 흘리려 했던 것은 이미 동월의 『조선부』의 성립사정을 기술하면서 소개하였는데, 『조선지』는 『조선국지』로 이름을 바꾸어서 마침내 중국에서 출판되기에 이르렀던 것이다.

□ 주지번朱之蕃, 『봉사조선고奉使朝鮮稿』 1권
(四庫全書存目叢書 收載本)

주지번朱之蕃은 만력 34년(선조 39년, 1606), 그 전년에 만력황제萬曆皇帝의 황태자에게 처음으로 사내아이가 태어난 것을 알리기 위하여 조

기의 거의 조선 고종시대 인물인 李裕元의 『林下筆記』 권17. 朝鮮志(서울:成均館大學校 大東文化硏究院, 1961), 419쪽에 "淸兵部尙書鍾音所纂浙江書目 云"이라 하며 同上의 문장을 인용하고 있기 때문이다. 그는 최후에 "按 嘉靖己亥華察之來 蘇世讓爲遠接使"라고 적었을 뿐, 그 이상의 고증은 하지 않았다. 李裕元도 대체로 『朝鮮志』 2권을 蘇世讓의 찬으로 생각하고 있었던 듯하다.

칙을 지니고 조선에 사자로 왔다.30) 2월 16일에 북경을 출발하여 3월 24일에 압록강을 건너 의주에 도착, 4월 11일에 서울에 들어와서 그 날 중으로 반조의례頒詔儀禮를 치렀다. 시詩에서 10일 동안 서울에 머물렀다고 하였다. 『명실록』에 의하면 7월 7일에 복명하고 있다. 정사는 주지번으로 당시 한림원 수찬이었으며, 부사는 양유년梁有年으로 당시 예부 좌급사중이었다. 덧붙이자면 주지번은 만력 23년(1595)의 장원이다.

『봉사조선고奉使朝鮮稿』는 그가 북경을 출발하여 서울에 왔다가, 서울에서 북경으로 돌아가기까지 지었던 시문詩文을 수록하였다. 상해 도서관 원장原藏으로 명만력각본明萬曆刻本이다. 그 가운데 「조선중수명륜당기朝鮮重修明倫堂記」는 토요토미 히데요시豊臣秀吉의 침략 때에 소실되었다가 재건된 명륜당에 갔을 때 당액堂額과 함께 쓴 것이다. 「제양천세고題陽川世藁」는 접대관원으로 주지번과 시를 주고받았던 허성과 허균 형제의 부탁을 받아 양천허씨 즉 아버지 허엽, 중형 허봉, 누이 난설헌[許楚姬]의 유고를 보고나서 쓴 것이다. 「난설재시집소인蘭雪齋詩集小引」은 허씨 난설헌의 시집을 보고나서 허씨형제에게 선사한 것이다.31) 또 「요동신수로하기遼東新修路河記」는 서울로부터 귀환하던 만력 34년 5월, 요동의 광녕廣寧에서 삼차하三岔河에 이르기까지 새롭게 수리한 도로와 하천을 기술한 것이다. 이와 같이 중요한 문장도 있기는 하지만 대부분이 시이고 일기가 아닌데다 또 당시의 조선을

---

30) 『明實錄』 萬曆 33년 12월乙卯(『明實錄·隣國朝鮮篇』, 504쪽).
31) 여기에 대응하는 許筠의 기록이 「丙午紀行」(『許筠全書』, 176쪽)이다. 丙午年(만력 34년, 선조 39년)에 朱之蕃 일행을 접대한 일을 상세하게 적고, 또 『陽川世藁』·『蘭雪齋詩集』을 선사한 것도 기술했다.

소개하려고 한 것도 아니다.

　부록으로는 이 때의 원접사 즉 의주에서 서울까지의 왕복 접대 관원이었던 의정부 좌찬성 유근柳根이 편찬한 『동방화음東方和音』을 수록했다. 이는 주지번의 시에 화답했던 조선인들의 증답시贈答詩이다. 따라서 『봉사조선고』・『동방화음』에 수록한 시는 『병오(만력 34년)황화집』에 실린 것과 겹치는 것이 많다.

　더욱이 양유년梁有年에게 『사동방록使東方錄』이 있었음은 앞서 든 허균의 「사동방록발使東方錄跋」에 의하여 알 수 있다. 허균이 발문을 썼던 서책이 바로 양유년의 『사동방록』이었다. 단 이것이 각본刻本으로 있었던 것인지 그냥 초본이었는지 분명하지 않고, 이것이 현존하는지 어떤지도 확인할 수가 없다. 「사동방록발」에서는 "사절로서 왔을 때 지은 것을 편집하고 조선인이 창화唱和한 것을 덧붙인 것"이라고 하니까 주지번의 『봉사조선고』와 아주 닮은 것이었다고 생각된다. 즉 조선에서 썼던 일기나 조선을 소개했던 책이 아니고 주로 시를 정리하여 실은 것이었다고 생각된다.

□ 강왈광姜曰廣, 『유헌기사輶軒紀事』 1권
　(『豫章叢書』 收載本)

　찬자 강왈광姜曰廣에 대해서는 『명사明史』 권274에 전傳이 있다. 강서성 신건현新建縣 사람으로 만력 47년(1619) 진사이다. 거기에는 천계天啓 6년(1626)에 조선에 사자로 왔을 때 중국의 물건은 하나도 가져오지 않았고, 조선에서는 1전錢도 받아가지고 가지 않았기 때문에 조선인이「회결지비懷潔之碑」를 세웠다고 특기하고 있다. 다음해 7년에는 환관으로 당시의 최고권력자이었던 위충현魏忠賢 일파에 의하여 동림당인으로 지목되어 관료신분을 박탈당하고 있다. 그 후 숭정 초에 다시 관위에 올랐는데, 특히 명조멸망 후에는 남경에 있던 남명정권南明政權에서 활약했다. 그의 이름이『동림열전東林列傳』·『동림당인방東林黨人榜』등의 동림당인 리스트에는 등장하지 않으나, 그가 동림당과 아주 가까운 인물이었음은 그가 죽을 때까지의 행동으로 볼 때 의심의 여지가 없다.32) 이는『유헌기사輶軒紀事』를 읽을 때 주의하여야 할 점이다.

『유헌기사』는 강왈광이 한림원 편수이었을 때, 황태자 탄생을 알리는 조칙을 가지고 정사로서 조선에 왔을 때의 기록이다. 부사는 공과급사중工科給事中 왕몽윤王夢尹이었다. 이『유헌기사』가 명대의 다른 사조선록과 크게 상이한 점은, 다른 사조선록이 모두 육로로 조선에 여행한 기록인데 비하여 이것은 해로로 조선에 여행한 기록이라는 점이다. 이에 대해서는 당시의 시대배경을 설명할 필요가 있다. 만력 47년(後金 天命 4년, 1619), 만주 후금국後金國의 누르하치는 숙적 명군明軍과 사르허에서 싸워 승리하고, 나아가 천계天啓 원년(천명 6년, 1621) 3월에는 심양瀋陽·요양遼陽을 연이어 함락시켰다. 이 해 안으로 요하遼河 이동의 땅, 즉 요동반도를 비롯하여 요양으로부터 조선과 국경을 이루는 압록강까지의 교통루트[東八站이라 한다]는 후금국의 손에 들어갔다. 이로써 조선-명의 조공루트가 차단된 것이다. 이 때문에 때마

---

32) 小野和子,『明季黨社考—東林黨と復社—』(京都:同朋舍出版, 1996)에 자주 그가 등장한다. 특히 569쪽 참조.

침 북경에 와있던 조공사절은 해로로 귀국할 것을 청하였고, 명조 쪽에서도 그들을 호송하기 위해 선박을 준비하였다. 이 호송선은 이 때 마침 천계제天啓帝 즉위를 알리는 조칙을 가지고 조선에 가 있었던 중국사신을 귀국시키기 위한 것이기도 하였다.33)

해로로 북경-서울을 왕복하게 되자 사절의 여행은 지극히 위험한 것이 되어버렸다. 우선 천계 원년 4월, 급거 해로를 잡아 북경으로부터 귀국길에 올랐던 조선사신이 철산취鐵山嘴[旅順 부근]에서 해난海難을 만나 사신과 서장관 등이 연이어 익사하였다. 이로부터 사람들이 북경에 사자로 가는 것을 기피하게 되었고, 많은 뇌물을 써서 가는 것을 면하려고 하였다 한다.34) 한편 천계제 즉위의 조칙을 가져왔던 명의 사신도 때마침 조선 조공사절과 함께 귀국길에 올랐지만, 그들도 해난을 당하여 여순입구에 표착하였다. 이 때 정사인 유홍훈劉鴻訓은 자기 혼자 살아남았지만 무수한 중국인이 익사하였다 한다. 이 같은 정황 아래서 명의 사신도 조선행朝鮮行을 꺼리게 되었다.35) 여기서 명나라 사신의 조선행이 유구행과 마찬가지로 아주 닮은 정황이 되었다고 할 수 있다.

한림원 편수인 강왈광이 정사로 선발되고 공과급사중 왕몽윤이 부사로 뽑힌 것도, 아무도 가고 싶어 하는 자가 없는 가운데서 이루어진 인선人選이었다. 전년의 천계 5년(1625)에는 인조 이종李倧을 조선국왕으로 책봉하는 사절이 파견되었는데, 이는 관례에 따라 환관이

---

33) 『明實錄』 天啓元年5月癸亥(『明實錄·隣國朝鮮篇』, 548쪽).
34) 『朝鮮王朝實錄』 光海君日記. 天啓元年4月甲申(『中國史料』 3, 123쪽).
35) 『朝鮮王朝實錄』 仁祖2년(天啓4年) 4月甲辰(『中國史料』 3, 222쪽).

었다. 해로가 위험한 줄 알면서도 조선으로 간 것은 조선에서 은과 인삼을 쥐어짜내기 위해서라고 조선인은 인식하고 있었다. 사실 환관 일행은 한없이 탐욕스러워 이들을 접대하기 위하여 은 10만 7천여 냥과 인삼 2천1백 근을 필요로 했다고 전한다.36) 강왈광이 이런 위험한 해로의 조선행에 정사로 선발된 것은 이미 기술한 것처럼 그가 동림당계의 인물이고 당시의 최고권력자이자 환관이기도 한 위충현 일파에게 밉보였던 것이 필시 큰 원인의 하나일 것이다. 이는 제사료諸史料에 명기된 것은 없지만, 사유구사신使琉球使臣을 선고選考하는 태도로부터 유추하자면 가능성이 지극히 높다. 왕몽윤이 부사로 선발된 것도 아마 같은 이유에서였을 것으로 생각된다. 후금국과 전쟁 상황에 있는 당시였으므로 북경 궁정에서는 요녕지방에 대하여 격론이 진개되고 있었다. 그 때 왕몽윤은 급사중의 직책에 있었기 때문에 그 곳에 대신을 파견하여 시찰하도록 해야 한다고 상주했다.37) 사조선부사使朝鮮副使는 급사중에서 선발하는 것이 관례였으므로, 필시 이 말이 씨가 되어 "말 꺼낸 사람이 먼저 하라"는 식으로 그가 딱 걸려든 것이었다.

 이 때 강왈광 등의 조선행은 다만 황태자 탄생의 조칙을 전하는 것만이 아니고 긴박감이 고조되고 있는 요동정세와 조선정세, 그 중에서도 모문룡毛文龍이라는 한 군인의 동향을 아울러 시찰하는 것이 목적이었다. 『유헌기사』가 여타의 사조선록과 달리 상당히 읽을 맛이 나는 것도 이 때문이다.

---

36) 『朝鮮王朝實錄』仁祖3년(天啓5년) 2月辛卯 ; 仁祖4년(天啓6년) 2月丁酉(『中國史料』3232·3249쪽).
37) 『輶軒紀事』, 1쪽.

모문룡은 요양전투에서 패한 뒤 요동반도를 따라 달아나 조선 평양의 서쪽 앞바다 서한만西韓灣에 떠 있는 작은 섬 단도椵島[皮島]를 근거지로 삼고 반후금反後金의 게릴라전을 벌이고 있던 무장이다. 당시 단도는 조선-중국의 교역루트가 차단되었기 때문에 이를 대신하여 교역의 거점이 되어 "남동南東의 상선商船의 내왕이 베를 짜는 것 같다"로 표현될 정도로 성황을 이루고 있었다. 또 모문룡 자신은 수십만이나 되는 요동지방의 난민을 수하에 거느리고, 수많은 군인을 길러 게릴라전을 벌리고 있었으므로, 패전을 거듭하던 명조정의 처지에서는 희미한 희망의 등불이었다. 그러나 한편으로는 그에게 어느 정도의 실력이 있는지 확실하지 않은데다 언제 배반하고 누르하치 쪽으로 붙을지가 걱정이었다. 강왈광의 시찰의 중심은 그의 동정을 탐색하는 일이었다.

『유헌기사』에 따르면 강왈광과 왕몽윤은 북경에서 산동성 등주登州로 갔다. 거기서 우선 조선에서 장사하는 일을 금할 것, 가인家人 이외에는 의사와 묵객墨客만 데리고 갈 뿐 가마꾼을 데려가지 않을 것, 속지 않도록 하기 위하여 노련한 서리는 채용하지 않을 것 등을 정하였다. 일행은 천계 6년(1626) 4월 22일에 등주에서 승선했고, 28일에 돛을 올린다. 그 후 요동반도로 이어지는 섬을 따라 북상한 뒤 요동반도 남쪽 앞바다를 항행하여 5월 20일에 단도에 도착하였다. 21일에 모문룡과 함께 조선 평안도 철산鐵山에 설치한 그의 관청에 들어갔다. 모문룡이 북경관료에 대한 불만을 있는 대로 터뜨리자, 이에 대하여 강왈광이 위로하고 있는 것은 인상적이다. 그 후 6월 13일에 서울에 입성하여 그날로 조직을 개독開讀하고 있다. 23일에 귀국길에 올라 윤6월 16일에 다시 모문룡과 만난다. 6월 23일에 배로 철산을 출발하여 7월 14일에 등주에 도착했으며, 북경에 돌아온 것은 8월 23일이고, 조정에 나가 복명상소를 올린 것은 26일이었다.

『유헌기사』는 여태까지 소개한 사조선록 가운데서 가장 상세한 여행기록이며, 또 제일 드라마틱한 것이다. 모문룡과의 대화도 인상적이지만 더욱 인상적인 것은 6월 23일에 모문룡과 헤어져 철산에서 배를 타고 나오자 부사 왕몽윤이 강왈광을 향하여 높이 손을 모아들고 "호랑이굴을 빠져나왔습니다그려! 나는 아직 살아 있습니다요!出虎穴矣. 性命將吾有乎"라고 외치는 장면일 것이다. 모문룡이 언제 강왈광 등을 인질로 잡고 누르하치 군으로 붙을지 걱정이었기 때문이다. 모문룡에 대한 걱정만이 아니었다. 조선이 언제 배반하고 돌아설지도 걱정이었다. 오는 길에 철산을 출발하여 조선으로 들어올 때는 조선이 누르하치 군과 내통하여 명나라 사신인 강왈광 등을 인질로 삼지는 않을까 하는 점도 두려워하고 있었다.

이 강왈광 등의 조선행에 대해서는 그의 『유헌기사』 외에도 조선 쪽의 사료로서 『영접도감도청의궤迎接都監都廳儀軌』 불분권(國立中央圖書館[臺北]藏鈔本)이 있어서 접대 모습을 상세히 전해 준다. 이 사료를 소개할 여유는 없지만, 강왈광과 왕몽윤이 조선사절로 결정되었다는 뉴스를 캐치한 중국에 있던 조선사신이 강왈광을 "신체 단소短小하고 성격은 급하고 괴팍하다(性急近愎)"라고 평하고, 왕몽윤을 "체구는 장대하며 성격은 유화柔和하고 술을 즐긴다"고 평하고 있는 점, 조선국왕이 상중喪中에 상복을 입고 황태자 탄생을 알리는 사절을 회견하자 강왈광이 이를 힐문한 것을 『유헌기사』에서는 상세히 기술하고 있는데, 여기서는 전혀 기록하지 않은 점 등은 주목된다.

그런데 이 『유헌기사』가 현재 남아 있는 것은 그것이 『예장총서豫章叢書』에 수록되어 있기 때문이다. 『예장총서』는 청말 광서연간에 강서성 신건현新建縣 사람 도복리陶福履가 간행한 총서이다. 이 책에는 서왈경舒曰敬이라는 인물이 숭정 원년에 쓴 서문序文이 있다. 이에 따르면 강왈광은 천계 7년 즉 귀국 다음해에 위충현 일파에 의하여 관직을 빼앗기고 향리 신건현에 돌아와 있었다. 서왈경이 그를 위로하면서 조선에 다녀온 일을 물었더니 이 문장을 보여주고 서문을 청했다고 한다. 그러나 거기에는 이 책을 출판하려 한다든가 하는 기술은 일체 보이지 않는다. 또 강왈광 자신의 서序나 발跋도 실려 있지 않다. 이런 것으로 추찰하자면 『유헌기사』는 당시에 단행본으로 출판되지는 않았다. 마침 신건사람 도복리가 청말에 『예장총서』를 편수하게 되면서 일찍이 '정의지사正義之士'였던 동향인의 여행기가 있으므로 이를 현상顯賞하려고 수록한 것이라고 생각된다.

세계 주요도서관의 각종 한적목록만으로 한정하여 조사해도, 청대의 사조선록이 얼마나 현존하는가를 단언하기는 상당히 곤란하다. 이는 사부史部·지리류地理類·유기游記의 종류에 포함되는 서책은 지극히 많고, 그 서명만으로 그것이 조선여행기인가를 결정하는 것은 곤란하기 때문이다. 또 똑같이 한적목록에서 사부史部·지리류地理類·외기外紀의 종류에 포함되는 서책은 그것들이 조선관계의 책이라는 것을 알아도, 작자가 과연 황제의 명을 받은 사절이거나 그 수행원인가 어떤가를 단정하는 데는 또 시간이 걸리기 때문이다. 따라서 여기서는 청대의 그것으로서 지금까지 소개한 것과 같은 성격의 것임이 분명한 세 가지를 소개하는데 그친다. 백준柏葰의 『봉사조선역정일기奉使朝鮮驛程日記』·『벽림음관초존薜菻吟館鈔存』, 괴령魁齡의 『동사기사시략東使紀事詩略』과 숭례崇禮의 『봉사조선일기奉使朝鮮日記』가 그것이다. 청대에 황제의 대리인으로서 조선에 사행한 자는 기본적으로 팔기八旗 관계자였기 때문에, 그들이 저술한 것을 찾아보는 데는 은화恩華 찬 『팔기예문편목八旗藝文編目』(民國 30년 排印本)이 유용하다. 그 사류史類·유기游記에 열거된 것 가운데 그 책제목으로 판단하여 사조선록일 가능성이 있는 것은 백준과 괴령과 숭례의 것을 제외하면 화사납花沙納의 『한절록韓節錄』(鈔本), 찬인불상 『조선일기朝鮮日記』뿐이다. 오종사吳鍾史의 『동유기東遊記』, 허오許午의 『조선잡술朝鮮雜述』, 마건충馬建忠의 『동행초록·속록·삼록東行初錄·續錄·三錄』(모두 『小方壺齋輿地叢鈔』 收載) 등에 대해서는 그들의 조선여행 목적이 조칙의 반포와 책봉·유제 등 지금까지 소개해 온 저자의 여행목적과 다르기 때문에 여기서는 생략한다.

□ 백준柏葰, 『봉사조선역정일기奉使朝鮮驛程日記』 1권
(『薜菻吟館鈔存』 一卷 道光 24年 柏氏刊本)

백준은 도광 23년(1843)에 조선국왕의 모친이 병사하였기 때문에 이를 유제諭祭할 목적으로 조선에 사자로 왔다. 백준전柏葰傳은 『청사고淸史稿』 권389에 있다. 이에 의하면 그는 몽골 정남기인正藍旗人으로 도광 6년의 진사이다. 한림원 서길사庶吉士, 한림원 편수, 형부시랑 등을 역임한 뒤에 호부우시랑이었을 때 정사로서 출사하였다.[38]

그는 나중에 호부상서, 군기대신, 문연각 학사 등의 요직에 오르는데, 함풍 9년(1859)에 과거시험관으로서 부정을 저질렀다 하여 처형된다. 또 조선행 때의 부사는 양홍기 한군부도통鑲紅旗漢軍副都統 항흥恒興이었다.

그들은 도광 24년 1월 12일에 북경을 출발하여 2월 21일에 서울에 도착하여 그날 중으로 유제를 행하고, 2월 24일에 서울을 출발, 4월 1일에 일찌감치 북경에 돌아왔다. 그 사이에 조선영내에 있었던 것은 꼭 1개월이고, 서울 체재는 4일간이다.『봉사조선역정일기』는 그간의 여행 일정을 담담하게 적었을 뿐이다.『벽림음관초존』은 북경-서울 사이에서 지은 시를 실었다.

□ 괴령魁齡,『동사기사시략東使紀事詩略』1권
(韓國國立中央圖書館藏 中國刊本)

괴령은 동치 5년(조선 고종 3년, 1866)에 조선왕비를 책봉하기 위하여 사자로 조선에 왔다. 괴령의 전기로는 「괴단각공유사魁端恪公遺事」(『續碑傳集』권11)과『청사열전清史列傳』권52, 괴령전魁齡傳이 있다. 이들 사료에 따르면 그는 만주 정홍기인으로 함풍 2년(1852)의 진사이다. 출사하였을 때의 포스트는 이번원理藩院 우시랑이었다. 부사는 위산질대부委散秩大夫 희원希元이었다.[39]

---

38) 張存武,『清代中韓關係論文集』(臺灣臺灣商務印書館, 1987), 306쪽에 청대에 조선에 출사했던 중국사절에 대하여 기술하기를 "出使人員均以滿洲人爲之"라 했다. 그러나 여기서 보이는 것처럼 柏葰은 蒙古八旗人이어서, 반드시 모두가 엄밀한 의미의 만주인이었던 것은 아니다. 恩華 撰,『八旗藝文編目』에서도 蒙古柏葰著라 한다.

이 책은 동치 5년 7월 4일에 조선왕비 책봉정사를 명받은 것으로부터 쓰기 시작하여 조선에서의 여정을 간단히 기록하면서 가는 곳곳에서 그가 읊은 시를 싣고 있다. 문장도 시가도 담박淡泊하며, 당시 조선의 상황이나 중국-조선 관계의 구체상을 알기 위한 자료가 되기는 어렵다. 필자가 이용한 한국 국립중앙도서관 소장본은 8월 12일에 북경을 출발하여 9월 10일에 조선의 의주에 들어와 9월 19일에 황주黃州를 지나 동선령洞仙嶺에 이르렀다는 곳에서 끊겨 있다. 『일성록』에는 고종 3년 9월 24일에 선조의宣詔儀 즉 책봉의식을 행한 것이 보인다. 아마도 완본完本은 서울에서 책봉의식을 행하고 북경에 도착하기까지 이어졌을 것으로 생각된다.40)

□ 숭례崇禮, 『봉사조선일기奉使朝鮮日記』 1권
　　(光緖間排印本, 小方壺齋輿地叢鈔 第10帙 收載本)

이 여행기는 광서 16년(1890)에 조선국왕의 모친사거에 따라 숭례가 유제를 위한 부사로서 출사했을 때의 기록이다. 그는 한군漢軍 정백기인으로 그 때 호부우시랑이었다.41) 정사는 몽고 정백기인으로 그 때 호부좌시랑인 속창續昌이었다.42) 당시 조선에서는 반란과 기근이 계속되고, 여기에 거듭되는 장제葬祭로 재정이 궁핍하였다. 이 때

---

39) 『淸實錄』 同治5年7月庚申(『淸實錄·隣國朝鮮篇』, 412쪽에 7月 기미라 한 것은 잘못이다).
40) 한국국립중앙도서관 장본을 입수하는 데는 동국대학교 조교수 정병준 씨의 협력을 얻었다. 여기에 적어 감사한다.
41) 『淸史稿』 권446 ; 『淸史列傳』 권61 ; 『朝鮮王朝實錄』 高宗27年(光緖16年)9月26日(『中國史料』 5, 308쪽)에서는 鑲紅旗滿洲副都統이라 한다.
42) 『朝鮮王朝實錄』 高宗27年9月26日條에는 正白旗滿洲副都統이라 한다.

문에 조선에서는 관례를 깨고 중국에다 유제사절의 파견을 중단해 주기 바란다고 요구하였으나, 청조 쪽에서는 체제體制에 관계되는 바 이므로 인정하기 어렵다고 물리쳤다. 그런데 지금까지 북경으로부터 서울에 이르는 사행루트는 육로를 잡는 것이 통례였지만, 만약 육로를 취하게 되면 조선국내에서의 접대와 역전驛傳 때문에 더욱 큰 부담을 주게 된다는 점을 배려하여, 천진에서 북양해군의 기선을 타고 해로로 서울 근처의 인천에 상륙하는 루트를 잡았다. 일행은 9월 17일에 북경을 출발하여 22일에 천진에서 기선에 올라 해양으로 나와서 24일에 인천에 도착, 26일에 서울에 입성하여 그날로 유제의 예를 행하였다. 29일에 서울을 떠나 10월 3일에 인천에서 승선, 5일에 천진에 도착하고 13일에 북경으로 돌아와서 16일에 복명하고 있다. 이 기간 조선에 체재한 것은 8일간, 서울체류는 4일간이었다.『조선왕조실록』에도 고종 27년 9월 26일에 국왕이 칙서를 맞아 유제의식을 행하고, 29일에 칙사를 배웅했다고 하였다.

이 여행기는 관련된 상주문이나 관련문서까지도 실어서 상세하기 그지없지만,『소방호재여지총초小方壺齋輿地叢鈔』본에서는 9월 23일에 배가 위해위威海衛를 지나는 언저리에서 끊겨 있어서, 가장 중요한 조선국내의 활동을 알 수 없다. 출발 전의 일만 해도, 예를 들어 배인본排印本에는 정사의 후보에 오른 사람 22인의 이름과 직함, 부사 후보에 오른 사람 17인의 이름과 직함이 열기되어 있지만, 이런 것들을 모두 커트하고 있다. 연구하는 데 있어서는 반드시 배인본을 이용해야만 한다.43) 배인본에는 광서 18년의 숭례의 자서自序와 함께 광

---

43) 光緒間排印本은 中國科學院圖書館藏本을 이용하였다. 필자를 대신하여 이 책의 카피를

서 19년 이홍장의 서序가 붙어 있다. 내용의 대부분이 여정과 각종 관련문서이지만, 조금이라고는 해도 숭례의 조선관이 적혀 있어 아주 흥미롭다. 중국-조선관계사뿐만 아니라, 중국을 둘러싼 전근대 동아시아의 국제관계사를 연구하는 이에게 있어서는 필독문헌의 하나이다.

4. 사유구록과 사조선록의 특질

이상에서 사조선록이라고 해야 할 장르에 속하는 각 책에 대하여 간단히 소개하였다. 물론 지금까지 「사조선록의 연구」라고 할 수 있는 연구는 본격적으로 이루어진 것이 전혀 없는 듯하며, 향후 연구의 진전에 따라 여기서 소개하지 못했던 것도 발굴될 것이다. 그러나 여기서 소개했던 것만으로도 충분히 대체적인 경향을 파악할 수 있다. 이상을 바탕으로 하여 사유구록을 사조선록과 비교하고, 각각 양자의 특질을 밝히고자 한다.

우선 사유구록에 대하여 말하자면, 유구를 방문한 명·청 중국의 사절이 유구방문을 계기로 하여 여행기나 혹은 그 나라의 역사·풍속 등을 기록한 빈도는 매우 높다. 사조선록은 그와 반대이다. 또 사유구록은 사조선록에 비하여 저자 스스로 출판하거나 또는 저자가 원고를 바쳐 이를 곧바로 궁중에서 출판한 빈도가 지극히 높다. 12종

입수하여 준 京都大學大學院 文學硏究科 연수원 伍躍 씨에게 진심으로 감사한다.

의 사유구록 가운데 진간·곽여림·소숭업·호정·왕즙·서보광·주황·이정원·제곤의 것이 그러하다. 더욱이 왕즙汪楫의 『사유구잡록使琉球雜錄』의 서序에 의하면 장학례는 원래 스스로의 여행기를 이미 판목에 새기고 있었는데, 그의 지인이 이를 신용할 수 없다고 하자 판목을 부수었다고 한다. 그렇다면 그도 출판을 의도하여 썼던 것이어서, 이를 포함하면 실로 80%가 출판을 목적으로 썼던 것이다. 이에 비하여 사조선록 가운데 명백히 저자 스스로가 출판했음을 알 수 있는 것은 겨우 공용경·백준·숭례의 그것뿐이다. 주지번朱之蕃의 『봉사조선고奉使朝鮮稿』와 괴령魁齡의 『동사기사시략東使紀事詩略』은 그들 스스로 출판했는지 어떤지 잘 알 수 없다. 지금 현존하는 것 가운데 사조선록의 장르에 들어갈 수 있는 책의 저자는 합계 10명이므로 겨우 30%이고, 더욱이 오희맹이나 허국·양유년 등, 또는 향후 발굴될 것으로 사조선록의 장르에 들어갈 수 있는 책을 지은 인물을 더한다면 이 빈도는 더욱 낮아질 것이다. 이는 명청시대에 유구에 사자로 갔던 인물이 스스로의 여행기나 이와 비슷한 책을 지어 많은 사람들에게 읽혀지기를 바라는 강한 의욕을 가졌던 데 비하여, 조선에 사자로 갔던 인물은 거의 그런 의욕을 갖지 않았음을 보여준다.

또 거의 모든 사유구록이 스스로의 여행 체험을 산문문체로 기록하거나 또는 유구 그 자체를 기록하여 유구를 연구하는 것이었음에 비하여 대부분의 사조선록은 기행시집紀行詩集이다. 공용경의 사조선록마저도 약 절반은 시집으로 되어 있다.

무슨 까닭에 이와 같은 두드러진 대조가 나타나기에 이르렀을까는 각각의 저작의 내용 및 작자들이 처한 조건을 보면 분명해진다.

우선 사유구록 작자의 대부분은 명확한 저작목적을 가지고 있다. 진간은 그 저작목적을 첫째 책봉사로서 유구로 가는데 즈음하여 지침이 될 만한 참고서적이 없어서 곤란했던 점, 나중에 사자로 갈 사람의 참고서로 써놓을 필요가 있다는 점을 들고 있다. 둘째로 당시의 지식인이 지닌 유구지식이 너무나 오류에 가득 차 있는 것이어서 실제로 견문한 것을 바탕으로 『대명일통지』 등의 오류를 바로잡을 것을 들고 있다.[序 및 題爲周咨訪以備採擇事] 거기에는 "무릇 유구의 일을 기재한 서책은 [유구에서] 그것을 물어보면 백 가운데 하나의 진실도 없다"라고 거리낌 없이 말할 정도로, 스스로 새롭게 발견한 '사실'에 대한 열렬한 자신감과 말은 겸손하지만 "나중에 사자로 가는 자에게 전혀 쓸모없는 것은 아니리라"[高澄後序]라고 하는 실용성을 찾아낼 수 있다. 곽여림도 완전히 똑같다. 곽여립이 양명학지인 점은 이미 『중편사유구록重編使琉球錄』 해제에서 서술한 대로인데, 그도 『통전』이나 『성사승람星槎勝覽』의 황당무계함을 비판하는 데 즈음하여 스스로의 견문을 중시하였다. 유구에 가서 알게 된 것을 '지행합일知行合一'이라고 표현하고 있다. 또 그의 저작목적 중의 하나가 나중의 사자에게 어드바이스를 해주는 것, 즉 실용에 있었음도 "나중의 사자는 주의를 기울여 높고 크기만 한 배를 만들려고 힘써서는 안된다. 얼핏 보아 좋지 않아도 실팍하고 튼튼한 것이 좋다. 승무원을 늘리려고 힘써서는 안된다. 중요한 것은 그들의 경험과 인내력이다"[造舟] 등의 표현이 이 책의 여러 곳에서 보이는 점에서도 명백하다.

명대의 사유구록이 실용을 중히 여기고 스스로 발견한 새로운 사실을 지체없이 바로 전하려고 하여 지어진 데 비하여, 청대의 그것은 어느 쪽이냐 하면 실용성이 줄고 대신 연구색이 강해지고 있다. 그것은 명대의 양명학으로부터 청대의 고증학으로의 움직임까지도 드러내고 있다. 왕즙·서보광·주황·이정원의 것에서는 특히 정밀한 '사실'에 집착하려는 고증학의 학풍을 읽어낼 수 있다. 그 중에서도 서보광徐葆光의 『중산전신록中山傳信錄』 서와 주황周煌의 『유구국지략琉球國志略』 서 등에서 가장 단적으로 그들의 저술태도를 엿볼 수 있다. 더욱이 이정원의 것에서는 현재 우리들이 말하는 문화인류학적 관심마저 읽어낼 수 있을 것이다. 결국 거기에 있는 것은 명확한 저작의 목적이다.

  우리들은 이미 공용경의 『사조선록』을 검토하여, 그것도 나중에 똑같이 사자가 되어 이 땅에 오게 되는 자들을 위한 실용서로 써졌음을 보았다. 그러나 공용경의 그것과 진간의 『사유구록』을 비교하면 그들 '실용'의 질에서는 크게 벌어져 있음이 역연하다. 가장 근본적인 차이는 진간의 것이 복주에서 배를 만드는 노고를 피력하고, 해상에서 폭풍을 만나 생사의 갈림길에서 살아날 수 있었던 것은 어째서이며, 무엇이 유용하고 무엇을 조심해야만 하는지를 생사의 심연에서 그 체험을 이야기하고 있다. 이에 비하여 공용경의 것은 의례儀禮는 어떠한 순서로 진행되는가, 의주에서 서울에 이르기까지 어디에 무엇이 있고, 어떠한 접대를 받게 되는가 하는 것을 나중에 오는 자에게 냉정하게 전하려하고 있을 뿐이다. 스릴이 있다거나 열띤 곳은 하나도 없다. 한 쪽이 생사를 건 '실용'인데 비하여, 다른 한 쪽은 대국의 사절로서 현장에 임하여 당황함이 없도록, 수치를 당하지 않도록 한다는 '실용'이다.

이 '실용'성의 차이는 명청시대 관료에게 있어서 조선이란 무엇이며, 유구란 무엇이었던가 하는 차이이기도 하다. 그들에게 있어서 조선이란 '사이四夷' 가운데 제일 가까운 존재였다. 거리상으로만 가까운 것이 아니었다. 정신적으로도 가까웠다. 평양을 방문하는 자는 거의 반드시 주대에 봉건된 기자의 사묘나 정전의 유적이라는 것에 대해 언급한다. 여행기 가운데서 강조되는 것은 그곳의 제도가 얼마나 중국의 것에 가까운지, 접대하러 나온 사람들이 시를 짓는데 얼마나 중국인의 수준에 가까운가 하는 것이다. 과거제도에 차이가 있는 것에 주의를 기울이면서도 그것을 중화제도의 일변형―變形으로 밖에는 의식하지 않는다. 과거제도의 차이를 통하여 중국과는 다른 조선의 국가와 사회구조까지 논급하는 일은 거의 없다. 중국사절은 거의 모두가 서울의 대학인 성균관에 들르는데 서기서는 "학생[생원]은 모두 유건儒巾을 쓰고 남삼藍衫을 입어 중화와 같다" "성현은 소상塑像으로 만들어져 모두 중화와 같다"[倪謙]고 평가한다. 명륜당에서 생원이 행하는 진퇴의 의례를 보고 "풍풍호渢渢乎하여 중화의 풍風이 있다"[龔用卿, 謁孔子廟記] 등으로 표현한다. 서책에 대해서도 "경서선본經書善本을 가져다 열람해 보았는데 전혀 이동異同이 없다"[姜曰廣]라고 한다. 조선인의 시작詩作에 대해서도 일상의 언어가 다른데도 "그 시에 이르면 음률의 조화됨이 예[古]와 다르지 않고, 중국과 다름이 없다"고 높이 평가하면서, 그것은 왜 그럴까라고 다시 자문하고는 "그 이理가 같기 때문이다"[龔用卿, 題鄭判書朝天日錄]라고 자답하고 있다. 조선에서도 중국인에게 지지 않는 시작능력을 지닌 자가 많은 것을 강조했다. 『황화집皇華集』의 '황화皇華'란 말할 것도 없이 『시경詩經』 소아小雅의 편명에서 유래하는 것으로 황제가 사신을 파견하는 것을 의미하고, 또 원방遠方이라도 광화光華가 미치는 것을 의미한다. 중국사절을 접대하게 되면 시를 짓는 능력이 뛰어난 자를 임시로 끌어모았는데, 천계 6년 강왈광을 접대할 때는 당쟁에서 패하여 귀양 가있는 자까지도 '문장의 대가'라는 이유로 명예회복을 시켜 접대에 나서도록 하고 있다.[『迎接都監都廳儀軌』 4월 16일] 또 중국사신이 조선인이 쓴 전서篆書를 보고 싶다고 할 때를 대비하여 서울에서 멀리 떨어진 전라도 강진에 사는 전서의 명인을 말을 보내 급히 서울로 불러내고 있다.[『영접도감도청의궤』 3월 14일] 이문화異文化에 접해도 이문화라고 의식하지 못하고, 오히려 본래 있어야 할 문화의 결여된 형태로서 맨먼저 의식되어버리는 곳에서는 좀처럼 뛰어난 여행기가 나오기 힘들다. 적어도 사람들에게 꼭 읽히고 싶다는 여행기는 나오기 힘들다. 거기에서는 사유구록에 보이는 것처럼 '실용'이라는 목적도 '연구'라는 목적도 대체로 희박하다.

중국사절의 접대에 즈음하여 조선-중국에서 때때로 논쟁거리가 된 것은 '여악문제女樂問題'인데, 이것도 중국인이 지니고 있는 조선에 대한 거리감, 즉 중국 그 자체는 아니지만 지극히 가깝다고 보고, 더욱 가까워질 수 있으며 가까워져야 한다고 하는 거리감으로부터 생겨난 것은 아닐까. 조선에서는 귀인을 접대하는 데 여성의 무악舞樂을 보여주는 것이 당연한 일이었지만, 중국의 사신은 이것이 중화의 땅에는 없으므로 예에 벗어나는 것이라 하여 받아들이지 않았던 것이다.[倪謙, 董越, 龔用卿] 중국인의 처지에서 보자면 시의 음률이 중국과 다르지 않다고 한다면 당연히 그들 중국인을 대접하는 악樂과 예禮

도 같아야만 했다. 시도 악도 예도 전부가 "그 이理가 같기" 때문이다. 조선에서는 중국이 조선의 풍속전통을 무시해서 접대의 방법까지 중국식을 강요하는 것은 지나치게 거만하다고 생각하여, 이를 강요한 공용경에게 강한 불쾌감을 가졌다.44)[보주 5]

이처럼 중국관료에게 조선은 정신적으로도 '사이四夷' 가운데 가장 가까운 나라였지만, 실제여행의 거리감에 있어서도 유구와는 훨씬 달랐다. 유구에 사자로 가는 것은 이미 각종 사유구록의 해제에서 보는 것처럼 적어도 명대에는 죽음으로의 여행이라고 생각되고 있었으며, 거기에 선발되는 것은 관료제도 안에서는 거의 징벌에 가까운 경우가 있었다. 관료들은 유구행 사절로 선발되는 것을 두려워하여 이를 기피하고 있었지만, 조선행에 대해서는 이와 같은 기피가 전혀 보이지 않는다. 오히려 명대의 책봉이나 유제諭祭에는 환관을 파견하는 것이 관례였으므로 환관들은 뇌물을 써서라도 이 사절에 지명되기를 원하였고, 조선에서 한없는 수탈을 하여 가지고 왔다. 문인 고급관료의 경우에도 특별히 조선행을 기피한 경우는 보이지 않는다. 오히려 일부의 관료에게는 조선은 안전하게 다녀올 수 있는 데다 큰 벌이도 되는 출장이었던 듯하다. 이를테면 융경 6년(1572)의

---

44) 『朝鮮王朝實錄』 中宗32年(嘉靖16年) 2月丁巳(『中國史料』 1, 250쪽). 한편 龔用卿, 『雲岡選稿』 권8. 「奉使復命題知疏」는 조선에서 歸朝했을 때 쓴 복명서이다. 여기서 그는 조선 쪽이 사전에 제출한 迎詔儀注 가운데 迎詔에 즈음하여 五拜三叩頭의 禮가 없었으므로 중국식으로 五拜三叩頭하도록 한 것을 自讚하며 보고한다.

보주 5) 또한 隆慶 6년(1572)에 萬曆帝의 즉위를 알리러 온 韓世能 등을 맞이하기 위하여, 조선정부는 '本國秉禮의 素를 드날리고 使職觀風의 雅를 이루기 위하여' 女樂을 베푸는 것을 금지하고 있다.(『朝鮮王朝實錄』 宣祖 5년 10월 己未 ; 『中國史料』, 1503쪽) 이것은 龔用卿의 조선사행으로부터 40년이 지나지 않아 조선에서는 현저한 華化＝中國化＝禮化가 진행되었음을 나타내고 있다.

진삼모陳三謨[당시 吏科左給事中]나 천계 원년(1621)의 유홍훈劉鴻訓[당시 한림원 편수] 등은 조선에서 고혈을 쥐어짜낸 인물로서 악평이 높다.45) 중국 관료가 조선행을 기피하게 되는 것은 이미 기술한 것처럼 만주족의 흥기로 신해관山海關 요양遼陽-의주義州의 루트가 끊기고 위험한 해로를 택하게 되면서부터 생긴 일이다.

　조선으로 여행하는 것은 해로가 아닌 한 안전한 것이었던데 비하여 유구로 여행하는 것은 파란만장, 위험하기 짝이 없는 것이었다. 유구여행을 마치고 복주福州에 귀착한 사신에게는 무언가 큰일을 완수했다는 달성감이 틀림없이 있었을 것이고, 이것이 그들의 커다란 저작동기가 되었을 것이다. 진간의 경우 북경을 출발하고부터 복주에 귀착하기까지 2년 2개월이 걸렸다. 곽여림의 경우 북경출발로부터 복주에 돌아오기까지 3년 6개월이 걸렸다. 청대의 왕즙 이후는 복주에서 배를 만드는 기간이 없어져서 명대의 사신에 비하면 훨씬 짧지만, 그래도 그의 경우 같은 루트에 1년 3개월이 걸렸다. 이에 비하여 북경-서울-북경은 아주 짧은 기간에 다녀올 수 있었다. 더욱이 수행원의 수에 있어서도 양자는 전혀 달랐다. 공용경이 조선으로 갈 때 10명의 수행원을 요청하고 있음은 『사조선록』 해제에서 이미 보았던 대로이다. 그렇다면 여기에 정사와 부사를 더하면 12인이다. 이현종李鉉淙에 따르면 조선에 파견되었던 명사일행의 수는 24인으로 한다는 규정이 있었지만, 실제로는 10여 명으로부터 80여 명이었다고 한다.46)[보주 6] 한편 유구행 사절일행은 500명이 되는 일도 있었다.

---

45) 『朝鮮王朝實錄』 宣祖5年(隆慶6年)12月辛未 ; 『光海君日記』 天啓元年 5月壬寅(『中國史料』, 1504·3123쪽).

조선까지의 거리가 가까운 것을 생각하면 이는 오히려 의외이지만, 이는 한 쪽이 해로이었던 데 비하여, 이쪽은 육로로 가능했기 때문이다. 똑같은 외국여행이었지만, 그 의미하는 바는 완전히 달랐다. 중국의 관료들에게 있어서 조선으로 여행하는 것은 다소 원거리의 국내출장이거나, 혹은 국내의 비한민족非漢民族 거주지로 가는 국내출장과 별반 다를 것이 없었던 것은 아니었을까.

명대의 사유구록이 '실용'에 주안을 두었던 데 비해, 청대의 그것은 '연구'에 주안을 둔 것으로 바뀌었음은 이미 지적하였다. 그 배경에 양명학으로부터 고증학으로라는 시대사조의 변화가 있었음도 이미 기술하였다. 하지만 이와 같은 변화를 초래한 데에는 다시 두 가지 요인을 들 필요가 있다. 그 하나는 왕즙 이후에는 배를 건조할 필요가 없어져서, 명의 사신으로서는 커다란 걱정거리를 덜게 되었기 때문에 나중의 사신에게 체험담을 써서 남겨야 하는 실용성이 그만큼 없어진 것이다. 하자양이 여행했을 무렵 이후에는 이미 유구에 사신으로 간 자는 무엇인가 기록을 남겨야 한다는 의무감, 더 나아가 강박관념 비슷한 것이 있었음에 틀림없다. 청대에 들어오면 여행기를 쓰는 것은 이미 전통처럼 되어 있었고, 더욱이 과거 사람과 같은 고생은 없기 때문에 무언가 신기축新機軸을 세울 필요가 있었다. 그것이 고증학이라는 풍조에 뒷받침된 보다 풍부하고 보다 정밀한 유구정보의 제공이었다.

---

46) 앞의 주 9)와 같음.
보주 6) 許筠, 「己酉西行記」(주 25) 『許筠全書』 182쪽 下)에 따르면, 만력 36년(선조 41년, 1608)에 光海君을 책봉하러 방문한 사절은 모두 120여 명이었다고 한다.

또 하나는 유구가 놓여 있는 지리적 조건이다. 당시 중국사절은 갈 때는 하지 이후에 서남풍이 부는 것을 기다려 복주를 출발했으며, 올 때는 동지 이후에 동북풍이 부는 것을 기다려 나하(那覇)를 출발할 수밖에 없었다.[『中山傳信錄』권1. 歷次封舟渡海日期] 그들은 동북풍이 불기 시작할 때까지의 기간을 유구에서 돌아오고 싶어도 돌아오지 못하고 하는 일없이 체재할 수밖에 없었다. 대부분의 사절은 5월 초순부터 6월 하순 사이에 복주를 출발하고, 9월 하순부터 11월 하순에 나하를 떠나고 있다. 그 사이가 4개월에서 5개월이다. 한편 조선사신의 경우는 조선영내의 의주-서울을 왕복하는 데 20수일부터 40수일이 걸릴 뿐이다. 서울 체재기간은 10일 정도가 가장 많으며, 백준의 경우는 2월 21일에 서울에 도착, 그날로 유제의 예를 행하고, 24일에는 이미 귀로에 올랐으므로 겨우 3박4일이었다. 숭례도 3박4일이었다. 하지만 일단 유구에 건너간 자는 그렇게는 안된다. 유제와 책봉의 예禮는 일수日數를 필요로 하지 않으며, 유구 쪽에서 이것저것 무료함을 달래는 행사를 베풀어 주기도 하지만, 3개월이나 4개월 동안 해야 할 일은 전혀 없는 것이다. 빨리 중국에 돌아가고 싶다, 고향에 돌아가고 싶다는 생각은 천 갈레 만 갈레이어서, 설사 곽여림이 아니더라도 「식사정설息思亭說」을 쓰지 않을 수 없다. 또는 이정원처럼 "동풍이 불어오지 않으면 돌아가고 싶어도 계책없고, 길게 탄식만 하도다"[『使琉球記』 8월 2일]라 할 수밖에 없는 것이다.

그러나 이런 환경이야말로 거꾸로 청조고증학의 학풍 속에서 살아온 지식인에게 있어서는 목전의 실용을 위해서가 아니라 지식을 늘리기 위한 '연구'의 깊이를 더할 수 있는 절호의 조건이었다. 청조의 고증학자들이 역사문헌학을 중시했던 것처럼 그들도 역사문헌을 바탕으로 한 연구를 지향했다.[徐葆光 등] 또 유구인의 저작을 발굴하여 이를 이용하기도 하였다.[汪楫 등] 그러나 주요한 사료는 역대로 써 내려온 사유구록밖에 없었으므로 이 방향은 당연히 벽에 부딪치게 된다. 중국의 체례를 본받은 우수한 유구琉球 지방지가 출현하기에 이른 것도 당연하였다.[周煌, 齊鯤] 더 나아가 남아 있는 극소수의 역사문헌을 거의 완전히 무시해버리고 유구사람들이 쓰는 언어나 생활을 옮겨적는 데에 모든 정열을 쏟는 자도 나타났다. 이정원의 『사유구기使琉球記』가 그것이다. '중화'의 가치에 대한 신뢰가 전혀 흔들리지 않는 것은 말할 필요도 없지만, 거기에서는 중국문화가 결여된 형태로서의 유구를 파악한다는 의식은 극히 희박하다. 앞서 이정원의 것에서는 문화인류학적 관심을 읽어낼 수 있다 하였지만, 이는 역사문헌에 명백한 한계가 존재하는 상황 속에서 사실을 더욱 천착하려는 자가 당연히 취해야 할 방향의 하나였던 것이다.

5. 맺음말

사유구록使琉球錄이라는 사료군은 한문문헌 전체 가운데서 매우 특이한 위치를 점하는 것이다. 명·청 중국은 주위의 각국에 대하여 조공을 촉구하거나 또는 책봉을 행하였다. 이것만 가지고 보자면 전근대에 있어서 중국을 중심으로 틀이 만들어진 국제질서를 '조공체제[조공시스템]'라고 부르는 것도 '책봉체제[책봉시스템]'라 부르는 것도 물론 가능하다. 그러나 이들 개념은 당시의 국제질서를 큰 틀에서 설명하기 위한 것이지 그 이상의 것일 수는 없다. 유구와 조선 두 나라는 이들 개념으로 그 국제질서를 설명할 수 있는 가장 현저한 사례라고 할 수 있음에도 불구하고, 사유구록使琉球錄과 사조선록使朝鮮錄이라고 하는 너무나 상이한 성격의 기록이 출현한 이유와 그것의 의미조차 이들 개념으로는 설명할 수 없기 때문이다.

명대 가정연간부터 청대 동치연간에 이르는 300년 이상에 걸쳐 도광 17년(1837)의 사자였던 임홍년林鴻年 등을 제외하고 유구에 갔던 역대 책봉사 혹은 그 관계자가 모조리 후세에 전할 기록을 써서 남겼다는 것부터가 특이하다. 나아가서는 명·청 양대에 걸쳐 유구책봉사의 파견을 중지하라는 논의가 여러 가지로 이루어지면서도 결국 그것을 계속하여 파견했다는 것이 특이하며, 명청교체기를 제하면 책봉사밖에 파견하지 않았던 것도 특이하다.

명청시대의 지식인이 가장 많이 방문한 외국인 조선에 대하여 유구와 견주어 극소수만이 여행기나 외국연구밖에 남기지 않았다는 것, 적어도 여행자 스스로 출판하여 남기지 않았던 것은 얼핏 보면 실로 불가사의하다. 공용경의 『사조선록』은 진간의 『사유구록』의 영향을 거의 확실하게 받았으면서도 결과로서는 심히 다른 것이 되었으며, 그 후 『사유구록』처럼 『사조선록』을 계속하여 쓰는 자는 없었다. 이는 그들의 조선에 대한 거리감, 그 가운데서도 정신적인 거리감이 너무 근접해 있었기 때문이다.

한국사를 연구하는 이, 혹은 보다 한정하여 한중관계사를 연구하는 이에게 있어서 명청시대의 중국지식인이 써서 남긴 조선여행기나 조선연구가 너무나 적은 것은 이 또한 '소여所與'의 일로서, 이제까지 이상하고 말고 할 것도 없지 않았을까? 이는 유구사 연구자에게 있어서 수많은 사유구록이 이미 '소여'의 것이어서, 아무런 이상할 것도 없었음과 완전히 똑같다. 조선에는 조선사람들이 써서 남긴 방대한 자료가 있었다. 청조의 고증학자들이 만약 조선이라고 하는 '사실'에 문제관심을 두었다고 한다면 청대에도 방대한 조선연구가 나왔을 것으로 생각된다. 하기는 후지모토 유키오藤本幸夫가 지적하는 것처럼 조선 세조조(15세기 중엽)에는 중국에서 온 사신에게 조선인의 저작을 보여서는 안된다는 금령이 나온 적이 있다.47) 그러나 이와 같은 금령이 언제까지 또 어느 정도로 지켜졌는지는 의문이다. 조선 지식인은 자신의 시문집에 대하여 자주 중국인에게 청하여 그 서발序跋을 받고 있기 때문이다. 여기서 이미 소개한 것처럼 17세기 초두에 조선에 왔던 주지번은 허균 등이 보여준 『양천세고陽川世藁』와 『난설헌시집蘭雪軒詩集』에 제발題跋을 쓰고 있다. 어쩌면 이는 시문집의 경우였고 조선의 역사서나 지리서가 아니었음을 고려해야만 할지도 모르겠다. 조선인이 기울인 '사실事實'을 감추는 '노력'에 대해서는 앞으로 연구가 더욱 진전되어야 할 것이다. 그러나 중국지식인이 조선이라고 하는 '사실'의 탐구에 의욕적이었다면, 어느 정도까지의 자료는 상당히 간단하게 입수할 수 있었을 것으로 생각된다. 거기에는 사유구록의 작자들처럼 '자질구레한 일까지 들쑤시는 것 같은' 오리

---

47) 藤本幸夫, 「書籍を通じて見た朝鮮と琉球の交流」(夫馬進 編, 『增訂 使琉球錄解題及び硏究』, 宜野灣榕樹書林, 1999), 181쪽.

지널리티를 다룰 필요는 없었던 것이다. 한편 왕즙汪楫은 유구를 여행하고 거기서 『유구세찬도琉球世纘圖』라는 서적 하나를 입수하여 재빨리 자신의 연구 『중산연혁지中山沿革志』에서 이용하고 있다. 이것이 그에게 있어서 얼마나 자랑스러운 일이었던가는 그의 서문을 읽으면 명확해진다. 혹시 조선에 사신으로 갔던 중국지식인에게 있어서는 조선인의 손으로 된 조선연구가 방대하다는 것 자체가 '사실'을 탐구하려는 의욕을 꺾어버렸을까?

사유구록의 연구는 이와 같이 사조선록과의 비교를 거침으로써 명·청 지식인의 '연구'자세에까지 미친다. 더욱이 현대 중국에 있어서 한국사 '연구'자세나 우리들의 '지知'의 존재양상에까지 미치고 있는 문제가 아닐까? 사유구록의 작자들이 추구했던 '사실事實'이나 그들의 '지知'의 성격에 대해서는 이 책*의 「증정판增訂版에 붙이어」에서도 조금 고찰을 덧붙였다. 이상에 의하여 유구사에 있어서도 한국사에 있어서도 나아가 중국사에 있어서도 무언가 새로운 시각을 제공할 수 있었다면 다행이다.

---

* [역주 3] 주 1)에 든 책.

역자후기

『연행사와 통신사』의 역자들은 모두 쿄토대학 대학원에서 동양사학을 공부하면서 저자인 후마 스스무夫馬進 쿄토京都대학 교수와 이런 저런 일로 인연을 맺은 사람들이다. 어떤 이는 후마 교수의 수업에 참석하였고 또 어떤 이는 학위논문의 지도 및 심사를 받았다. 특히 후마 교수가 중국의 명대 사회사 연구를 계속하는 한편 조선 '연행사'의 연구에 몰두하게 된 이후 저자와 역자들의 관계는 더욱 긴밀해졌다. 저자는 왕성한 학문의욕으로 '연행록'을 집중적으로 읽으면서 조선연행사라는 거의 미답의 연구영역을 개척해 나가기 시작하였는데, 중국사명청시대사를 연구하는 역자들은 저자의 집요하다고나 할 만큼 철저한 사료해독과 정리작업을 곁눈질하면서 비로소 연행사가 남긴 기록인 연행록의 세계에 관심을 갖게 되었다고 해도 과언이 아니다.

저자의 연행사 연구가 어느 정도 진전된 상태에서 저자는 연구 지평을 통신사로 확대하게 되었다. 그리하여 연행사와 통신사를 하나로 묶어서 보는 시각을 학계 최초로 제시하였는데, 그것은 중국을 중심으로 조선과 일본 그리고 오키나와와 베트남까지 아우르는 동아시아 세계의 학술과 문화교류사를 『연행록』·사유구록·사조선록 및 일본에 남아 있는 조선통신사 관련기록 등 일급사료들을 섭렵하여 생생하게 구성해낸 것이다. 이 단계에서 저자는 한국에 건너와서 그간의 연구성과의 일부를 발표하게 되었다.[「연행록과 일본학 연구」(동국

대학교 주최 국제학술회의, 『연행록과 동아세아』 2001.12.7)

이 발표를 계기로 쿄토대학 출신인 역자들은 저자에게 그간의 연구성과를 한국에서 출판하면 좋을 것 같다는 제안을 하였으며 저자는 흔쾌히 응낙하였다. 그리하여 일정한 준비작업을 거쳐서 작년 (2006) 초부터 본격적으로 번역을 시작하게 되었다.

역자들은 「연행사와 통신사」라는 발상이 주는 신선하면서도 심각한 문제의식과, 거기에 펼쳐지는 연행사와 통신사들의 생생한 모습을 보면서 감동과 동시에 어떤 의구심도 느꼈다. 그것은 저자와 역자들 사이의 사적인 우정과 신뢰를 넘어서는 보다 학문의 본질에 관련되는 문제였다. 후마 스스무夫馬進라고 하는 일본의 저명한 역사학자가 보여주는 조선사 인식의 기본적인 태도와 시각-우리들은 저자와의 여러 차례에 걸친 토론과 자유로운 담론을 통해서, 역자들 사이의 온도차는 있을지언정 그것을 확인했다-에 어떤 위화감과 당혹감을 느꼈다. 그리고 그것을 한국의 많은 역사학도들에게 소개해야 할 필요성도 절감하였다. 그러한 우리들의 기분은 저자에게도 전달되었고, 저자는 그야말로 불감청이언정 고소원이었다는 듯이 한국학계에 자신의 연구성과가 소개되어 이 분야에서의 진지한 학문토론이 행해지는 계기가 되기를 절실하게 바라고 있음을 피력했다. 그렇다면 그 의구심의 정체는 무엇인가?

본서를 여기까지 읽어온 독자라면 누구라도 비슷한 느낌을 받았을 것이다. 연행사가 중국에 가서 중국의 일류지식인들과 학문토론을 하는 모습을 생중계하듯이 재현해내는 저자의 학문능력에는 감탄을 금하지 못하였다. 거기서 조선지식인들과 중국지식인들의 대화는 필담을 통하여 진행되었는데, 필담만으로도 충분히 의사가 소통되었음은 물론이요, 더 나아가서 마음에서 우러나는 깊은 정까지 나누는 모습을 생생하게 묘사해 냈던 것이다. 필담을 통한 대화에서 이 정도로 높은 수준의 학문토론과 정서교환이 가능했다는 점에서 조선지식인의 높은 학문수준과 기개를 볼 수 있었다. 또한 중국지식인들이 조선지식인들을 토론파트너로서 인정하고 진지하게 대화에 임하는 자세에서도 감동을 느꼈다. 이런 연구성과만으로도 우리들은 이제까지 피상적으로만 알던 연행록의 세계에 대해서 보다 많은 지식을 얻을 수 있었으며 인식수준을 높일 수 있었다. 이런 연구는 국내는 물론 어디에도 없었던 개척자적이며 획기적인 연구성과라고 평가해야 마땅할 것이다. 그런데 우리를 더욱 긴장시킨 것은 바로 저자가 통신사에 새로운 소명을 비추는 부분이었다. 중국지식인들과 높은 수준의 토론을 하는 조선지식인들의 학문과 지성을, 시야를 동아시아 전체로 넓혀서 보았을 때 그 위상은 과연 어떠한 것이었나, 우리들은 생각도 안 해본 문제였다. 조선통신사는 일본에서 그들의 높은 학문을 뽐냈었다고 하여, 당시 조선의 학문수준이 일본보다 높았다고 하는 근거로 삼는 것이 한국학계의 일반적인 인식일 것이다. 그런데 후마夫馬 교수의 연구에 의하면 당시 통신사들이 일본에서 일방적으로 학문을 전수하는 입장에 있었던 것이 아니라고 한다. 오히려 조선통신사들이 구태의연하게 주자학에만 매달리고 있을 때, 양명학 또는 일본'고학'으로 주자학을 상대화시키는 단계에 진입하였던 일본의 학자들에게 그 고루함을 지적당했다고 한다. 일본의 '고학'은 학문의 방법론이나 발달단계상의 계기에 있어서 중국의 고증학과 공통되는 점이 많다고 한다. 결국 일본 고유학문은 학문의 자기운동으로 청의 고증학과 비슷한 시기에 비슷한 성격의 학문단계로 이행했는데, 이와 비교할 때 조선의 학문은 주자학에서 한 발도 나가지 못하고 있었다는, 당시 동아시아에 있어서 조선의 학문 위상을 확인할 수 있다는 것이었다. 여기서 우리는 일본 근대화론의 짙은 그림자를 보지 않을 수 없다. 에도시대의 학문은 주자학-양명학-고학-난학으로 다이내믹하게 변동하였는데, 그 변화과정에서 중국학문은 대상화되고 객관화되었으며, 그러한 기반 위에서 이윽고 서양의 학문을 수용할 수 있었다는 것이다. 동아시아 전체의 학문 위상을 본다는 발상 뒤에는 에도시대 학문의 발전성과 상대적으로 조선학문의 정체성이 전제되어있음을 알 수 있다.

　일본 근대화론이 식민사관의 근거라는 사실을 상기한다면, 우리는 여기서 종래에 없었던 전혀 새로운 형태의 근대화론에 봉착하게 되는 셈이다. 근대화론=식민사관의 극복은 피해갈 수 없는 우리의 과제이다. 그런데 조선통신사라는 조선의 학문적 우위의 상징마저 부정되고 있는 가운데 우리가 식민사관을 극복하기 위해서는 보다 진지한 노력을 해야 한다는 엄연한 사실을 받아들여야 할 것이다. 우리는 조선통신사가 일본에서 높은 수준의 학문을 전수했던 한편 중국과는 대등한 학문토론을 할 정도로 높은 학문수준을 갖고 있었다고 막연하게 믿고 있었다고 고백하지 않을 수 없다. 우리가 편협한 민족주의적 관점에서 벗어나 허심탄회하게 동아시아사라는 보다 큰 틀 속에서 우리의 역사를 되돌아본다면, 소위 '조선의 학문위상'에 대해서 우리의 손으로 재평가해야 할 필요성을 절감하게 된다.

조선통신사와 연행사에 대한 후마 교수의 접근법-'조선의 학문위상'이라는 개념은 과연 얼마나 정당한 것인가. 또는 조선이 주자학에 매몰되어 있었다는 통설에 대해서 재검토해야 할 필요성은 없는 것인가. 한국의 학계에는 왜 연행록과 에도시대에 일본인이 써서 남긴 통신사와의 필담기록을 후마 교수만큼 읽은 사람이 없는가. 그를 비판하고 평가하기 위해서는 우선 연행록과 일본인이 쓴 필담기록을 적어도 후마 교수만큼 읽어야 할 것이며, 조선주자학의 동아시아에 있어서의 '학문위상'을 재평가하기 위해서는 언제까지나 퇴계학을 팔아먹는 안이함에서 벗어나 중국과 일본의 주자학을 그들만큼 연구해야만 비로소 비교관점을 마련할 수 있을 것이다.

생각해 보면 이런 것들은 우리가 당연히 해놓았어야만 할 기초적인 연구과제이다. 그럼에도 불구하고 후마 교수의 연구 앞에서 이러한 우리 자신을 돌아보지 않으면 안되는 실정이 안타까울 따름이다.

그 당시 통신사와 일본학자들의, 그리고 연행사와 중국학자들의 대화와 토론은 편견없이 매우 진지하고 순수하게 이루어졌던 것 같은 인상을 받는다. 오히려 '현대를 살아가고 있는 우리가 근대의 산물인 민족주의에 물들어 편협해져 있지는 않은가'라는 생각을 하게 된다.

본서가 한국학계에서 어떤 의미에서든 반향을 일으켜서 저자와 한국학자들의 진지한 토론과 평가가 이루어지길 진심으로 기대해 마지않는다.

2007. 12. 2.
역자대표 정태섭鄭台燮

488 연행사와 통신사

찾아보기

ㄱ

가경제嘉慶帝 340 342 353
『가승家乘』 313
『가오고략嘉梧藁略』 402 404
『가오선생문집嘉梧先生文集』 402
가정제嘉靖帝 66 443
『가정중수요동지嘉靖重修遼東志』 25
가한賈漢 363
가황賈璜 400
간선幹線 211
감찰제도監察制度 61
강녀묘姜女廟 291
강백구岡白駒 →코 하쿠쿠
강산번岡山藩 →오카야마번
강소우江少虞 272
강시영姜時永 158 365
『강여독람講餘獨覽』 256
강영江永 137
강왈광姜曰廣 430 437 458 460-463 474
강위姜瑋 303 394 396 398 405 419
『강위전집姜瑋全集』 392 394 396
강유위康有爲 68
강재언姜在彦 173
강전상우岡田尙友 →오카다 쇼유
강학講學 116

강학가講學家 143
강학회講學會 111
강호江戶 →에도
강호막부江戶幕府 →에도막부
강화도사건江華島事件雲揚號事件 298 403
강화조약江華條約 394 410
강회講會 111
강희제康熙帝 77 85 90 92 210 427
강희제상康熙帝像 93-94
개화사상가 393-394
거문도巨文島 점령 418
건가乾嘉의 학學 162
건도구乾桃丘 →이누이 토큐
건륭제乾隆帝 319 335
겐나(元和) 고활자본古活字本 266
『격몽요결擊蒙要訣』 106
격물궁리格物窮理 249
격물치지格物致知 136-138
겸창鎌倉시대 →카마쿠라시대
경도京都 →쿄토
『경도대학인문과학연구소한적목록京都大學人文科學研究所漢籍目錄』 455
『경보京報』 386
경세經世의 학學 117
「경연지규經筵之規」 65

경의經義 140
경장慶長의 역役 →케이쵸의 역
경전연구 방법 188
경전해석의 방법[談經之道] 192-194
경정향耿定向 40
경중京中의 신보新報 338
『경진(天順4년)황화집』 434
『경천태선생문집耿天台先生文集』 40
경태제景泰帝 431
『계림정맹雞林情盟』 129
『계사일록薊槎日錄』 298 303 380 396 398
  400 402 404 407
『계산기정薊山紀程』 343 345
『계정록薊程錄』 303 351 353
『계정산고薊程散考』 303 354 419
계주薊州 43
고거학考據學 101
고경古經 254
고고가考古家 143
고공高拱 40 45
고교 형高橋亨 →타카하시 토오루
고대륙高大陸 →코 다이리쿠
고대의 언어 186
『고려도경高麗圖經』 437
『고려사高麗史』 99
고문古文 196 198
『고문考文』 238
고문사古文辭 78 243-244 246
고문사학古文辭學 244 246 252 279
『고문상서古文尙書』 126 132 148 163 236

『고문상서소증古文尙書疏證』 131 162-163
『고문효경古文孝經』 232 234 236-237 267
  270 272 274-275 278-281
『고문효경공안국주古文孝經孔安國註』
  264 267 277
『고서목록古書目錄』 304
『고선책보古鮮冊譜』 323
『고아편孤兒編』 139
고양청高揚淸 347
고언古言 195-196 243-244 247 252 254
고염무顧炎武 115 139-141 164
고운정高雲程 33
고의古意 186
『고의古義』 175
고자告子 202
고정考訂 151-152
고정의 학 151
고종 403 408
고주古注 264
고주소古注疏 268
고증가考證家 146-147
고증학 101 103-104 117 147 154-155 166
  169 280 472 477
고증학자 114 117
고증학적 수법 166
고징高澄 444
고초본古抄本 268
고하정리古賀精里 →코가 세이리
고학古學 258
고학파 263

찾아보기 491

『고환당수초古歡堂收草』 393-394 396
고훈古訓 186
공孔·맹孟·주周·정程 40
공안국孔安國 232 234 236-237 267 272
    275 280-281
공야장公冶長 235
공양학公羊學 162
공용경龔用卿 430 437 443 445-446 448
    454 470 472 475-476 480
공자孔子 39 43 64 124 133-134 163 201
    236 244 254-255
『공자가어孔子家語』 264 266
『공자가어孔子家語』 선본 277
『공자가어구해孔子家語句解』 266
『공자가어주孔子家語注』 234
공자묘孔子廟 40 42 44 56
공화정체共和政體 59
과도관科道官 311
곽여림郭汝霖 442 447 470-471 478
곽연대공廓然大公 187
「관내수필關內隨筆」 415
관보官報[邸鈔] 308
관서대학도서관關西大學圖書館 303 345
관소동곽菅沼東郭 →스가누마 토카쿠
관연통신사寬延通信使 →칸엔통신사
관영寬永 간본刊本 →칸에이 간본
관잠서官箴書 356
관정분管庭芬 453
관제묘關帝廟 45 119 295
『관화지觀華誌』 303 305 416

광녕廣寧 25
『광서계주지光緒薊州志』 60
『광서옥전현지光緒玉田縣志』 78
광서제 400 407 418
괴령魁齡 430 465-466 470
교감학 231
교역회交易會[開市] 45
교지交趾[베트남] 84
구경산丘瓊山[丘濬] 177
구양붕歐陽鵬 441
구양수歐陽脩 124 141 244
구양신歐陽愼 341
구정겸龜貞謙 →쿠테이켄
구정남명龜井南冥 →카메이 난메이
구처야舊淺野 185
구택대학駒澤大學 도서관 →코마자와
    대학 도서관
『국서총목록國書總目錄』 185
『국역연행록선집國譯燕行錄選集』 285
    304 345
국왕책봉사 429
국자감國子監 30 38 44-45 50 64 128 156
국자감생 43
국자감전적國子監典籍 156
『국조방목國朝榜目』 327 361 384 386 397
    413
『국조서화가필록國朝書畵家筆錄』 406
『국조인물고國朝人物考』 74 307
『국조전고國朝典故』 441
『국조헌징록國朝獻徵錄』 427 432 444 450

국학國學파 169
『군서치요群書治要』 266 272
군주정체君主政體 59
굴경산屈景山 →쿠쓰 케이잔
궁개宮塏 113
궁기시정宮崎市定 →미야자키 이치사다
궁내청宮內廳 266 272
궁뢰룡문宮瀨龍門 →미야세 류몬
궁유한宮維翰 →큐이칸
궁전명宮田明 →미야타 아키라
권근權近 300
권상구權尙矩 76
권석봉權錫奉 407
권성權惶 321
권양촌權陽村[權近] 177
『귀록집歸鹿集』 300 305
『귀은당집歸恩堂集』 325 346
귀추歸趨 91
『규장각한국본도서해제奎章閣韓國本圖書解題 속집續集 사부1史部一』 304 306
『귤산문고橘山文稿』 402
근대사상 22
근등독近藤篤 →콘도 아쓰시
근본손지根本遜志 →네모토 손시
근손지根遜志 →콘 손시
금단술金丹術 66
『금릉집金陵集』 145
금서룡今西龍 →이마니시 류
금서문고今西文庫 →이마니시문고

『금서박사수집조선관계문헌목록今西博士蒐集朝鮮關係文獻目錄』 304 312 335 380 383 400
금서춘추今西春秋 →이마니시 슌쥬
금석가 146
금석적벽金石積癖 154
금석학金石學 132 150 156
금석학계 155
금언今言 196 243 245 247 252
금촌여자웅今村與志雄 →이마무라 요시오
금택金澤문고 →카나자와문고
금택장삼랑金澤庄三郎 →카나자와 쇼자부로
급고각汲古閣 233
급고각본汲古閣本『공자가어』 278
『급제방목及第榜目』 449
기곡정경磯谷正卿 →이소타니 세이케이
기국서紀國瑞 →키노코쿠즈이
기독교 21
『기록휘편紀錄彙編』 432
기묘사화己卯士禍 393
기수유紀樹蕤 362
기윤紀昀 143 158 342-344 361-362
기자箕子 451
기주紀州 →키슈
기행시집紀行詩集 470
길비진비吉備眞備 →키비노 마키비
길원吉原 →요시와라
길천행차랑吉川幸次郎 →요시카와 코지로

김계온金啓溫 354
김구여金九汝 366
김기성金箕性 302 332-333
김노경金魯敬 122 127 129 349 350 354 356
김노응金魯應 346
김려金鑢 130
김로金鏴 404
김명희金命喜 118 122 127 129-131 148 160 163 356
김문식金文植 103 149
김상기金庠基 416
김상헌金尙憲 368
김상희金相義 378
김석하金石霞 410
김선민金善民 127
김선신金善臣 112 121-123 125-130 132 140-141 146 148-150 152 156-157 159-162 170-172 211 213 356
김성진金聲振 217
김시연金始淵 404
김영진金榮鎭 332
김용겸金用謙 218
김위金鍏 383
김인겸金仁謙 219 235 251
김인호金寅浩 409-410
김인후金麟厚 133 141 253
김재노金在魯 300
김정중金正中 357
김정집金鼎集 366

김정희金正喜[阮堂] 101 103 114 118 126- 127 130 132 144 146 149 151-154 156 159-160 259 274 350 393
김종악金鍾岳 386
김직연金直淵 303 386-389
김창업金昌業 305 373 382 387-388 415
김태준金泰俊 22 291
김학민金學民 303 354 356 419
김학순金學淳 368
김학증金學曾 355
김현근金賢根 303 368-370
김홍집金弘集 394

Ⓛ

나가사와 키쿠야長澤規矩也 267
나가사키長崎 232 262
나가토미 호永富鳳 224
나고야名古屋 195 253
나바 로도那波魯堂 225-227 235 268
나이토문고內藤文庫 345
나이토 코난內藤湖南 117 346
나이토 토라지로內藤虎次郎 314
나카무라 란린中村蘭林 184-188 193
나카무라 신조中村深藏[蘭林] 199
나카무라 히데타카中村榮孝 300 304 377
나카야마 히사시로中山久四郎 185 386
나파노당那波魯堂→나바 로도
『나하시사那覇市史』 423
낙론계洛論系 218
난구 카쿠南宮岳 256

『난설재시집蘭雪齋詩集』 457
『난설헌시집蘭雪軒詩集』 481
난암蘭庵 →란안
『난양록灤陽錄』 144
나카쿠南郭服部南郭 174
『남강일사南疆逸史』 83-84
남경조약 372
남공철南公轍 107 144-145 149 325 346
남곽南郭 →난카쿠
남궁악南宮岳 →난구 카쿠
남도藍島 →아이지마
남도진장씨명사대옥南濤鎭莊氏明史大獄 86
남명정권南明政權 83 429 459
남명평정南明平定 83
『남봉록南封錄』 425-426 434
남옥南玉 217-220 223-228 233-235 238 240 245-246 248 250-251 253 256-257 268-269 272
남용익南龍翼 414
남일우南一祐 110 303 406 413-414 419
남학문南鶴聞 320
『낭어囊語』 224
낭패아한浪孛兒罕 433
내등문고內藤文庫 →나이토문고
내등호남內藤湖南 →나이토 코난
내등호차랑內藤虎次郎 →나이토 토라지로
내외일가內外一家 37
『내정집來庭集』 188

네모토 손시根本遜志 232-234 267 278
『노가재연행일기老稼齋燕行日記』 305 373 382 387 415
노구치 모씨野口某氏 181 206
노구치 테쓰로野口鐵郎 183 200 331 429
노론老論 218
노론파老論派 325
『노봉선생문집老峯先生文集』 74 77 90
노장老莊 187
『녹문집鹿門集』 107
녹우菉友 108
『논어論語』 137 182 187 235-237 239
『논맹고의論孟古義』 197
『논어고금주論語古今注』 259
『논어고의論語古義』 176-177 197
『논(어)맹자의論(語)孟字義』 178
『논어의소論語義疏』 232 234-235 239 264 267 269-270 272 274-278 280-281
『논어전論語傳』 237
『논어전주論語傳註』 136
『논어주論語註』 241
『논어집주論語集註』 235
『논어집해論語集解』 236
『논어집해의소論語集解義疏』 267 274
『논어징論語徵』 201 223 224-228 238 241 251
『논어징소의論語徵疏義』 201
농학태瀧鶴台 →타키 카쿠다이
뇌미원병위瀨尾源兵衛 →세오 겐베이
누르하치 459 463

능정감凌廷堪 137-139 164
능중자凌仲子 137
니시혼간지西本願寺 181 196 201 205

ⓓ
다이가쿠노카미大學頭 184
다자이 슌다이太宰春台 174 188-189 191
　　　　　193 199 231-232 234 237 259 266-
　　　　　267 278
다자이 토쿠후太宰德夫[春台] 198
단달觛韃 351
단수재段秀才 392
단옥재段玉裁 141 143 169
달마達磨 192
달자達子 31 35 45 51
담약수湛若水 426
『담정유고藫庭遺藁』 130
『담초談草』 108 110
『담헌연기湛軒燕記』 110 290
「답허미숙答許美叔」 27
당자堂子 88
『당토명승도회唐土名勝圖會』 89
대가회戴嘉會 362
대동大東의 의관衣冠 338
『대동원집戴東原集』 115
『대례여조對禮餘藻』 127-128 208
대마對馬 →쓰시마
『대명일통지大明一統志』 376 438 440 471
『대명회전大明會典』 26 30 33 36
대소청휘大沼晴暉 →오오누마 하루아키

대원군大院君 402
대의옥사건大疑獄事件 86
대일통大一統 45
대정수大庭脩 →오오바 오사무
대주번大洲藩 →오오즈번
대진戴震 115 137 139-141 143 163 169 213
『대청일통지大淸一統志』 88 376 415
『대청회전大淸會典』 428
대판大坂 →오사카
『대학大學』 44 135 186 234
대학두大學頭 →다이가쿠노카미
「대학전주大學傳註」 136
『대학정본大學定本』 197
덕부소봉德富蘇峰 →토쿠토미 소호
덕천가강德川家康 →도쿠가와 이에야스
『도경圖經』 436 440
도고승태랑島尻勝太郎 →시마지리 카쓰
　　　　　타로
『도광계주지道光薊州志』 87
도광제道光帝 367 381
도목都穆 425
도복리陶福履 464
『도서료한적선본서목圖書寮漢籍善本書
　　　　　目』 266
『도애집陶厓集』 361
도용盜用 292
도작盜作 294
도쿠가와 이에야스德川家康 233
도학道學 147
도학선생道學先生 198-199

독실한 주자학자 200
『독역사설讀易私說』 175
독창성 164
『동경대학총합도서관장아천문고조선본목록東京大學總合圖書館藏阿川文庫朝鮮本目錄』 305
동경도립중앙도서관東京都立中央圖書館 →토쿄도립중앙도서관
동경문佟景文 345
『동관한기東觀漢記』 264-265 268 277-278
『동국여지승람東國輿地勝覽』 376 415
『동국통감東國通鑑』 451
동림당 459
동림당계 461
『동림당인방東林黨人榜』 459
『동림열전東林列傳』 459
동모고경東毛古經 271
동모東毛의 고경古經 270
『동문자모분해東文字母分解』 394
『동문휘고同文彙考』 105 324 333 347 358 362 366-367 410-411 430
『동문휘고보편同文彙考補編』 105 289 300 304 391
『동방화음東方和音』 458
동북대학부속도서관東北大學附屬圖書館 303 356
『동사기사시략東使紀事詩略』 465-466 470
『동사록東槎錄』 300

『동사여담東槎餘談』 228 235 249
동아시아 국제관계사 428
동아시아문화권 53
동아시아사 421
동아시아사료 422
동아시아세계 422 424
동아시아의 국제질서 97
동양문고東洋文庫 →토요문고
동월董越 422 430 435-439 441-442 446 454 456
『동유기東遊記』 465
동이공佟貽恭 344
『동자문童子問』 172-173 178 187 202 209-210 223-225 240 242
동중서董仲舒 123 133
동지겸사은사冬至兼謝恩使 333
동지사冬至使 287 289
동치제同治帝 395 399
「동행록좌목同行錄座目」 315
『동행초록東行初錄·속록續錄·삼록三錄』 465
『동환봉사東還封事』 23-24 28 51 53 72
『두남신교집斗南神交集』 361
등계달滕季達 35 50
등극조登極詔 400
등본행부藤本幸夫 →후지모토 유키오
등원명원藤原明遠 →후지와라 아키토
등자룡장군鄧子龍將軍 89
등자철滕資哲 →토 시테쓰
등장군鄧將軍 91

등장군묘鄧將軍廟 87
등정정鄧廷楨 347
등총린藤塚鄰 →후지쓰카 치카시

㉣

란안蘭庵[紀國瑞] 189
루스 토모노부留守友信 179 189 193 196
　　　199 203-205 256
류겐슈龍元周[直海] 196
류이칸劉維翰 194 228 265
류코쿠龍谷대학 267
류큐琉球 83
『린케한관증답林家韓館贈答』 184

㉤

마건충馬建忠 465
마번강馬蕃康 392
마쓰다 코松田甲 207
마쓰우라 아키라松浦章 286
마쓰자키 칸카이松崎觀海 188-190 192-
　　　194 202 210
마쓰자키 코도松崎慊堂 127
마에다 쓰토무前田勉 186 225 270
마에마 쿄사쿠前間恭作 218-219 323 327
　　　389
마테오리치 59
막원청莫元淸 427
막위충莫違忠 46 49 59-60
『만력가정현지萬曆嘉定縣志』 61

『만력대명회전萬曆大明會典』 289
『만력소초萬曆疏鈔』 41 61 308
『만력야획편萬曆野獲編』 40
『만력저초萬曆邸鈔』 308
만력제萬曆帝 25 45 65-66 456 475
『만력항주부지萬曆杭州府志』 61
『만문공공적집萬文恭公摘集』 41
만사화萬士和 41
만자蠻子 35 51
만주어 353
만철萬徹 347
「매산지감煤山志感」 330
매우梅宇 →바이우
맹삼孟森 89
맹자孟子 43 124 133 198 201-202 240 244
『맹자孟子』 43 187 232 338
『맹자고의孟子古義』 197
「맹자부군행술孟慈府君行述」 115 117
『맹자자의소증孟子字義疏證』 139 147
『맹자직해孟子直解』 232
면전緬甸[미얀마] 83-84 91 366
명・청 왕조교체기 54
『명가문茗柯文』 115
명경지수明鏡止水 187
명고옥名古屋 →나고야
『명대만몽사료明代滿蒙史料』 72
명대明代의 양명학 170 472
명륜당 473
명물도수名物度數 145
명성황후明成皇后 402-403

『명실록明實錄』 40 42 61 308 425 429 431 443-444 450 457 460
『명실록明實錄·인국조선편隣國朝鮮篇』 450 460
명안銘安 406
명원明遠 185
명원루明遠樓 407
명明의 적자赤子 76
명조의 의관 99
명조-중화의 의관 99
『명청진사제명비록색인明淸進士題名碑錄索引』 344
명판明版 233
모련위毛憐衛 433
모리 아리노리森有禮 409 411
모문룡毛文龍 461-462
『모시주소毛詩注疏』 265
모진毛晉 233 278
모토오리 노리나가本居宣長 169
목하등길랑木下藤吉郎→키노시타 토키치로
목활자본木活字本 266
몽고관蒙古館 396
몽골인 395
몽골족 25 31 51
『몽구蒙求』 160
『몽여초夢餘草』 78
무내의웅武內義雄→타케우치 요시오
무라오 스스무村尾進 153
무라카미 슈한村上秀範 204

무로 큐소室鳩巢 184
무쓰陸奧 233
『(무신)황화집』 435 437
무충武忠 433
묵자墨子 43 244
「문견사건聞見事件」 308
「문견잡록聞見雜錄」 334
「문견잡식聞見雜識」 415
문록文祿의 역→분로쿠의 역
문명화 440
문산묘文山廟 340
문안사問安使 289 317
문자학 143 150 188
문장가 146 246
문천상文天祥 340 341
문청文淸 296
『문헌통고文獻通考』 233 440
문헌학 187
문화인류학 472 479
문화통신사文化通信使 208
문화文化·학술정보學術情報 73
『문회잡기文會雜記』 187
『문흥군공우록文興君控于錄』 297 300 302 306-308
물관物觀→부쓰 칸
물리당연物理當然의 이리 202
『물리소식物理小識』 131
물무경物茂卿→부쓰 모쿄
물쌍백物雙栢→부쓰 소하쿠
미기강尾崎康→오자키 야스시

미나모토 료엔源了圓 186 225 270
미나모토 시메이源四明 205
미나모토 시토源子登 204-205
미나모토 토카쿠源東郭 205-206 208
『미암일기초眉巖日記草』 27
미야세 류몬宮瀨龍門 194 228
미야자키 이치사다宮崎市定 327
미야케 쇼사이三宅尙齋 179 198
미야케 쇼카三宅紹華 176-177 181
미야케 호三宅邦 129
미야타 아키라宮田明 228
민노행閔魯行 393
민락閩洛[宋學] 199
민정중閔鼎重 71 320

㉠
바이우梅宇 172
박경행朴敬行 173-175 177 179-180 185
            187 189-190 195-197 199-207 210
            220 223 264
박다博多→하카타
박래겸朴來謙 365-367
박사호朴思浩 120 152 300 370 441
박영원朴永元 303 374 376
『박옹시초泊翁詩鈔』 207
박원고朴元皐 286
박인방증博引旁證 163
박제가朴齊家 22-23 44 335 347
박종래朴宗來 349
박종학朴宗學 358

박지원朴趾源 22-23 73 99 110 290 373
            387-388 415
박학樸學 117
박홍양朴弘陽 383
박회수朴晦壽 378
반만감정反滿感情 326 328 338-339 371
반만反滿-민족주의 400
반만反滿-민족주의자 327
반만反滿의식 350
반양인反洋人 감정 392
반조의례頒詔儀禮 457
반반주자학 136 211 223 269 279
반反주자학자 180
반청反淸감정 334 392
반청복명反淸復明 76 84-85 93
반청운동反淸運動 86
반청활동反淸活動 75
반한反漢감정 339
반反한학 211
『반형한담班荊閒譚』 196
반희증潘希曾 425-426 434
방동수方東樹 161 163
방모方某 360
『방산문집方山文集』 449
방이지方以智 131
『방주선생집』 435
배만排滿감정 388
배만-존왕양이론자排滿尊王攘夷論者
            107
배종호裵宗鎬 103

『백사집白沙集』 402
백석白石 →하쿠세키
백운관白雲觀 131 385
백윤청白允靑 347
백준柏儁 430 465 470 478
범흠范欽 455
법운대사法雲大師 392
베트남사 428
『벽림음관초존薜槑吟館鈔存』 465-466
『벽산학사집碧山學士集』 451 453
『변도辯道』 179 190 193-194 198 202 223-225 227-229 238 242
『변명辯名』 190 193-194 198 223-225 227-229 238 242
병부조방兵部朝房 312
병신사행문견사건丙申使行聞見事件 308
『병오(만력 34년)황화집』 458
병인양요丙寅洋擾 393
병자호란丙子胡亂 314-315
보경박普景璞 395
복각판復刻板 231 263
복명서 422-424 434
복부남곽服部南郭 →핫토리 난카쿠
복산번福山藩 →후쿠야마번
본거선장本居宣長 →모토오리 노리나가
본연기질本然氣質 254
본의 「고학」과 청조의 「한학」 171
본원사本願寺 →혼간지
본초학자本草學者 196
봉강鳳岡 184

봉림대군鳳林大君 315
『봉사록奉使錄』 426 433-434 437
『봉사일본시문견록奉使日本時聞見錄』 177 184
『봉사조선고奉使朝鮮稿』 437 456-458 470
『봉사조선역정일기奉使朝鮮驛程日記』 465
『봉사조선일기奉使朝鮮日記』 465 467
『봉사조선창화집奉使朝鮮倡和集』 431-432
부경사赴京使 21 53 66 287-288
부경사신赴京使臣 287
「부경사행赴京使行」 287
부마진夫馬進 →후마 스스무
부쓰 모쿄物茂卿 194 208
부쓰 소하쿠物雙栢 224
부쓰 칸物觀 232 234 262
북경北京 25 46 61 105 128-131 144 150 155 159 170 274-275 280
북경도서관北京圖書館 153
북경-서울 460 466
북경의 정황 160
북경정보 160
북경체재 26
『북원록北轅錄』 376
『북유담초北游談草』 396
『북유일기北游日記』 303 393 396 398 405 419
「북진묘北鎭廟」 401
북학北學 21-23 141 148

북학北學사상 218
『북학의北學議』 23
북학파北學派 23
분로쿠文祿의 역役 128
비각탁본 155
비한민족非漢民族 477

ⓢ

『사고전서四庫全書』 232 274 434 452
『사고전서제요四庫全書提要』 236
『사고전서존목총서四庫全書存目叢書』 427
『사고전서총목제요四庫全書總目提要』 136 436 437 440 442
『사고제요四庫提要』 281 453
『사교록使交錄』 425-426
사단四端·칠정七情 176
「사대기행목록事大紀行目錄」 304
사대사事大使 287-288
사도史道 454
『사동일록使東日錄』 435 442
사마순司馬恂 431
사방득謝枋得 87
『사상기槎上記』 218
「사생접례師生接禮」 64
『사서四書』 236
『사서일기使西日記』 425
『사서집주四書集註』 265
『사서징四書徵』 225-226
『사설私說』 175

사신행查愼行 89
사실의 탐구 481
사안남록使安南錄 426-428
사와다 토코澤田東江 250
『사우연원기師友淵源記』 116
『사유구기使琉球記』 153 479
『사유구록使琉球錄』 421 438 443 445-447 472 480
『사유구잡록使琉球雜錄』 470
사은겸동지사謝恩兼冬至使 387
사은사謝恩使 287
사이四夷 475
『사익당시초思益堂詩鈔』 405
사장기송詞章記誦 200
사정걸謝廷傑 40
『사소선록使朝鮮錄』 437 443 445 447-448 472 476 480
『사조선집使朝鮮集』 448-449
사첩산謝疊山 87
사카이 타다오酒井忠夫 185
사토 분시로佐藤文四郎 196
산 쥬테이山重鼎 269
산구정지山口正之 →야마구치 마사유키
산궁유심山宮維深 →야마미야 코레미
산기암재山崎闇齋 →야마자키 안사이
산문문체 470
산성희헌山城喜憲 →야마시로 요시노리
산요 겐키쓰三要元佶 233
산전정진山田正珍 →야마다 세이친
산정정山井鼎 →야마노이 카나에

산중정山重鼎 →산 쥬테이
산해관山海關 25 43 46 63 291 344 379 381
산현주남山縣周南 →야마가타 슈난
『삼국지주증유三國志注證遺』 405
삼궤구고두三跪九叩頭 375 395 418
삼명선사三明禪師 114 121
삼번三藩의 난亂 93
삼요원길三要元佶 →산요 겐키쓰
삼유례森有禮 →모리 아리노리
삼절연공사三節年貢使 338 352
삼택방三宅邦→미야케 호
삼택상재三宅尙齋 →미야케 쇼사이
삼택소화三宅紹華 →미야케 쇼카
삽정태실澁井太室 →시부이 타이시쓰
『상간편相看編』 105 106
『상서정의尙書正義』 265
상식화常識化 94
상월신경上月信敬 →코즈키 신케이
『상한훈호집桑韓塤箎集』 213
서가徐珂 88
서계徐階 45
서긍徐兢 436 449
서릉부書陵部 272
서번西蕃 45 51
서보광徐葆光 470 472 479
서복徐福 273
서본원사西本願寺 →니시혼간지
서부徐郙 400 406
서산西山 339 385 391

서성초徐成楚 309
서소분徐昭芬 328
서송徐松 362
서식徐栻 41
서얼 218-219
서얼庶孼의 차별철폐差別撤廢 58
서왈경舒曰敬 464
서울과 북경 사이 126 159
서울-북경 290
서유소徐有素 130 354-355
서인西人 325
서인파西人派 27
서장보徐長輔 345
서학西學 22
서학년徐鶴年 328
『서행기西行記』 300
서호수徐浩修 305
석가石檟 41
석금선명石金宣明 →이시카네 노부아키
석산참石山站 398-399
석선명石宣明 →세키 노부아키
석성石星 308 310-311
『선린풍아후편善隣風雅後編』 196 203
『선병서옥초집문록仙屛書屋初集文錄』 106
선서禪書 187
선왕先王의 도道 192 201
『선철총담先哲叢談』 185-186 270
『선철총담속편先哲叢談續編』 188
『선철총담후편先哲叢談後編』 235

선학禪學 133
『선화봉사고려도경宣和奉使高麗圖經』 436-437 449
설경헌薛敬軒[薛瑄] 177
『설문說文』 143
『설문해자주說文解字注』 141
설선薛瑄 40
설응기薛應旂 449
설잉薛仍 360
섬라暹羅 83
[성]낙순[成]樂淳 389-390
「성경수필盛京隨筆」 415
성궤당문고成簣堂文庫 →세이키도문고
성균관 473
성대중成大中 217-220 224 226-227 229 233 235 237-238 240 242 246-247 251 253 255 257 268-269 279
성명도덕론性命道德論 186-187
『성사승람星槎勝覽』 471
성삼문成三問 432
『성소복부고惺所覆瓿藁』 454
성인호成仁浩 390
성절사聖節使 25 287 289
성학聖學 40 187 197
성해응成海應 103 145 149 165-166 275-276 280-281
성현成俔 437
성혼成渾 28
성황묘城隍廟 119
『세설신어世說新語』 221

세오 겐베이瀨尾源兵衛 212
세이카도문고靜嘉堂文庫 303 392-393 435 441 443
세이키도문고成簣堂文庫 376
세자책봉 403
세키 노부아키石宣明 233
「세폐歲幣」 352
『소라이문집徂徠文集』 225-227 229-230 234 238 242 245 247 251 253 255 268
『소라이집徂徠集』 269
소라이학徂徠學 215-216
소라이徂徠학설 183 188 192-195 202 206
소라이徂徠학파 172 178 180 261 265 270
소론파少論派 325
소름蕭廩 41
『소방호재여지총초小方壺齋輿地叢鈔』 468
『소백공유고少伯公遺稿』 406
소석蕭奭 89
소세양蘇世讓 455
소승업蕭崇業 470
소식蘇軾 244
소아小雅 338
소야화자小野和子 →오노 가즈코
소야황小野篁 →오노노 타카무라
소전촌망지小田村望之 →오다무라 모치유키
소주곡묘사건蘇州哭廟事件 86
소중화小中華 23 51 99 259

소중화小中華사상 148
소중화의 땅 99
소중화小中華의식 341
소중화인 51
소현세자昭顯世子 313-314
『속비전집續碑傳集』 405 466
속어俗語 387
속창續昌 467
손가망孫可望 84-85 91
손미孫薇 424
손징기孫徵淇 85
송가장宋家庄 406 414
『송계기고松溪紀稿[瀋陽日錄]』 302 312 316
『송계심양일록松溪瀋陽日錄』 312
『송계집松溪集』 312
송균宋均 277
송기겸당松崎慊堂→마쓰자키 코도
송기관해松崎觀海→마쓰자키 칸카이
송대宋代의 주자학 170
송명宋明의 유자儒者 170
『송목관신여고松穆館燼餘稿』 219
송병기宋炳基 407
송유 133 140 143
송유宋儒의 학설 180
송전갑松田甲→마쓰다 코
송판宋版 232-234 263 266 269
송포장松浦章→마쓰우라 아키라
송학宋學 97 168
송학비판자 164
송학신봉자 129 170
송학옹호 102 141 170
송학宋學의 문도 101
송학의 쇠퇴 161
송학자 141
쇄환사刷還使 168 261
쇼켄承堅 191 203 205-206
쇼헤이자카가쿠몬죠昌平坂學問所 127
『수사일록隨槎日錄』 157 173 175 292-294 296 300 303 326 356 363 383 385
수신사修信使 394
수야직희狩野直喜→카노 나오키
수양왕壽陽王 425
수하옥간須賀玉澗→스가 교쿠칸
수호조규속약修好條規續約 402
순종純宗 403
순천부順天府 지부知府 61
『술학述學』 115
숭례崇禮 430 465 467 470 478
숭실崇實 406 411
『슌다이문집春台文集』 226
슌쥬문고春秋文庫 382
스가 교쿠칸須賀玉澗 195
스가누마 토카쿠菅沼東郭 183 200 202 204-206 207-208
스도 요시유키周藤吉之 82
스루가駿河 253
승견承堅→쇼켄
『승사록乘槎錄』 218 220-221 227 230
『승정원일기承政院日記』 74 92 429-430

『시강원일기侍講院日記』 373
『시경詩經』 84 254 338 473
시나가와品川 250
시마지리 카쓰타로島尻勝太郎 423
시모쓰케노쿠니下野國 269-270
시부이 타이시쓰澁井太室 250-251
시서사자소학근사詩書四子小學近思 181
시쓰 시레이室師禮[室鳩巢] 230
「시조지의視朝之儀」 65
시촌문고市村文庫 →이치무라문고
시촌찬차랑市村瓚次郞 →이치무라 산지로
시황제始皇帝 273
식야무웅植野武雄 →우에노 타케오
신경윤愼景尹 76 92
신광온申光蘊 107
신로사 217
『신선전神仙傳』 160
신소申韶 106
신숙주申叔舟 432
신우辛禑 452
「신유사옥辛酉邪獄」 337
신유한申維翰 173-174 212 222-223
신작申綽 103 149
신재식申在植 97 170 213 274-275 362
『신증동국여지승람』 441
신헌申櫶 393
실구소室鳩巢 →무로 큐소
실록편찬 438
실사구시實事求是 133 142 149 163 164 166

실사구시實事求是의 신학新學 102
실사례室師禮 →시쓰 시레이
실용 474 477
실용성 471-473
실용의 질 472
실학實學 21-22 141 148 201 328
실학연구 393
실학파 394
『심관록瀋館錄』 314-316
『심관일기瀋館日記』 373
심덕부沈德符 40
심돈영沈敦永 378
심리학心理學 56
「심사계록」 317
『심사일기瀋槎日記』 367
심상규沈象奎 144
심성心性의 학學 136
심심·성성·정정 176
『심양일기瀋陽日記』 313
「심양일록瀋陽日錄」 312
『심양질관동행록瀋陽質館同行錄[瀋中日記]』 302 314
심유경沈惟敬 309
심이택沈履澤 303 397 399-400
『심전고心田稿』 120 441 370
『심중일기瀋中日記』 314 316
『심행록瀋行錄』 299 302 316
「심행별단」 317
심행사瀋行使 289 299
심희순沈熙淳 374

『십삼경十三經』 233
『십삼경주소十三經注疏』 선본善本 264-265 276
『십칠사十七史』 233
쓰시마對馬 173 183 190-191 209 225 229 275

ㅇ

아계阿桂 334
아메노모리 호슈雨森芳洲 247
아베 류이치阿部隆一 267
아베 요시오阿部吉雄 209
아부길웅阿部吉雄 →아베 요시오
아부륭일阿部隆一 →아베 류이치
아사미 케이사이淺見絅齋 178 182 189 192
아시카가足利校 232-233 238 263 266-267 269-270
아이지마藍島 216 224 226
아카마가세키赤間關 174 225 227 229 237 254 270
아키야마 쇼秋山章 253
아편전쟁 331 372
아호사鵝湖寺 201
안남安南 30 83 91 443
안남국왕安南國王 425-427
안남도통사安南都統使 427
『안남사사기요安南使事紀要』 427-428
안동김씨 369
안방준安邦俊 55 69

안 시하쿠安子帛[東海] 263-265 267 276-278
안원顔元 136
안자백安子帛 →안 시하쿠
안회주顔懷珠 113
『앙앙여향泱泱餘響』 224
『액원인감掖垣人鑑』 449
야구모씨野口某氏 →노구치 모씨
야구철랑野口鐵郎 →노구치 테쓰로
야마가타 슈난山縣周南 174 229 270
야마구치 마사유키山口正之 22 338
야마노이 카나에山井鼎 231-232 234 238-239 262-263 266-267 269 271 276 279-280
야마다 세이친山田正珍 226-227
야마미야 코레미山宮維深 173 193
야마시로 요시노리山城喜憲 266
야마자키 안사이山崎闇齋 178 180 182 189 192 198-199 209
『양곡선생문집陽谷先生文集』 456
양명陽明 39 247
『양명문록陽明文錄』 43
양명 배향문제 40 43-45 49-50
『양명연보陽明年譜』 43
양명학陽明學 39 42-43 51 100 103 111 142 164 170 195 198 240 243 245 252 472 477
양명학의 수용·보급 103
양명학자 125 471
양무운동洋務運動 392 395

양묵楊墨　178　202
양방형楊方亨　309
『양세소초兩世疏草』　320
양역증楊繹曾　295
양유년梁有年　457　470
양자楊子　244
양조걸楊兆傑　427
양주楊朱　43
양준민楊俊民　309
양지양능良知良能　241　246
양지良知의 성학聖學　43
양진룡楊晋龍　114
『양천세고陽川世藁』　457　481
양천허씨陽川許氏　26　457
양추洋酋　400
양충楊忠　304
양혜왕梁惠王　338
『양호여화兩好餘話』　223-224　236-237
『어맹자의語孟字義』　176
어양역漁陽驛　46
업적주의業績主義　166
에도江戶　195　204　225　237　240　250　266
에도막부江戶幕府　261
엔 코가이淵好凱　264　279
여류량呂留良　326
여릉廬陵　341
『여만촌문집呂晚村文集』　326
여씨향약呂氏鄕約　63
여악문제女樂問題　474
여영시余英時　170

여유희黎維禧　427
여진족女眞族　433
여호黎灝　425
『역건곤고의부대상해易乾坤古義附大象解』　175
『역대보안歷代寶案』　421
역사문헌학　479
『연감집蓮龕集』　405
『연경재전집硏經齋全集』　145
『연경재전집硏經齋全集』續集　275
연계기략燕薊紀畧　300　303　371
『연계기정燕薊紀程(心田稿)』　300
『연계기정燕薊紀程(燕紀程)』　300
연구　474　477-478
연구색　472
『연기燕記』　110　303　406　412-413　419
『연도기행燕途紀行』　312
『연도벽옹도燕都辟雍圖』　128
『연사수록燕槎隨錄』　416
『연사수첩燕槎酬帖』　303　365　367
『연사신시燕槎贐詩』　300
『연사일기燕槎日記』　416
『연사일록燕槎日錄』　292-293　295-296　303　382　384　401
연산관連山關　399
연산역　399
『연암일기』　415
『연운기행燕雲紀行』　330
『연운유사燕雲遊史』　376
『연태재방록燕台再訪錄』　143

『연행기燕行記』 305
『연행기저燕行記著』 302 329 330
『연행록燕行錄』 22 72 285 303 305 348 355 374
『연행록선집燕行錄選集』 26 120 285 345 416
『연행록연구』 301 304 320 376 416
『연행록전집燕行錄全集』 286 298-299 301 304 345 355 363 371 379 390-391 392 416
『연행록전집일본소장편燕行錄全集日本所藏編』 286 298 300-301 304 319 330 333 343 390 392
연행사燕行使 21 22 288-289 297
『연행시燕行詩[薊程詩稿]』 302-303 342 364
『연행신행첩燕行贐行帖』 300
『연행일기燕行日記』 302-303 319 320-321 325 332 335 348 376 378 380 384 389 419
『연행일록燕行日錄』 335 374
『연행잡록燕行雜錄』 129 131 157 354-356
『연향사여延享槎餘』 264
연호개淵好凱 →엔 코가이
『열하일기熱河日記』 22 73 99 110 290 373 387
염낙관민濂洛關閩 200
염비捻匪 388
염약거閻若據 131 141 162-163
『염읍지림』 434

엽명풍葉名澧 386
엽지선葉志詵 109 113-114 118 120 131 144 150 156-160 366
영고탑寧古塔 322
『영락대전永樂大典』 277
영력제永曆帝 83-84 91-92
영력제의 포획捕獲 83
영부봉永富鳳→나가토미 호
『영접도감도청의궤迎接都監都廳儀軌』 463 474
영평부永平府 405-407 409
영평부성永平府城 408
영평사永平寺 306
『영헌록永憲錄』 89
예겸倪謙 430-433 437 442 446 454
『예경석례禮經釋例』 137
『예기정의禮記正義』 265
예의의 나라[禮義之邦] 31 33 35
『예장총서豫章叢書』 464
예학禮學 137
오경관五經館 38
『오경정의五經正義』 232-233 266 269
『오경주소五經注疏』 266-267
오규 소라이荻生徂徠 169 174-175 179-180 184 186 188-190 195-196 198-199 202 208 240 259 262-263 266-269 279
『오규 소라이荻生徂徠』 193
오노 가즈코小野和子 136 310 459
오노노 타카무라小野篁 269

오다무라 모치유키小田村望之 174
오두인吳斗寅 324 336
오랑캐[蠻子] 33
오례五禮 142
오배삼고두五拜三叩頭의 예禮 475
오사권吳思權 347 360
오사카大坂 176 181 183 195 199-200 204-
　　 205 223 226-227
『오사카부립도서관장한본목록大阪府
　　 立圖書館藏韓本目錄』 305
오숙吳䎘 336
오숭량吳崇梁 347
『오야유고梧野遺稿』 375
오약伍躍 11 107 469
오오누마 하루아키大沼晴暉 267
오오다 쇼지로太田晶二郎 277
오오바 오사무大庭脩 277
오오즈번大洲藩 228
오원吳瑗 302 323-324 336
오이라트 30
오자키 야스시尾崎康 273
오재소吳載紹 303 335-337 339-340 342
　　 419
오재순吳載純 335-336
오전원계奧田元繼 →오쿠다 모토쓰구
오종사吳鍾史 465
오카다 쇼유岡田尙友 89
오카야마번岡山藩 175
오쿠다 모토쓰구奧田元繼 223-224 227-
　　 228 235-237 239

『오키나와대백과사전沖繩大百科事典』
　　 424
오패분吳佩芬 388
오함吳晗 66 71-72 75 99 449
오홍무吳鴻懋 405
오홍은吳鴻恩 396 400 405-406
오희맹吳希孟 443 445-448 470
오희상吳熙常 336
옥전현玉田縣 388 407 414
옥하관玉河館 61 76 105 110 295 331 339
　　 342 360 378 381 395 400 405
옥하남관玉河南館 365
「옥하수필玉河隨筆」 415
『옥하일기玉河日記』 303
옥황묘玉皇廟 45
옹방강翁方綱 131 144 150 152-153 155-
　　 156 158-160
『옹방강제발수찰집록翁方綱題跋手札集
　　 錄』 151
옹수곤翁樹崐 144 150 152 154-155 159-
　　 160
옹정제雍正帝 327
『완당선생전집阮堂先生全集』 126
완물상지玩物喪志 155 166
완원阮元 144 158 274
왕가병王家屛 450
왕걸복王傑福 334
왕경민王敬民 450
왕공탁王公濯 78 92
왕광모王廣謨 266

왕균王筠　108　113-114　118　120　122-126
　　　132　141　148　159-160
왕기구王其榘　431
왕난음王蘭蔭　344
왕념손王念孫　143　169
왕록우王錄友　160
『왕록우십종王錄友十種』　108
『왕맹자문집고본汪孟慈文集稿本』　115
왕몽윤王夢尹　459-463
『왕문성공전서王文成公全書』　40
왕보화汪保和　115
왕세정王世貞　178　198　231　241-242　244-
　　　246　253
왕수인王守仁　39　41-42
왕수재　71
왕숙王肅　234
『왕순숙자찬연보汪荀叔自撰年譜』　114
『왕악재유서王鄂宰遺書』　108
왕안석王安石　42
왕양명王陽明　40-41　43　68　136　178　191
　　　193　195　202　207　241　243　246
왕연희汪延熙　115
왕예王豫　425
왕유진王維珍　414
왕이王李의 학學　241
왕전王琠　392
왕정王政　441
왕중汪中　114-115　138
왕즙汪楫　470　472　477　479　482
왕지부王之符　43

왕창王敞　436-439
왕통王通　125　141
왕회천王匯川　379
왕희손汪喜孫[甘泉]　109-111　113-117　119
　　　121　123　126　132-133　135　137-140
　　　147-149　164　274-275
『왕희손저작집汪喜孫著作集』　139
왜훈倭訓　244
외교外交・군사정보軍事情報　72
외교사　288
외국여행기　290
외이外夷의 세계　147　162
『요동지遼東志』　30
요순문무공맹정주堯舜文武孔孟程朱　181
요시와라吉原　253
요시카와 코지로吉川幸次郎　169-170　243
『요해편遼海篇』　454
용곡龍谷대학→류코쿠대학
『용문선생홍려경개집龍門先生鴻臚傾蓋
　　　集』　265
용원주龍元周→류겐슈
우 테이宇鼎　196
우 하쿠요雨伯陽　229-230　247
우구于九　86
우노 메이카宇野明霞　196
우백양雨伯陽→우 하쿠요
우삼방주雨森芳洲→아메노모리 호슈
우시마도牛窓　175
우야명하宇野明霞→우노 메이카
우에노 타케오植野武雄　436

『우의록寓意錄』 184
우정宇鼎 →우 테이
우창牛窓 →우시마도
『우창록牛窓錄』 175
우칠于七 86 91
우칠의 난 86
우호조선友好朝鮮 67
『운강선고雲岡選稿』 444 475
『운석유고雲石遺稿』 145
웅앙벽熊昂碧 362
원동곽源東郭 →미나모토 토카쿠
원료원源了圓 →미나모토 료엔
원명원圓明園 333-334 339 382 389 391 395
원사명源四明 →미나모토 시메이
원소시元宵詩 335
원습황화原隰皇華 338
원자등源子登 →미나모토 시토
원전환原田環 →하라다 타마키
원접사遠接使 435 440 458
원중거元重擧 216-221 223-224 226-227 229 231 233-237 241-242 246 248- 249 251 253-254 257-258 268-269 272-273
원화元和 →겐나
『월곡연행시月谷燕行詩』 323-324 336
『월곡집』 323
월정月汀 108
위서僞書 275 280
위시량魏時亮 450

위중휘衛重輝 60
위징魏徵 272
위충현魏忠賢 459 461 464
위학僞學 43
유각劉珏 341
「유관잡절留關雜絶」 331
유구琉球 →류큐
『유구국지략琉球國志略』 472
유구사琉球史 421-422
유구琉球사절 330
『유구세찬도琉球世纘圖』 482
유구인식 441
유구책봉사록琉球冊封使錄 428
유근柳根 458
유도형劉道亨 309
유득공柳得恭 143
유리창琉璃廠 118 379 396
유민劉玟 362
유봉劉鳳 455
유봉고劉鳳誥 158
유사기劉士猉 90-91
유사원柳思瑗 297 300 302 306 308 310- 311
유수우신留守友信 →루스 토모노부
유숭兪崇 321
유아사 죠잔湯淺常山 187
『유연고游燕藁』 105 146 300 303 360
『유연록遊燕錄(燕行日記)』 303 389-390
유용劉勇 286
유용有用의 학學 117

유유한劉維翰 →류이칸
유조기劉兆麒 90-91
유지개游智開 405-410
유탁기兪拓基 318
유토피아 52 68-69
『유헌기사輶軒紀事』 437 458-459 461-463
『유헌록輶軒錄』 453 454
『유헌속록輶軒續錄』 158 365
『유헌일기輶軒日記』 373
유홍훈劉鴻訓 460 476
유후柳逅 176 220
유희춘柳希春 27
육계로陸繼輅 362
육과급사중六科給事中 310-311
육구연陸九淵 43
육롱기陸隴其 114
육상산陸象山 136 178 191 193 195 201-202 207 241 243 246 253
육오陸奧 →무쓰
육왕陸王의 학學 247
육왕陸王의 학설 252
『육청헌집陸清獻集』 115
육학陸學 240
윤급尹汲 302 325-326 328 419
윤남한尹南漢 26 103
윤독輪讀 227
윤득운尹得運 320
윤봉구尹鳳九 315
윤홍리尹弘離 320

윤환尹瞳 320
『율곡전서』 453
융경제隆慶帝 40 66 450
은화恩華 465-466
『의과방목醫科榜目』 377
의리義理 124 133 149 151 155 163 180
의리의 학 151
『의소義疏』 232
의순관義順館 435
의주義州 25
의주-서울 478
의학론醫學論 230
이건창李建昌 397
이 겐조伊原藏 230 247
이경복李景服 366
이경설李敬高 348 303
이경재李景在 417
이계조李啓朝 303 380-381 400-401
『이계집耳溪集』 330 361
이곡李穀 417
이공李塨 135-136 139-140 164
이공소李孔昭 87
이광린李光麟 393
이광문李光文 144 154
이광정李光正 366
이광지李光地 135
이국의 학술정보 168
이근우李根友 378
이내태李來泰 405
이노우에 슈도井上周道[魯坰] 230

이누이 토큐乾桃丘 204
이능화李能和 22 40
이단 252
이단아 249
이단학설 252
이덕무李德懋 273
이덕우李德隅 360
이득보李得輔 327
이등동애伊藤東涯 →이토 토가이
이등씨伊藤氏 →이토씨
이등유정伊藤惟貞 →이토 코레사다
이등인재伊藤仁齋 →이토 진사이
이등휘조伊藤輝祖 →이토 키소
이마니시 류今西龍 312 321 329 332 363 365 380 382
이마니시문고今西文庫 320 329 332 335 348 354 363 365
이마니시 슌쥬今西春秋 329 332 380 382
이마무라 요시오今村與志雄 22 291
이만포李晩圃 357
이면승李勉昇 358-359
이명계李命啓 173 179 264
이명오李明五 208
이문전李文田 392
『이문충공전서·역서함고李文忠公全書·譯署函稿』 410-411
이문화異文化 474
이반룡李攀龍 178 198 225 231 240-242 244-246 253
『이방연벽록二邦連璧錄』 207

이병도李丙燾 103
이병모李秉模 319
이복원李福源 319
이봉환李鳳煥 173 178-179 181-183 189- 190 192-193 197 199-200 206-207 210 217-218 220 223 263-264 276
이삼은李三隱 416
이상백李相佰 22
이상석李湘石 406
이상理想의 황제상皇帝像 65-66
이상은李相殷 304
이상황李相璜 367
이색李穡 417
이석호李錫祜 358
이선근李仙根 427
이성계 99
이소타니 세이케이磯谷正卿 253
이숭신李嵩申 406
이슬람교 99
이승보李承輔 390 395
이승오李承五 416-417 419 303 416
이승훈李承薰 337
이시카네 노부아키石金宣明 232 237
이시해李時楷 316
이심원李心源 302 328
『이씨학악록李氏學樂錄』 135
『이아爾雅』 143
이언적[晦齋] 185
이언진李彦瑱 217 219 228 249 257 268
이연李楩 77

이영년李靈年　304
이영순李永純　349
이요伊予　228
이용학李容學　300 371
이원식李元植　127 172 207 217
이유분李有棻　400
이유원李裕元　298 303 380 396 398 400-
　　401 403-412 456
이율곡李栗谷　177
이은李濦　318
이은륜李恩綸　398
이夷의 지역　31
이이李珥[栗谷]　22 24 27-28 66 106 452-
　　453
이이李頤　41
이익李瑷　321
이인원李仁源　327
이임송李林松　347
이장욱李璋煜[月汀]　108-109 112-113 117-
　　118 120-122 126 133-135 136-142
　　160 164 274
이재학李在鶴　366-367
이적夷狄　23 338-389
이적夷狄국가　147
이적시夷狄視　24 340
이적의 나라　31
이적의 땅　51
이적인 만주족　51
이정二程　141
이정구李廷龜　300 382

이정국李定國　84 91
이정암以酊庵 →이테이안
이정원李鼎元　470 472 478
이종李倧　460
이주태李柱泰　320-322
이준李準　300
이중하李重夏　393
이치무라문고市村文庫　351
이치무라 산지로市村瓚次郞　351
이케우치 히로시池內宏　71
이태중李台重　417
이택李澤　302 320-322 384
이테이안以酊庵　191
이토씨伊藤氏　175 191
이토 진사이伊藤仁齋　78 169 172-173 175
　　179-180 184-189 193-195 197 202
　　207 210 224 230 240 242-243 247
　　252 259
이토 코레사다伊藤惟貞[仁齋]　173 177
　　200 208
이토 키소伊藤輝祖[霞台]　175
이토 토가이伊藤東涯　169 175 177 230
　　247
이퇴계李退溪　177 209
이학理學　135-136
이항복李恒福　307 380-381 402
이해용李海龍　311
이현종李鉉淙　429-430 476
이호동李顥鍊　304
이홍장李鴻章　402 406 409-412

이화여대대학교　375
이황李滉[退溪]　22 24 27-28 40 66 185 222
이회재李晦齋[李彦迪]　177
이회정李會正　397
『인물속고人物續考』　74
인재仁齋학 →진사이학
인평대군麟坪大君 이요李㴭　312-315
『인해기人海記』　89
『일관기日觀記』　218 226 229 233 237 240 256 268 272
『일기日記[燕行日記]』　145
『일동주학도日東州學圖』　128
일본고학　167
일본고학의 본질　195
『일본국현재서목록日本國見在書目錄』　277
『일본록日本錄』　218 240
『일본소재한국고문헌목록日本所在韓國古文獻目錄』　305
일본유학계의 전변轉變　194
일본유학계의 정황　199
일본유학계의 지도자　175
일본의 유자儒者　178 189 209
일본의 유학상황　179
일본의 주자朱子　180
일본의 학술상황　173 180 205
『일성록日省錄』　404 467
일시동인一視同仁　36-37 67
「일조수호조규日朝修好條規」　410-411
『일하구문日下舊聞』　334 373 415

임기중林基中　158 298-299 301 304 320 363 379 390 416
임라산林羅山 →하야시 라잔
임성주任聖周　107
임신충林信充 →하야시 노부미쓰
임오군란壬午軍亂　394
임진왜란　54
『임하필기林下筆記』　402 456
임한호林漢浩　346
임홍년林鴻年　480

ⓩ

자문咨文　295
자사子思　187 198 201-202
자사子思작성설　187
자양紫陽[朱子]　133 253
장가양張家驤　400
장거정張居正　24 45 65
장기長崎 →나가사키
장내집張迺輯　113
장녕張寧　426 430 433-434 437 442 450
장렴張濂　320
『장문계갑문사長門癸甲問槎』　225 227 229 238 254-255 259 270-271
『장문무진문사長門戊辰問槎』　174
『장방주봉사록張方洲奉使錄』　433
장상하張祥河　362
장서각藏書閣　361
장세준張世準　396 400
장심張深　362

장심징張心澂 280
장여조蔣汝藻 455
『장원시초藏園詩鈔』 405
장월蔣鉞 362
장자莊子 192
『장자』 191
장재張載 198
장존무張存武 21-22 286 430 466
장청운張靑雲 347
장초성張楚城 62
장추음蔣秋吟 362
장택규구야長澤規矩也 →나가사와 키쿠야
장풍정張楓廷 400
장학례 470
장혜언張惠言 115
재자행齋杏行 289
저보邸報 379
저유인褚裕仁 347
적간관赤間關 →아카마가세키
적생조래荻生徂徠 →오규 소라이
전간공작前間恭作 →마에마 쿄사쿠
「전대록專對錄」 415
전목錢穆 136 138 162
전보교결田保橋潔 →타보하시 키요시
전보국電報局 418
전부錢溥 425-426
『전서당장선본서지傳書堂藏善本書志』 455
전선국 418

전실보錢實甫 296
전전면前田勉 →마에다 쓰토무
『전주문傳註問』 136
전해종全海宗 21 286 429-430
전형적인 주자학자 131
『절강채진유서총록浙江採進遺書總錄』 425 455
절충론 151
절충론자 149
절충학파 115 147 184 196 256
『점마행록點馬行錄』 300
접반승接伴僧 191 203 207
정가당문고靜嘉堂文庫 →세이카도문고
정건조鄭健朝 394 396
정경鄭經 75 90
정경토벌鄭經討伐 90
정관鄭觀 341
정기원鄭期遠 308
정단사正旦使 289
정덕화鄭德和 292-296 303 382-384 386
『정림문집亭林文集』 115
정만석鄭晩錫 341
정몽주[圃隱] 185
정민鄭珉 219
정보情報 71
정상주도井上周道 →이노우에 슈도
정성공鄭成功 75
정성철鄭聖哲 22
정시鄭時 108 123
정약용丁若鏞 103 149 259

정약종丁若鍾 337
정예용鄭禮容 104 362
정옥자鄭玉子 218
『정운집停雲集』 225
정위원程偉元 347
『정유고략貞蕤藁略』 347
정유길鄭惟吉 452-454
정유왜란丁酉倭亂 297 308
정인지鄭麟趾 432
정자程子 134 136 196-198 200-202 220
        222 227 264-265
정조사正朝使 287
정존겸鄭存謙 330
정주程朱 125 143 149 151-152 177-178
      185 195 221 241 248 250 253-254
      265 279
정주程朱 유학자 177
정주程朱의 학學 125 144
정주학程朱學 101 152
정주학설程朱學說 177
정치학政治學 56
정태화鄭太和 83 300
정통제正統帝 427
『정해연사록丁亥燕槎錄』 302
정현鄭玄 123-124 195 133
정현鄭玄의 학 125
『제감도설帝鑑圖說』 65
제곤齊鯤 470 479
제물포조약濟物浦條約 402
조강曹江 360 362

조공무역朝貢貿易 97 335
조공무역의 문제 45
조공朝貢·책봉冊封 관계 97-98
조공체제[조공시스템] 479
조관빈趙觀彬 302 323-324 336
조광한趙匡漢 55
조득영趙得永 372
『조래집徂徠集』→소라이집
조래학徂徠學→소라이학
조명채曹命采 176 184-185 187-188
조병귀趙秉龜 364
조병현趙秉鉉 368 372
『조보朝報』 62
조봉진曹鳳振 303 365 367
조봉하趙鳳夏 303 371 373
조사성趙思誠 41
조선간사朝鮮簡史 451
조선고탁본 155
『조선국기朝鮮國紀』 437 450-451
『조선국지朝鮮國誌』 452 454 456
조선금석학 153-154 164
『조선기사朝鮮紀事』 431-432 437
조선기행문 432
『조선록』 454
조선-명의 조공루트 459
『조선부朝鮮賦』 422 435 437-438 440-442
        456
「조선부인朝鮮賦引」 441
「조선부후서朝鮮賦後序」 441
조선비각碑刻 154

『조선사朝鮮史』 429
조선실학 103 297
조선연행사朝鮮燕行使 288
『조선왕조실록朝鮮王朝實錄』 49 71-74
　　　　106 287 327 372 377 429-430 438
　　　　440 449 451 460 467-468 475-476
조선의 제도·풍속 439
조선의 풍속 439
조선의 현상 58
조선의 현황 58
『조선이조실록중적중국자료朝鮮李朝
　　實錄中的中國資料』 72
『조선인명사서朝鮮人名辭書』 304 366
　　　　380 384 413
조선인식 441
『조선인초서일본인진서필화朝鮮人草
　　書日本人眞書筆話』 237
『조선일기朝鮮日記』 450 465
조선 자존自尊의 정신 132
『조선잡술朝鮮雜述』 465
『조선잡지朝鮮雜志』 435 442
조선족 433
조선주자학朝鮮朱子學 21 24 68
조선-중국 474
조선-중국의 교역루트 462
『조선지朝鮮志』 452 454-456
『조선첩朝鮮帖』 437
조선통신사 286
조선학술사朝鮮學術史 71
조수삼趙秀三 364

조영록曺永祿 436
조영양趙令揚 425
조영하趙寧夏 390 392 395
조완趙玩 321
조인영趙寅永 145 165
조지원趙芝園 364
조참노趙參魯 41
『조천기』 37
『조천기문朝天記聞』 402
『조천록朝天錄』 285 290 304
조천사朝天使 21 287
『조천일기朝天日記』 24 29 53 72 285
『조천일승朝天日乘』 380-381 402
조태채趙泰采 324
조헌趙憲 23 25 53-54 72
『조헌趙憲의 일기日記』 33
조현명趙顯命 300 305 318-319
조형복趙亨復 374
족리足利학교 →아시카가학교
존양성찰存養省察 254
종계변무宗系辨誣 451
종번무역宗藩貿易 97
『종정록從政錄』 115 118
종홍섬宗弘暹 40
좌등문사랑佐藤文四郞 →사토 분시로
『좌전左傳』 221 254
주견심朱見深 427
주공周公 137
주공교周孔敎 309
주공周孔의 학 124

주국정朱國禎 454
주달周達 360 406
주돈이周敦頤 198
주등길지周藤吉之 →스도 요시유키
『주례周禮』 135 137
주문사奏聞使 308
주문상朱文尙 63
『주소백서시고周少伯書詩稿』 406
주수창周壽昌 405-406
주순周循 370
『주역周易』 175
『주역주소周易注疏』 265
주염계周濂溪 370
주원장朱元璋 99
주이존朱彛尊 158
주일무적主一無適 254
주자朱子 68 70 85 132-134 136 141 163
　　　　170 187 191 193 196-198 201-202
　　　　220 222 225 227 235 239-240 249
　　　　252 254 256 263-265
주자비판의 학설 200
주자신봉자 107
『주자어류朱子語類』 69
주자의 경전주석 186
주자의 집주集注 186
주자학朱子學 22 24 66 87 98 101 124 129
　　　　137 146-147 173 178 187 200
주자학도 177
주자학 비판 186 205
주자학 예찬 133

주자학의 일본전파 168
주자학자 179 180 185 189 200 205
주자학자의 교류 168
주자학 중심 184
주전론主戰論 308 310
주정충부酒井忠夫 →사카이 타다오
주죽천周竹泉 453
주지번朱之蕃 430 437 456-458 470
주황周煌 470 472 479
『죽간주의竹澗奏議』 426
『죽간집竹澗集』 426
죽전춘암竹田春庵 →타케다 슌안
준하駿河 →스루가
『중국고적선본서목中國古籍善本書目(史
　　部)』 441 452
중국과 조선 98
중국과 조선의 국제관계 97
중국국가도서관中國國家圖書館 153
중국보고中國報告 67
중국의 실정 58
중국의 정체政體 57
중국정세 77
중국-조선 관계 467
중국학술통 144
중니仲尼[孔子] 133 253
중류관계사中琉關係史 421
『중봉선생동환봉사重峯先生東還封事』 55
『중봉선생문집重峯先生文集』 44 54-55 58
중산구사랑中山久四郞 →나카야마 히사
　　시로

『중산연혁지中山沿革志』 482
『중산전신록中山傳信錄』 472
『중서문견록中西聞見錄』 400
『중용』 44 187-188
『중용발휘中庸發揮』 187 197
「중용전주中庸傳註」 136
『중조통보中朝通報』 62
『중주우록中州偶錄[入燕記]』 303 345 350
중촌란림中村蘭林→나카무라 란린
중촌심장中村深藏→나카무라 신조
중촌영효中村榮孝→나카무라 히데타카
『중편사유구록重編使琉球錄』 442 447 471
중화中華 64 109 162 265 473
중화국中華國 21 51-52
중화국의 현상 47
중화中華문화 30
중화中華의 가치 35 39 99 479
중화中華의 가치체계 35 50 52
중화中華의 나라 30-31
중화中華의 내부 161
중화中華의 덕 31
중화中華의 땅 23 43 47 68 98 474
중화中華의 모범생 38
중화中華의 문화 43 44
중화中華의 빛 329
중화中華의 세계 148 147 162 164
중화中華의식 281
중화中華의 실태 29
중화中華의 예복 338
중화中華의 예제禮制 338 370

중화中華의 의관 339
중화中華의 인민 98
중화中華의 정수 30
중화中華의 총본산 38
중화中華의 풍風 473
중화中華의 학술 148
중화中華의 현상 44
중화中華의 현실 35 48
중화인中華人 43 51 148 254
중화제도의 일변형一變形 473
증거주의 142 280
증국번曾國藩 405
증답시문집贈答詩文集 434
『증보동양문고조선본문류목록增補東洋文庫朝鮮本分類目錄』 304 312 314 324 335 376 401
지내굉池內宏→이케우치 히로시
『지부족재총서知不足齋叢書』 274
지선支線 211
직예총독直隷總督 409
진간陳侃 432 438 440-444 447 470 472 480
진건陳建[淸瀾] 43 178
진남관鎭南關 427
진복수陳福綏 400
진부은陳孚恩 362
진사이仁齋의 학설 173 183 194
진사이仁齋학 243
진사이仁齋학파 172
진삼모陳三謨 475
진상승陳尙勝 286

진순陳淳 141
진언陳言 32 49
진연은陳延恩 362
진용광陳用光 151 347
진전陳鱣 143
진정한 중화中華 52
『진체비서津逮秘書』 233
진하사進賀使 417
진하정사進賀正使 314
진향사進香使 410
진환陳奐 116
진희조陳希祖 347
진희증陳希曾 353
질정관質正官 56 66

ㅊ

창평판학문소昌平坂學問所 →쇼헤이자
　　카가쿠몬죠
창화唱和 349 458
창화록唱和錄 205
창화시唱和詩 203 419
창화시문집倡和詩文集 432
창화시집唱和詩集 106
채허재蔡虛齋[蔡淸] 177
채형蔡炯 347
책문柵門 294
책봉사冊封使 288
『책봉사冊封使-中國皇帝의 使者』 424
책봉사록冊封使錄 421
책봉-조공 관계 427

책봉체제[책봉시스템] 480
천견경재淺見絅齋 →아사미 케이사이
『천경당서목千頃堂書目』 425-426 450
천계제天啓帝 460
천단天壇 30
천뢰일마川瀨一馬 →카와세 카즈마
천룡사天龍寺 →텐류지
천리도서관天理圖書館 →텐리도서관
천인성명天人性命 145
천주교 22 337
천추사千秋使 289
철보鐵保 334
『청구경개집靑丘傾蓋集』 253
『청령국지蜻蛉國志』 273
『청사고淸史稿』 85 138 399 405 465 467
『청사열전淸史列傳』 405 466-467
『청산도유록淸山島遊錄』 128
『청산소집淸山小集』 130
『청산유고淸山遺藁』 129 130-132
『청선고淸選考』 105 168 289 304
『청성집靑城集』 218
『청실록淸實錄』 77 83-85 88-89 366 467
「청언지도廳言之道」 65
『청이당문집淸詒堂文集』 108 120 123
『청인별집목록淸人別集目錄』 304 405-406
청일전쟁淸日戰爭 289 430
『청장관전서靑莊館全書』 273-274
청조고증학 276 478
청조문화淸朝文化 동점東漸 102
청조淸朝의 고증학 261 280-281 481

청조의 한학 101 171
청조한학 167 169
청조한학의 도입 101
『청패류초淸稗類鈔』 88
청피적靑皮賊 388
『청화가시사淸畵家詩史』 406
체제교학 98
초본抄本 263
초장위草場崋 →쿠사바 이
촌미진村尾進 →무라오 스스무
촌상수범村上秀範 →무라카미 슈한
총리아문總理衙門 409-410
최강현崔康賢 304 355 376
최부崔溥 49 300
최외崔巍 118
최윤진崔允珍 22
최일규崔日奎 377
추덕함鄒德涵 41
추번萩藩 →하기번
추산장秋山章 →아키야마 쇼
축전筑前 →치쿠젠
『춘명몽여록春明夢餘錄』 376
『춘추春秋』 43 106 147
춘추문고春秋文庫 →슌쥬문고
『춘추좌전주소春秋左傳註疏』 265
춘태문집春台文集 →슌다이문집
「출강록出疆錄」 415
『충승대백과사전沖繩大百科事典』 →오키나와대백과사전
치국평천하治國平天下의 술術 192

치쿠젠筑前 216
『칠경七經』 232
「칠경맹자七經孟子」 234
『칠경맹자고문七經孟子考文』 232 238
    262 266-267 270 272 279-280
『칠경맹자고문보유七經孟子考文補遺』
    234 262 269 274

㉠

카나자와金澤문고 266 272
카나자와 쇼자부로金澤庄三郎 196 306
    325
카노 나오키狩野直喜 117
카마쿠라鎌倉 시대 281
카메이 난메이龜井南冥 224 226 273
카와세 카즈마川瀨一馬 233 266 273
카와이문고河合文庫 316
카와치 요시히로河內良弘 433
칸에이寬永 간본刊本 266
칸엔통신사寬延通信使 172
케이쵸慶長의 역役 128
켄엔蘐園 224
『켄엔수필蘐園隨筆』 179 227
코가 세이리古賀精里 127 129 208
코 다이리쿠高大陸 204
코마자와대학駒澤大學도서관 302 306
    325
코즈키 신케이上月信敬 177 179 181-182
    189 204-205 209
코 하쿠쿠岡白駒 266

콘도 아쓰시近藤篤 175
콘 손시根遜志 269
쿄토京都 179 184 191 240 266
쿄토대학문학부도서관京都大學文學部
　　　圖書館 303 360
쿄토대학부속도서관京都大學附屬圖書
　　　館 267 302-303 316 416
쿄호통신사享保通信使 174
쿠사바 이草場韡 127-128
쿠쓰 케이잔屈景山 230 247
쿠테이켄衢貞謙 236
큐이칸宮維翰[宮瀨龍門] 194 210 228 234-
　　　235 237 249 265 279
크리스트교 99 337
키노시타 토키치로木下藤吉郎 127
키노코쿠즈이紀國瑞 173 183
키비노 마키비吉備眞備 277
키슈紀州 238

(ㅌ)

타보하시 키요시田保橋潔 407 409
타카하시 토오루高橋亨 40
타케다 슌안竹田春庵 230 247
타케우치 요시오武內義雄 267
타쿠소쿠문고濯足文庫 306 325
타키 카쿠다이瀧鶴台 225 227 229 237
　　　254-255 259 270 279
타타르 30
탁병염卓丙炎 392
탁족문고濯足文庫 →타쿠소쿠문고

『탕문정집湯文正集』 114
탕빈湯斌 114 134-135 139
『탕자유서湯子遺書』 135
탕천상산湯淺常山 →유아사 죠잔
탕평책 325
『태극도설太極圖說』 27 107
태의太醫 378
태재덕부太宰德夫 →다자이 토쿠후
태재춘태太宰春台 →다자이 슌다이
태전정이랑太田晶二郎 →오오다 쇼지로
태창제泰昌帝 382
태평천국太平天國 386 388
태화전太和殿 77 382 399
택전동강澤田東江 →사와다 토코
텐류지天龍寺 191 203
텐리도서관天理圖書館 302-303 312 320
　　　329 332 335 348 354 363 365 374
　　　386 397 400
토모노우라鞆の浦 173 175
토목土木의 변變 427
토 시테쓰滕資哲 228 250
토요문고東洋文庫 302 303 314 320 323
토요토미 히데요시豊臣秀吉 127 256
　　　297 307 457
토쿄도립중앙도서관東京都立中央圖書
　　　館 303 351
토쿠토미 소호德富蘇峰 376
『통문관지通文館志』 287 376 415
『통보通報』 308
통신사 286 288

「통신사행通信使行」 287
『통신행등록通信行謄錄』 127
『통전通典』 233 440 471
통주通州 43
『퇴계집退溪集』 27 222
티베트족 51

㊽

『팔기예문편목八旗藝文編目』 465-466
『팔역지八域誌』 454
『평안관금석문자칠종平安館金石文字七種』 156
『평안관장기목平安館藏器目』 156
『평우집萍遇集』 226
평화론 308 310
폴란드 83
표문表文 295
『표해록漂海錄』 49 300
품천品川 →시나가와
풍가馮柯[貞白] 178
풍보馮保 45
『풍속첩風俗帖』 436 439
풍신豊紳 334
풍신수길豊臣秀吉 →토요토미 히데요시
『필담筆譚』 97 102 170 274 279
필담기록 261
필담 창화집唱和集 179

㊸

『하곡선생연보荷谷先生年譜』 27

『하곡선생조천기荷谷先生朝天記』 24 26 29 73 290
하기번萩藩 174 227 270
하나의 문화권 56
하내양홍河內良弘 →카아치 요시히로
하라다 타마키原田環 407
『하량아계河梁雅契』 253
하안何晏 236 275
하야下野國 →시모쓰케노쿠니
하야시 노부미쓰林信充 184
하야시 라잔林羅山 184
하우봉河宇鳳 171 216 218 259
하은주夏殷周 52 69 180 199
하자양夏子陽 447
하카타博多 216 224 230 273
하쿠세키白石 174-175 225
하합문고河合文庫 →카와이문고
『학부통변學蔀通辨』 43
『학산초담鶴山樵談』 451
학술정보 교환 179
학유교郝維喬 62
『학칙學則』 198 227-228 238 247
『학해류편學海類編』 451
『한객필어韓客筆語』 185
『한관응수록韓館應酬錄』 233
『한국고서종합목록韓國古書綜合目錄』 304 354 360 376 380 401
『한국기행문학연구韓國紀行文學研究』 304 355 376
『한국문집총간韓國文集叢刊』 305

한국문학사 297
『한국본별집목록韓國本別集目錄』 304
『한국역대문집총서』 402
한국학문헌연구소韓國學文獻研究所 392
「한당漢唐의 전주箋注」 194
한묵가翰墨家 146
한세능韓世能 475
한양漢陽[서울]과 북경北京 69
한어漢語 387
『한위총서漢魏叢書』 233
한유漢儒 125 134 143 256
한음漢音 373
『한절록韓節錄』 465
한중관계사 480
하태무韓泰文 219
한학漢學-고증학의 수법 166
한학과 송학의 겸용 151
한학과 송학의 대립 146
한학도입의 실정 161
한학비판 163-164 171
한학비판 편지 112 123
『한학상태漢學商兌』 161-163
한학·송학 겸용 134-136 138
한학·송학 논의 102-103 117-118 121
 123 127 141 150 160-161
한학·송학 논쟁 111-112 132
한학·송학의 절충 133
한학·송학 절충론자 141 149
한학의 도입과 보급 103
한학의 목표 163

한학漢學의 무리 101
한학의 수법 142
한학의 수용·보급 103
한학의 융성 161 165
한학의 조선도입 156
한학의 진수 143
한학자 114
함풍제咸豊帝 382 417
핫토리 난카쿠服部南郭 270
항흥恒興 466
해금정책海禁政策 75
『해동문헌海東文獻』 153
해동선생[海東夫子] 241
『해외전적문화재조사목록海外典籍文
 化財調査目錄-河合文庫所藏韓
 國本-』 417
『해유록海游錄』 173 222
향마적响馬賊 398-399
향보통신사享保通信使→쿄호통신사
향삼물鄕三物 136-137 142
향약鄕約 63 67
향약소鄕約所 63
허관許寬 449
허국許國 450 470
허균許筠 26 451 454 457 481
『허균전서許筠全書』 452 454 457 477
허난설헌[許楚姬] 457
허령불매虛靈不昧 186
허로재許魯齋 87
『허문목공전집許文穆公全集』 450

허봉許篈　25 67 73 100 290 451 457
허성許筬　451 457
허엽許曄　26 451 457
허오許午　465
허종許悰　435-439 441
허한許瀚　118
『허한일기許瀚日記』　118
허형許衡　87
험포지례驗包之禮　35
현상대전顯常大典　226
현상윤玄相允　103
현실의 명조明朝　70
현종　92
『현종개수실록顯宗改修實錄』　92
『현종실록顯宗實錄』　92
혜동惠棟　132 163 213
호거인胡居仁　41
호경재胡敬齋[胡居仁]　177
「호번胡藩」　352
호위생胡衛生　113
호정胡靖　470
혼간지本願寺　250
홍경모洪敬謨　366 376
홍경수洪景修　366
홍경해洪景海　173 175-176 185 188 300 363
홍기섭洪起燮　145
홍대용洪大容　22 110 212 260 290-291 328
『홍려관문고鴻臚館文稿』　228 250
홍문영洪文泳　330

홍석모洪錫謨　105 146-147 300 303 360-362
홍석주洪奭周　149
홍수호洪受浩　320
홍순학洪淳學　305
홍양호洪良浩　330 361-362
홍영손洪齡孫　370
홍익한洪翼漢　336
홍창한洪昌漢　333
홍치제弘治帝　435
홍현주洪顯周　154
홍희준洪羲俊　104 361
화곤和坤　334
『화국지和國志』　216 218 241-242 272
화사납花沙納　465
화어華語　248
화華의 지역　31
화음華音　240-242 244
화이華夷　35 37 47-48 50
화이관　24
화이관념　259
화이華夷사상　22
화이의 구별　48 50
화찰華察　455
『화포선생조천항해록花浦先生朝天航海錄』　336
『화한문회和韓文會』　179-180 197 203
『화한쌍명집和韓雙鳴集』　231
『화한창화록和韓唱和錄』　177 182 201-203 206-208

『화한창화집和韓唱和集』 204
『화한필담훈풍편和韓筆談薰風編』 173
환산진남丸山眞男 →마루야마 마사오
황간皇侃 232-235 239 264 267 269-270 272 274-275 277
황간黃諫 426
『황간군읍지黃澗郡邑誌』 361
황교동黃喬棟 59
황기현黃紀賢 309
황명皇明 388
『황명경세문편皇明經世文編』 449
『황명대사기皇明大事記』 454
『황명유민전皇明遺民傳』 87
황모黃某 303 376-378
황사영백서사건黃嗣永帛書事件 337
『황송사보류원皇宋事寶類苑』 273
황왕皇王[明朝]의 땅 76
황우직黃虞稷 425
황작자黃爵滋 105
『황조류원皇朝類苑』 272-273
『황조사실류원皇朝事實類苑』 273
황종희黃宗羲 68
황태후 381 408
황혜암黃惠菴 377
황혜옹黃惠翁 377
황홍헌黃洪憲 430 437 450-453 456
『황화집皇華集』 32 432 434 453 473
회경주소回京奏疏 426
회동관會同館 33 37 49
「회원주초回轅走草」 415

『회헌연행시悔軒燕行詩』 323-324 336
『회헌연행시부월곡연행시悔軒燕行詩 附月谷燕行詩』 302
『회헌집悔軒集』 323
『효경』 237
『효경구명결孝經鉤命訣』 264 268 277
『효경전孝經傳』 237 272
후마 스스무夫馬進 298 304 390 421 481
후지모토 유키오藤本幸夫 69 346 354 445 481
후지쓰카 치카시藤塚鄰 22 101-102 118 122-123 127 144 154 259 274 350 377
후지와라 아키토藤原明遠[中村蘭林] 184 200
후쿠야마번福山藩 1/3 1/5
『후한주보정後漢注補正』 405
훈고訓詁 124 133 149 163 195
훈고학 125 194
훈독訓讀 244
훤원蘐園 →켄엔
『훤원蘐園수필』→『켄엔수필』
『흠정사고전서欽定四庫全書』 436
『흠정월사통감강목欽定越史通鑑綱目』 425 426 427 443
『흠정일하구문고欽定日下舊聞考』 88
희원希元 466